KB275463

CNB
517
열왕기 상·하 구속사 강해
성경신학적 관점 본문 메시지

열왕기 상·하

이 광 호

2011년

칼빈아카데미

지은이 | 이광호

영남대학교와 경북대학교 대학원에서 법학과 서양사학을 공부했으며, 고려신학대학원 (M.Div)과 ACTS(Th.M)에서 신학일반과 조직신학을 공부했으며, 대구 효성카톨릭대학 교(Ph.D)에서 비교종교학을 연구하였다.
고신대학교, 고려신학대학원, 홍은개혁신학연구원에서 교수로 사역했으며 지금은 영남 신학대학교, 조에성경신학원, 브니엘신학원 등에서 후진들을 양성하고 있다.
실로암교회에서 목회하고 있으며, 이슬람 전문선교단체인 국제 WIN선교회 회장, 달구 벌기독학술연구회 회장으로 봉사하고 있다.

저서

- 성경에 나타난 성도의 사회참여(1990)
- 갈라디아서 강해(1990)
- 더불어 나누는 즐거움(1995)
- 기독교관점에서 본 세계문화사(1998)
- 세계 선교의 새로운 과제들(1998)
- 이슬람과 한국의 민간신앙(1998)
- 아빠, 교회 그만하고 수펴하자요(1995)
- 교회와 신앙(2002)
- 한국교회 무엇을 개혁할 것인가(2004)
- CNB 501 에세이 산상수훈(2005)
- CNB 502 예수님 생애 마지막 7일(2006)
- CNB 503 구약신학의 구속사적 이해(2006)
- CNB 504 신약신학의 구속사적 이해(2006)
- CNB 505 창세기(2007)
- CNB 506 바울의 생애와 바울서신(2007)
- CNB 507 손에 잡히는 신앙생활(2007)
- CNB 508 아름다운 신앙생활(2007)
- CNB 509 열매 맺는 신앙생활(2007)
- CNB 510 웨스트민스터 신앙고백(2008)
- CNB 511 사무엘서(2010)
- CNB 512 요한복음(2009)
- CNB 513 요한계시록(2009)
- CNB 514 로마서(2010)
- CNB 515 야고보서(2010)
- CNB 516 다니엘서(2011)

역서

- 모슬렘 세계에 예수 그리스도를 심자(Charles R. Marsh, 1985년, CLC)
- 예수님의 수제자들(F. F. Bruce, 1988년, CLC)
- 치유함을 받으라(Colin Urquhart, 1988년, CLC)

홈페이지 http://siloam-church.org

열왕기 상·하

CNB 517

열왕기 상·하

A Study of The Kings
by Kwangho Lee
ⓒ 2011 by Kwangho Lee

Published by Calvinacademy Publishing House

초판 인쇄 | 2011년 10월 14일
초판 발행 | 2011년 10월 20일

발행처 | 칼빈아카데미
주소 | 서울시 구로구 구로5동 26번지 신도림 포스빌 1702호
전화 | 02-865-9120
등록번호 | 제12-614호
등록일자 | 2008년 12월 17일

발행인 | 장수민
지은이 | 이광호
편집주간 | 송영찬
편집 | 신명기
디자인 | 조혜진

총판 | (주) 비전북출판유통
주소 | 경기도 고양시 일산구 장항동 568-17호 (우) 411-834)
전화 | 031-907-3927(대)   팩스 031-905-3927

저작권자 ⓒ 2011 이광호

열왕기 상·하

A Study of The Kings

CNB 시리즈
서 문

CNB The Church and The Bible 시리즈는 개혁신앙의 교회관과 성경신학적 구속사 해석에 근거한 신·구약 성경 연구 시리즈이다.

이 시리즈는 보다 정확한 성경 본문 해석을 바탕으로 역사적 개혁 교회의 면모를 조명하고 우리 시대의 교회가 마땅히 추구해야 할 방향을 제시함으로써 교회의 삶과 문화를 창달하는 것을 그 목적으로 하고 있다.

따라서 이 시리즈는 진지하게 성경을 연구하며 본문이 제시하는 메시지에 충실하고 있다. 그렇다고 이 시리즈가 다분히 학문적이거나 또는 적용적이라는 의미에 국한되지 않는다. 학구적인 자세는 변함 없지만 궁극적으로 하나님의 나라를 지향함에 있어 개혁주의 교회관을 분명히 하기 위해 보다 더 관심을 가진다는 의미이다.

본 시리즈의 집필자들은 이미 신·구약 계시로써 말씀하셨던 하나님께서 지금도 말씀하고 계시며, 몸된 교회의 머리이자 영원한 왕이신 그리스도께서 지금도 통치하시며, 태초부터 모든 성도들을 부르시어 복음으로 성장하게 하시는 성령님께서 지금도 구원 사역을 성취하심으로써 창세로부터 종말에 이르기까지 거룩한 나라로서 교회가 여전히 존재하고 있음을 그 무엇보다도 중요하게 여기고 있다.

아무쪼록 이 시리즈를 통해 계시에 근거한 바른 교회관과 성경관을 가지고 이 땅에 진정한 그리스도인의 삶과 문화가 확장되기를 바라는 바이다.

시리즈 편집자

김영철 목사, 미문(美聞)교회, 합동신학대학원대학교, Th. M.
송영찬 목사, 기독교개혁신보 편집국장, M. Div.
이광호 목사, 실로암교회, 홍은신학연구원, Ph. D.

머리글

구약시대의 히브리어 성경에는 사무엘 상 · 하서와 마찬가지로 열왕기 상 · 하서가 한 권으로 엮어져 있었다. 그러다가 구약성경이 헬라어로 번역(70인역, Septuagint)되면서 사무엘서와 열왕기서가 각각 두 권의 책들로 나뉘게 되었다. 사무엘서는 제1왕국기, 제2왕국기로 나뉘어졌으며, 열왕기서는 제3왕국기, 제4왕국기로 나뉘어지게 된 것이다.

나중 라틴어 벌게이트 역(the Vulgate)에서는 책명이 바뀌어 사무엘서가 제1열왕기, 제2열왕기로 칭해졌으며, 열왕기서는 제3열왕기, 제4열왕기로 칭해졌다. 이것이 1517년 다니엘 봄베르그(Daniel Bomberg)에 의해 출판된 히브리어 성경(Venice, 1516-1517)에서 사무엘 상 · 하, 열왕기 상 · 하로 명명되어 오늘날에 이르고 있다.

열왕기서는 다윗의 말년에 관한 기록에 이어 솔로몬 왕이 통치권을 이어받는 내용으로부터 시작된다. 솔로몬 왕은 예루살렘에 여호와 하나님의 성전을 건축하게 된다. 그것은 아브라함이 모리아 산에서 이삭을 바친 아브라함 언약과, 시내광야에서 건립된 성막과, 그 안에 있던 언약궤가 성전에 안치됨으로써 모세 언약이 동시에 성취된 것을 보여준다.

그러나 솔로몬 왕의 학정으로 인해 다윗 왕국은 분열의 아픔을 겪었다. 북 이스라엘 왕국은 다윗의 혈통과 상관이 없는 나라로 세워졌으며, 남 유다 왕국은 다윗의 혈통을 이어받게 된다. 이스라엘 민족은 남북이 분열된 상태로 있으면서 하나님의 뜻에 온전히 순종하지 않는다. 그런 중에도 하나님께서는 선지자들을 보내 자신의 거룩한 뜻을 전하셨다. 그것은 이스라엘 백성들에 대한 하나님의 놀라운 사랑의 표시였다.

이스라엘 민족은 특별히 제사장들이 예루살렘 성전에서 드리는 제사를 통해 하나님의 어린양으로 오시게 될 메시아를 기다려야 했다. 그러나 배도에 빠진 북 이스라엘 왕국과 그와 별반 다르지 않은 남 유다 왕국의 악행은 중단되지 않았다. 열왕기에는 전반적으로 남북 이스라엘 왕국의 모든 왕들에 관련된 기록들이 뒤섞여 나온다.

하나님을 떠난 북 이스라엘 왕국은 앗수르 제국에 의해 멸망당했으며, 남 유다 왕국도 신 바벨론 제국에 의해 뒤이어 패망하게 된다. 열왕기서의 맨 마지막은 예루살렘 성전이 파괴되고 유다 왕국의 마지막 왕 시드기야의 처참한 말로末路를 보여주고 있다. 많은 백성들이 이방지역의 바벨론으로 끌려갔으며, 성전 기물들은 가증스런 이방신당에 방치되어 보관되었다. 그런 비참한 상황 가운데서도 하나님께서는 이땅에 메시아를 보내시고자 하는 자신의 사역을 계속하셨다.

필자는 이 책 가운데 열왕기서의 교훈을 전체적으로 이해하고자 했다. 이 책을 접하는 독자들이 열왕기서에 대한 이해의 폭을 넓힘으로써 하나님의 말씀 전체에 대한 깊은 깨달음을 가지게 되기를 바란다.

우리 시대는 거짓 교사들에 의해 하나님의 말씀이 심각한 도전을 받고 있다. 자유주의 신학자들은 학문이라는 이름으로 하나님의 말씀을 난도질하기에 급급하다. 교회 가운데 하나님의 말씀이 온전히 살아있지 않다면 그 교회는 이름만 가졌을 뿐 참된 교회라 할 수 없다. 안타까운 배교의 시대에 하나님의 말씀이 온전히 회복됨으로써 교회가 교회다워지는 역사가 일어나기를 바란다.

2011년
실로암교회 서재에서
이 광 호 목사

목 차

제3부 _ 선지자 엘리야와 아합 왕

〈 열왕기하 〉

제1부 _ 엘리사의 사역과 하나님의 관여

제2부 _ 북 이스라엘 왕국의 영적인 쇠퇴와 패망

열왕기상

제1부
솔로몬왕의 통치

제1장
다윗 왕의 말년과 솔로몬의 왕위 계승

(왕상 1:1-53)

1. 말년의 노쇠한 다윗 왕

열왕기상 1장에는 다윗 왕이 솔로몬에게 왕위를 물려주어 즉위식이 행해지는 기록이 나온다. 이스라엘 민족의 왕위 계승은 처음부터 순조롭게 이루어지지 않았다. 초대 왕으로부터 두 번째 왕으로 이어지는 과정에서 이미 파당과 반역으로 얼룩져 있었다.[1]

이는 우리가 일반적으로 생각하는 은혜롭고 복이 넘치는 가운데 왕위 계승이 이루어진 것이 아님을 보여주고 있다. 우리는 이를 통해 이스라엘 왕국이 모범적인 국가의 면모를 보여주는 것이 그 목적이 아니라는 사실을 깨닫게 된다.

열왕기상 1장 1절에는 나이가 매우 많아 늙어 노쇠한 다윗 왕의 초라한 모습이 그려지고 있다. 과거에 어린 나이에 물멧돌로 블레셋 장수 골리앗을 물리치던 기개는 더 이상 그에게서 찾아볼 수 없다. 밧세바를 빼

---

[1] 이스라엘 민족의 초대 왕은 다윗이다. 그 전에 사울 왕이 정치적 집권을 했으나 그는 하나님의 언약에 의해 세워진 왕으로 볼 수 없다. 아브라함, 모세를 비롯한 구약의 언약과 예수 그리스도와 직접 연관된 다윗의 왕통 가운데 있어야만 진정한 왕으로 인정받을 수 있다.

앗기 위해 그녀의 남편이자 자신의 충복忠僕이었던 우리아Uriah를 죽일 때 물불을 가리지 않던 옛날의 모습도 전혀 보이지 않는다. 천하를 호령하며 기세를 떨치던 용맹스런 군인 출신 대왕의 기개는 이제 과거의 아련한 기억으로만 남아있을 따름이었다.

늙은 다윗 왕은 외관상 남 보기에 화려하고 위엄을 갖춘 막강한 왕의 모습이 아니라 누가 도와주지 않으면 아무 것도 할 수 없을 것 같은 측은하고 안쓰러운 모습을 보이고 있다. 뿐만 아니라 늙은 다윗은 도리어 한없이 외로워 보인다. 건강도 약해질 대로 약해져 이불을 덮어도 따뜻한 기운을 느낄 수 없는 정도가 되었다.

그러자 그의 신복들은 왕의 외로움을 덜어드리기 위해 엉뚱한 행동을 한다. 왕에게 아리따운 처녀를 구해 봉양케 하면 그 외로움이 줄어들 것이라 생각했다. 그들 나름대로는 그것이 왕을 위하는 최선의 길이라 생각했을 것이 분명하다. 그래서 수넴 여인 아비삭Abishag이란 처녀로 하여금 왕을 봉양하며 수종들도록 했다. 다윗 왕은 그 처녀의 시중을 받기는 했으나 동침하는 일은 행하지 않았다.

2. 왕자 아도니야Adonijah의 반역

아도니야는 다윗 왕의 첩 학깃Haggith의 아들로 압살롬의 동생이었다. 그는 체용이 준수하며 용맹했을 뿐 아니라 부모에게 순종하는 믿음직한 자식이었다. 그런데 평소에 아버지에게 매우 순종적이던 왕자 아도니야가 늙고 노쇠한 아버지 다윗 왕에게 반기를 들었다. 다윗 왕의 의사와 상관 없이 반역을 일으켜 왕의 자리를 취하고자 했던 것이다. 당시 다윗 왕은 솔로몬을 자신의 왕위를 계승할 후계자로 삼고자 내심 마음먹고 있는 상태였다(왕상 1:17). 그것은 여호와 하나님 앞에 맹세한 일이기도 했다.

하지만 권력을 쟁취하고자 하는 인간의 욕망 앞에서는 아도니야가 지닌 효자의 명분도 필요 없었다. 아도니야는 아버지로부터 왕위를 찬탈하기 위해 상당수의 전차와 기병 그리고 호위병을 예비했으며, 반란을 일으키고자 측근의 유력한 인사들을 끌어 모았다. 그는 요압과 제사장 아비아달을 자기편으로 끌어들였다.

그러나 다윗의 충복들은 아도니야의 반역에 가담하지 않았다. 제사장 사독Zadok과 브나야, 선지자 나단Nathan, 시므이, 레이 등은 역적을 모의하는 왕자의 부당한 요구에 가담하기를 거부했다. 그렇다고 해서 정권을 쟁취하고자 하는 아도니야의 반란 계획은 중단되지 않았다. 그 저변에는 설령 반역을 일으킨다고 해도 나이 많은 다윗 왕이 어떻게 할 수 없으리라는 정치적 계산이 깔려 있었을 것이다.

아도니야는 결국 반역에 가담하여 자신을 추종하는 유력한 인사들을 '엔로겔2) 부근 소헬렛 돌' Stone of Zoheleth near En Rogel이 있는 곳에 집결시켰다. 그 가운데는 여러 왕자들과 유다에서 세력을 가지고 있는 인사들이 포함되어 있었다. 아도니야는 저들의 환심을 사기 위해 양과 소를 잡고 자신의 왕위를 선포하는 거대한 행사를 치렀다.

그러나 선지자 나단을 비롯한 자기의 반대편에 서 있는 인사들은 그 자리에 초청되지 않았다. 그리고 왕자들 가운데 아버지 다윗 왕의 총애를 받고 있던 솔로몬 역시 초청받지 못했다. 그것은 아도니야의 정치적 판단에 의한 것이었다. 다윗 왕과 솔로몬을 지지하는 인사들을 그곳에 초청하게 되면 도리어 일을 그르치게 될 것이 분명했기 때문이다.

---

2) 엔로겔(En Rogel)은 '로겔의 샘' (정탐의 샘)이라는 뜻으로 예루살렘성 남쪽 힌놈 골짜기와 기드론 골짜기가 만나는 지점에 있는 우물이다(수 15:7; 18:16, 참조). 또한 그 지역은 유다 지파와 베냐민 지파의 경계이기도 했다. 학자들은 엔로겔을 '욥의 우물' 로 추정하기도 하는데(Keil, Pulpit Commentary, II Sam. 17:17,18), 오늘날 '비르아윱' (Bir Ayyub, 즉 욥의 우물)과 같은 곳이라 알려져 있다.

3. 나단 선지자의 계략

다윗 왕의 충복들이자 아도니야의 반대편에 서 있던 인사들은 그의 반역이 못마땅할 수밖에 없었다. 나단 선지자는 아도니야가 중심이 된 그 반역이 부당한 행동이라는 사실을 잘 알고 있었다. 그러므로 그는 다윗 왕의 젊은 첩이자 왕이 총애하는 솔로몬의 어머니인 밧세바를 찾아 갔다.

나단은 먼저 밧세바에게 아도니야가 반란을 일으켜 자기를 이스라엘 민족의 왕으로 선포한 사실과, 다윗 왕이 아직 그에 대해 아무 것도 모르고 있다는 사실을 알렸다. 그것은 결국 밧세바와 솔로몬의 생명을 위협하고 있음을 강조했다. 그러므로 밧세바가 자신의 계략을 따라주어야 한다는 당부를 했다. 그것은 다윗 왕에게 가서 자기가 말하는 대로 아도니야의 반란 사실을 아뢰라는 것이었다. 그러면 자기도 뒤이어 왕을 찾아가 그에 대해 증거하겠노라고 말했다.

나단 선지자의 말을 들은 밧세바는 곧장 다윗 왕의 침실로 들어갔다. 그녀는 왕에게 문안인사를 한 후 자기가 급박하게 찾아오게 된 이유를 아뢰었다. 그것은 솔로몬에게 왕위를 계승하려는 다윗 왕의 뜻을 거스르고 아도니야가 반란을 일으켜 스스로 이스라엘 민족의 왕이 되었다는 것이다. 그러면서 은연중 왕의 결단을 촉구하는 말을 잊지 않았다.

> "내 주여 왕이 전에 왕의 하나님 여호와를 가리켜 계집종에게 맹세하시기를 네 아들 솔로몬이 정녕 나를 이어 왕이 되어 내 위에 앉으리라 하셨거늘 이제 아도니야가 왕이 되었어도 내 주 왕은 알지 못하시나이다"(왕상 1:17,18); "내 주 왕이여 온 이스라엘이 왕에게 다 주목하고 누가 내 주 왕을 이어 그 위에 앉을 것을 반포하시기를 기다리나이다"(왕상 1:20)

다윗 왕은 그 전에 밧세바에게 그녀가 낳은 아들 솔로몬이 왕위를 계승할 왕자가 되리라는 약속을 했음이 틀림없다. 그것은 밀실密室에서 다윗 왕이 여호와 하나님께 맹세하며 애첩 밧세바에게 했던 말이다(왕상 1:30). 나단 선지자는 그 사실을 어느 정도 감지하고 있었지만 왕의 다른 측근 인사들은 그에 대해 알지 못하고 있었던 것으로 보인다(왕상 1:27 참조).

밧세바는 다윗 왕에게 급히 백성들 앞에서 후계자를 반포하도록 종용했다. 나이 많은 다윗 왕을 바라보는 뭇 백성들이 후계자에 대한 왕의 결단을 원한다는 것이었다. 그것은 당시의 형편을 감안한다면 실제적인 민심이기도 했을 것이다. 다윗 왕은 밧세바를 통해 아도니야와 그를 지지하는 세력이 반역을 일으킨 사실을 듣고 놀라지 않을 수 없었다. 더구나 평소에 효성이 지극하던 아도니야였다.

밧세바가 물러간 뒤 충격적인 소식을 듣고 심란한 마음으로 있는 다윗 왕에게 나단 선지자가 뒤이어 알현했다. 나단은 밧세바가 말했던 내용과 동일한 보고를 했다. 이것은 아도니야의 반역 사실을 확인하게 하는 역할을 했다. 나단 선지자는 왕이 과연 아도니야에게 왕위를 계승하셨는지 여쭈었다. 물론 그렇지 않다는 것을 잘 알고 있으면서도 의도적으로 그렇게 물었던 것이다. 이는 왕의 허락이 없이는 결코 있을 수 없는 일이 발생했음을 강조하는 것이기도 했다.

> "내 주 왕께서 이르시기를 아도니야가 나를 이어 왕이 되어 내 위에 앉으리라 하셨나이까 저가 오늘 내려가서 수소와 살진 송아지와 양을 많이 잡고 왕의 모든 아들과 군대 장관들과 제사장 아비아달을 청하였는데 저희가 아도니야 앞에서 먹고 마시며 아도니야 왕 만세를 불렀나이다"(왕상 1:24,25)

그러면서 나단은 자신을 비롯하여 제사장 사독과 브나야 그리고 왕자 솔로몬은 아도니야가 왕으로 선포되는 그 반역의 자리에 초청받지 못했음을 아뢰었다. 이는 그 반역에 가담하지 않은 인사들은 여전히 다윗 왕

의 충성된 신하들임을 강조하는 말이었다. 아도니야를 추종하여 왕을
버리고 떠난 자들이 많이 있지만 나머지 신하들은 다윗 왕을 충성스럽
게 따르고 있다는 것이었다.

4. 솔로몬의 왕위 계승

나단 선지자로부터 아도니야가 반역을 일으켰다는 보고를 받은 다윗
왕은 즉시 솔로몬에게 왕위를 계승하고자 했다. 그는 밧세바를 불러 전
에 여호와 하나님을 가리켜 맹세했던 대로 솔로몬을 위한 왕위 즉위식
을 거행하겠다는 사실을 밝혔다.

그런 다음 다윗 왕은 곧장 여러 신하들을 왕궁으로 호출했다. 제사장
사독, 선지자 나단, 브나야 등 아도니야의 반란에 따르지 않던 왕의 충
복들이 나아왔다. 왕은 그들에게 신복들을 데리고 솔로몬을 왕의 노새
에 태우고 기혼 샘Gihon Spring으로 내려가도록 지시했다.

기혼 샘은 예루살렘의 다윗성 밖 기드론 계곡에 위치해 있었다.[3] 거
기서 솔로몬에게 기름을 부어 백성의 왕을 삼고 양각 나팔과 함께 솔로몬
왕 만세를 부르며 예루살렘 성으로 올라오도록 명령했다. 그렇게 하면 그
가 다윗 왕의 왕위를 이어 이스라엘 민족의 왕이 된다는 것이었다.

그때 브나야가 다윗 왕에게 매우 의미심장한 중요한 말을 했다. 다음
왕위를 잇게 될 솔로몬이 다윗 왕보다 더 크게 되기를 원한다고 했던 것
이다. 이는 자칫 다윗 왕의 마음을 상하게 할 수도 있는 조심스런 말이

---

3) 유다 왕 히스기야(BC 715-687)는 예루살렘성의 급수를 위해 물길(水路,
Conduit)을 만들었다. 물이 귀한 지역이어서 비상시 성 안에 물이 끊기게 되면
안 되었기 때문이다. 그래서 히스기야는 성 밖 기드론 계곡에 있는 기혼 샘에서
솟아나는 물이 터널을 통해 타이로포에온 계곡의 성 안 실로암 못으로 흘러 들어
가도록 했던 것이다(왕하 20:20; 대하 32:30). 히스기야 터널이라고 하는 이 수
로의 직선거리는 320m이지만, 실제 거리는 533m이며, 높이는 1.1-3.4m이다.

었다. 하지만 그가 여호와 하나님께서도 솔로몬에게 그런 복을 주시기 원하신다고 말했던 것은 하나님으로 말미암은 예언적 성격을 띠는 것으로 이해해야 한다.

> "여호야다의 아들 브나야가 왕께 대답하여 가로되 아멘 내 주 왕의 하나님 여호와께서도 이렇게 말씀하시기를 원하오며 또 여호와께서 내 주 왕과 함께 계심같이 솔로몬과 함께 계셔서 그 위를 내 주 다윗 왕의 위보다 더 크게 하시기를 원하나이다 하니라"(왕상 1:36,37)

브나야가 한 말은 단순히 다른 사람들이 듣기 좋아하는 말을 한마디 내뱉은 정도가 아니었을 것으로 이해된다. 그리고 솔로몬이 왕이 되어 정치적으로 크게 성공하는 인물이 되도록 덕담을 하는 것도 아니었다. 그 말은 솔로몬이 이스라엘 민족의 왕이 되어 다윗 왕이 이룩하지 못한 '예루살렘 성전' 을 건축하게 될 사실을 예언하는 의미를 지니고 있었다. 이는 나중 다윗 왕의 신복들이 새로 왕위에 오른 솔로몬 왕에게 그와 동일한 예언적 축복을 하는 것을 보아 더욱 분명해진다(왕상 1:47).

그런데 다윗 왕은 왜 자기의 뒤를 이어 왕이 될 솔로몬의 왕위 즉위식을 하필이면 기혼 샘에서 거행하게 했을까? 다윗 왕이 솔로몬의 왕위 즉위식을 기혼 샘에서 거행하도록 지시한 데는 특별한 의미가 있었다.

척박한 땅 팔레스틴 지역에서 물은 곧 생명이었다. 따라서 구약성경에서 물은 언약과 밀접한 연관이 있었으므로 중요한 언약은 주로 우물가에서 맺어졌다. 솔로몬의 왕위 즉위식을 우물가에서 거행한 것 역시 언약적 의미를 지니고 있었다. 나아가 기혼 샘에서 즉위식을 행했던 이유는 당시 하나님의 성막이 그 부근에 있었던 것으로 보인다.

다윗의 충신들은 왕이 특별히 지시하고 있는 그 의미를 충분히 알고 있었다. 그러므로 그들은 아무런 이의 없이 솔로몬을 기혼 샘으로 데리고 가 거기서 제사장 사독이 그에게 기름을 붓고 한 목소리로 솔로몬 왕

만세를 불렀다. 여기서 우리가 특별한 관심을 가지고 보아야 할 점은 이스라엘 민족의 왕위를 계승하게 될 인물에게 기름을 붓는 자는 성막에서 수종드는 제사장이었다는 사실이다.

> "제사장 사독이 성막 가운데서 기름 뿔을 가져다가 솔로몬에게 기름을 부으니 이에 양각을 불고 모든 백성이 솔로몬 왕 만세를 부르니라"
> (왕상 1:39)

제사장 사독은 하나님의 성막 가운데서 기름이 담긴 뿔을 가지고 나왔다. 이것은 이스라엘의 왕위 계승은 곧 하나님으로 말미암는다는 사실을 보여주고 있다. 하나님의 집으로 일컬어지는 성막에서 가져온 기름을 솔로몬에게 부어 이스라엘 민족의 왕으로 삼은 것은 그 기름부음이 하나님으로 말미암은 것임을 말해주고 있는 것이다.

그들은 기혼 샘에서 왕위 즉위식을 마친 후 솔로몬 왕을 앞세우고 예루살렘 성 안으로 올라갔다. 그때 많은 백성들은 대열을 뒤따르며 솔로몬이 새 왕으로 세워진 것에 대해 양각 나팔과 피리를 불면서 즐거워했다. 성경은 백성들의 환호소리와 악기소리들로 인해 온 세상이 떠나갈 듯 했음을 묘사하고 있다.

우리는 솔로몬의 왕위 즉위식에 직접 관여한 인물들 가운데 특별히 선지자 나단과 제사장 사독을 언약적 관점에서 이해해야 한다. 다윗 왕조는 초기부터 심각한 문제들은 안고 있었으며 전혀 안정되지 못했다. 그러므로 다윗 왕으로부터 솔로몬 왕으로 왕위가 이양되는 과정은 전혀 매끄럽지 못했다.

그런 복잡한 역사적 과정 가운데서 결정적인 역할을 한 인물들은 선지자 나단과 제사장 사독이었다. 나단은 아도니야로 인해 잘못 전개되어가고 있는 정치적 흐름을 바로잡았으며, 제사장 사독은 솔로몬에게 성막에서 가져온 기름을 부었다. 이를 통해 이스라엘의 역사는 처음부터 선지자와 제사장에게 달려 있었음을 잘 보여주고 있다.

5. 아도니야의 반역 실패와 솔로몬 왕의 일시적 관용

솔로몬의 왕위 즉위식으로 인해 예루살렘 성이 떠들썩해지자 그 사실이 반란을 일으켜 스스로 왕이 된 아도니야의 진영에도 전달되었다. 그렇게 되자 아도니야의 반역에 깊숙이 가담했던 요압은 양각 나팔소리를 듣고 그 구체적인 진상을 알아보도록 자기 부하들에게 지시했다.

그때 마침 제사장 아비아달의 아들 요나단이 들어와 아도니야에게 그동안 있었던 일의 자초지종을 보고했다. 다윗 왕이 솔로몬에게 왕위를 이양하기로 작정하고 그를 위한 왕위 즉위식을 거행하도록 명했다는 것이다. 또한 제사장 사독과 선지자 나단을 비롯한 다윗 왕의 신하들은 왕의 명령에 따라 기혼 샘에 가서 솔로몬에게 기름을 부어 왕으로 세웠다는 사실을 보고했다.

백성들이 열광하며 환호하는 소리는 기름부음을 받아 새 왕이 된 솔로몬을 향한 저들의 환호소리와 악기소리라는 것이었다. 그리고 다윗 왕을 비롯한 모든 신하들이 이스라엘의 새로운 왕이 된 솔로몬을 축복하며 하나님께서 그를 크게 사용해 주시기를 빌며 여호와 하나님을 찬양하고 있다고 전했다.

솔로몬이 왕이 되었다는 소식은 아도니야와 그를 따라 반란에 가담했던 자들에게는 청천벽력 같은 소리였다. 아마 그들은 나이 많은 다윗 왕이 노쇠했으니 저들의 반역에 대해 특별한 반응을 보이지 않으리라 판단했던 것 같다. 그런 판국에 솔로몬이 새로운 왕이 되었으니 낙담하지 않을 수 없었다.

아도니야와 그의 신하들은 그런 상황에서 감히 솔로몬과 맞서 대항할

엄두조차 내지 못했다. 그들은 생명이라도 구하는 것이 상책이라고 생각했다. 아도니야를 따르던 자들은 제각각 멀리 도망을 쳤으며 아도니야는 성막의 제단 뿔을 잡고 목숨 보전을 위해 애원했다. 그가 제단 뿔을 잡았던 것은 그렇게 하고 있으면 아무도 거기 들어와 자기의 생명을 박탈하지 못한다고 믿었기 때문이다.

이스라엘 백성은 누구나 하나님의 성막과 그 안에 있는 성물들에 함부로 가까이 범접하는 것을 꺼렸다. 아도니야는 솔로몬이 자기를 죽이지 않겠다고 맹세를 하면 밖으로 나가겠다고 했다. 성막의 제단 뿔을 잡고 있는 아도니야의 행동과 말은 솔로몬에게 그대로 전해졌다. 솔로몬은 자기의 이복형인 아도니야에게 그가 원하는 대로 반역에 관련된 그 일로 인해서는 죽이지 않겠노라고 말했다.

> "솔로몬이 가로되 저가 만일 선한 사람이 될진대 그 머리카락 하나라도 땅에 떨어지지 아니하려니와 저의 가운데 악한 것이 보이면 죽으리라"(왕상 1:52)

하지만 솔로몬은 이 말 가운데서 아도니야를 무조건 용서한다고 선포하지는 않았다. 우선은 용서하지만 선악간 판단은 나중에 해야 할 것이라 말했던 것이다. 즉 이후에 아무런 문제없이 겸손하게 잘 살아간다면 모르겠거니와 그렇지 않고 나중에 다른 악한 행동을 보일 경우 그때는 가차없이 사형에 처하겠노라고 선포했던 것이다.

그 말이 있은 후 아도니야는 성막에서 나와 솔로몬 앞에 이끌려 와서 그에게 엎드려 절했다. 그러자 솔로몬은 약속대로 그의 반란 행위에 대한 아무런 죄도 묻지 않고 무사히 집으로 돌아가도록 했다. 이렇게 해서 아도니야 반란은 무위로 끝이 났다. 대신 그 반란사건으로 인해 솔로몬 왕의 즉위가 앞당겨지게 되었다. 이스라엘 민족의 새로운 왕이 된 솔로몬의 앞에는 수많은 일들이 기다리고 있었다.

제2장
다윗의 유언과 죽음,
그리고 솔로몬 왕의 주변인사 정리

(왕상 2:1-46)

1. 다윗의 유언

세상에서 아무리 유능하고 탁월한 인물이라 할지라도 죽음을 피할 수는 없다. 하나님을 신실하게 믿는 신앙인이라 해도 역시 마찬가지다. 하나님의 특별한 선택에 의해 구속사의 중심부에서 중요한 역할을 감당했던 다윗에게도 어김없이 죽음의 때가 다가왔다.

다윗은 죽음을 앞두고 왕위를 이어받은 솔로몬에게 하나님 앞에서의 삶에 연관된 중요한 유언들을 남겼다. 그것은 단순한 부자관계의 개인적인 유언이 아니라 언약 왕국의 군주로서 후계자에게 남기는 특별한 당부였다. 그 유언 가운데는 힘써 대장부大丈夫가 되라는 것과 하나님께서 모세에게 준 율법을 준수하라는 요구가 포함되어 있다. 또한 저들의 후손들 역시 그와 같이 마음을 다하고 성품을 다해야 한다는 사실을 강조하고 있다.

"내가 이제 세상 모든 사람의 가는 길로 가게 되었노니 너는 힘써 대장부가 되고 네 하나님 여호와의 명을 지켜 그 길로 행하여 그 법률과 계명과 율례와 증거를 모세의 율법에 기록된 대로 지키라 그리하면 네가 무릇 무엇을 하든지 어디로 가든지 형통할지라"(왕상 2:3)

다윗의 이 유언은 솔로몬 왕뿐 아니라 그 이후 모든 이스라엘 왕들이 귀담아 들어야 들어야 할 내용이었다. 그들이 하나님의 말씀을 순종하게 되면 하나님께서 친히 이스라엘 왕국을 선하게 보존하시리라는 약속을 상기시켰다. 특히 다윗이 솔로몬에게 힘써 대장부가 되라고 당부한 것은 앞으로 심한 두려움에 빠질 만한 일들이 많이 발생하게 되리라는 사실을 시사하고 있다. 그것은 하나님의 말씀을 벗어나게 하는 외부적 환경이 조성될 것과 내부적인 욕망이 생겨나리라는 것이었다. 그러므로 솔로몬이 힘써 대장부가 되지 않으면 어려운 상황을 능동적으로 극복해 나가기 쉽지 않으리라는 점을 암시한다.

우리는 다윗의 마지막 유언을 통해 이스라엘 왕국이 하나님으로 말미암는 기본적인 신앙 정신을 갖추어야 한다는 사실을 알게 된다. 하나님께서 특별히 세우신 다윗 왕이 죽기 전 자신의 왕위를 계승한 솔로몬에게 유언을 남기고, 그것을 그 후손들도 지켜야 한다고 말한 것은 이스라엘 왕국과 그에 속한 전체 민족에 대한 유언으로 이해할 수 있다.

다윗 왕이 남긴 그 유언들을 온전히 지킬 때 이스라엘 민족은 하나님의 언약 왕국으로서 온전한 기능을 하게 된다. 이는 이스라엘 민족의 본질적인 정체성을 말해주고 있다. 동시에 이스라엘 민족 가운데 세워진 왕들의 순종을 통해 하나님께서 자신의 계획하신 바 그 뜻에 따라 항상 저들을 형통하게 인도해 주실 것을 말하고 있다.

2. 다윗은 솔로몬 왕에게 원칙에 따른 처벌을 당부함

다윗은 솔로몬에게 이스라엘 민족 내부의 인사문제에 관한 특별한 당부의 말을 했다. 이는 솔로몬 왕이 강력한 정부를 구성해야 한다는 사실을 언급하고 있다. 다윗은 이를 위해 아들 솔로몬 왕에게 앞으로 사사로운 인정에 얽매이지 않도록 주의를 주고 있다. 그대신 원칙에 의한 처벌을 요구했다. 좀더 먼 안목으로 본다면 이는 솔로몬 왕 개인뿐 아니라 전체 이스라엘 민족과 언약의 왕국을 염려하는 다윗의 당부였다.

다윗은 우선 과거 다윗 왕 정부에 긍정적이거나 부정적으로 관여했으면서 그때까지 영향력을 행사하고 있던 몇몇 인물들에 대한 분명한 태도를 보일 것을 요구했다. 다윗의 정부에 손실을 입힌 자들에 대해서는 엄벌에 처해야 할 것이며, 유익을 끼친 인사들에 대해서는 그에 상응하는 은총을 베풀어야 한다는 것이었다.

다윗은 우선 당시 상당한 세력을 가지고 있던 요압Joab을 사형에 처하도록 요구했다(왕상 2:5,6). 그가 평안히 죽음을 맞도록 그냥 두지 말라는 것이었다. 요압의 과거에 어떤 잘못이 있었기에 그를 죽여야만 했던가? 그 이유에 대해서는 사무엘서와 열왕기서의 기록을 통해 분명히 밝혀져 있다.

요압은 그전에 자기의 정치적 목적을 달성할 욕심으로 다윗 왕의 의로운 신하 두 명을 비겁한 방법으로 살해했다. 그는 다윗이 아끼는 신하들인 넬의 아들 아브넬(삼하 3:27)과 예델의 아들 아마사(삼하 20:10)를 부당하게 죽였다. 각각 다른 시기에 벌어진 사건이기는 하지만 요압은 저들을 유인해 칼로 갑작스럽게 배를 찔러 죽였던 것이다. 그것은 결코 용서받을 수 없는 악행이었음이 분명하다.

이어 다윗은 솔로몬에게 바실래Barzillai의 아들들에게는 특별한 은총을 베풀도록 당부했다. 저들로 하여금 이스라엘 왕국을 위해 봉사할 기회를 주라는 것이었다. 바실래는 다윗 왕이 심한 어려움에 빠져있을 때 큰 힘이 되어주었던 인물이다. 오랜 전 다윗 왕이 왕자의 난을 일으킨 압살롬에 의해 쫓기고 있을 때 바실래가 많은 물건들과 양식들을 가져와 다윗에게 큰 힘을 주었었다(왕상 2:7; 삼하 17:27,28). 당시 바실래의 도움은 다윗 왕이 국력을 회복할 수 있는 중요한 역할을 했다.

나아가 시므이Shimei의 죄값을 분명히 물으라고 요구했다(왕상 2:8,9). 과거에 그는 다윗 왕이 쫓기고 있을 때 그에게 심한 독설毒舌과 함께 저주를 퍼붓던 자였다(삼하 16:5-8). 다윗은 나중 전세와 상황이 바뀌자 아부하며 자기를 맞이하던 시므이를 죽이지 않겠노라고 약속했으므로 그냥 두었지만(삼하 19:16-23), 이제 솔로몬에게는 그에게 엄한 벌을 내리라고 말했다. 다윗은 솔로몬에게 시므이의 악한 죄를 묻지 않는 오류에 빠지지 말도록 당부한 것이다.

이렇게 하여 다윗 왕은 솔로몬 정부가 과거의 잘잘못을 분명히 가려 징계와 포상을 철저히 하도록 요구했다. 다윗은 그것을 통해 솔로몬 왕이 굳건한 정치적 기틀을 마련할 수 있도록 했던 것이다.

다윗은 솔로몬에게 유언과 당부의 말을 마친 후 죽음을 맞이했다. 그의 시신은 다윗성에 장사지내게 되었다. 다윗은 헤브론에서 이스라엘 민족의 왕에 등극한 후 그곳에서 칠 년간 백성들을 다스렸으며, 그후 예루살렘으로 수도를 옮겨 삼십삼 년간 통치했다. 그는 예루살렘을 정복함으로써 아브라함에게 약속한 언약을 이루고 하나님으로부터 계시받은 많은 시편의 말씀들을 이스라엘 백성들 가운데 전했다.

이스라엘 민족을 통치하던 긴 세월 가운데 다윗 왕은 실로 파란만장한 인생을 살았다. 그는 수많은 전투에 참여해 생명의 위기를 넘겼으며, 사랑하는 자식으로부터 왕위를 빼앗길 위기에 처하기도 했다. 잘못된 욕망으로 인해 충복의 아내를 빼앗고 자신의 신하인 그녀의 남편을 죽이는 악행을 저지르기도 했다. 이제 다윗은 이 세상에서 모든 일들을 마치고 험난했던 인생을 마감하게 되었다.

3. 아도니야의 망발妄發과 솔로몬 왕의 진노

아도니야는 다윗 왕에게 반역을 일으켰다가 실패했지만 후계자 솔로몬 왕으로부터 용서를 받았다. 솔로몬은 그를 용서하면서 앞으로는 과거의 악한 행적을 뉘우치며 신실한 자로 살아가기를 요구했다. 그렇지 않으면 엄한 벌을 피하지 못할 것이라 말했던 것이다.

그런데 아도니야는 자신의 악행을 망각한 채 아주 엉뚱한 마음을 먹게 된다. 그는 여전히 욕망의 늪에 깊숙이 빠져 있었다. 그것은 그가 다윗 왕이 살아있을 때 그에게 수종들던 수넴 여인 아비삭을 자신의 아내로 맞이하고자 했던 것이다.

그는 솔로몬 왕의 어머니인 밧세바를 찾아갔다. 당시 밧세바는 상황을 제대로 파악하지 못하고 있었던 것으로 보인다. 그녀는 다윗의 첩이자 솔로몬의 어머니이기는 했지만 하나님의 언약과 연관된 진지한 삶의 자세를 갖추고 있지 못했다. 그러므로 밧세바는 아도니야의 말을 듣고 아들 솔로몬 왕에게 그의 요구를 들어주도록 부탁했다.

솔로몬 왕은 밧세바로부터 그 말을 듣고 나서 노발대발했다(왕상 2:22). 그것은 결코 있을 수 없는 일이었다. 아도니야가 아버지 다윗 왕에게 수종들던 젊은 여성을 자기 아내로 삼으려 하는 것은 아버지를 우습게 알았기 때문이라고 볼 수밖에 없다. 물론 열왕기상 1장에서는 늙은 다윗 왕이 그 여인과 동침하지 않았음을 분명히 밝히고 있다(왕상 1:4).

그러나 성경은 그에 관한 사실을 분명히 밝히고 있지만 일반 백성들은 그에 대해 명확히 알 수 없었다. 왕의 침실에서 무슨 일이 일어났는지 알 수 있는 사람은 아무도 없다. 사실 다윗의 신하들은 왕의 노년의 쓸쓸함을 달래도록 아리따운 처녀를 구해 왕실에 들였던 것이다. 다윗 왕이 그 젊은 여성과 동침하지 않았을지라도 다른 신하들의 의도는 그렇지 않았던 것은 분명한 사실이다.

따라서 일반 백성들은 왕과 젊은 시녀 사이의 동침에 대해 얼마든지 오해할 소지가 있다. 물론 그것은 단순히 다윗 왕의 자세에 관한 문제가 아니다. 그보다 더욱 중요한 것은 아비삭이 그에 관련된 것을 아무렇게나 함부로 발설할 수 없었을 것이란 점이다. 설령 그에 관한 사실을 발설했다 할지라도 누가 그 말을 액면 그대로 받아들일 것인가!

그런 판국에 아도니야가 아비삭을 자기 아내로 삼고자 했던 것은 아버지의 여인을 가로채려는 망발로 비쳐질 수밖에 없다. 나아가 그 저변에는, 자기에게 돌아올 왕위를 빼앗아 솔로몬에게 준 것으로 생각하는 아버지 다윗에 대한 일종의 보복심이 깔려 있었던 것으로 보인다(왕상 2:15 참조). 그것은 다윗을 통해 역사하시는 하나님과 그의 언약에 대한 도전행위가 된다.

그래서 솔로몬 왕은 그에게 심하게 진노했던 것이다. 솔로몬은 어머니 밧세바에게 차라리 반역에 실패한 아도니야에게 왕권을 양위하라 하지 않느냐고 크게 나무랐으며, 그럴 바에는 다윗 왕에게 반란을 일으키며 욕을 보인 제사장 아비아달과 요압의 생명까지도 구해달라고 하지 않느냐고 심하게 질책했다. 이는 아도니야가 선왕先王이자 아버지인 다윗을 심하게 욕보였을 뿐 아니라 하나님의 언약에 도전하고 있었기 때문이다.

솔로몬 왕은 그 자리에서 아도니야를 사형에 처하고자 결심한다. 그는 이스라엘 왕국을 설립하신 여호와 하나님의 이름으로 맹세하며 결코 그를 용서할 수 없음을 말했다. 다윗 왕에 대한 아도니야의 반란죄를 용서할 때에 솔로몬은 그전에 이미 그에 관한 언급을 한 적이 있었다. 과거의 악행을 뉘우치며 신실하게 살지 않으면 결코 생명을 부지할 수 없다는 사실을 분명히 밝혔던 것이다. 그로 인해 솔로몬은 결국 브나야를 보내 아도니야를 죽이도록 했다.

4. 솔로몬의 체제 강화

(1) 징계와 은총을 통한 솔로몬의 주변 인사들에 대한 정리

솔로몬 왕은 다윗의 요청에 따라 주변 인사들에 대해 철저하게 정리했다. 아도니야를 추종해 반역 행위에 가담했던 제사장 아비아달Abiathar의 직분을 파면하고 그를 고향 아나돗Anathoth으로 돌려보냈다. 솔로몬 왕이 그를 죽이지 않고 살려준 것은 인정받을 만한 그의 과거 행적 때문이었다. 오래 전 다윗 왕이 압살롬에 의해 쫓길 때 아비아달은 왕을 돕다가 환란을 당했으며, 하나님의 법궤를 예루살렘으로 메어다놓은 중요한 일을 감당했다(삼하 15:14-29, 참조).

하지만 아비아달이 죽을 수밖에 없는 자신의 생명을 유지하게 된 것 자체는 그리 대단한 일이 아니었다. 개인의 생명보다 더욱 중요한 것은 그의 제사장 직분이었다. 그는 하나님 앞에서 행하던 자신의 제사장 직분을 완전히 잃어버리게 되었다. 그런데 성경은 그것이 하나님의 예언이 응한 것이라 기록하고 있다.

여호와 하나님께서 사무엘 시대에 실로의 엘리 제사장의 집에 대해 하신 말씀이 응하게 된 것이다. 엘리의 자식들이 성막 문에서 수종드는 여인과 간음했으나(삼상 2:22) 엘리 제사장은 그들을 엄중히 다스리지 않았다. 하나님께서는 나중 엘리에게 그 죄를 지적하며 그의 후손들을 심판하시리라 말씀하셨다(삼상 2:27-36).

> "너희는 어찌하여 내가 나의 처소에서 명한 나의 제물과 예물을 밟으며 네 아들들을 나보다 더 중히 여겨 내 백성 이스라엘의 드리는 가장 좋은 것으로 스스로 살찌게 하느냐 그러므로 이스라엘의 하나님 나 여호와가 말하노라 내가 전에 네 집과 네 조상의 집이 내 앞에 영영히 행하리라 하였으나 이제 나 여호와가 말하노니 결단코 그렇게 아니하리라 나를 존중히 여기는 자를 내가 존중히 여기고 나를 멸시하는 자를 내

가 경멸히 여기리라"(삼상 2:29,30)

아비아달이 제사장 직분을 **빼앗겼던** 것은 그전에 주신 하나님의 말씀에 대한 성취였다. 하나님은 자신이 하신 말씀을 신실하게 이루어 가시는 분이다. 하나님께서는 아비아달의 제사장직을 박탈하는 것을 통해 이스라엘 민족과 그들의 역사를 친히 간섭하고 계시는 분임을 스스로 드러내셨다.

아비아달이 제사장직에서 파면되어 고향집으로 돌아갔다는 소식을 들은 요압은 심한 두려움에 떨지 않을 수 없었다. 그 역시 다윗 왕을 반역하는 아도니야의 편에 섰기 때문이었다. 그렇지 않아도 그는 과거 자신의 악한 행적에 대한 다윗 왕의 유언으로 인해 죽음을 피할 수 없는 몸이었다.

요압은 자신의 생명을 보존하기 위해 여호와의 장막으로 들어가 제단 뿔을 잡았다. 여러 사람들을 잔인하게 죽인 경험이 있는 그도 자기의 생명에 대한 애착심을 버릴 수는 없었다. 요압은 제단 뿔을 잡았는데 이는 앞서 아도니야가 취했던 행동 그대로였다. 그러나 솔로몬 왕은 아버지 다윗의 유언에 따라 브나야를 보내 요압을 죽여 땅에 매장했다.

그후 솔로몬은 왕국의 중요한 요직에 대한 인사를 단행했다. 제사장 아비아달 대신에 사독을 대제사장으로 임명하고, 요압 대신에 브나야를 군대장관으로 임명했다. 이렇게 함으로써 솔로몬 왕은 자신을 중심으로 한 강력한 정부를 구성하게 되었다.

또한 솔로몬은 다윗 왕의 당부에 따라 시므이로 하여금 예루살렘에 거주하고 아무데도 나가지 못하도록 하는 거주 제한을 명령했다. 그것을 어기는 날에는 죽음을 면치 못하리라는 점을 분명히 밝혔다. 물론 시므이는 솔로몬 왕에게 그 명령을 따라 복종하겠다는 약조를 분명히 했다.

그러나 삼 년이 지난 후 시므이는 자기의 종복 두 명이 가드Gath로 도망하자, 예루살렘을 떠나 그곳에 가서 저들을 도로 잡아왔다. 그 사실이 솔로몬 왕에게 알려지자 그를 그냥 두지 않게 되었다. 결국 솔로몬은 브나야를 보내 시므이를 사형에 처했다. 이는 솔로몬이 여호와 하나님께 맹세하며 명령한 것을 시므이가 지키지 않았기 때문이었다.

(2) 솔로몬의 저주와 축복

솔로몬 왕은 각각의 사안에 따라 여호와 하나님의 이름으로 저주와 복을 빌고 있다. 즉 그는 복만 빌었던 것이 아니라 저주를 빌기도 했다. 특히 다윗 왕에게 반기를 든 자들에 대해서는 저주를 빌었으며, 다윗 왕가에 대해서는 복을 빌었다. 이는 단순히 개인적인 집안 문제가 아니라 하나님의 언약과 관련이 있다.

> "저희의 피는 영영히 요압의 머리와 그 자손의 머리로 돌아갈지라도 다윗과 그 자손과 그 집과 그 위에는 여호와께로 말미암은 평강이 영원히 있으리라"(왕상 2:33)

솔로몬 왕은 요압과 그의 자손들에게 저주를 빌면서 다윗 왕가에 대해서는 영원한 평강을 빌고 있다. 이는 다윗의 후손들에 대한 복을 기원하는 것으로서 메시아 언약과 직접 연관된다. 솔로몬이 요압의 집을 저주한 것은 그가 '태평시대'에 무죄한 피를 흘리는 혼란을 야기했기 때문이다(왕상 2:5). 요압은 자신의 정치적 목적을 달성하기 위해 부당한 방법으로 다윗의 신하들을 무참히 살해했다. 그러면서도 자기의 권력을 누리기 위해 온갖 악행을 중단하지 않았다.

또한 솔로몬은 시므이의 집에 대해서도 동일한 입장을 보이고 있다. 이는 그전에 시므이가 '독한 말'로 다윗을 저주했기 때문이다(왕상 2:8).

그것은 결코 단순한 괘씸죄 때문만이 아니다. 중요한 것은 다윗을 저주하는 행위가 그의 왕가, 즉 메시아를 배태胚胎한 다윗의 집을 저주한 것과 마찬가지라는 사실이다. 솔로몬은 여호와 하나님의 이름으로 그를 저주했다.

> "왕이 또 시므이에게 이르되 네가 무릇 네 마음의 아는 모든 악 곧 내 부친에게 행한 바를 네가 스스로 아나니 여호와께서 네 악을 네 머리로 돌려보내시리라 그러나 솔로몬 왕은 복을 받고 다윗의 위는 영원히 여호와 앞에서 견고히 서리라 하고"(왕상 2:44,45)

솔로몬은 시므이를 저주하면서 다윗 왕가에 대한 하나님의 복을 비는 것을 잊지 않았다. 다윗의 위位가 하나님 앞에서 영원히 견고하기를 바라는 것이었다. 이는 앞에서와 마찬가지로 일상적인 복을 넘어 메시아 언약과 연관되는 것으로 이해해야 한다.

또한 솔로몬은 다윗의 특별한 당부에 따라 바실래의 아들들에게 은총을 베풀게 된다. 바실래는 다윗 왕국에 대한 하나님의 합당한 뜻과 진리를 좇아 약자인 다윗의 편에 섰다. 그렇게 함으로써 다윗 왕에게 힘을 주었던 것이다.

오래 전 다윗이 압살롬에 의해 쫓길 때는 패망해 가는 듯한 분위기였다. 그러나 바실래는 세력이 막강한 압살롬의 편에 섰던 것이 아니라 힘이 완전히 기운 듯한 다윗의 편에 섰다. 그것은 하나님의 진리와 언약으로 말미암는 것이었다. 다윗은 그 사실을 잘 알고 있었으므로 솔로몬에게 그의 아들들에게 특별한 은총을 베풀도록 당부했던 것이다.

솔로몬은 다윗의 유언에 따라 왕국의 기강을 확립하고자 최선의 힘을 기울였다. 따라서 언약의 왕국에 반기를 든 인물들을 가려 처형하거나 저들의 직분을 박탈했다. 대신 하나님의 언약을 알고 아버지 다윗 왕에게 충성스런 행동을 했던 인물들을 요직에 기용하여 안정적인 정치를 하게 되었다.

5. 견고해지는 언약의 왕국과 오늘날 교회가 받아야 할 교훈

솔로몬이 다윗의 왕위를 이어받은 집권 초기에는 강력한 정부를 세우기 위한 살벌한 인사정책이 시행되었다. 우리가 일반적으로 생각하는 '평화의 왕' 솔로몬과는 상당한 거리가 있다. 그렇지만 하나님의 언약을 기억하며 진리의 편에 서 있던 사람들에게는 은총이 베풀어졌다. 그리하여 사독을 대제사장의 자리에 앉히고 브나야를 군대장관에 임명했으며 바실래의 아들들을 공직에 기용했다.

솔로몬 왕이 즉위한 후 이스라엘 왕국은 점차 매우 견고한 나라가 되어갔다. 이스라엘 민족이 부강해지고 국력이 막강해져 가는 것 자체가 저들에게 주어진 복이라 할 수는 없다. 하나님께서는 그보다 훨씬 더 원천적인 뜻을 가지고 계셨던 것이다. 솔로몬 왕의 초기 강권정책으로 인해 이스라엘 왕국이 굳건한 기초를 확립하게 된 것은 예루살렘 성전 건축을 위해 필연적인 일이었다.

다윗 왕 시대에는 정치적인 혼란이 수없이 되풀이 되었다. 왕자들의 난이 발생했을 뿐 아니라 왕가에 부도덕한 사건들이 끊이지 않았다. 압살롬의 반란과 아도니야의 반역이 일어났으며, 이복 자식들 가운데 살인사건이 발생하고 강간사건이 일어나기도 했다. 그러나 솔로몬의 집권 후에는 강력한 정부가 세워졌다. 과거와는 달리 막강한 세력을 결집하게 되었다. 이는 다윗 왕의 유언과 조언이 솔로몬의 정부를 위한 결정적인 역할을 했던 결과로 볼 수 있다.

"솔로몬이 그 아비 다윗의 위에 앉으니 그 나라가 심히 견고하니라"
(왕하 2:12); "이에 나라가 솔로몬의 손에 견고하여지니라"(왕상 2:46)

하나님께서 솔로몬에게 강력한 정부를 구축할 수 있도록 역사하셨던 것은 일반적인 국력강화를 위한 것이 아니었다. 솔로몬의 정부가 견고하게 된 것은 예루살렘 성전을 건축할 수 있는 기틀이 마련되었음을 의미한다. 이로써 다윗 왕이 건축하려다가 이룩하지 못한 하나님의 성전을 솔로몬이 건축하게 된 것이다.

다윗 왕의 유언과 솔로몬 왕의 정책을 통해 우리 시대의 교회는 중요한 교훈을 얻게 된다. 상벌이 분명한 그와 같은 원리는 오늘날 우리에게도 그대로 적용되어야 한다. 오늘날 우리 시대의 교회들 역시 건강한 모습을 유지하기 위해서는 굳건한 기초를 다지지 않으면 안 된다.

그것을 위해서는 기록된 말씀의 철저한 원리를 통한 대응이 필요하다. 이는 교회의 엄격한 권징 사역을 필히 동반한다. 올바른 권징 사역이 시행되어야만 하나님의 교회가 이땅에서 든든히 서 갈 수 있을 것이기 때문이다. 교회가 기록된 하나님의 말씀을 통한 원리를 뒤로하고 인간적인 목적을 추구하거나 사사로운 감정에 따라 말씀의 원리를 굽게 한다면 결코 건강한 교회로 자라갈 수 없다.

제3장
솔로몬 왕의 탈선과 하나님의 역사

(왕상 3:1-28)

1. 솔로몬의 탈선

하나님의 은혜는 타락한 인간들의 선행에 기초하지 않는다. 죄에 빠진 인간은 본성적으로 악한 존재이다. 하지만 하나님께서는 인간들의 악행에도 불구하고 자신의 선하신 경륜과 더불어 놀라운 은혜를 베푸신다. 그러므로 우리는 전적인 하나님의 은혜를 깨달아 신앙을 고백하게 되는 것이다.

솔로몬 왕의 경우도 기본적으로는 이와 동일하다. 솔로몬이 나름대로 원칙에 따른 정치를 하고자 했으며 그것을 통해 굳건한 정부를 세울 수 있었다 할지라도 그의 모든 행동이 신앙적 모범이 될 만한 것은 아니었다. 그에게는 여전히 타락한 인간의 악한 모습이 그대로 남아 있었다.

솔로몬은 집권 초기에 이미 하나님을 전적으로 의지하기보다는 자신의 정치적 판단에 많은 것을 의존하고 있었다. 그는 굳건한 왕국을 세우기 위한 방편으로 대외적인 외교정책에 심혈을 기울였다. 주변의 막강한 세력을 보유한 강대국과 우호적인 외교관계를 가지는 것이 이스라엘 왕국을 위해 이득이 되는 것으로 판단했던 것이다.

그러한 생각이 솔로몬으로 하여금 하나님의 백성으로서는 결코 있을 수 없는 부당한 혼인정책을 펼치게 했다. 그는 이스라엘의 왕으로서 애굽 왕의 딸과 혼인을 했다. 그것은 신앙을 기초로 한 것이 아니었으며 애정으로 말미암는 것도 아니었다.

솔로몬 왕의 이방 결혼은 부정적인 관점에서 매우 중요한 역사적 의미를 지닌다. 당시 이스라엘 민족과 애굽인들 사이에는 수백 년이 넘는 해묵은 깊은 감정의 골이 있었다. 요셉이 애굽의 총리대신이 된 후 야곱의 자녀들이 애굽으로 이주해 갔으며, 그로 인해 그곳에서 이스라엘 민족이 형성되었다. 그들은 결국 하나님의 특별한 인도하심에 따라 애굽을 탈출하게 되지만 그 과정에서 애굽에는 엄청난 재앙들이 임하게 된다.

그로 말미암아 이스라엘 백성들은 애굽을 탈출하게 되었으나 애굽과 이스라엘 사이는 서로 원수지간이 되었다. 당시 이스라엘 백성과 애굽인들은 그에 대한 역사적 사실을 잘 알고 있었음이 분명하다. 양국의 그런 정서 가운데서 이스라엘과 애굽의 왕궁 사이에 혼인이 이루어지게 되었던 것이다.

> "솔로몬이 애굽 왕 바로로 더불어 인연을 맺어 그 딸을 취하고 데려다가 다윗성에 두고 자기의 궁과 여호와의 전과 예루살렘 주위의 성이 필역되기를 기다리니라"(왕상 3:1)

우리는 흔히 과거사청산過去事淸算이라는 말을 사용한다. 솔로몬은 수백 년 동안 원수관계에 있던 애굽과 혼인관계를 맺음으로써 과거사를 청산했다. 하나님께서 세우신 이스라엘 왕국과 세속적인 법리에 따른 애굽과 친선관계를 도모하게 되었던 것이다. 솔로몬 왕이 이방신을 신봉하는 애굽의 공주를 아내로 맞아 다윗성에서 함께 살았던 것은 두 왕국이 혈연적 동맹관계가 되었음을 의미하고 있다.

솔로몬은 그것을 통해 정말 있을 수 없는 탈선 행위를 했다. 더욱 심각한 문제는 그것이 임기응변적인 판단에 의한 것이 아니라 국가 정책이었다는 사실이다. 당시의 유대 민족주의자들은 그에 대해 심한 분노를 느꼈을 것이 분명하다. 하지만 막강한 세력을 구축하고 있는 솔로몬 정부에 대한 부정적인 말을 감히 함부로 드러낼 수 없었을 것이다.

솔로몬 왕의 탈선으로 인해 이스라엘 왕국은 영적인 혼란에 빠질 위기에 놓이게 되었다. 그런 정황 가운데서도 하나님의 계획은 중단되지 않았다. 솔로몬은 하나님의 성전과 자신의 왕궁 건축을 위해 매진했으며 예루살렘성을 축조했다. 그는 외부로 드러나는 일들을 위해 열심을 다했지만 내부적으로는 스스로 적잖은 흠집을 내고 있었다.

하나님의 은혜 없이 스스로 훌륭한 신앙을 가질 만한 사람은 이 세상에 아무도 없다. 성경은 솔로몬이 위대한 신앙적 영웅이 아니라 여전히 연약한 인간이라는 사실을 잘 보여주고 있다. 이를 통해 우리 같은 평범한 인간들이야 항상 쓰러지고 넘어지는 가운데서도 하나님의 도우심에 더욱 민감하게 반응해야 함을 절실히 깨닫게 된다.

2. 이스라엘의 산당 제사와 솔로몬의 일천 번제—千燔祭

이스라엘 민족과 연관된 산당 제사는 크게 세 가지로 나누어 생각할 수 있다. 첫째는 가나안 땅에 있던 이방 종교의 산당들로서 마땅히 척결해야할 대상이었다. 둘째는 하나님의 성막과 번제단, 그리고 법궤와 연관된 산당이다. 이는 이스라엘 민족 신앙의 중심지로서 엄밀한 의미에서는 산당이라기보다는 성막과 제단이 있는 곳the high place이다. 셋째는 예루살렘 성전이 건립되고 난 후 더 이상 산당 제사가 있어서는 안 되는데도 불구하고 이스라엘 백성들이 혼합적인 종교 관습을 지속하던 곳이다.

이스라엘 민족이 출애굽한 후 가나안 땅에 들어가기 전부터 그 지역의 높은 산들에는 이방신을 섬기는 산당들이 많이 있었다. 그것은 이스라엘 백성들을 미혹할 만한 위험한 것들이었다. 그러므로 하나님께서는 모세를 통해 이스라엘 백성이 가나안 땅에 들어가면 이방 산당을 전부 파괴하도록 명령하셨다.

> "이스라엘 자손에게 말하여 그들에게 이르라 너희가 요단을 건너 가나안 땅에 들어가거든 그 땅 거민을 너희 앞에서 다 몰아내고 그 새긴 석상과 부어 만든 우상을 다 파멸하며 산당(high places)을 다 훼파하고 그 땅을 취하여 거기 거하라 내가 그 땅을 너희 산업으로 너희에게 주었음이라"(민 33:52)

시내광야에서 가나안 땅으로 들어간 이스라엘 백성들은 이방 산당들을 훼파하기 위해 많은 힘을 기울였다. 그러나 일부 지역에서는 그렇게 하지 않음으로 인해 저들의 신앙에 걸림이 되기도 했다. 여기서 우리가 주의를 기울여야 할 사실은 이방신의 산당들은 나중 사무엘과 여러 제사장들, 그리고 다윗과 솔로몬을 비롯한 이스라엘 민족의 지도자들이 하나님께 제사를 지내던 '산당'the high place과는 분명히 구별된다는 사실이다.

건전한 이스라엘 백성들은 성막과 번제단을 통해 하나님께 제사하며 그를 경배하기를 게을리하지 않았다. 아직 예루살렘에 성전이 건축되지 않았으므로 그들은 성막과 번제단이 있는 산당에서 제사를 지낼 수밖에 없었다. 성막을 고정시키는 성전이 건축되기 전 이스라엘 백성들이 산당에서 하나님께 제사를 지낸 의미는 매우 중요하다.

우리가 분명히 기억해야 할 바는 그들이 산당에서 제사를 지낼 때 그들의 중심에는 여전히 성막과 번제단과 법궤가 있었다는 사실이다. 과거 이스라엘 백성이 법궤를 블레셋에 빼앗겼을 때조차도 그들은 성막과 번제단이 있는 산당에서 하나님께 제사드리는 것을 잊지 않았다. 우리가 잘 알 수 있는 것은 백성들 가운데 법궤가 있지 않았으나 여전히 성막과 번제단을 통해 법궤를 기억하며 하나님께 제사를 드렸다는 사실이다.

솔로몬 왕은 애굽의 공주와 혼인함으로써 탈선한 가운데서도 여호와 하나님을 사랑하는 마음을 가지고 다윗 왕이 요구한 법도를 이행하고자 노력했다. 그는 사무엘과 다윗 왕을 비롯한 여러 신앙의 선배들이 그랬듯이 하나님께 제사를 지내기 위해 기브온에 있는 산당을 방문했다. 그렇게 했던 이유는 그곳에 하나님의 성막과 번제단이 있었기 때문이었다.

기브온 산당을 찾아간 솔로몬은 하나님께 특별한 제사를 드리고자 했다. 그가 기브온 산당으로 갔던 이유에 대해 대다수 한글 성경번역들은 그 산당이 컸기 때문이라 기록하고 있지만(왕상 3:4) 단순히 그렇게 말할 수는 없다. 그 진정한 의미는 기브온 산당이 다른 이방신 산당들과는 결코 비교되지 않는 '하나님의 제단'이 있는 위대한 산당the great high place이었기 때문이다.

솔로몬 왕은 그곳에서 일천 마리의 제물을 바치는 전례 없는 일천 번제(a thousand burnt offerings, 왕상 3:4)를 드렸다.4) 일천 마리의 제물은 완전수와 연관된 개념을 지니는 것으로 이해된다. 이스라엘의 왕이 된 솔로몬은 자기가 마땅히 감당하게 될 중요한 사역을 기억하며 특별한 의

---

4) 현대 한국교회에는 잘못된 '일천 번제'(一千番祭)가 유행하고 있다. 이는 성경에 기록된 솔로몬의 '일천 번제'(一千燔祭)를 왜곡한 것이다. 솔로몬의 '일천 번제'는 천 마리의 희생제물을 한꺼번에 하나님께 태워 바친 제사였다. 그러나 한국교회에서 잘못 유행되고 있는 '일천 번제'란 천 번의 특별한 종교적 행동을 요구하는 것이다. 즉 일천 번의 새벽기도를 한다든지 일천 번의 헌금을 지속적으로 바치는 것을 요구하는 식의 종교 행위이며 이것은 종교적 목적을 추구하기 위한 미신과 다름없다.

미를 지니는 제사를 드렸던 것이다.

거룩한 하나님의 성전을 건축하게 될 이스라엘 민족의 왕으로서 솔로몬이 한꺼번에 일천 마리의 동물을 잡아 하나님께 번제로 바친 사실은 매우 중요한 의미를 지닌다. 그것은 예루살렘 성전 건축과 더불어 드려진 특별한 제사로 이해되어야 한다.[5] 또한 그 가운데는 예루살렘 성전을 통해 완성될 예수 그리스도의 십자가 사역의 의미가 들어 있다. 즉 거기에는 하나님의 완벽한 어린양이 하나님께 제물로 바쳐지게 되는 상징적 의미가 내포되어 있었던 것이다. 그러므로 그 제사는 이스라엘의 모든 왕들과 백성들을 대표하여 드려지는 의미를 지니고 있다.

하지만 예루살렘 성전이 건립되고 그곳에 법궤가 안치된 후에는 어느 누구도 여호와 하나님의 이름으로 산당에서 제사를 지내서는 안 된다. 그럼에도 불구하고 어리석은 백성들은 종교적 관습으로 인해 산당에서 제사지내는 행동을 쉽게 버리지 않았다. 많은 백성들은 높은 산에 성소를 꾸미고 제사를 지내며 자기를 위한 우상숭배를 했던 것이다(왕하 14:3,4; 16:4; 대하 28:25 참조).

3. 솔로몬 왕의 특별한 꿈

솔로몬이 기브온 산당에서 일천 번제를 드리던 날 밤 여호와 하나님께서 솔로몬의 꿈 가운데 나타나셨다. 하나님은 솔로몬을 책망하신 것이 아니라 도리어 그를 격려하며 앞으로 필요한 것들을 채워 주시겠노라고 말씀하셨다. 그러시면서 무엇을 원하는지 그에게 말해보라고 하셨다.

하나님께서 그것을 말씀하셨을 때 솔로몬은 올바른 판단을 할 수 있는 지혜를 달라고 간구했다. 자신은 하나님을 경외하는 선왕先王 다윗의

---

5) 이는 열왕기상 3장 1절과 4절의 관계를 통해 그 사실을 확인할 수 있다.

신앙에 따라 하나님의 은혜를 입었으며 그로 인해 왕위를 물려받았음을 고했다. 하지만 솔로몬 자신은 아무런 경험이 없는 미숙한 사람이라 백성들을 공평하게 다스릴 수 있는 지혜가 필요하다고 말했다.

하나님께서는 솔로몬이 다른 것들을 구하지 않고 백성들을 위해 올바른 판단을 내릴 수 있는 지혜를 구한 것을 좋게 여기셨다. 그가 자신의 개인적인 욕망을 달성하기 위한 장수長壽와 재물과 명예 등을 구하지 않고 하나님의 백성을 위한 것을 구했기 때문이다.

> "이에 하나님이 저에게 이르시되 네가 이것을 구하도다 자기를 위하여 수도 구하지 아니하며 부도 구하지 아니하며 자기의 원수의 생명 멸하기도 구하지 아니하고 오직 송사를 듣고 분별하는 지혜를 구하였은 즉 내가 네 말대로 하여 네게 지혜롭고 총명한 마음을 주노니 너의 전에도 너와 같은 자가 없었거니와 너의 후에도 너와 같은 자가 일어남이 없으리라 내가 또 너의 구하지 아니한 부와 영광도 네게 주노니 네 평생에 열왕 중에 너와 같은 자가 없을 것이라 네가 만일 네 아비 다윗의 행함 같이 내 길로 행하며 내 법도와 명령을 지키면 내가 또 네 날을 길게 하리라"(왕상 3:11-14)

하나님께서는 솔로몬의 요구를 들어주시겠다고 약속하셨다. 그가 구한 '분별하는 지혜'와 더불어 '총명한 마음'을 주시겠노라고 하셨다. 또한 솔로몬이 구하지 아니한 많은 것들을 선물로 더해 주실 것을 말씀하셨다. 솔로몬이 하나님의 길과 법도와 명령에 따르면 그에게 형통한 날들을 허락하시겠다고 약속하셨던 것이다.

4. 하나님의 언약궤 앞에서 시행된 특별한 재판 : "두 창녀와 갓난아기"

솔로몬 왕은 기브온 산당에서 일천 번제를 드리고 난 후 하나님께서 보여주신 꿈을 통해 은혜의 약속을 받고 예루살렘으로 돌아왔다. 그는 예루살렘에 도착해 하나님의 언약궤 앞에서 번제burnt offerings와 수은제peace offerings를 드리며 백성들과 함께 잔치를 베풀었다. 당시에는 언약궤와 성막이 분리된 채 멀리 떨어져 있었기 때문이다.

> "솔로몬이 깨어 보니 꿈이더라 이에 예루살렘에 이르러 여호와의 언약궤 앞에 서서 번제와 수은제를 드리고 모든 신복을 위하여 잔치하였더라"(왕상 3:15)

솔로몬 왕이 언약궤 앞에서 번제와 수은제를 드리며 백성들과 잔치를 벌이고 있을 때 공개적으로 판결해야만 할 사건이 생겨나게 되었다. 그것은 창녀 두 사람이 한 갓난아기를 두고 서로 자기 아이라고 주장하는 사건이었다. 그 둘은 솔로몬 왕 앞으로 갓난아기를 데리고 나아왔다. 이는 하나님께서 솔로몬에게 허락하신 지혜에 관한 약속이 이루어졌음을 보여주는 중요한 증거 역할을 하게 된다.

그 두 창녀는 한 집에 사는 사이였는데 사흘 간격으로 각기 아기를 낳게 되었다. 그런데 그 가운데 한 창녀가 자다가 잠결에 자기 아기의 몸 위를 누르게 되어 죽어버렸다. 그렇게 되자 그녀는 죽은 자기 아이와 옆에 있는 동료의 아기를 바꿔치기 했다.

그에 대한 정황을 전혀 모르던 다른 창녀가 새벽 일찍 일어나 아기에게 젖을 먹이려다 보니 죽어 있었다. 날이 밝은 후 아기의 얼굴을 찬찬히 살펴본 그녀는 그가 자신의 아기가 아니라는 사실을 알게 되었다. 동료였던 옆의 창녀가 죽은 아기와 자기 아기를 바꿔치기 한 것이다.

이렇게 되자 두 창녀는 그 살아있는 아기가 서로 자기 아기라고 우기며 싸우다가 솔로몬 왕에게 찾아왔다. 누가 진짜 어머니인지 왕이 그 진실을 가려달라고 요구했던 것이다. 사실 그것은 매우 어려운 일이었다.

갓난아기가 말을 할 수 있었던 것도 아니며 그에 대한 증인이 있었던 것도 아니다.

그들은 솔로몬 왕 앞에 와서도 서로 살아있는 그 아기가 자신의 아기라고 주장하며 싸웠다. 저들의 하는 말과 행동을 자세히 지켜보던 솔로몬 왕은 옆에 있던 신하에게 칼을 가져오도록 명령했다. 왕은 신하에게 그 아기를 반으로 갈라 두 여인에게 한 쪽씩 공평하게 나누어주라고 지시했다.

상황이 그런 식으로 되어가자 두 여인에게 극단의 상이한 반응이 나타났다. 그 진짜 어머니는 아기를 죽이지 말고 자신의 아기라고 주장하는 상대 여인에게 주도록 간청했다. 그러나 가짜 어미였던 창녀는 아기를 반씩 나누어 달라고 했다. 솔로몬 왕은 여인들의 그 상이한 반응을 통해 아기의 친어머니를 확인하고 그들의 생명을 보존해 주도록 했다. 이에 대한 솔로몬의 지혜로운 판결을 들은 모든 백성들은 하나님의 지혜가 저와 함께 있는 줄 알고 왕을 두려워하게 되었다.

> "온 이스라엘이 왕의 심리하여 판결함을 듣고 왕을 두려워하였으니
> 이는 하나님의 지혜가 저의 속에 있어 판결함을 봄이더라"(왕상 3:28)

그런데 솔로몬 왕이 판결한 이 사건이 가지는 구속사적 특별한 의미는 없을까? 즉 이는 단순한 일반적인 사건이 아니라 이스라엘 민족과 연관된 중요한 구속사적 의미가 있는 것은 아닐까? 우리는 그 가운데 매우 특별한 의미가 담겨 있음을 기억해야 한다.

여기에는 우리가 각별한 주의를 기울여 생각해 보아야 할 점이 있다. 그것은 창녀들이 다른 사건으로 인해 왕에게 직접 재판을 요구한다는 것은 죽음을 자초하는 것과 마찬가지라는 사실이다. 이는 마치 사형에 해당하는 흉악범들이 다른 문제로 인해 서로 다투면서 재판정에 들어서는 것과도 같다. 설령 자기 주장이 옳다는 것을 입증하여 승소한다 할지

라도 흉악한 범죄로 인해 결국 사형에 처해지게 될 것이기 때문이다.

솔로몬 왕의 재판 가운데 등장한 두 여인은 이스라엘 민족 가운데서 결코 용납될 수 없는 창녀들이었다. 그들은 하나님을 욕되게 하는 여인들로서 마땅히 제거되어야만 했다. 창녀들은 모세의 율법에 따라 돌로 쳐죽임을 당해야 할 자들이었던 것이다.

> "이스라엘 여자 중에 창기가 있지 못할 것이요 이스라엘 남자 중에 미동이 있지 못할지니"(신 23:17); "처녀를 그 아비 집 문에서 끌어내고 그 성읍 사람들이 그를 돌로 쳐죽일지니 이는 그가 그 아비 집에서 창기의 행동을 하여 이스라엘 중에서 악을 행하였음이라 너는 이와 같이 하여 너의 중에 악을 제할지니라"(신 22:21)

두 창녀가 솔로몬 왕에게 갓난아기를 데려왔을 때 저들은 그 아기의 아버지가 누군지 알지 못했을 것이다. 그렇게 되면 심문 과정에서 그들이 창녀라는 사실이 드러날 수밖에 없다. 그렇게 되면 설령 그 아기의 친어머니라는 사실이 입증된다 할지라도 창녀인 저들은 죽음을 피할 길이 없을지도 모른다. 즉 그 여인들이 재판을 요청했던 본 사건에 대한 범죄유무와는 별개로 창녀인 그들은 사형에 처해질 수 있었던 것이다.

하지만 성경에 창녀라는 이유 때문에 솔로몬 왕이 저들에게 중벌을 부과했다는 기록은 없다. 갓난아기의 친어머니였던 여인은 모든 것을 용서받았던 것으로 보인다. 그러나 거짓을 꾸몄던 그 여인은 직접적인 범죄 행위뿐 아니라 창녀라는 악한 직업으로 인해 사형에 처해졌을 것이다. 적어도 그 여인에게 무죄판결이 선고되었을리는 없다.

이스라엘 백성들은 솔로몬 왕의 지혜로운 재판으로 인해 그를 진심으로 두려워하게 되었다. 하나님께서 저와 함께하신다는 사실을 깨달았기 때문이다. 그 결과 이제는 솔로몬의 정권에 대해 반란을 일으키고자 하는 시도가 쉽게 일어날 수 없었다.

우리는 이 사건이 하나님의 놀라운 경륜 가운데 진행되었던 일이었음을 기억해야 한다. 솔로몬의 재판은 기브온에서 일천 번제를 드린 후 예루살렘에서 감사의 잔치를 벌일 때 하나님의 언약궤 앞에서 있었던 일이므로 막강한 솔로몬 정부를 지지하는 중요한 선언적 의미를 지니게 된다. 이는 앞으로 있게 될 예루살렘 성전 건축과 연관되며, 동시에 죽을 죄에 빠진 백성들에 대한 하나님의 용서와 심판이 선포되고 있는 것이다.

5. 교회가 얻어야 할 교훈

다윗 왕이 죽고 솔로몬이 즉위한 후 예루살렘 성전 건축을 위해서는 짧지 않은 기간이 요구되었다. 거기다가 하나님의 선한 인도하심에도 불구하고 솔로몬은 잘못된 인간적인 판단으로 인해 상당한 정치적 오류를 범하고 있었다. 왕위에 즉위한 솔로몬이 애굽 왕궁에서 아내를 취한 것은 율법을 벗어난 행동이었다.

혼인정책을 통해 애굽과 화친했다는 사실은 양국 사이에 있었던 과거사를 묻어버린다는 의미가 된다. 그것은 하나님의 뜻을 벗어난 명백한 잘못이다. 그럼에도 불구하고 하나님께서는 기브온에서 일천 번제를 드린 솔로몬에게 놀라운 은혜를 베푸시고 그에게 특별한 지혜를 주셨다. 그것은 솔로몬을 위한 것이라기보다 하나님께서 세우신 왕국을 위한 것이었으며 앞으로 세워지게 될 예루살렘 성전을 위한 것이었다.

기브온 산당에서 하나님께 바쳤던 일천 번제는 예루살렘 성전 건축과 직접 연관되며, 거기에는 미래의 메시아 사역에 관한 언약적 의미가 내포되어 있었다. 솔로몬과 백성들이 예루살렘으로 돌아와 하나님의 언약궤 앞에서 번제와 수은제를 드리며 잔치를 벌였던 것 역시 그와 연관된다.

그런 와중에 두 창녀가 솔로몬 왕에게 갓난아기 하나를 데리고 와서 누가 진짜 어머니인지 판단해 주도록 요구했다. 그들은 이스라엘 백성 가운데서 마땅히 끊어져야 할 악한 자들이었다. 그러나 솔로몬 왕은 지혜로운 재판을 통해 두 여인들에게 제각각 용서와 형벌을 내렸다.

우리는 솔로몬의 이 재판이 단순히 '명 판결'의 표본을 보여주고 있는 것이 아니라는 사실을 깨달아야 한다. 하나님께서 솔로몬과 함께 계시는 것을 본 백성들이 그를 두려워하게 됨으로써 이스라엘 왕국은 더욱 강력하게 되었다. 이는 그것이 앞으로 이루어지게 될 예루살렘 성전 건축과 밀접하게 연관되어 있음을 말해주고 있다.

나아가 이스라엘의 진정한 주인은 눈앞에 보이는 가시적인 왕이 아니라 하나님 자신이라는 사실과 그가 친히 예루살렘 성전을 건축하게 된다는 사실을 보여주셨다. 그리고 그런 여러 가지 일과 사건들을 통해 솔로몬이 자고自高하지 못하도록 하셨다. 하나님께서 친히 놀라운 경륜을 통해 자신의 거룩한 사역을 진행해 가셨던 것이다.

이에 대한 교훈은 오늘날 우리 시대에도 그대로 받아들여져야 한다. 교회 안에 특별한 영웅적 인물이 있어야 하는 것은 아니다. 하나님의 교회에는 종교적 엘리트가 아니라 주어진 직분에 충실한 겸손한 성도들이 필요하다. 하지만 연약한 인간들은 본성적인 이기심으로 인해 자신의 본분을 잊고 살아갈 때가 많다. 그러할지라도 하나님께서는 그의 경륜 가운데 자신의 교회를 선하게 이끌어 가신다. 우리는 솔로몬을 통해 얻게 되는 말씀의 교훈을 결코 잊어서는 안 된다.

제4장
성전 건축을 위한 솔로몬 왕의 사역

(왕상 4:1-34; 5:1-18)

1. 솔로몬 정부의 체제와 관리자들

기브온 산당에서 일천 번제를 드린 후 하나님으로부터 특별한 지혜를 얻게 된 솔로몬 왕은 국가의 체제를 정비했다. 이는 예루살렘 성전을 건축하기 위한 기본적인 골격이라 할 수 있다. 솔로몬은 이미 앞서 악한 영향력을 행사할 우려가 있는 인물들에 대해서는 철저한 숙청을 감행한 상태였다.

솔로몬 정부의 체제는 예루살렘에 수도를 둔 중앙집권적이면서 전체 지방을 이스라엘 열두 지파에 따라 나누어 통치하는 형식이었다. 그래서 왕 아래에는 제사장, 서기관, 역사를 기록하는 사관史官, 군사령관, 관리들의 책임자, 왕의 자문관, 궁내대신, 노역 감독관이 있었으며 각 지역들에는 백성들을 다스리는 열두 지방장관들이 있었다. 그들은 중앙정부와 지방을 잇는 교량역할을 했으며 왕과 왕실을 위한 양식을 예비하는 일도 담당했다(왕상 4:7).

여기서 우리의 각별한 관심을 끄는 대목은 이스라엘에서 왕을 제외한 가장 중요한 직책은 제사장과 서기관, 역사를 기록하는 사관의 순서라는 사실이다. 그들의 직책과 이름이 군대장관을 비롯한 다른 여러 대신들보다 앞서 나오는 것은 그만큼 중요한 자리였기 때문일 것이다. 이스라엘 백성에게 있어서 가장 중요한 직임을 맡은 자는 역시 하나님을 섬기는 제사장이었다.

솔로몬 정부는 예루살렘과 열두 지방 행정단위 전체가 하나로 엮어져 있었다. 또한 각 지역마다 여러 성읍들이 있어서 자치 행정이 이루어졌다. 예루살렘에 거주하며 국정에 참여하는 인사들은 제각각 맡은 임무가 분명했으며 열두 지방에 흩어진 행정 관료들도 왕으로부터 주어진 임무를 수행했다.

예루살렘의 중앙정부에 있어서 하나님을 경배하는 제사장과 왕을 보좌해 국정 전반을 총괄하는 서기관, 그리고 역사적 중요한 사건들을 기록하는 사관은 군사력과 정치 행정력보다 더욱 중요한 위치를 차지하고 있었다. 이는 이스라엘 왕국의 기본적인 정체성을 보여주는 것이기도 하다.

솔로몬의 정부에서 새로 요직을 맡은 국가 지도자들은 한결같이 왕의 깊은 신임을 받은 자들이었다. 그들은 과거의 모든 행적이 선명하게 확인된 자들이었으며 여호와 하나님을 경외하는 자들이었다. 그들은 솔로몬 왕과 함께 예루살렘 성전을 건축하는 대역사에 참여할 중요한 인물들이었던 것이다.

2. 부강한 솔로몬 정부

솔로몬 정부는 점차 막강한 힘을 소유하게 되었으며 대내외적으로 보아 태평성대를 이루었다. 이스라엘 백성의 인구는 날로 번성하여 바다의 모래같이 많게 되었다. 이는 아브라함에게 약속(창 32:12)하신 하나님의 약속 성취와 관련된다.

이스라엘 민족의 조상들이 하나님으로부터 약속받은 영토에 대해서도 솔로몬 왕 때 성취되었다. 솔로몬은 유프라테스 강에서부터 블레셋

사람의 땅과 애굽 국경에 이르는 모든 땅을 점령했다(왕상 4:21). 이는 이
스라엘 백성이 시내광야에 있을 때 이미 하나님께서 주시겠노라고 약속
한 땅이었다.

> "내가 모세에게 말한 바와 같이 무릇 너희 발바닥으로 밟는 곳을 내
> 가 다 너희에게 주었노니 곧 광야와 이 레바논에서부터 큰 하수 유브라
> 데에 이르는 헷 족속의 온 땅과 또 해 지는 편 대해까지 너희 지경이 되
> 리라"(수 1:3,4)

솔로몬 왕은 하나님께서 허락하신 모든 땅을 정복하고 주변에서 강국
으로 부상하게 되었다. 따라서 주변의 작은 왕국들 가운데는 솔로몬에
게 조공을 바치는 사례들도 많이 생겨났다. 그러므로 어느 누구도 감히
솔로몬이 통치하는 이스라엘 왕국에 대해 군사적인 위협을 가하지 못했
다(왕상 4:24). 이로 인해 솔로몬의 시대는 전쟁이 없는 평화의 시대를 유
지할 수 있었다.

그 시기에는 먹을 수 있는 곡물이 풍족했으며 소, 양, 사슴, 노루고기,
새 등 고기들과 다양한 종류의 과일들이 넘쳐났다(왕상 4:22,23,25). 백성
들은 날마다 풍족한 음식을 먹으며 모든 일에 있어서 평온한 마음으로
생활했다. 나아가 이스라엘 왕국의 지도자들은 항상 백성들의 양식이
부족하지 않도록 최선의 힘을 기울였다.

또한 솔로몬이 통치하는 왕국의 군사력은 막강했다. 전차와 준마駿馬
들이 충분했으며 일반 병사들도 막강한 전투력을 보유하고 있었다. 그
러므로 주변의 왕국들은 솔로몬이 정치하는 이스라엘 왕국을 함부로 넘
볼 수 없었다.

3. 솔로몬의 지혜와 학문의 발전

하나님께서는 솔로몬 왕에게 특별한 지혜와 총명을 주셨다. 이는 열

왕기상 3장에 기록된 것처럼 기브온 산당에서 일천 번제를 드린 솔로몬에게 하나님께서 허락하신 약속의 결과였다. 솔로몬의 지혜는 단지 이스라엘 왕국 안에만 머물렀던 것이 아니라 당시 주변의 모든 이방 국가들에까지 소문으로 퍼져나갔다.

이러한 사실 역시 하나님의 경륜에 따른 것으로 이해해야 한다. 솔로몬이 탁월하게 지혜롭다는 사실이 주변의 세속 국가들에게 알려짐으로써 저들로 하여금 이스라엘 왕국에 함부로 대하지 못하도록 했던 것이다.

솔로몬은 수많은 잠언을 말했으며 시편들을 지어 하나님을 노래했다. 그것들을 모두 합하면 수천에 이른다(왕상 4:32). 그리고 그는 학문에 익숙해 식물植物과 동물들에 대한 많은 연구를 했으며 다양한 주제의 논문들을 썼다(왕상 4:33). 물론 그것은 하나님을 믿는 성도로서 연구하는 것들이었다. 솔로몬의 학식에 관한 소문이 퍼져나가자 주변의 왕들을 비롯한 많은 지식인들이 솔로몬으로부터 배우기 위해 예루살렘으로 찾아들었다.

일반적인 용어를 사용하여 말한다면 솔로몬은 학문을 매우 장려하는 왕이었다. 물론 그 학문이란 세속적인 관심에 의한 학문이 아니라 하나님의 말씀을 기초로 한 학문이었다. 그러므로 솔로몬의 그의 잠언 가운데 학식에 관한 언급을 하면서 여호와를 경외하는 것이 지혜의 근본임을 강조했던 것이다.

> "지혜 있는 자에게 교훈을 더하라 그가 더욱 지혜로와질 것이요 의로운 사람을 가르치라 그의 학식이 더하리라 여호와를 경외하는 것이 지혜의 근본이요 거룩하신 자를 아는 것이 명철이니라"(잠 9:9,10)

진정한 학문이 솔로몬 정부의 배경이 되었기에 더욱 안정된 나라를 세울 수 있었다. 그러므로 솔로몬과 이스라엘 왕국은 주변 국가들에 의해 막강한 나라로 인식되었으며 솔로몬이 시도하는 어떤 일이라 할지라도 그것을 방해하려는 자가 없었다.

이렇게 하여 솔로몬 왕과 그의 정부는 예루살렘 성전을 지을 수 있는 충분한 기틀을 마련해 갈 수 있었다. 그것은 하나님께서 관여하신 특별한 은혜로 말미암는 것이었다. 우리는 솔로몬 왕의 주변에 형성된 이런 모든 환경들이 예루살렘 성전 건축을 위한 배경이 되고 있다는 사실을 기억해야만 한다.

4. 두로 왕 히람Hiram과 맺은 화친조약和親條約

솔로몬이 강력한 힘을 갖춘 이스라엘의 지혜로운 왕이 되어 있을 때 두로 왕 히람은 사신을 보내 우호관계를 확인하고자 했다. 솔로몬과 그의 정부는 히람이 보낸 사신을 환영했다. 이후 왕은 그 신하를 두로로 돌려보내면서 히람에게 예루살렘 성전 건축에 관한 자신의 계획을 알렸다.

선왕先王 다윗은 사방의 전쟁으로 인해 하나님의 성전을 건축하지 못했는데 자기는 그 역사를 이루겠다는 것이었다. 이 말은 다윗 왕 시대는 예루살렘에 성전을 건축할 만한 안정된 시기가 아니었다는 사실을 의미하고 있다. 하지만 이제는 상황이 완전히 달라졌음을 말했다.

> "당신도 알거니와 내 부친 다윗이 사방의 전쟁으로 인하여 그 하나님 여호와의 이름을 위하여 전을 건축하지 못하고 여호와께서 그 원수들을 그 발바닥 밑에 두시기를 기다렸나이다"(왕상 5:3)

솔로몬은 자신을 통한 성전 건축이 이스라엘의 하나님 여호와께서 허락하신 바임을 강조했다. 하나님은 그의 원수들을 자신의 발바닥 밑에 두시기를 기다리며 그동안 성전 건축을 미루어 왔다. 그러나 이제 솔로몬이 집권하여 통치하는 기간에 비로소 주변의 모든 이방국가들을 그 발밑에 두게 되었던 것이다.

그러므로 솔로몬은 두로 왕 히람에게 여호와의 이름을 위하여 성전을 건축하려 하니 레바논의 백향목을 성전공사에 사용할 수 있도록 허락해 달라고 부탁했다. 물론 솔로몬은 그에 드는 모든 경비를 이스라엘이 부담한다는 점을 분명히 말했다. 두로 왕 히람은 솔로몬 왕이 제시한 예기치 못한 특별한 요청을 듣고 매우 기뻐했다.

두로 왕 히람이 무엇 때문에 그토록 기뻐했을까? 그가 과연 솔로몬이 예루살렘에 성전을 건축하고자 한다는 소식 자체를 듣고 그렇게 기뻐한 것일까? 그것은 결코 아니다. 이방인인 그가 예루살렘 성전 건축을 종교적인 관점에서 기뻐할 만한 하등의 이유는 없다. 그가 기뻐했던 근본적인 이유는 다른데 있었던 것으로 보인다. 그것은 솔로몬의 요청이 당시 두로의 현실 경제와 맞물려 있었기 때문이다.

예루살렘 성전 건축을 위해 두로에 있는 백향목을 이스라엘에 수출할 수 있게 되었으며, 거기다가 두로 백성들의 노동력이 동원되면 일자리 확충과 더불어 엄청난 수입이 보장된다. 히람이 기뻐했던 것은 이스라엘을 우방으로 두게 된다는 사실과 예기치 못했던 경제적 이익마저 생겼기 때문이다(왕상 5:6). 그런데 두로 왕 히람은 솔로몬의 요청을 듣고 여호와를 찬양한다는 말을 하고 있다.

> "히람이 솔로몬의 말을 듣고 크게 기뻐하여 가로되 오늘날 여호와를 찬양할지로다 저가 다윗에게 지혜로운 아들을 주사 그 많은 백성을 다스리게 하셨도다"(왕상 5:7)

우리가 알기로 두로 왕 히람은 여호와 하나님을 믿는 성도가 아니었다. 그럼에도 불구하고 그가 '여호와를 찬양할지로다'고 말한 것은 신앙적인 고백이 아니라 정치적이며 외교적인 발언이었던 것으로 보아야 한다. 즉 우호관계에 있으며 앞으로 상당한 진척이 있을 이웃 이스라엘 왕국의 신을 예우상 말로 높여주었던 것이다.

히람 왕은 즉시 솔로몬 왕에게 기별하여 그의 뜻대로 하라고 했다. 레바논에 있는 백향목과 잣나무 등 목재들을 베어 바다로 이스라엘까지 운송하겠으며 그것들을 솔로몬 왕이 지정해 주는 장소까지 보내주겠다고 말했다. 그러면서 솔로몬 왕에게 그에 대한 적절한 계산을 요구했다.

이로써 솔로몬 왕과 히람 왕 사이에 국제무역을 위한 계약이 성사되었다. 솔로몬은 레바논의 목재들을 수입하고 대신 두로 왕 히람에게 곡식과 기름 등으로 그에 대한 적절한 계산을 하기로 했다(왕상 5:11). 즉 이스라엘은 목재를 수입하고 두로에 식량을 수출하게 된 것이다.

이렇듯이 굳건한 정부의 토대를 갖추고 부강하게 된 솔로몬 왕은 성전 건축을 위한 두로와의 교역이 이루어지면서 히람 왕과 화친조약을 맺었다(왕상 5:12). 당시 솔로몬은 이방 왕국들과 화친을 맺는 것을 매우 중요하게 생각하고 있었다. 그는 이미 애굽과 화친하고 있었으며 이제는 또 다시 두로 왕 히람과 화친조약을 맺게 되었던 것이다.

우리는 여기서 매우 신중한 생각을 해보아야 한다. 그것은 솔로몬이 이방 왕국들과 화친을 맺는 일이 과연 잘한 것이었는가 하는 점이다. 우리는 결코 솔로몬의 행동을 잘한 것으로 말할 수 없다. 솔로몬은 분명히 잘못했다. 그러나 우리가 동시에 생각해야 할 점은 그럼에도 불구하고 하나님께서는 자신의 경륜을 통해 그에게 은혜로 역사하셨다는 사실이다. 그런데 한글개역성경에서는 하나님께서 솔로몬에게 지혜를 주셔서 그 조약을 맺도록 하신 것처럼 기록되어 있는데 그것은 올바른 번역이 아닌 것 같다.

> "여호와께서 그 말씀대로 솔로몬에게 지혜를 주신고로 히람과 솔로몬이 친목하여 두 사람이 함께 약조를 맺었더라"(왕상 5:12); "And the LORD gave Solomon wisdom, as he promised him: and there was peace between Hiram and Solomon; and they two made a league together"(1King 5:12, KJV)

한글성경에서는 하나님께서 지혜를 주셨기 때문에 솔로몬이 히람과 화친하여 조약을 맺은 것으로 번역되어 있다. 그러나 영어 King James Version은 그렇지 않다. 하나님께서는 약속하신 대로 솔로몬에게 지혜를 주셨으며, 솔로몬과 두로 왕 히람 사이에는 평화가 있었다. 그리고 하나님의 뜻과는 별개로 두 왕이 화친을 맺었다. 그러므로 그들이 화친을 맺은 것이 하나님의 관여에 의한 것이라 볼 수 없다.

솔로몬이 하나님의 뜻과 무관하게 히람과 화친을 맺었을지라도 하나님께서는 그 가운데 역사하셔서 자신이 의도하시는 계획을 이루어 가신다. 자기 백성과 맺은 언약을 이루시기 위해 예루살렘에 거룩한 성전을 세우시는 것이 하나님의 궁극적인 뜻이었다.

5. 성전 건축을 위해 준비하는 일꾼들

솔로몬 왕은 이스라엘 전역으로부터 일꾼들을 불러모았다. 그 일꾼들의 수는 수십만 명에 이르렀다. 그들은 정기적으로 한두 달씩 번갈아 가며 레바논과 이스라엘에 머물면서 성전 건축을 준비하는 노역을 감당했다. 일꾼들 가운데는 돌을 깎는 자들도 있었으며 그 돌을 옮기는 자들도 있었다.

모든 일꾼들은 솔로몬 왕을 중심으로 하여 성전 공사를 위해 세워진 총감독의 지휘 아래 체계적인 조직을 갖추고 있었으며 재주와 능력에 따라 분업을 했다. 노동력의 낭비 없이 제대로 일을 하기 위해서는 체제를 갖춘 조직이 절대적으로 필요했다. 그렇게 해야 만 일이 계획대로 진척될 수 있었다.

솔로몬 왕은 성전의 기초를 튼튼히 놓기 위한 크고 귀한 돌들을 정교하게 깎도록 명령했다. 그 일을 위해서 전문적인 기술자들이 많이 필요했을 것은 당연하다. 솔로몬은 이방인들 가운데 있는 탁월한 기술자들을 데려왔다. 이는 이방국가에 속한 자들 가운데 뛰어난 기술자들이 훨씬 더 많았음을 말해주고 있다.

> "솔로몬의 건축자와 히람의 건축자와 그발 사람이 그 돌을 다듬고 전을 건축하기 위하여 재목과 돌들을 갖추니라"(왕상 5:18)

이스라엘 왕국보다 이방 국가들의 건축술과 석재를 다루는 기술이 더욱 뛰어났다는 사실은 솔로몬이 집권한 이후에 이스라엘이 안정을 되찾아가고 있었음을 보여준다. 즉 그 전에는 주변 국가들이 이스라엘보다 훨씬 번영했다. 그러므로 그들은 높은 기술력을 쌓을 수 있는 경험들을 많이 축적할 수 있었던 것이다.

솔로몬 왕이 레바논으로부터 백향목을 수입하고 석재들을 가져옴으로써 점차 성전 건축을 위한 준비를 갖추어갔다. 거기다가 이방의 탁월한 기술자들을 대거 데려와 만반의 준비를 갖추게 되었다. 이제 그들의 눈앞에는 성전 건축을 위한 대역사가 기다리고 있었다.

6. 예루살렘 성전과 이방의 백향목과 이방인들의 기술력

우리는 예루살렘 성전 건축을 준비하는 과정에서 의외의 상황들이 있었던 사실을 알게 된다. 그것은 솔로몬 왕이 성전 건축을 위해 이방 국가들과 외교관계를 맺고 있다는 사실이다. 이는 이스라엘 민족의 능력과 기술력만으로는 화려한 예루살렘 성전 건축이 불가능했음을 말해주는 것이기도 하다.

솔로몬은 외교관계를 통해 이방지역에서 생산되는 양질의 목재들과 석재들을 수입해 올 수 있었다. 그것들은 성전 건축을 위한 가장 기본적인 요소이다. 레바논의 백향목은 당시 최고를 자랑하던 나무였다. 석재 또한 가장 아름답고 질 좋은 것으로 구할 수 있었던 것은 솔로몬 정부가 유지한 국력이 그 배경이 되었다.

거기다가 이방인들 가운데 탁월한 건축 기술자들을 많이 데려왔다. 이는 이스라엘 백성들 가운데는 그만한 기술력을 갖춘 자가 없었음을 말해주고 있다. 그런 복잡한 여러 사실들을 통해 예루살렘 성전을 건축하기 위한 모든 준비가 완료되었다.

우리가 여기서 주의 깊게 생각해 보아야 할 점은 거룩한 하나님의 성전을 건축하는 일이 상당부분 이방인들의 손에 맡겨지고 있다는 사실이다.[6] 물론 모든 지휘 감독은 솔로몬 왕과 이스라엘의 지도자들이 감당하게 될 것이다.

당시 이스라엘 백성들의 사고에는 이방인들은 부정한 자들이었다. 모세 율법이 주어진 후로 그 점은 더욱 선명하게 드러났다. 레위기에서는 이방인들의 부정함에 대해 수 없이 많이 강조하고 있다. 그럼에도 불구하고 솔로몬 왕은 이방 지역에서 나는 자재들과 이방 기술자들의 손을 빌어 성전을 건축하고자 했다.

분명히 깨달아야 할 점은 이 모든 것들이 하나님의 놀라운 경륜 가운

---

6) 이런 예들은 그 전에도 있었다. 하나님께서는 노아 시대 방주를 건조할 때도 당시 멸망 받을 백성들의 기술력과 노동력을 통해 방주를 완성하도록 했다. 그리고 이스라엘 백성들이 시내광야에 있을 당시 모세가 하나님의 거룩한 성막을 지을 때도 애굽에서 가져온 금붙이를 비롯한 여러 자재들을 사용했었다. 이는 하나님께서는 특정한 인간들에게 모든 것을 의존하시는 분이 아니라는 사실을 보여주고 있다.

데 이루어지고 있다는 사실이다. 하나님께서는 이스라엘 민족에게 모든 것을 의존하는 분이 아니라는 사실을 여기서 잘 보여주고 있다. 따라서 아름답고 화려한 예루살렘 성전을 건축하고 나서도 이스라엘 백성들은 그것으로 인해 교만하거나 자만한 태도를 가질 수 없었다. 거기에는 이방 지역에서 난 자재들과 이방인들의 기술력이 스며들어 있었기 때문이다.

하나님께서 궁극적으로 원하는 것은 이땅에 보내고자 계획하시는 메시아와 연관된 거룩한 성전을 건축하는 일이었다. 그것은 창세 전에 선택하신 자기 자녀들을 위한 것이었으며, 혈통적 이스라엘 민족 자체를 위한 것은 아니었다. 우리는 예루살렘 성전 건축을 위해 진척되는 모든 과정과 기본적인 내용을 통해 하나님의 놀라운 섭리와 경륜을 깨달을 수 있어야 한다.

제5장
예루살렘 성전 건축

(왕상 6:1-38; 7:1-51)

1. 예루살렘 성전 건축

예루살렘 성전 건축은 구속사적인 중요한 의미를 지니고 있다. 이는 솔로몬 왕의 개인적인 업적을 기리기 위한 것이 아니었으며 단순한 역사적 산물產物도 아니다. 예루살렘에 성전이 건축된 것은 하나님께서 아브라함에게 허락하신 모든 언약과, 모세를 통해 주신 시내산 언약이 성취된 것을 의미한다.

하나님께서 갈대아 우르에서 아브라함을 부르시면서 땅과 자손을 주시겠다고 약속하신 내용이 다윗 왕 때 이루어졌다. 그리고 예루살렘에 성전이 건축된 것은 아브라함이 모리아 산에서 이삭을 바쳤던 사건과 연관되어 성취된 것이다. 하나님께서는 아브라함에게 모리아 산을 지목해 그곳에서 이삭을 바치도록 요구하셨는데 그 모리아 산이 예루살렘 성전이 건축된 장소이다. 바로 그곳에서 구약의 희생제물들이 바쳐지게 될 것이며 최후에는 영원하신 하나님의 어린양이신 예수 그리스도께서 바쳐지게 된다.

또한 하나님께서 출애굽하여 시내광야에 있던 이스라엘 백성들을 위해 규례에 따라 성막Tabernacle을 짓게 하시고 그것을 가나안 땅의 정복과 함께 예루살렘에 정착시키도록 하셨다. 솔로몬이 예루살렘에 성전 Temple을 건축함으로써 모세에게 허락하신 하나님의 모든 언약이 성취된 것이다.

이처럼 예루살렘 성전 건축은 아브라함과 모세에게 주어진 언약의 결정체적인 의미를 지닌다. 하나님께서는 솔로몬 왕 시대에 성전 건축을 이루도록 허락하셨으며 이제 솔로몬은 그에 대한 구체적인 작업에 착수하게 된다. 그 일을 위해 솔로몬은 왕위에 오르자마자 목재와 석재를 비롯한 성전 건축을 위한 모든 자재들을 준비했으며 그것을 위해 필요한 전문 기술자들과 노역자들을 예비했던 것이다.

2. 성전 건축의 시작

솔로몬은 BC 970년에 다윗으로부터 왕위를 이어받았다. 그는 왕위에 오르자 곧바로 예루살렘 성전 건축에 관한 구상을 하였음이 틀림없다. 따라서 왕이 된 지 오래지 않아 성전 건축을 위한 구체적인 준비 작업에 들어갔던 것이다.

솔로몬 왕이 필요한 모든 자재들과 인력을 확보한 후 성전 건축을 시작한 해는 BC 966년이었다. 이는 솔로몬이 다윗을 뒤이어 이스라엘의 왕위에 즉위한 지 4년이 되던 해였다. 솔로몬이 BC 970년에 왕위에 즉위했으니 그로부터 4년 후는 곧 BC 966년이 된다.

> "이스라엘 자손이 애굽 땅에서 나온 지 사백 팔십 년이요 솔로몬이 이스라엘 왕이 된 지 사 년 시브월 곧 이월에 솔로몬이 여호와를 위하여 전 건축하기를 시작하였더라"(왕상 6:1)

이 성경구절은 우리에게 매우 중요한 사실을 알려주고 있다. 그것은 이스라엘 백성들이 애굽을 탈출한 연대와 가나안 땅에 들어가던 실제적인 연도를 밝히고 있기 때문이다. 우리는 이 연대를 통해 하나님께서 자기 백성을 이방 애굽의 압제로부터 구원해내신 역사적 사건을 더욱 현실감 있게 느끼게 된다.[7]

열왕기서 기자가 이를 설명한 데는 단순히 연대를 말해주는 것 이상의 중요한 의미를 담고 있다. 그것은 곧 성전 건축의 시작을 통해 출애굽의 목적과 완성을 말해주고 있기 때문이다. 하나님께서 이스라엘 민족을 애굽으로부터 인도해 내신 목적은 그들이 가나안땅을 점령하고 예루살렘에 성전을 건축하도록 하기 위해서였다.

솔로몬 왕이 성전을 건축하게 된 것은 언약 가운데 작정된 하나님의 섭리에 의한 것이었다. 그러므로 성전 건물을 비롯한 모든 기구들을 인위적인 고안에 따라 건축하거나 만들 수 없었다. 그 모든 것들은 하나님께서 모세에게 명령하여 지은 성막의 구조와 밀접하게 연관되어 있었다.

성전의 규모는 길이가 60규빗 너비가 20규빗 높이가 30규빗이었으며,[8] 성전 벽에 붙어있는 창문, 성전 안벽에 붙어있는 삼층으로 된 다락과 골방의 크기와 모양, 각층에 오르내릴 수 있는 나사모양의 사다리 등

---

7) 솔로몬 왕이 예루살렘 성전 건축을 시작할 때가 이스라엘 백성이 출애굽한 지 480년 되던 해라는 사실은 출애굽 연도가 BC 1446년이라는 사실을 말해주고 있다. 그러므로 시내광야에서의 40년 생활이 끝난 BC 1406년에 이스라엘 백성의 가나안 진입과 여리고성 함락이 있었던 것이다.

8) 1규빗의 길이는 우리가 정확하게 알 수 없다. 일반적으로는 바벨론의 1규빗은 약 19.8인치, 애굽의 1규빗은 약 20.65인치, 히브리인의 1규빗은 약 20.4인치라 한다. 그러나 성경고고학에 의해 밝혀진 바에 의하면 히스기야의 터널, 즉 기드론 시내에서 실로암 못까지의 지하터널의 길이가 1200규빗이었는데 약 600미터가 된다. 이에 근거하면 1규빗은 약 50센티미터 가량 된다(원용국, 창세기 주석, 서울: 호석출판사, p.163; 열왕기상 주석, 서울: 호석출판사, 1996, p.217. 참조). 이는 솔로몬이 건축한 성전의 규모는 길이가 30미터 너비가 10미터 그리고 높이가 15미터 가량 되는 것으로 추론할 수 있게 한다.

모든 것이 규례에 따라 지어졌다. 또한 성전 건물의 들보와 지붕, 그리고 다락방의 들보까지 모두 백향목을 사용했으며 서로 연결되어 있었다 (왕상 6:2-10).

예루살렘 성전 건축은 그 과정에서부터 하나님 앞에서 엄숙하게 진행되었다. 진지한 마음가짐 없이 함부로 시끄럽게 떠들면서 성전과 내부 구조물을 만들 수 없었던 것이다. 건축하는 동안 건물 내부에서는 큰 방망이나 도끼 등 철 연장 소리가 전혀 들리지 않았다. 바깥에서 모든 준비를 갖추어 내부 공사를 했으므로 성전 내부에서는 조용하고 엄숙하게 조립하는 방식을 취했던 것이다.

> "이 전은 건축할 때에 돌을 뜨는 곳에서 치석하고 가져다가 건축하였으므로 건축하는 동안에 전 속에서는 방망이나 도끼나 모든 철 연장 소리가 들리지 아니하였으며"(왕상 6:7)

여기에는 오늘날 우리 시대의 하나님의 교회가 얻어야 할 중요한 교훈이 들어있다. 성도들의 무리인 하나님의 교회는 인간들이 제멋대로 떠들어 댈 수 있는 영역이 아니다. 어떤 의미에서는 신앙적인 삶이 잘 다듬어진 성도들이 교회 공동체로 모여 조용히 하나님을 섬기고 경배하는 것이 그 참된 모습일 것이다.

이는 인간들의 귀를 청각적으로 시끄럽게 하는 높은 목소리를 말하는 것이 아니다. 그것은 오히려 사람들이 하나님을 떠나 임의대로 함부로 말하지 못한다는 사실을 말해주고 있다. 사도 바울은 고린도 교회에 편지를 하면서 그에 대한 언급을 했다.

> "모든 성도의 교회에서 함과 같이 여자는 교회에서 잠잠하라 저희의 말하는 것을 허락함이 없나니 율법에 이른 것 같이 오직 복종할 것이요 만일 무엇을 배우려거든 집에서 자기 남편에게 물을지니 여자가 교회에서 말하는 것은 부끄러운 것임이라"(고전 14:34,35)

바울은 모든 성도들이 교회에서 엄숙해야 하며 하나님 앞에서 잠잠해야 할 것을 요구하고 있다. 물론 그것은 직분과 여성에 관련된 것으로서 교회에서 이루어지는 성도들의 신앙적 자세와 연관되어 있다. 바울의 교훈에 의하면 교회에서 잠잠해야 할 자들은 여자들에게만 국한되는 것이 아니라 남성들 역시 마찬가지다. 모든 백성들은 하나님의 교회 가운데서 함부로 떠들어서는 안 된다.[9)]

이처럼 예루살렘 성전을 건축할 때부터 모든 감독관들과 일꾼들은 성전 안에서 경건함을 유지해야 했다. 그곳은 하나님께서 임재하시는 거룩한 영역이었기 때문이다. 이와 마찬가지로 신약시대의 진정한 성전인 교회 공동체 가운데서 개인적인 판단에 따라 목청을 높여 시끄럽게 할 수 있는 자는 아무도 없다.

지상에 존재한 예루살렘 성전은 하늘에 있는 거룩한 성전의 모형적인 의미를 지닌다. 즉 지상의 성전 자체가 궁극적인 대상이나 목적이 아니라 천상의 영원한 성전의 그림자인 것이다. 히브리서 기자는 지상에 있는 성소에 관해 언급하면서 천상에 있는 진정한 성전과 연관지어 기록하고 있다.

> "저희가 섬기는 것은 하늘에 있는 것의 모형과 그림자라 모세가 장막을 지으려 할 때에 지시하심을 얻음과 같으니 가라사대 삼가 모든 것을 산에서 네게 보이던 본을 좇아 지으라 하셨느니라"(히 8:5)

지상에 세워진 성전을 보며 그 가운데서 하나님을 경배하는 자들은 그 넘어 존재하는 천상의 성전에 속한 성도들이다. 그러므로 지상의 성전을 보는 사람들은 천상의 성전을 볼 수 있어야 한다. 이와 마찬가지로

---

9) 물론 고린도전서 14장 34,35절 본문에서는 여성의 경우 구속사적 관점에서 보아 직분상 그것이 더욱 분명하게 적용되어야 함을 말해주고 있다. 그에 대해서는 디모데전서 2장 11-14절에서도 동일한 교훈이 주어졌다.

지상의 교회에 속한 성도들은 하나님을 경배하면서 영원한 천상의 나라를 깨달아야 한다.

솔로몬 왕이 돌로 된 성전을 건축한 것은 영원한 참 성전에 대한 그림자의 성격을 지닌다. 예루살렘 성전은 지상에 강림하시게 될 메시아를 예고하고 있으며 신약시대의 지상 교회를 향하고 있다. 그것은 또한 하나님의 자녀들에게 영원한 천상의 나라에 대한 하나님의 약속을 보여주고 있는 것이다.

3. 성전건물 건축을 완성한 솔로몬에게 주어진 하나님의 약속

솔로몬 왕은 성전을 건축하기 위해 최선을 다했다. 이동식 성막이 예루살렘에 성전으로 정착되어 그 안에 언약궤를 안치해야만 했다. 하나님께서는 이스라엘 왕국의 수도인 예루살렘 성안에 건축된 자신의 거룩한 성전에 거하시고자 하셨다. 그것을 통해 이땅에 메시아를 보내시고자 하는 것이 하나님의 뜻이었던 것이다.

예루살렘 성전의 골격이 완성되어 갈 때 즈음 하나님께서는 솔로몬에게 중요한 언약적 요구를 하셨다. 건축되는 성전과 함께 하나님의 법도와 모든 율례를 행하라는 것이었다. 그렇게 하면 하나님께서 이스라엘 백성 가운데 거하시리라는 언약을 하셨다. 이는 그가 성전을 통해 이스라엘 민족 가운데 항상 함께 계시겠다는 약속이었다.

> "여호와의 말씀이 솔로몬에게 임하여 가라사대 네가 이제 이 전을 건축하니 네가 만일 내 법도를 따르며 내 율례를 행하며 나의 모든 계명을 지켜 그대로 행하면 내가 네 아비 다윗에게 한 말을 네게 확실히 이룰 것이요 내가 또한 이스라엘 자손 가운데 거하며 내 백성 이스라엘을 버리지 아니하리라 하셨더라"(왕상 6:11-13)

예루살렘 성전은 하나님의 현존을 보여주는 소중한 방편이 된다. 하나님께서는 항상 성전 가운데 거하시면서 백성들에게 자신의 모습을 나타내신다. 성전을 통하지 않고는 하나님을 보거나 만날 수 있는 어떠한 방법도 없다. 하나님과 관계가 있는 그의 백성이라면 누구나 예루살렘 성전을 통해 그를 만나게 된다.

그러므로 성전에서 수종드는 제사장들과 레위인들은 그 가운데서 거룩하신 하나님의 뜻에 따라 하나님을 섬겨야 했다. 규례를 떠나 인간들의 자의적인 판단에 의해 행해지는 제사는 받아들여질 수 없었다. 오로지 참된 성전 제사로 말미암아 모든 이스라엘 백성들이 하나님을 대할 수 있는 것이다.

하나님께서는 백성들에게 시내광야에서 모세를 통해 주신 모든 규례와 법도에 따라 예루살렘 성전에서 정해진 제사를 드리도록 요구하셨다. 거기에는 이땅에 하나님의 아들이신 메시아를 영원한 화목제물로 보내시고자 하는 거룩한 뜻이 담겨 있었다. 하나님께서 솔로몬에게 주신 언약은 곧 메시아 약속이었던 것이다. 즉 이는 정황에 따른 단순한 말씀이 아니라 구속사 가운데서 성취하시게 될 메시아 언약을 선포하신 것이다.

4. 성소와 지성소를 위한 성전내부 공사

예루살렘에 성전 건축을 완성한 솔로몬은 성전 내벽과 마루와 천장 등에 대한 내부 공사를 시작했다(왕상 6:14). 잣나무 널판으로 마루를 놓고 백향목 널판으로 지성소와 성소를 가로막아 양쪽 사이를 구분했다. 물론 이 모든 것들은 하나님께서 정하신 규례에 따른 것이었다.

지성소에는 언약궤를 두기 위한 특별한 자리가 마련되었으며 단壇은 금으로 입혔다. 뿐만 아니라 성소와 지성소의 성물聖物들을 금으로 감쌌으며 내벽을 덮은 백향목에는 꽃과 식물 모양의 장식을 새겼다. 그리고 지성소 앞쪽으로 금 사슬을 드리웠으며(왕상 6:21), 지성소 내부에는 감람목(올리브나무)으로 제작된 동일한 모양의 두 그룹a pair of cherubim을 만들었다. 그 두 그룹들 역시 금으로 입혔는데 각기 한 쪽 벽에 닿아있었으며 중앙에서 두 날개가 맞닿아 있었다(왕상 6:27). 성소와 지성소의 사면 벽에는 그룹들과 종려와 핀 꽃 형상을 아로새겼으며(왕상 6:29) 마루 전체를 금으로 입혔다.

성소에서 지성소로 들어가는 통로에는 두 문짝으로 된 감람목 문을 만들었다. 그 문짝에는 그룹과 종려와 핀 꽃을 새기고 금으로 입혔다. 또한 바깥 성소 출입을 위해서는 감람목으로 문설주를 만들고 거기에 필요한 두 문짝은 잣나무를 사용했다. 그 문짝들은 이중으로 접게 만들어졌으며 문짝에 그룹들과 종려와 핀 꽃을 아로새기고 금으로 입혔다. 그리고 다듬은 돌 세 켜와 백향목 한 켜로 안쪽 뜰을 만들었다.

성전의 내부에 관련된 모든 공사는 하나님께서 정하신 규례에 따라 진행되었다. 하나님의 거룩한 성전 내부를 위한 공사에 규례에 벗어난 일이 개입될 수는 없었다. 이렇게 하여 성전 내부 공사의 완성과 함께 예루살렘 성전 건축을 위한 모든 공사가 끝났다. 성전 안팎의 모든 공사는 솔로몬 왕이 즉위한 지 4년이 되던 해에 시작하여 즉위 11년까지 총 7년이 걸렸다.

5. 솔로몬의 왕궁 건축

솔로몬 왕은 성전 공사를 끝낸 후 왕궁(왕상 7:1-12)을 건축했다. 솔로몬이 왕궁을 건축한 것이 과연 자기의 개인적인 호화로운 생활을 위해서였을까? 솔로몬의 영화는 앞으로 임하게 될 그리스도의 영화로움을 보여주고자 하는 그림자가 아니었을까? 우리는 이에 대해 상당한 주의를 기울여 생각해야 한다.

솔로몬은 성전 건축에 이어 자신의 왕궁을 화려하고 아름답게 건축했다. 규모로 보아서는 길이 100규빗, 너비 50규빗, 높이 30규빗으로서 예루살렘 성전보다 오히려 컸다. 그리고 백향목과 귀한 돌들을 자재로 사용했다. 하지만 우리가 기억해야 할 바는 솔로몬이 왕궁을 건축한 것이 단순히 자신의 안락을 위해서가 아니라는 사실이다. 이는 구속사적 의미를 지니는 것으로서 원수들에게 승리한 이스라엘 민족의 왕의 위상을 만천하에 선포하는 의미를 지니고 있다.

예수께서는 그에 관련된 사실을 소극적으로 드러내셨다. 예수님은 제자들에게 과거에 있었던 솔로몬 왕의 영화를 이야기하시면서 그것 자체로서는 아무 것도 아니라고 말씀하셨다. 이는 솔로몬이 영화롭지 않았다고 말씀하신 것이 아니라 그가 매우 영화롭기는 했지만 단지 참된 영화의 그림자였을 따름이라는 의미였다. 주님은 그 사실에 대해 분명한 어조로 말씀하셨다.

> "또 너희가 어찌 의복을 위하여 염려하느냐 들의 백합화가 어떻게 자라는가 생각하여 보라 수고도 아니하고 길쌈도 아니하느니라 그러나 내가 너희에게 말하노니 솔로몬의 모든 영광으로도 입은 것이 이 꽃 하나만 같지 못하였느니라 오늘 있다가 내일 아궁이에 던지우는 들풀도 하나님이 이렇게 입히시거든 하물며 너희일까 보냐"(마 6:28-30)

우리는 예수께서 제자들을 향해 하신 이 말씀을 주의 깊게 이해해야 한다. 예수님은 솔로몬의 영화보다 들에 피는 하잘것없는 백합화의 아름다움이 더 크다고 언급하셨다. 그리고는 아궁이에 던져져 태워질 들의 꽃과는 도저히 비교가 되지 않는 하나님의 자녀들이 누릴 영광이야말로 그보다 얼마나 더 크겠느냐는 것이었다.

우리는 여기서 솔로몬의 영광을 통한 메시아 예언을 기억하게 된다. 즉 솔로몬의 영광보다 훨씬 큰 하나님의 자녀들이 누릴 영광은 그냥 얻어지는 것이 아니라 예수 그리스도를 통해 선물로 주어진다. 하나님의 백성들이 가지게 되는 궁극적인 영광은 메시아로 말미암는 것이 틀림없다.

예루살렘 성전 건축과 더불어 자신의 화려한 왕궁을 건축한 솔로몬의 영광은 앞으로 오시게 될 메시아에 대한 표상으로 이해해야 한다. 이로써 이스라엘 백성들은 솔로몬 왕의 영화로움을 통해 궁극적인 메시아상을 확립하게 되었다. 이는 매우 중요한 구속사적인 의미를 지닌다. 성전 기구들을 제작하는 사실에 앞서 솔로몬의 왕궁 건축에 관한 기록이 나오는 것으로도 그 점을 충분히 알 수 있다.

이 말의 의미는 솔로몬의 지혜가 예수님의 지혜를 보여주는 그림자인 것처럼, 그의 왕궁을 화려하게 건축한 것은 앞으로 하나님의 피로 값주고 사시게 될 성전인 교회 가운데 오셔서 최종적인 승리를 거두시게 될 메시아의 영광에 대한 그림자로 이해해야 한다. 이는 곧 그의 백성들에게 제공되는 영광을 동시에 말해주고 있다.

그래서 솔로몬은 왕궁의 중심에 재판정을 만들었다. 이는 그가 자신의 명예를 위한 왕이 아니라 이스라엘 백성을 위한 왕이라는 사실을 뜻한다. 즉 솔로몬은 백성들의 옳고 그름을 밝혀 이스라엘 민족이 하나님의 뜻에 온전히 따르도록 하는 척도를 제시하게 된다는 의미를 지닌다. 왕과 왕비가 거처하기 위한 궁들을 재판정의 뒤편에 건축한 사실을 통해 백성들을 공법으로 다스리고자 하는 그의 분명한 의지를 엿볼 수 있다.

6. 성전의 현관 공사와 성전내부 기구들 제작

(1) 성전 현관에 세워진 두 놋기둥

솔로몬 왕은 또한 예루살렘 성전의 현관 공사를 하기 위해 두로에서 세련된 한 기술자를 불러왔다. 그의 이름은 히람Hiram이었는데 놋을 전

문으로 다루는 대장장이였다(왕상 7:14). 그는 납달리 지파 유대인 어머니와 놋 대장장이인 두로 사람 사이에 태어난 인물이었다. 놋 대장장이였던 히람은 열왕기상 5장 1절에 기록된 두로 왕 히람과는 동명이인同名異人이다.

히람은 뛰어난 실력을 갖춘 놋 기술자로서 크고 높은 놋기둥 둘을 만들었다. 그 기둥에는 화려한 꽃과 식물 문양으로 장식했다. 그리고 그 기둥들의 상단부분에 특별한 작업과 장식을 했다. 그는 제작한 두 놋기둥을 성전 현관 앞에 세웠는데 성전의 오른편, 즉 남쪽에 세워진 기둥에 '야긴' Jakin이라는 이름을 붙였고, 성전의 왼편 북쪽에 있는 기둥에는 '보아스' Boaz라는 이름을 붙였다. '야긴' 은 "하나님이 세우다"는 뜻이며 '보아스' 는 "그에게 힘이 있다"는 의미를 지니고 있다.

이를 통해 모든 이스라엘 백성들은 성전의 의미를 확인하게 된다. 성전을 출입하는 백성들은 항상 그 두 놋기둥을 보며 '야긴' 과 '보아스' 가 지닌 의미를 기억할 수밖에 없었다. 그 성전은 하나님께서 세우신 성전이며, 하나님께 모든 능력이 있다는 사실이 백성들 가운데 끊임없이 선포되고 있었던 것이다.

(2) 성전 기구들을 제작함

성전의 현관 입구에 세워진 두 놋기둥을 제작한 히람은 그후 놋으로 된 크고 둥근 그릇을 만들었다(왕상 7:23). 그리고는 그것을 바다the Sea라고 불렀다. 여기서 '바다' 란 물이 많은 그릇이라는 뜻인 동시에 물의 근원이라는 의미를 지니고 있다. 히람은 또한 놋으로 된 황소 열두 마리를 만들어 각기 세 마리씩 동서남북으로 향하게 하고 그 위에 놋으로 된 바다를 올려놓았다.

또 히람은 동일한 크기의 놋 받침대 열 개를 만들고 그 위에 놓을 놋 대야(물두멍) 열 개를 만들었다. 그 받침대 다섯 개는 남쪽, 즉 성전의 오른편에 두고 다섯 개는 북쪽, 즉 성전의 왼편에 두었다. 놋 받침대의 둘레에는 테두리가 있었고 그 테두리 위에는 사자와 소와 날개 달린 생물(그룹)들이 있었다(왕상 7:29). 히람은 또한 놋으로 된 솥과 부삽과 대접들을 만들었다(왕상 7:40). 그리고 '바다'는 남동쪽 모퉁이에 놓아두었다.

솔로몬 왕은 또한 성전에 필요한 모든 기구들을 만들었다. 그것은 금 단, 성소의 금으로 된 떡상, 금 등대, 금 잔, 접시, 숟가락, 불 옮기는 그릇, 지성소와 성소 문의 금 돌쩌귀 등이었다. 이렇게 하여 솔로몬은 하나님의 성전에 필요한 모든 작업을 마쳤으며 금, 은으로 된 모든 기구들을 성전 곳간에 모아두었다.

(3) 혼혈인 이방인 히람의 도움을 받은 문제

솔로몬은 예루살렘 성전을 건축하면서 이방 지역에서 난 자재들과 이방인들의 기술력을 동원했다. 그는 또한 성전의 현관 공사와 내부 기구들을 제작하기 위해 유대인과 이방인 사이의 혼혈인인 히람을 기술자로 불러왔다. 그는 주로 놋으로 된 성물聖物들을 제작하는 일에 참여했다.

우리는 성전 건축과 내부 공사, 그리고 성물들을 제작하면서 이방인들의 힘을 빌리는 솔로몬을 보게 된다. 이는 물론 하나님의 경륜과 연관이 있다. 그것으로 인해 이스라엘 민족은 예루살렘 성전에 대한 엉뚱한 자만심을 가질 수 없었다. 이는 이스라엘 백성들을 위한 하나님의 특별한 경륜적 은혜로 이해해야 한다.

7. 하나님의 경륜적 사역

하나님께서는 다윗을 통해 세우신 이스라엘 왕국 가운데 자신의 성전을 건축하고자 하셨다. 그것은 아브라함과 모세에게 주어진 언약의 성취를 위한 것이었다. 다윗은 모세가 시내산에서 건립했던 이동식 성막을 예루살렘에 고정된 성전으로 정착시켜야 한다는 사실을 잘 알고 있었다.

그것을 통해 약속의 땅 가나안에 세워진 하나님의 왕국이 악한 세상과 싸우는 기틀을 마련하게 되며, 그에 대한 중요한 표지로서 예루살렘에 거룩한 성전이 건축되어야만 했다. 그러나 다윗 왕 정부는 엄청난 규모의 성전 공사를 하기에는 아직 약체였다. 다윗 왕 시대에는 내부적으로 안정되지 못한 상태였으며 외부적으로도 주변 국가들의 위협과 공격이 끊이지 않았다.

그러므로 하나님께서는 다윗의 뒤를 이은 솔로몬 왕 때 예루살렘 성전을 건축하고자 하셨다. 다윗 왕 역시 그에 대한 사실을 하나님의 계시를 통해 잘 알고 있었다. 하나님은 성전 건축을 위해 솔로몬의 정부가 강력한 힘을 가지도록 역사하셨다. 그로 인해 솔로몬의 치세동안 이스라엘은 내부적인 안정을 누렸으며 외부적으로도 강력한 힘을 가진 왕국으로 인정받았다. 그렇게 되자 주변 국가들은 막강한 세력을 지닌 이스라엘 왕국을 감히 넘볼 수 없었다.

이처럼 솔로몬이 예루살렘 성전 건축을 비롯한 모든 공사들을 마무리할 수 있었던 것은 전적인 하나님의 은혜였다. 즉 솔로몬 왕을 통한 예루살렘 성전 건축과 내부 공사, 왕궁 건설, 성전의 현관을 비롯한 외부 작업, 성전 내부의 기구들 제작 등 모든 사역을 마치는 데는 하나님의 적극적인 간섭과 인도하심이 있었던 것이다.

또한 우리는 성전 내부와 기구들에 새겨진 다양한 생물들에 대해 특별한 관심을 기울일 필요가 있다. 지성소 내부에 장식된 양 날개를 가진 두 그룹(왕상 6:23-28)과 '바다'를 받치고 있는 열두 마리의 황소(왕상 7:25), 그리고 놋 받침대의 테두리에 있는 사자와 소와 날개 달린 생물들(왕상 7:29,36)을 특히 유념해 기억해야 한다. 이는 에스겔이 본 천상의 환상(겔 1장)과 사도 요한이 요한계시록 4장의 환상에서 본 천상의 생물들에 밀접하게 연관되어 있기 때문이다.

우리는 예루살렘 성전 건축이 하나님의 경륜적 사역이었음을 기억해야만 한다. 이 모든 사역들은 앞으로 오실 메시아와 연관되는 것이다. 예루살렘 성전과 왕궁을 비롯한 모든 공사와 그 가운데 있었던 작업들은 천상의 성전에 대한 그림자였으며 지상에 임하시게 될 예수 그리스도를 예고하고 있다. 그 모든 일들은 이땅에 메시아를 보내시고자 하는 하나님의 계획 가운데 이루어졌다.

제6장
언약궤의 성전 안치와 낙성식(봉헌식)

(왕상 8:1-66)

1. 언약궤를 지성소로 옮김

예루살렘에 성전이 건축된 것은 그곳에 하나님의 언약궤를 안치하기 위해서였다. 언약궤는 하나님의 실제적인 임재를 의미하고 있다. 이스라엘 백성들은 성전의 언약궤를 통하지 않고는 하나님을 만날 수 없었다. 이는 비록 이스라엘 백성뿐 아니라 이 세상의 모든 인간들에게 공히 적용되는 말이다. 그러므로 지성소 안의 언약궤는 하나님을 만날 수 있는 유일한 통로 역할을 한다.

성경은 언약궤 위의 시은좌施恩座를 '하나님의 발등상'이라 묘사하고 있다. 이스라엘 백성은 예루살렘에 있는 성전에서 거룩하신 하나님을 경배하게 된다. 제사장들은 하나님의 발등상 앞에 무릎을 꿇고 그의 앞에 서게 되며, 제사장들이 지내는 제사를 통해 온 이스라엘 백성이 하나님을 경배하게 되는 것이다.

> "이에 다윗 왕이 일어서서 가로되 나의 형제들, 나의 백성들아 내 말을 들으라 나는 여호와의 언약궤 곧 우리 하나님의 발등상을 봉안할 전 건축할 마음이 있어서 건축할 재료를 준비하였으나 오직 하나님이 내게 이르시되 너는 군인이라 피를 흘렸으니 내 이름을 위하여 전을 건축하지 못하리라 하셨느니라"(대상 28:2,3); "너희는 여호와 우리 하나님을 높여 그 발등상 앞에서 경배할지어다 그는 거룩하시도다...... 너희는

여호와 우리 하나님을 높이고 그 성산에서 경배할지어다 대저 여호와
우리하나님은 거룩하시도다"(시 99:5,9)

솔로몬 왕은 시내광야에서 모세에 의해 만들어진 하나님의 언약궤를
안치하기 위해 예루살렘 성전을 건축했다. 그리고 성소와 지성소로 분
리함으로써 내부 공사를 마무리했다. 또한 규례에 따라 성전 안팎을 단
장했으며 제사를 위해 필요한 모든 성물聖物들을 제작해 만들었다.

모든 작업을 완료한 솔로몬은 이제 하나님의 언약궤를 성전 안의 지
성소로 옮기는 일을 시도하고자 했다. 그것은 낙성식과 더불어 진행되
었다. 예루살렘 성전 낙성식은 온 이스라엘 민족이 참여하는 국가적인
행사였으며 그 구체적인 수행을 위해서는 이스라엘 민족의 모든 지도자
들이 동원되어야 했다. 뿐만 아니라 율법에 의한 절차에 따라 그 모든
일이 진행되어야 했다.

이제 솔로몬 왕은 언약궤를 성전 안으로 옮기기 위해 유대력으로 칠
월 절기10)에 낙성식을 위해 이스라엘의 장로들과 모든 지파의 족장들을
예루살렘으로 소집했다. 솔로몬 왕과 모든 이스라엘 백성은 양과 소를
잡아 하나님의 언약궤 앞에서 제사를 드렸다. 그리고는 하나님의 제사
장들이 백성들 앞에서 언약궤를 메고 갔다. 나머지 여러 제사장들과 레
위인들은 다른 성물들을 메고 그 뒤를 따라 올라갔다.

제사장들은 하나님의 언약궤를 지성소 내부에 있는 그룹들의 날개 아
래 안치했다. 열왕기서에는 당시 언약궤 안에는 모세의 두 돌 판만 들어
있었던 것으로 기록하고 있다(왕상 8:9). 원래 그 안에는 모세의 두 돌판
이외에 만나를 담은 금 항아리와 아론의 싹난 지팡이가 같이 들어 있었
다. 신약성경 히브리서 기자는 그에 대해 증언하고 있다.

---

10) 이스라엘 민족의 칠월 절기는 장막절을 일컫는다. 이는 유대력으로 7월 15일에
　　서 21일까지 이어졌다. 솔로몬 왕은 예루살렘 성전 건축을 마치고 장막절에 맞
　　추어 낙성식을 거행했다.

> "또 둘째 휘장 뒤에 있는 장막을 지성소라 일컫나니 금향로와 사면을 금으로 싼 언약궤가 있고 그 안에 만나를 담은 금항아리와 아론의 싹난 지팡이와 언약의 비석들이 있고 그 위에 속죄소를 덮는 영광의 그룹들이 있으니 이것들에 관하여는 이제 낱낱이 말할 수 없노라"(히 9:3-5)

원래 언약궤 안에는 모세의 두 돌판 이외에 만나를 담은 금항아리와 아론의 싹 난 지팡이가 들어 있었다. 그런데 솔로몬의 성전에 언약궤가 안치될 즈음에는 그 안에 모세의 두 돌판만 남아 있었던 것이다. 물론 그 가운데 하나님께서 모세에게 주신 '언약'인 두 돌판이 가장 중요한 의미를 지닌다. 당시에는 아마도 언약궤가 블레셋에 빼앗겼을 때 언약의 돌판들을 제외한 나머지 두개는 분실된 것이 아닌가 여겨진다.

여기서 우리는 매우 중요한 의미를 생각해 보아야 한다. 하나님의 언약궤 안에 들어있던 중요한 몇 가지 성물들이 분실되었다면 그것을 어떻게 받아들여야 할까? 우리가 그에 대해서 모든 것을 다 이해할 수는 없다. 하지만 분명한 것은 언약궤 안에 들어있던 만나가 든 금항아리와 아론의 싹난 지팡이가 없어졌지만 언약궤의 권위와 의미는 여전히 그 가운데 그대로 존속하고 있다는 사실이다.

이는 나중 BC 586년에 예루살렘 성전이 파괴되고 언약궤가 다시 이방인들인 바벨론에 의해 빼앗겼을 때도 여전히 예루살렘 성전의 권위와 의미가 살아있었던 사실과 함께 생각해 보아야 할 문제이다. 이처럼 우리에게 더욱 중요한 것은 언약궤와 성전이 지니고 있는 본질적 의미이다. 즉 가시적인 실체로서 언약궤와 성전은 본질을 말씀하고자 하는 거룩한 방편이었던 것이다.

제사장들이 지성소에 언약궤를 안치하고 성소에서 나올 때, 구름이 여호와의 전에 가득 찼다. 이는 하나님의 언약과 더불어 성취된 하나님의 성전과 연관된 사역에 대한 승인으로서의 의미를 지니게 된다. 즉 아브라함과 모세에게 말씀하셨던 하나님의 언약이 성취된 것에 대한 확증이었던 것이다.

> "제사장이 성소에서 나올 때에 구름이 여호와의 전에 가득하매 제사장이 그 구름으로 인하여 능히 서서 섬기지 못하였으니 이는 여호와의 영광이 여호와의 전에 가득함이었더라"(왕상 8:10,11)

제사장들이 언약궤를 지성소 안에 안치하고 밖으로 나왔을 때 성전에 구름이 가득했던 것은 거룩한 하나님의 영광을 보여주고 있다. 이는 곧 하나님의 존재를 의미하며 가시적인 하나님의 임재를 보여준 것이다.[11] 이로써 이스라엘 백성들은 천상의 하나님이 성전을 통해 항상 저들 가운데 계신다는 사실을 깨닫게 된다.

성전에 가득한 하나님의 영광 앞에서 감히 얼굴을 들 수 있는 자는 아무도 없다. 하나님을 진정으로 알고 있다면 죄인으로서 감히 그 앞에서 자고하거나 교만할 수 없는 것이다. 참된 성도들은 오로지 하나님의 은혜를 기다리는 가운데 그에게 감사하며 찬송할 수 있을 따름이다.

2. 솔로몬 왕의 공적인 기도와 이스라엘 백성

(1) 성전 건축에 관한 솔로몬 왕의 설명

솔로몬 왕은 이스라엘 민족의 회중 앞에서 자신이 성전을 건축하게 된 것은 구름 가운데 계시는 여호와 하나님을 위해서였다고 말했다. 열

---

11) 이에 관해서는 모세가 시내광야에서 성막을 완성했을 때도 동일한 현상으로 나타났다. '성막'의 완성과 '성전'의 완성 시에 동일한 하나님의 영광이 선포되었다는 사실은 눈여겨보아야 한다: "그가 또 성막과 단 사면 뜰에 포장을 치고 뜰 문의 장을 다니라 모세가 이같이 역사를 필하였더라 그후에 구름이 회막에 덮이고 여호와의 영광이 성막에 충만하매 모세가 회막에 들어갈 수 없었으니 이는 구름이 회막 위에 덮이고 여호와의 영광이 성막에 충만함이었으며"(출 40:33-35).

왕기상 8장 12절의 한글개역성경에는 '여호와께서 캄캄한 데 계시겠다고 말씀하신 것'으로 표현되어 있다. 영어성경 NIV에는 이 부분이 'The LORD has said that he would dwell in a dark cloud'(1King 8:12)로 번역되어 있다. 이는 하나님께서 단순한 흑암이 아니라 두터운 구름a dark cloud이 가득한 영광 가운데 계심을 말하고 있는 것이다.

솔로몬은 예루살렘 성전을 건축함으로써, 두터운 구름 가운데 영화로운 존재로 계시는 하나님의 지상 거처를 마련했다고 밝혔다. 솔로몬 왕은 그 사실을 이스라엘의 모든 회중 앞에서 설명했다. 이는 이스라엘 민족 가운데 거하시게 되는 하나님께서 이룩하시게 될 놀라운 사역이 있음을 선포하는 의미를 지니고 있다.

또한 솔로몬은 이스라엘의 온 회중을 향해 공적인 복을 빌었다. 그는 이스라엘 하나님 여호와를 송축하면서 다윗에게 약속한 예루살렘을 건축하신 분은 곧 하나님 자신이라는 사실을 고백했다(왕상 8:14). 즉 솔로몬은 예루살렘 성전의 건축이 자신을 비롯한 어느 누구의 공로가 될 수 없음을 말했던 것이다. 이와 더불어 그는 성전의 의미에 관한 하나님 자신의 말씀을 백성들에게 선언적으로 알렸다.

> "내가 내 백성 이스라엘을 애굽에서 인도하여 낸 날부터 내 이름을 둘 만한 집을 건축하기 위하여 이스라엘 모든 지파 가운데서 아무 성읍도 택하지 아니하고 다만 다윗을 택하여 내 백성 이스라엘을 다스리게 하였노라"(왕상 8:16)

성전 건축을 처음부터 계획하신 분은 하나님 자신이었다. 이스라엘 백성이 출애굽한 후 약속의 땅 가나안에 들어갔을 때 하나님께서는 자신의 언약궤를 두기 위한 성전을 건축하시고자 했던 것이다. 그러나 그 성전은 이스라엘 땅 아무 곳에나 세우질 수 없었다. 거룩한 성전이 건축될 장소는 반드시 예루살렘이 되어야 한다는 사실을 하나님께서 분명히 말씀하셨다. 이는 두 가지 중요한 사실과 연관된 의미를 동반하고 있다.

첫째는 돌로 된 성전이 세워질 장소가 그 전에 주어졌던 하나님의 언약과 연관된다는 사실이다. 이는 하나님께서 아브라함에게 독자 이삭을 바치도록 명령했던 모리아 산이 곧 언약의 장소임을 말해주고 있다. 아브라함이 백세에 얻은 이삭을 하나님께 제물로 바쳤던 바로 그 자리에 성전이 세워져야 한다는 사실은 구속사적인 중요한 의미를 보여준다.

둘째는 예루살렘성이 이스라엘 민족의 마지막 정복지였다는 사실이다. 이는 예루살렘이 정복되면 하나님께서 아브라함에게 약속하신 모든 땅을 얻게 된다는 점을 말해 준다. 그러므로 최종적으로 정복하여 얻은 그 성읍 가운데 하나님의 성전이 세워져야 했던 것이다.

하지만 하나님께서는 다윗 왕이 예루살렘을 정복하고 나서도 그에게 성전을 건축하는 일을 허락하지 않으셨다. 다윗은 그에 대한 깊은 관심을 가지고 있었으나 하나님은 그에게 그 일을 시행하지 못하도록 하셨던 것이다. 그 대신 하나님께서는 다윗의 뒤를 이어 왕이 될 후계자 솔로몬에게 성전 건축을 위한 중대한 사명을 맡기시겠노라 말씀하셨다.

이제 솔로몬 왕은 하나님의 말씀에 따라 은혜 가운데 성전 공사를 모두 마쳤다. 그리고 성전 안에 지성소를 만들고 그곳에 하나님의 언약궤를 안치했다. 그것은 이스라엘 민족을 애굽 땅에서 인도해 내실 때부터 여호와의 언약을 담고 있는 궤를 이스라엘 왕국 가운데 두게 되었음을 의미한다. 그러므로 이제부터 온 이스라엘 백성은 예루살렘 성전에 놓여있는 언약궤를 중심으로 하여 메시아에 대한 하나님의 약속을 기다리며 살아가야만 한다.

(2) 솔로몬의 성전 건축 감사에 대한 본질적 의미

솔로몬 왕은 성전 건축이 인간들의 계획이 아니라 하나님으로 말미암아 완공되었다는 사실을 잘 알고 있었다. 그는 여호와 하나님의 제단 앞에서 이스라엘 온 회중을 마주하고 서서 하늘을 향해 두 손을 폈다. 하늘에 계신 하나님을 향해 성전 건축을 감사하며 공적인 기도를 시작했던 것이다.

솔로몬은 먼저 이스라엘 왕국 가운데 계시는 여호와 하나님께 감사를 돌렸다. 그는 자신이 말씀하신 언약을 철저히 지키는 신실하신 분이시다. 하나님께서 성전을 짓게 하신 것은 그가 이스라엘 왕국 가운데 거하시며 창세 전에 작정하신 자신의 거룩하신 뜻을 이룩하시겠다는 의지를 표명하신 것이다. 따라서 우리는 이에 관한 이해를 잘 해야만 할 필요가 있다.

> "이스라엘 하나님 여호와여 주께서 주의 종 내 아비 다윗에게 말씀하시기를 네 자손이 자기 길을 삼가서 네가 내 앞에서 행한 것같이 내 앞에서 행하기만 하면 네게로 좇아 나서 이스라엘 위에 앉을 사람이 내 앞에서 끊어지지 아니하리라 하셨사오니 이제 다윗을 위하여 그 허하신 말씀을 지키시옵소서"(왕상 8:25); "Now therefore, O LORD, the God of Israel, keep with Your servant David my father that which You have promised him, saying, 'You shall not lack a man to sit on the throne of Israel, if only your sons take heed to their way to walk before Me as you have walked'"(1King 8:25, NASB)

우리는 여기서 솔로몬 왕의 기도에 상당한 주의를 기울여 생각해야 할 부분이 있음을 깨닫게 된다. 솔로몬의 이 기도 가운데는 앞으로 오시게 될 메시아에 관련된 의미가 포함되어 있다. 하나님께서는 다윗에게 그의 '자손들' sons이 하나님의 율법에 온전히 순종하면 이스라엘 백성 가운데 '한 왕'이 있게 되리라고 말씀하셨다. 즉 하나님께서 다윗에게 약속한 것은, 이스라엘 민족이 다윗 왕의 신앙에 따라 율법을 준수하면 '이스라엘의 왕위에 앉을 자' a man를 허락받으리라는 것이었다.

여기서 말하는 이스라엘 민족의 왕위에 오르게 될 '한 사람'은 솔로몬을 지칭하는 것이 아니다. 솔로몬 왕이 하나님께 이제 그 약속을 지켜 달라고 간구하고 있는 사실을 통해 그 점을 알 수 있다. 다윗의 자리를 상속받을 자는 그가 죽고 난 후에 왕위에 오르게 된다. 다윗의 왕위를 이어받은 자는 지금 하나님께 기도하고 있는 솔로몬이다. 그럼에도 불구하고 솔로몬은 다윗에게 하셨던 하나님의 약속을 지켜주시도록 기도하고 있다.

이는 하나님께서 다윗 왕에게 특별히 주신 약속으로 메시아와 연관되는 내용으로 이해할 수 있다. 예루살렘 성전을 완공하고 지성소 안에 언약궤를 안치한 솔로몬이 하나님께 그에 대한 기도를 하고 있다는 사실을 우리가 기억해야 한다. 솔로몬은 이미 이스라엘의 왕이 되어 있는 자기가 아닌 다른 영원한 이스라엘 왕에 관한 기도를 했던 것이다.

(3) 성전에 거하시는 천상의 하나님에 대한 솔로몬의 간구

솔로몬은 자신이 건축한 성전이 천상에 있는 성전의 그림자라는 사실을 잘 알고 있었다. 그는 지상의 성전 자체에 본질적인 의미가 있는 것이 아니라 천상의 모형적 성격을 띠고 있음을 알고 있었다. 그는 하나님께 그 사실을 고백적으로 말하고 있다.

> "하나님이 참으로 땅에 거하시리이까 하늘과 하늘들의 하늘이라도 주를 용납지 못하겠거든 하물며 내가 건축한 이 전이오리이까"(왕상 8:27)

하지만 지상의 성전이 그림자 역할을 한다고 해서 그 거룩성이 줄어드는 것은 아니다. 돌로 지어진 솔로몬 성전은 여전히 하나님의 거룩한 집이었다. 그곳은 하나님의 이름이 있는 성소였다(왕상 8:29). 그러므로 이스라엘 백성들은 그곳을 향해 기도했으며 이스라엘의 제사장들은 그곳에서 하나님께 제물을 바치며 제사를 드렸다.

예루살렘 성전은 항상 이스라엘 민족의 신앙적 중심지였다. 그들이 하나님께 기도를 하든지 자신의 문제로 인한 맹세를 하든지 항상 예루살렘 성전을 향해 있었다. 하나님께서 백성들에게 응답하실 때도 예루살렘 성전을 통해 반응하셨다. 하나님은 하늘에 계시면서 제사장들이 성전에서 드리는 제사를 받으셨으며 그들을 통해 이루어지는 백성들의 기도를 들으셨다.

솔로몬은 그에 대한 진정한 의미를 잘 알고 있었다. 따라서 백성들이 하나님을 배반하고 악을 행하게 되면 하나님께서 자신과 백성들이 만나게 되는 성소인 성전을 향해 진노하실 것이란 사실도 알았다. 하나님께서 배도한 백성들에게 진노함으로써 성전에 심판을 내리시게 되면 이스라엘 민족은 하나님을 만날 수 있는 방편을 상실하게 되는 것이다.

그러므로 솔로몬은 앞으로 이스라엘 민족에게 닥칠지도 모르는 불행한 사태에 대한 언급을 하면서 하나님의 은혜를 간구했다. 하나님께서는 솔로몬의 입을 통해 성전을 중심으로 하여 살아가야 할 이스라엘 민족의 의미를 드러내셨다. 이는 또한 앞으로 일어나게 될 민족적 사건에 대한 예언적 성격을 띠고 있다.

> "만일 주의 백성 이스라엘이 주께 범죄하여 적국 앞에 패하게 되므로 주께로 돌아와서 주의 이름을 인정하고 이 전에서 주께 빌며 간구하거든 주는 하늘에서 들으시고 주의 백성 이스라엘의 죄를 사하시고 그 열조에게 주신 땅으로 돌아오게 하옵소서"(왕상 8:33,34)

하나님께서는 이스라엘 민족 자체를 긍휼히 여기셔서 저들에게 큰 은혜를 베푸셨던 것이 아니다. 하나님의 계획은 그 민족을 통해 이땅에 자신의 메시아를 보내시는 것이었다. 그러므로 그 일을 훼방하거나 방해되는 행위를 하는 모든 자들은 심판의 대상이 되었다. 솔로몬은 바로 그 점을 염두에 두고 하나님께 기도했다.

이스라엘 백성이 본분을 잊고 성전의 의미를 훼손함으로써 범죄하여 이방인들을 통한 하나님의 심판이 임하게 되면 저들에게 깨달음을 주시도록 간구했다. 이 말 속에는 하나님께서 저들을 이방인들의 손에 붙이신다는 의미를 내포하고 있다. 그런 가운데 저들이 교만을 뉘우치고 여호와 하나님의 이름을 인정하며 거룩한 성전의 의미를 다시금 깨달아 그곳을 향해 간구하게 되면 열조에게 약속하신 땅으로 인도해 주시도록 은혜를 구했던 것이다.

여기서도 솔로몬은 단순히 이스라엘 민족을 위해서 기도한 것이 아니라 그 가운데서 이루어지게 될 하나님의 언약과 계획을 염두에 두고 있는 것으로 이해해야 한다. 즉 하나님께서는 창세 전에 택하신 자기 자녀들을 구원하시기 위해 이스라엘 민족을 통해 메시아를 보내는 것이 궁극적인 뜻이었다.

그러므로 하나님의 뜻에 저항하거나 그 의미를 희석시키는 자들에 대해서는 엄중한 심판을 내리시게 된다. 거기에는 기근, 온역, 메뚜기 재앙, 이방 군대를 동원한 전쟁 등 갖가지 재앙들이 임하게 될 것이 언급되고 있다. 참 이스라엘 백성들은 하나님의 심판을 통해 저들의 존재이유에 대한 분명한 깨달음을 다시금 확인하게 되는 것이다. 백성들이 하나님을 경외하여 돌이켜 성전을 향해 손을 펴고 기도할 때 하나님께서는 메시아를 보내시고자 하는 뜻과 더불어 저들의 기도를 들으시게 된다.

(4) 세상 만민에게 개방될 하나님의 복음에 대한 예언

솔로몬 왕은 또한 기도 가운데 하나님의 복음이 이방인들에게 개방될

사실을 예언적으로 말하고 있다. 하나님께서는 이스라엘 민족을 자신의 사역을 위한 선한 도구로 사용하고 계신다. 이 세상에 메시아를 보내 악한 자들을 심판하시기 위해 직접 아브라함을 불러 특별한 민족을 조성하셨던 것이다.

그러므로 이스라엘 민족은 스스로를 위한 종족이 아니라 하나님과 세상에 태어나는 모든 하나님의 자녀들을 위해 존재하는 민족이다. 솔로몬은 그에 대한 의미를 알고 있었다. 그가 이방인들을 향한 복음의 개방성에 대해 말한 것은 바로 그런 의미를 지니고 있다.

> "또 주의 백성 이스라엘에 속하지 아니한 자 곧 주의 이름을 위하여 먼 지방에서 온 이방인이라도 저희가 주의 광대한 이름과 주의 능한 손과 주의 펴신 팔의 소문을 듣고 와서 이 전을 향하여 기도하거든 주는 계신 곳 하늘에서 들으시고 무릇 이방인이 주께 부르짖는 대로 이루사 땅의 만민으로 주의 이름을 알고 주의 백성 이스라엘처럼 경외하게 하옵시며 또 내가 건축한 이 전을 주의 이름으로 일컫는 줄을 알게 하옵소서"(왕상 8:41-43)

복음의 개방은 이 세상에 존재하는 모든 인종과 신분을 초월한다. 구약성경에는 그에 관한 분명한 계시들이 드러나 있다. 이사야 선지자는 그와 연관하여 이스라엘 민족의 의미를 설명하고 있다. 하나님께서 이스라엘 민족을 특별히 세우신 것은 저들로 하여금 이방의 빛이 되게 하시기 위해서였다.

> "나 여호와가 의로 너를 불렀은즉 내가 네 손을 잡아 너를 보호하며 너를 세워 백성의 언약과 이방의 빛이 되게 하리니 네가 눈먼 자들의 눈을 밝히며 갇힌 자를 감옥에서 이끌어 내며 흑암에 앉은 자를 감방에서 나오게 하리라"(사 42:6,7)

이스라엘 백성들은 선민選民이라는 말 자체를 두고 지나친 자부심을 가지거나 교만할 이유가 없다. 중요한 것은 저들이 하나님의 뜻에 얼마나 온전히 순종하느냐 하는 것이었다. 그러므로 이스라엘 백성이라 할지라도 하나님의 뜻을 거스르며 저항하게 되면 엄중한 심판의 자리에 놓이게 되는 것이다.

신약성경에서도 이방인들에게 하나님의 복음이 전파되어야 할 사실이 분명하게 언급되어 있다. 부활하신 예수께서는 제자들을 향해 땅 끝까지 복음이 증거되어야 하리라는 사실을 말씀하셨다(마 28:18-20; 행 1:8). 사도들 역시 여러 교회들에 보낸 편지 가운데 그에 대한 사실을 언급하고 있다. 사도 바울은 에베소 교회에 편지를 보내면서 이방인들에게 복음이 증거되어 그들 가운데 하나님의 나라를 상속받을 백성들이 많이 있음을 말했다.

> "이는 이방인들이 복음으로 말미암아 그리스도 예수 안에서 함께 후사가 되고 함께 지체가 되고 함께 약속에 참예하는 자가 됨이라 이 복음을 위하여 그의 능력이 역사하시는 대로 내게 주신 하나님의 은혜의 선물을 따라 내가 일군이 되었노라"(엡 3:6,7)

바울은 여기서 하나님의 궁극적이 뜻이 무엇인가를 밝히고 있다. 하나님의 약속에 참여할 자들이 온 이방 세계에 흩어져 있으므로 저들에게 하나님의 복음을 선포하고 전하는 일은 필연적이다. 즉 그것은 단순한 인간들의 종교적인 노력이 아니라 하나님의 섭리 가운데 분명히 이루어져야 한다.

솔로몬 왕이 예루살렘 성전을 건축하고 지성소에 거룩한 언약궤를 안치한 후 하나님께 기도하면서 이방인들 가운데 복음이 선포되어야 할 것을 밝힌 것은 매우 중요한 의미를 지닌다. 이는 솔로몬 왕의 개인적인 판단이 아니며 솔로몬 당대에 이루어질 내용도 아니다. 그렇지만 그 언

급을 통해 구속사 가운데 완성될 하나님의 나라에 대한 중요한 의미를
드러냈던 것이다.

(5) 이스라엘 백성의 배도와 하나님의 심판에 대한 예고

솔로몬 왕은 타락한 인간들의 속성에 대해 잘 알고 있었다. 이스라엘
백성이라고 해도 예외가 될 수 없다. 하지만 이스라엘 백성의 악한 삶
이란 다른 이방인들과 개념이 다르다. 일반적인 세상 왕국의 백성들은
윤리적인 기준을 두고 죄라 일컫지만 이스라엘 민족에 있어서 죄란 하
나님에 대한 배도를 일컫는다. 그것은 성전을 통해 오시게 될 메시아에
대한 진정한 소망을 버리고 타락한 종교적인 삶을 추구하는 것을 의미
한다.

솔로몬은 이스라엘 백성들이 앞으로 하나님을 떠나 배도하게 될 사실
을 인식하고 있었다. 하나님의 백성들의 신앙적인 삶은 항상 예루살렘
성전을 향하고 있다. 성전을 벗어난 이스라엘 민족은 아무런 의미가 없
다. 그들은 도리어 하나님을 전혀 알지 못하는 이방인들 보다 더욱 악한
자들이다.

솔로몬은 하나님께 이스라엘 백성이 하나님의 성전을 향해 기도하는
자세를 버리지 않도록 보호해 달라는 간구를 했다. 그럼에도 불구하고
타락한 이스라엘 백성들은 하나님을 떠나게 된다. 그 지경에 이르게 되
면 하나님께서 주변의 이방 왕국들을 동원해 이스라엘을 엄하게 심판하
신다. 그러나 하나님께서는 자신의 거룩한 사역을 위해 이스라엘 백성
을 언약 가운데 지켜 보호하신다.

이는 이땅에 그리스도를 보내시고자 하시는 하나님의 의지와 연관된
다. 그러므로 솔로몬은 이스라엘 백성들을 보존해 주시도록 간구했던
것이다. 그들이 이방인들에 의해 사로잡혀 간다 해도 뉘우치고 예루살

렘을 향해 기도하거든 저들을 불쌍히 여겨 달라는 것이었다.

> "범죄치 아니하는 사람이 없사오니 저희가 주께 범죄함으로 주께서 저희에게 진노하사 저희를 적국에게 붙이시매 적국이 저희를 사로잡아 원근을 물론하고 적국의 땅으로 끌어간 후에 저희가 사로잡혀 간 땅에서 스스로 깨닫고 그 사로잡은 자의 땅에서 돌이켜 주께 간구하기를 우리가 범죄하여 패역을 행하며 악을 지었나이다 하며 자기를 사로잡아 간 적국의 땅에서 온 마음과 온 뜻으로 주께 돌아와서 주께서 그 열조에게 주신 땅 곧 주의 빼신 성과 내가 주의 이름을 위하여 건축한 전 있는 편을 향하여 주께 기도하거든 주는 계신 곳 하늘에서 저희 기도와 간구를 들으시고 저희의 일을 돌아보옵시며 주께 범죄한 백성을 용서하시며 주께 범한 그 모든 허물을 사하시고 저희를 사로잡아 간 자의 앞에서 저희로 불쌍히 여김을 얻게 하사 그 사람들로 저희를 불쌍히 여기게 하옵소서"(왕상 8:46-50)

하나님을 배도하고 그리스도에 대한 진정한 소망을 버리는 일은 이스라엘 민족사 가운데 끊임없이 발생하게 된다. 결국 하나님께서는 이스라엘 민족을 더러운 이방 왕국의 손에 붙이시게 된다. 앗수르 제국을 통한 강력한 경고에도 불구하고 이스라엘 백성이 하나님의 말씀을 듣지 않자 결국 바벨론 제국을 통해 예루살렘 성전을 파괴하게 되는 것이다.

이스라엘 민족이 바벨론에 의해 멸망당한 것은 저들이 예루살렘 성전의 의미를 진정으로 알지 못했기 때문이다. 그들은 형식적으로 그곳을 종교적 중심지로 삼았지만 저들의 종교적 욕망을 추구했을 따름이다. 종교 지도자들은 많은 제물들을 그곳에 갖다 바치고 율법적인 종교 행위를 했지만 그 가운데는 그리스도가 존재하지 않았던 것이다.

그러므로 이스라엘 백성이 이방으로 잡혀갔을 때 하나님을 경외하는 성도들은 예루살렘을 향해 기도하게 되었다(단 6:10 참조). 이는 단순히 고국에 대한 그리움 때문만이 아니었다. 저들의 진정한 관심은 예루살렘과 성전을 통해 오시게 될 메시아에 대한 소망에 있었다.

3. 솔로몬의 축복과 낙성식에 대한 하나님의 응답

솔로몬 왕은 여호와의 제단 앞에서 공적인 기도를 마치고 온 이스라엘 회중을 향해 공적으로 축복했다. 그 중심에는 하나님에 대한 찬송이 들어있었으며, 모세를 통해 언약하신 말씀들이 그대로 이루어졌음에 대한 감사의 내용이 들어있었다. 이는 예루살렘 성전을 건축하게 된 사실과 직접 연관되어 있다.

여호와 하나님께서는 항상 이스라엘 민족 가운데 거하시고, 백성들은 예루살렘 성전을 중심으로 날마다 하나님의 율법을 순종하며 그 가운데 살게 될 것을 말했다. 그것을 통해 여호와 하나님이 우주 만물을 창조하신 하나님이라는 사실이 세상 만방에 선포되기를 원했던 것이다.

솔로몬은 이스라엘 백성에게 성전을 중심으로 하는 신앙적인 삶에서 떠나지 말 것을 당부했다. 그것만이 유일한 성도의 삶의 길이었기 때문이다. 하나님의 자녀들은 성전을 통해 드러나는 하나님의 뜻을 떠날 수 없으며 저들의 온 마음을 하나님과 온전히 화합해야만 했던 것이다.

> "그런즉 너희 마음을 우리 하나님 여호와와 화합하여 완전케 하여 오늘날과 같이 그 법도를 행하며 그 계명을 지킬지어다"(왕상 8:61)

솔로몬 왕은 이와 더불어 성전 완공에 대한 성대한 낙성식落成式을 거행했다. 그는 백성들에게 예루살렘 성전을 중심으로 한 성도의 삶의 의미와 도리를 선포한 후, 그곳에 모인 사람들과 함께 엄청난 수의 소(2만 2천 마리)와 양(12만 마리)을 잡아 여호와 하나님께 희생 제사를 드렸다. 솔로몬이 드린 제사는 화목제로서 거룩하신 하나님과 범죄한 인간들 사이에 이루어지게 될 궁극적인 화해와 용서를 위한 제사였다.

솔로몬은 규례에 따라 번제와 소제와 감사제의 기름을 성전에 바치면서 성전 낙성식과 연관하여 십사 일간을 여호와 하나님 앞에서 규례에 따른 절기로 지켰다. 그것을 위해 이스라엘 백성들이 약속의 땅 전국 각지에서 모였다. 예루살렘에 모인 모든 백성들은 왕을 위해 복을 구했으며 여호와 하나님께서 이스라엘 민족 가운데 베푸신 모든 은혜를 인해 기뻐하며 즐거워했다. 이는 이스라엘 백성이 예루살렘 성전의 의미에 대한 깨달음이 있었다는 사실을 말해주고 있다.

제7장
하나님의 경고警告와 부강한 솔로몬 왕국

(왕상 9:1-28; 10:1-29)

1. 성전과 왕궁의 완공 후 하나님의 나타나심

솔로몬 왕은 이십 년에 걸쳐 성전과 왕궁을 완공했다. 성전의 지성소에 언약궤를 안치함으로써 하나님께서 아브라함에게 말씀하신 언약과 모세에게 주신 시내산 언약을 성취하게 되었다. 그것은 매우 중요한 일이었지만 이제 그보다 더욱 신경 써야 할 일은 성전을 통해 올바르게 하나님을 섬기며 그의 뜻을 따르는 것이었다. 하나님께서는 그 가운데서 창세 전에 계획하신 대로 자기 백성들을 구원할 메시아를 보내시게 된다.

성전과 왕궁 건축을 마친 솔로몬에게 하나님께서 나타나셨다. 성전 건축을 앞두고 기브온 산당에서 제사를 드릴 때 그에게 특별히 말씀하신 하나님께서 성전을 완공한 후 다시 나타나신 것이다. 이는 하나님의 관심이 예루살렘 성전에 있다는 사실을 잘 말해주고 있다.

그러므로 하나님께서는 솔로몬에게 그와 관련된 자신의 거룩한 뜻을 밝히셨다. 그것은 하나님께서 예루살렘 성전을 거룩하게 구별하여 자신의 이름을 영원히 그곳에 두겠다는 것이었다(왕상 9:3). 기브온 산당에서 특별한 지혜를 허락하신 하나님은 이제 엄격한 순종을 요구하며 자신의 의지를 말씀하셨던 것이다.

> "만일 너희나 너희 자손이 아주 돌이켜 나를 좇지 아니하며 내가 너희 앞에 둔 나의 계명과 법도를 지키지 아니하고 가서 다른 신을 섬겨 그것을 숭배하면 내가 이스라엘을 나의 준 땅에서 끊어 버릴 것이요 내 이름을 위하여 내가 거룩하게 구별한 이 전이라도 내 앞에서 던져 버리리니 이스라엘은 모든 민족 가운데 속담거리와 이야깃거리가 될 것이며 이 전이 높을지라도 무릇 그리로 지나가는 자가 놀라며 비웃어 가로되 여호와께서 무슨 까닭으로 이 땅과 이 전에 이같이 행하셨는고 하면 대답하기를 저희가 자기 열조를 애굽 땅에서 인도하여 내신 자기 하나님 여호와를 버리고 다른 신에게 부종하여 그를 숭배하여 섬기므로 여호와께서 이 모든 재앙을 저희에게 내리심이라 하리라 하셨더라"(왕상 9:6-9)

하나님께서 자신의 성전을 거룩하게 구별하신다는 의미는 매우 중요하다. 이는 우리가 일상적으로 사용하는 용어 속에 머물러서는 안 된다. 즉 관념적으로 거룩하다고 생각하면서 그 가운데 구체적인 실상이 드러나지 않는다면 아무런 의미가 없는 것이다.

이 세상의 모든 곳은 예외 없이 오염되고 부정하며 더러운 영역이다. 그 가운데 유일하게 예루살렘 성전만 하나님께서 특별히 거룩한 영역으로 지정하셨다. 그러므로 그곳만이 하나님의 거룩한 이름이 두어질 수 있다. 하나님의 눈과 마음이 항상 거기 있으리라고 말씀하신 것은 그곳이 특별히 거룩하게 구별되었기 때문이다.

하나님께서는 솔로몬에게 성전을 통해 모세가 기록한 모든 율법을 지키도록 요구하셨다. 그것은 솔로몬 개인 뿐 아니라 이스라엘 민족 전체에 해당되는 사항이었다. 그렇게 하면 하나님께서 '이스라엘의 왕위에 오를 사람'(a man on the throne of Israel, 왕상 9:5)을 영원히 견고하게 하

겠다고 약속하셨다. 그러나 솔로몬과 그의 자손이 배도하여 율법을 지
키지 않고 다른 신을 섬기며 숭배하면 언약을 파기하겠노라고 경고하
셨다.

예루살렘 성전은 하나님과 이스라엘 백성 사이에 징표가 되며 그곳의
거룩함을 통해 이스라엘 민족의 의미가 드러나게 된다. 하지만 저들이
배도하게 되면 언약이 파기되며 그 구별된 징표인 성전마저도 부숴버리
겠다고 말씀하셨던 것이다. 그렇게 되면 특별히 선택받은 이스라엘 민
족이 도리어 하나님의 재앙을 받게 됨으로써 이방인들로부터 조롱과 수
치를 당하게 되리라는 점을 말씀하셨다.

이는 솔로몬과 이스라엘 백성이 자만하지 않도록 요구하신 것이다.
하나님의 율법을 지키면서 그의 뜻을 따라 살아가는 것이 이스라엘 민
족의 본분이다. 그들은 예루살렘 성전에서 하나님께 제사를 드리는 가
운데 이 땅에 오시게 될 메시아를 기다려야 했다. 그것이 저들의 유일한
소망이었기 때문이다. 하나님께서는 성전과 왕궁을 완공한 솔로몬에게
나타나셔서 특별한 요구를 하신 그 말씀의 의미를 깨달아야 한다.

2. 두로 왕 히람과 솔로몬 왕

두로 왕 히람은 솔로몬의 건축공사를 위해 그동안 많은 지원을 아끼
지 않았다. 그는 백향목과 잣나무 등 두로에 있는 자재들을 제공했으며
능력있는 기술자들과 노동자들을 보내 솔로몬 왕을 돕도록 했다. 그는
솔로몬에게 금 일백이십 달란트를 보내기도 했다. 솔로몬의 모든 건축
공사에 있어서 히람의 역할은 매우 컸다.

뿐만 아니라 솔로몬이 아카바만의 에시온게벨Ezion Geber에 조선소造
船所를 세우고 배를 건조할 때도 두로 왕 히람은 그를 적극적으로 도왔
다. 그때도 금 사백이십 달란트나 되는 거금과 함께 많은 기술자들을 보
냈다. 솔로몬이 부강하게 된 배경에는 두로 왕 히람의 역할이 있었던 것

이다. 그리고 솔로몬 왕이 강력한 힘을 가지게 된 것은 왕비의 모국이었던 애굽의 역할도 매우 컸다(왕상 9:16 참조).

솔로몬은 성전과 왕궁 등 모든 건축을 완공한 후 두로 왕 히람에게 갈릴리 지역의 스무(20) 성읍들을 주었다. 그것은 일종의 논공행상論功行賞이었다. 그러나 히람은 그에 대해 심한 불만을 가졌다. 그 성읍들이 그의 눈에 차지 않았던 것이다. 이는 솔로몬이 준 땅과 성읍들이 값지고 쓸 만한 것이 아니라 별 쓸모없는 것들이었기 때문이다.

이로 인해 그후부터 갈릴리의 그 지역은 '쓸모없는 땅'이란 의미의 '가불' Cabul이라는 별명으로 불렸다(왕상 9:13). 두로 왕 히람은 그것을 통해 솔로몬에게 서운한 감정이 있었을 것이 분명하다. 어쩌면 심한 배신감을 느꼈을지도 모를 일이다.

사실 솔로몬 왕이 예루살렘 성전과 왕궁을 비롯해 가나안 땅 전 지역에 많은 건축을 할 수 있었던 것은 이방인들의 힘이 큰 배경이 되었다. 그는 이스라엘 자손들에게 지휘관을 비롯한 관리의 중요한 직책을 맡겼던데 반해, 이스라엘 지경에 남아있던 아모리 사람과 헷 사람과 브리스 사람과 히위 사람과 여부스 사람 등 이방 족속을 노예로 부렸다. 그리고 많은 전문 기술자들을 외국으로부터 고용해왔다.

솔로몬은 예루살렘 성전을 완공한 후 그곳에서 해마다 세 차례씩 번제와 감사제를 지냈다(왕상 9:25). 물론 제사장들이 제사를 지냈겠지만 왕의 요구에 의한 특별한 제사였던 것으로 여겨진다. 이는 그가 종교적인 행사에 충실했음을 보여주고 있다.

하지만 우리가 성전과 왕궁을 비롯한 모든 건축을 마친 후 솔로몬 왕이 보여준 행보에서 볼 수 있는 점은 그에게 도움을 준 주변의 이방민족에게 그다지 신뢰할 만한 인물로 비쳐지지 않았을 것이라는 사실이다.

그것은 진리로 인한 이방인들과의 차별로 인한 것이 아니라 도리어 윤리적인 태도에 의한 것을 말하고 있다. 두로 왕 히람을 서운하게 대했던 그의 모습에서 그 점을 엿볼 수 있다.

이를 통해 우리는 솔로몬 정부가 점차 세속적 욕망으로 채워지고 있음을 보게 된다. 외견상 보기에 솔로몬 왕은 점점 명성을 더해가고 이스라엘 왕국은 막강한 세력을 지닌 나라로 성장해 간 것이 분명하다. 그러므로 주변의 여러 통치자들이 솔로몬 왕을 방문하여 저와 외교적인 관계를 가지고자 했다. 하지만 우리는 그것을 신뢰관계에 의한 것이 아니라 힘의 논리에 의한 것으로 보아야 한다.

3. 스바 여왕The Queen of Sheba의 솔로몬 방문

당시 외국의 통치자들 가운데 솔로몬 왕의 명성을 듣고 예루살렘을 방문한 사람들이 많이 있었다. 그들은 나름대로 여러 가지 이유들이 있었을 것이다. 그 가운데 스바의 여왕이 솔로몬 왕을 방문한 것은 두드러진 사건으로 기록되어 있다(왕상 10:1). 당시에 여왕이 있었다는 사실만으로 대단한 일일 텐데 그녀가 통치하던 스바는 나름대로 견고한 상태를 유지하고 있었을 것으로 보인다.

솔로몬 왕은 학문을 매우 장려한 사람이었는데 스바 여왕 또한 학문에 깊은 관심이 있었던 인물로 생각된다. 물론 솔로몬이 가졌던 학문적 관심이란 하나님을 알지 못하는 불신자들의 것과는 매우 달랐을 것이다. 하지만 학식을 통한 솔로몬 왕의 명성이 주변 왕국들에 널리 알려져 있었던 것은 분명하다.

스바 여왕은 솔로몬 왕의 학문을 직접 보고 확인하고자 했다. 그녀는 금은보석과 향품 등 많은 예물들을 준비하여 예루살렘을 방문했다. 솔로몬 왕을 접견한 스바 여왕은 그에게 여러 가지 문제에 대해 질문했다.

물론 시험하듯이 그렇게 하지는 않았을 것이 분명하다. 도리어 여러 문제들에 대한 질문을 통해 학문적 대화를 나누었을 것으로 이해된다.

솔로몬 왕은 스바 여왕이 질문하는 모든 내용들에 대해 자신의 견해를 풀어 설명했다. 그는 자신의 풍부한 지식을 그녀에게 아낌없이 보여주었다. 여왕은 솔로몬의 탁월한 지식을 보고 매우 감탄했다. 역시 소문으로 듣던 대로 솔로몬 왕은 놀라운 지식과 지혜를 갖춘 인물이라는 사실이 입증되었다.

스바 여왕은 예루살렘에 건축된 화려한 왕궁과 성전을 보면서 솔로몬의 위력을 체감할 수 있었다. 나아가 왕을 보좌하며 시위하고 있는 수많은 신하들의 모습과 그들이 먹는 풍성한 식탁을 대하면서도 위압감을 느꼈다.

여왕은 예루살렘을 방문하기 전에 들었던 솔로몬의 지혜와 지식보다 실제로 와서 모든 것을 보니 소문보다 오히려 더 화려하고 대단한 것으로 여겼다. 스바 여왕은 솔로몬 왕과 이스라엘 민족이 믿고 있는 여호와 하나님에 대한 외교적 찬사를 아끼지 않았다(왕상 10:9). 그것은 상대방을 예우하는 일반적인 표현이었다.

또한 솔로몬은 스바 여왕의 방문과 귀한 예물들에 대한 답례로 그녀에게 여러 가지 선물들을 주었다. 여왕과 신하들은 본국으로 돌아가 솔로몬과 이스라엘에서 보고들은 많은 이야기들을 전했을 것이 분명하다. 그리고 이스라엘 왕국과 스바 왕국은 상당기간 동안 우호관계를 유지했을 것으로 보인다.

4. 부강한 왕국을 확립한 솔로몬

솔로몬 왕의 치세기간 동안 이스라엘 왕국은 태평성대를 이루었다. 왕은 매우 사치스럽고 화려한 삶을 누렸다. 그는 노래하는 자들과 음악하는 자들을 위해 백향목으로 수금과 비파를 만들었다(왕상 10:12). 이는 즐겁고 풍요로운 저들의 삶을 보여주고 있다. 솔로몬은 또한 예루살렘에 있는 왕궁 이외에 레바논에 아름다운 별궁(別宮, 17절, 21절)을 두고 있었다. 이는 주변에 있는 많은 왕국의 통치자들이 부러워할 만한 것들이었다.

또한 국내의 정세가 안정이 되고 경제적인 여건도 좋았다. 나아가 국제적인 무역도 활발하게 이루어졌다. 아라비아를 비롯한 주변의 여러 지역에서 상인들이 귀한 물건들을 예루살렘으로 가져왔다. 솔로몬은 외국의 귀한 물건들을 수입하기도 하고 이스라엘의 토산품을 외국에 수출하기도 했다.

그 결과 이스라엘에는 금을 비롯한 여러 가지 귀중품들이 넘쳐났다. 솔로몬은 황금 방패들을 제작하고 금 그릇과 금 기명들을 만들었다. 이스라엘에 금이 넘쳐나다 보니 솔로몬의 시대에는 은을 그다지 귀하게 여기지 않았다(왕상 10:21). 그리고 솔로몬은 커다란 상아와 정금으로 된 자기의 화려한 보좌를 만들기도 했다. 또한 외국으로부터 신기한 동물들과 조류를 수입하기도 했다(왕상 10:22).

이는 솔로몬 왕국의 위세와 솔로몬 왕의 화려한 삶을 보여주고 있다. 그의 명성이 높아질수록 주변 왕국들의 통치자들은 귀한 예물들을 가지고 방문하기도 했으며 조공을 바치기도 했다. 그렇게 되자 솔로몬 왕국은 더욱 강성해져 갔다.

나아가 솔로몬 왕은 국방을 튼튼히 하고자 최선의 노력을 기울였다. 따라서 이스라엘 왕국은 막강한 군사력을 자랑하고 있었다. 당시 최신예 전차(戰車)들이 갖추어져 있었으며 마병들이 넘쳐났다. 성능이 좋은 전차와 훈련된 준마(駿馬)들은 고액을 들여 애굽에서 수입해왔다. 또한 이스라엘의 무기판매상들은 헷Hittite 왕국과 아람 왕국을 대상으로 중개무역을 하기도 했다(왕상 10:28,29 참조).

솔로몬 왕은 정비된 병력과 전차들을 예루살렘성을 비롯한 이스라엘 전 지역에 골고루 배치시켰다. 이리하여 솔로몬이 통치하는 기간 동안 이스라엘 왕국은 막강한 세력을 떨치게 되었다. 그런 형편에서 주변 국가들이 함부로 이스라엘을 넘볼 수 없었다.

5. 솔로몬 왕국의 위기

하나님께서 솔로몬 왕이 즉위했을 때 이스라엘 왕국을 강성하게 했던 까닭은 예루살렘 성전 건축이 원활하게 진행되도록 하기 위해서였다. 그것이 하나님의 놀라운 은혜였다는 사실을 올바르게 깨닫는 것은 매우 중요하다. 하나님과 이스라엘 민족에 있어서 가장 중요한 것은 하나님의 언약궤가 안치된 예루살렘 성전이었다.

그러나 세월이 흘러가면서 솔로몬 왕은 점차 나태해지기 시작했다. 자신과 이스라엘 민족에게 가장 중요한 것이 무엇인지 잊기 시작한 것이다. 그러한 태도는 결국 자기의 힘과 부를 추구하도록 했다. 성전과 왕궁을 비롯한 모든 사역들이 끝나게 되자 왕은 다른 데로 눈을 돌리기 시작했던 것이다. 그렇게 하여 솔로몬 왕국은 날로 부강해져 갔으며 솔로몬의 왕의 명성은 점차 멀리 퍼져 나갔다.

예수께서는 그에 대해 주의를 주며 말씀하셨다. 하나님께 영광을 돌리지 않고 인간들이 서로 영광을 나누어 가지는 것은 위험천만한 일이다. 그렇게 되면 하나님으로부터 오는 영광을 멸시하고 인간적인 영광을 도모하는 일에 모든 힘을 기울이게 되는 것이다.

> "너희가 서로 영광을 취하고 유일하신 하나님께로부터 오는 영광은 구하지 아니하니 어찌 나를 믿을 수 있느냐"(요 5:44)

모든 것을 순조롭게 성취한 솔로몬은 자신의 영광을 추구하게 된다. 그것은 하나님의 진정한 은혜를 잊어간다는 말과도 같다. 솔로몬이 예루살렘 성전과 왕궁을 건축한 후에 부와 세력을 키운 것은 도리어 그와 이스라엘 민족에게 심각한 걸림이 되었다. 솔로몬의 명성과 왕국의 부강함은 결국 그의 이방결혼을 부추기게 되었으며 주변 왕국들 가운데서 저들과 어깨를 나란히 겨루며 왕국의 지위를 확보하려는 인본적인 판단을 하게 만들었다.

그것은 하나님의 복이 아니라 도리어 긴장해야 함을 의미하고 있다. 하지만 솔로몬 왕이 자기의 명성과 화려함에 취한 것은 커다란 문제였다. 그리고 하나님을 의지하지 않고 부와 군사력에 모든 것을 의지했던 것은 결코 올바른 태도가 아니었다. 그것은 패망을 불러올 따름이다. 시편 기자는 그에 대한 노래를 하고 있다.

> "방백들을 의지하지 말며 도울 힘이 없는 인생도 의지하지 말지니 그 호흡이 끊어지면 흙으로 돌아가서 당일에 그 도모가 소멸하리로다 야곱의 하나님으로 자기 도움을 삼으며 여호와 자기 하나님에게 그 소망을 두는 자는 복이 있도다"(시 146:3-5); "만군의 여호와여 주께 의지하는 자는 복이 있나이다"(시 84:12)

시편의 말씀은 우리에게 오로지 한 분 하나님만 의지해야 한다는 사실을 말해주고 있다. 악한 인간들의 판단에는 자신의 힘과 능력을 의지하는 것이 인생의 방편이라 생각하지만 실상은 그렇지 않다는 것이다. 하나님 한 분만을 의지할 수 있는 올바른 신앙을 가지는 것이 진정한 복이 된다.

대단한 명성을 얻고 부강하게 된 솔로몬은 바로 그 진정한 복을 스스로 버리게 되었다. 솔로몬 왕은 탁월한 외교력과 군사력이 이스라엘 민족과 자신을 지켜 줄 것이라 오해하고 있었다. 그러나 왕국이 가지는 세력이나 인간의 화려함은 항상 불확실하다. 그러므로 어느 누구도 자신의 화려함을 추구하거나 세력을 과시하려 해서는 안 된다. 만일 그렇게 하는 자가 있다면 지극히 어리석은 자일 따름이다.

이에 대해서는 오늘날 우리 역시 마찬가지다. 자신의 영광과 명성을 추구하며 하나님을 의지하지 않고 다른 것을 의지한다면 그것은 곧 패망의 길이다. 이는 개인 성도들과 교회를 비롯한 단체에 공히 적용될 수 있다. 우리는 솔로몬 왕의 행적을 보며 구속사적 의미를 깨닫는 동시에 개인의 영광을 추구하며 하나님 대신 자신의 지식과 명성, 그리고 부와 병력을 의존했던 솔로몬의 잘못을 반면교사反面教師로 삼아야 할 것이다.

제8장
솔로몬 왕의 타락과 왕국의 쇠퇴

(왕상 11:1-43)

1. 솔로몬 왕국의 한계

솔로몬 왕국의 흥왕기는 너무 빨리 끝났다. 다윗 왕 시대의 정치적 불안기를 지나 솔로몬 시대에는 하나님의 은혜로 인해 흥왕했으나 그나마 오래 가지 못했다. 이는 솔로몬이 하나님을 의지하지 않고 자신의 인간적인 욕망을 추구한 결과였다.

막강한 세력을 가진 솔로몬 왕은 하나님의 율법을 떠나 많은 이방 여성들을 후궁과 첩으로 맞아들였다. 모압과 암몬과 에돔과 시돈과 헷 등으로부터 온 여인들이었다(왕상 11:1). 그는 칠백 명의 후비와 삼백 명의 첩을 둠으로써 상식적인 사람으로는 결코 있을 수 없는 행동을 취했다. 그는 자신의 욕망을 채우기 위해 하나님의 율법을 버렸던 것이다. 하나님께서는 모세를 통해 이방혼인에 대해 엄히 말씀하셨다.

> "너는 삼가 그 땅의 거민과 언약을 세우지 말지니 이는 그들이 모든 신을 음란히 섬기며 그 신들에게 희생을 드리고 너를 청하면 네가 그 희생을 먹을까 함이며 또 네가 그들의 딸들로 네 아들들의 아내를 삼음으로 그들의 딸들이 그 신들을 음란히 섬기며 네 아들로 그들의 신들을 음란히 섬기게 할까 함이니라"(출 34:15,16)

하나님의 거룩한 성전을 건축한 솔로몬이 율법을 어기고 많은 이방 여인들을 첩으로 데리고 온 것을 우리는 어떻게 이해해야 할까? 우리가 그에 대한 모든 것을 정확하게 파악할 수는 없지만 몇 가지 사실을 추론해 볼 수 있다. 우선 솔로몬의 말년의 그런 행동으로 말미암아 이스라엘 백성은 그를 영웅화하지 못하게 되었다. 만일 그가 윤리적으로 훌륭한 말년을 보냈다면 일반 백성들은 그를 영웅화하려 했을 것이 분명하다. 그러나 하나님께서는 어느 누구도 자기 앞에서 영웅화되는 것을 허락지 않으신다.

또한 솔로몬 말년의 악한 행적들을 통해 이스라엘 민족에게 실제적인 중요한 메시지를 주고 있다. 솔로몬 왕은 많은 이방 여인들을 후궁과 첩으로 데려왔다. 그 여성들은 몸만 그리로 왔던 것이 아니라 더러운 이방 종교 사상을 그대로 묻혀서 예루살렘으로 들어왔다. 결국 솔로몬은 그 여성들에 대한 배려로 인해 자기마저 우상종교에 빠져들게 되었다.

그로 인해 하나님께서는 이스라엘 민족을 벌하고자 하셨다. 하나님을 위해 아무리 훌륭한 사역을 감당한 인물이라 할지라도 끝까지 순종치 않으면 그에게 무서운 징벌이 내려진다는 사실을 교훈하고 있는 것이다.

솔로몬은 이방의 여성들을 후궁과 첩으로만 삼았던 것이 아니라 그들이 믿는 이방 종교 사상까지 받아들이게 되었다. 솔로몬은 율법을 떠나 다른 신들의 사상을 좇았다. 이는 종교적 혼합주의 사상을 용납한 것을 의미한다. 그는 시돈 사람들이 섬기는 여신 아스다롯Ashtoreth을 좇았으며 암몬 사람들이 믿는 가증한 밀곰Milcom신을 섬겼다(왕상 11:5). 그리고 모압의 가증한 그모스Chemosh를 위하여 예루살렘 앞산에 산당을 지었고 또 암몬 자손의 가증한 몰록Molech을 위하여 그와 같이 했다(왕상 11:7). 그 외에도 이방신을 믿는 첩들을 위해 그와 동일한 행동을 취했다.

솔로몬 왕이 직접 이방신들에게 분향하며 제사를 지냈는지는 정확하게 알 수 없다. 하지만 자기가 데려온 이방 여인들인 후궁들과 첩들로 하여금 저들의 신들을 섬기며 분향하도록 했다. 그는 하나님께서 허락하신 가나안 땅을 더럽혔던 것이다. 우리는 여기서 솔로몬 왕국의 한계를 보며 인간의 한계를 절감하게 된다. 솔로몬은 많은 사람들로부터 명성과 영예를 얻게 되자 자신의 본분을 망각하게 되었다. 그것은 결국 하나님을 떠나 자기 욕망에 사로잡히는 악행을 동반할 수밖에 없도록 했다.

2. 진노하신 하나님의 심판 예고

(1) 왕국의 분열 예고

하나님께서는 자신을 떠나 배도한 솔로몬에게 크게 진노하셨다. 하나님은 전에 직접 그에게 나타나셔서 다른 신들을 섬기지 말라고 당부하셨다. 그것은 하나님의 은혜의 표시였다. 그러나 솔로몬은 하나님을 떠나 이방 여성들이 섬기는 우상을 따르기에 열심을 다했다. 솔로몬이 그렇게 했던 것은 이방신을 섬기는 후궁들과 첩들에 대한 추한 배려 때문이었다. 하나님께서는 그 사실을 솔로몬에게 직접 말씀하셨다. 그가 하나님의 언약과 법도를 지키지 않았으므로 징벌하시겠다는 것이었다.

그런데 하나님의 징벌은 솔로몬 개인에게만 해당되는 것이 아니라 이스라엘 민족 전체에 해당되는 것이었다. 솔로몬이 개인적으로 저지른 악행에 대한 보응을 이스라엘 민족 전체가 받게 되는 것이다. 우리는 이에 대해 각별한 주의를 기울여 생각해야 한다.

하나님께서 말씀하신 징벌의 내용은 솔로몬의 왕국을 빼앗아 그의 신하에게 주겠다는 것이었다. 즉 그의 신하 가운데 한 사람이 반란을 일으키게 되고 많은 백성이 그를 추종하게 되리라는 것이다. 이는 이스라엘 민족이 분열되는 것을 의미한다. 그것은 하나님께서 솔로몬을 징벌하시는 결과로 일어나게 된다.

여기서 우리는 하나님께서 관심을 두고 계시는 것은 이스라엘 왕국이 하나로 뭉쳐 국력을 키우고 명성을 얻게 되는 것이 아니라는 사실을 알게 된다. 하나님의 궁극적인 관심은 예루살렘 성전과 그것을 통해 이땅에 보내시게 될 메시아에게 있었다. 하나님께서는 이스라엘 민족의 분열을 꾀하게 될 사건이 일어나되 그것은 솔로몬의 생시生時가 아니라 그의 아들 대에 발생하게 되리라고 말씀하셨다.

하지만 하나님께서는 다윗 왕조를 완전히 다른 사람에게 넘겨주는 것이 아니라, 다윗과 더불어 맺은 언약과 특별히 선택한 예루살렘을 위해 한 지파를 남겨두시겠다고 말씀하셨다. 이는 예루살렘 성전과 더불어 남아있는 백성이 참 이스라엘이라는 사실을 말해주고 있다. 그것은 아브라함과 다윗을 잇는 왕조가 지속된다는 사실을 의미하고 있다.

이는 자기 백성들에 대한 하나님의 극진한 사랑을 보여주고 있다. 배도한 솔로몬 왕의 악한 행위에도 불구하고 하나님께서는 이스라엘 민족을 통해 자신의 신실한 언약을 이루어 가시고자 했다. 우리가 여기서 주의 깊게 생각해야 할 점은 하나님께서 한 지파와 예루살렘을 남기신 목적이 하나님 자신을 위해서라는 사실이다. 그것은 메시아를 보내시고자 하는 하나님의 궁극적인 뜻 가운데서 이해되어야 한다. 즉 하나님께서 그렇게 하시고자 한 것은 솔로몬을 사랑하셨기 때문이 아니라 지상에 존재하는 모든 하나님의 자녀들을 위한 은혜의 방편이었던 것이다.

(2) 이방 왕국들을 통한 솔로몬 왕국 징계

하나님께서는 솔로몬의 왕국을 징계하시기 위해 이방 왕국들을 채찍으로 사용하셨다. 에돔Edom과 수리아Syria 왕국을 들어 솔로몬을 대적하게 했던 것이다. 이는 하나님의 경륜과 역사하심에 따라 이루어진 일이었다.

에돔 사람 하닷Hadad이 먼저 솔로몬의 대적이 되었다. 당시 막강한 세력을 구축하고 있던 이스라엘에 대해 감히 반기를 드는 자가 없을 때 하닷이 솔로몬의 정부를 대적했다. 에돔의 왕족 출신인 하닷은 솔로몬의 아버지 다윗 왕 때부터 이스라엘에 대해 원한이 쌓여 있던 인물이었다. 다윗 왕은 그 전에 요압에게 명령하여, 여섯 달 동안 에돔에 있으면서 전쟁에 나갈 만한 모든 에돔 남자들을 살해하도록 했다.

당시 나이가 어렸던 하닷은 이스라엘의 칼날을 피하여 자기 아버지의 신복 몇 사람과 함께 험난한 바란Paran광야를 거쳐 애굽으로 피신했다. 이스라엘의 다윗 왕이 에돔의 씨를 말리려 하는 터에 애굽의 바로는 그에게 집과 토지를 주고 양식을 공급해 주었다(왕상 11:18). 나아가 바로가 하닷과 자기의 처제를 혼인시킴으로써 하닷은 바로의 동서가 되었다. 그리하여 그는 애굽의 왕궁에 거하게 되었다. 그러므로 하닷에게 애굽은 마땅히 우방국이었으며 이스라엘은 원수의 나라가 될 수밖에 없었다.

하지만 우리는 여기서 상당히 복잡한 혈연관계를 생각하게 된다. 솔로몬은 바로의 공주와 결혼하게 되었으며 에돔 왕실의 하닷은 바로의 동서가 되었다. 물론 우리는 그 바로가 동일 인물인지는 정확하게 알 수 없다. 하지만 동일인이 아니라 할지라도 그들은 서로간 밀접한 혈연관계에 놓여 있었음은 분명하다.

하닷은 다윗 왕과 군대장관 요압이 죽은 후에 자신의 고국으로 돌아가고자 했다. 그렇게 하여 고국에 돌아간 하닷은 점차 세력을 강화했다. 그리하여 그는 주변의 모든 왕국들이 우호관계를 가지고자 하는 원수의 나라 솔로몬 왕국에 대적했던 것이다.

또한 솔로몬 왕의 말년에 수리아 왕 르손Rezon이 솔로몬에게 강하게 대적했다. 그는 소바Zobah 왕국으로부터 탈출한 인물이었다. 그전에 다윗 왕이 소바 사람들을 살해할 때 르손은 사람들을 모아 다메섹Damascus으로 가서 웅거하며 그곳에서 두목이 되었다. 그후 그는 점차 세력을 넓혀 수리아의 왕이 되었다. 그는 솔로몬 왕이 죽을 때까지 그를 대적하며 심기를 불편하게 했다. 이렇게 하여 막강한 세력을 과시하던 솔로몬 왕은 말기에 나라가 기울어져 가는 것을 바라보아야만 했다.

⑶ 이스라엘 민족 가운데 일어난 반란자 여로보암과 선지자 아히야의 예언

솔로몬 왕의 신임을 받던 신하 가운데 여로보암이 있었다. 그는 장군에 해당하는 용맹한 군인이었다. 솔로몬은 여로보암의 성실한 태도를 보고 그에게 요셉 족속의 공사와 관련된 일에 대한 감독자로 세웠다. 그러나 그는 솔로몬 정부에 항거하여 왕에게 반란을 일으키게 된다. 여로보암의 반란은 하나님의 경륜에 의한 것이었다.

그때 선지자 아히야Ahijah가 여로보암에게 하나님의 특별한 예언을 전했다. 아히야는 새 옷을 입고 나와 여로보암과 단 둘이 있을 때 자기의 옷을 열두 조각으로 찢어 그 가운데 열 조각을 취하라고 말했다. 하나님께서 그에게 이스라엘 열 지파를 주겠다고 말씀하셨다는 것이다. 그리고 솔로몬에게는 특별히 선택한 한 지파를 주겠다는 말씀을 하셨다고 예언했다.

> "아히야가 그 입은 새 옷을 잡아 열두 조각에 찢고 여로보암에게 이르되 너는 열 조각을 취하라 이스라엘 하나님 여호와의 말씀이 내가 이 나라를 솔로몬의 손에서 찢어 빼앗아 열 지파를 네게 주고 오직 내 종 다윗을 위하고 이스라엘 모든 지파 중에서 뺀 성 예루살렘을 위하여 한 지파를 솔로몬에게 주리니"(왕상 11:30–32)

하나님께서 그렇게 하시는 것은 솔로몬에 대한 응징이었다. 그가 하나님과 그의 율법을 버리고 이방신들의 산당을 짓고 섬기면서 이스라엘을 더럽혔기 때문이었던 것이다. 그런데 문제는 하나님께서는 선지자 아히야를 통해 이스라엘 열두 지파 가운데 열 지파는 여로보암에게 주고 솔로몬을 위해서는 한 지파만 주겠다고 말씀하셨다는 사실이다. 이것이 무슨 의미인가?

하나님께서는 위에 언급된 한 지파 곧 유다 지파와 언급되지 않은 나머지 한 지파인 레위 지파를 솔로몬의 왕국에 그대로 남아있게 하신다. 이는 이스라엘 열두 지파 가운데 열 지파는 여로보암이 세우는 북쪽 이스라엘 왕국에 넘겨주고 나머지 두 지파 가운데 하나인 유다 지파는 솔로몬을 잇는 남쪽 유다 왕국에 남게 하신다. 이 예언 가운데는 본문에서 언급되지 않은 나머지 한 지파인 레위 지파를 특별히 하나님께 속한 지파로 두시겠다는 의미가 담겨 있다.

여기서 우리는 매우 중요한 이해를 할 필요가 있다. 그것은 하나님께서 여전히 다윗을 이은 솔로몬 왕의 정통성을 인정하고 계신다는 사실이다. 즉 우상숭배의 악행을 저지르고 하나님을 배신했던 솔로몬 왕과 그의 후계자들에게 정통성을 부여하시겠다고 말씀하신 것은 다윗에게 주신 하나님의 신실한 언약에 기초한 것이다(왕상 11:12,13).

이는 곧 아직까지 특별한 잘못이 있는 것 같아 보이지 않는 여로보암에게는 구속사적 정통성을 부여하지 않겠다는 의미이다. 하나님의 경륜 가운데서 여로보암을 들어 솔로몬 왕국을 징계하시게 되지만 그렇다고 해서 여로보암에게 이스라엘 민족의 정통성을 허락하시지는 않는다. 이는 인간들의 선행여부가 하나님의 뜻을 결정하는 것이 아니라 거룩하신 하나님의 언약이 이스라엘 역사 가운데 작용하고 있다는 사실을 보여준다.

하나님께서 솔로몬 왕국이 다스리게 될 유다 지파를 특별히 사용하시겠다는 것은 여전히 그들의 수도首都로 남아있는 예루살렘과 그 가운데 있는 하나님의 성전과 연관지어 이해해야 한다. 하나님께서는 이제 메시아의 통로가 될 유다 지파와, 예루살렘 성전을 통해 하나님을 섬기며 메시아를 기다리게 될 레위 지파를 중심에 두시게 된 것이다.

> "그 아들에게는 내가 한 지파를 주어서 내가 내 이름을 두고자 하여 택한 성 예루살렘에서 내 종 다윗에게 한 등불이 항상 내 앞에 있게 하리라"(왕상 11:36)

이 말씀은 메시아 예언이다. 하나님의 관심은 택하신 민족과 왕국을 통해 보내시게 될 메시아에 있었다. 그것은 창세기부터 약속되어 온 것이었다. 그러므로 솔로몬의 뒤를 잇게 되는 모든 왕들과 백성들은 그에 대한 올바른 깨달음을 가져야만 했다. 나아가 예루살렘 성전에서 직접 수종드는 레위 지파 역시 항상 그것을 깨닫고 있어야 했다.

그런데 하나님께서는 여로보암에게 그가 열 지파의 왕이 되어 하나님의 율법을 지키고 법도를 행하면 그에게 '견고한 나라'를 세우도록 해주시겠다고 말씀하셨다(왕상 11:38). 이는 여로보암의 북쪽 왕국으로 하여금 다윗 왕조를 대신하게 하려는 것을 뜻하지 않는다.

하나님께서 그렇게 말씀하신 것은 언약의 백성으로서 율법에 합당하게 행하면 저들에게 허락된 은혜를 베푸시겠다는 것이었다. 그러므로 하나님께서 다윗 왕조에 채찍을 드신 것은 영원히 멸망시키고자 하신 것이 아니라 하나님의 구속사역을 이루어가시기 위한 방편이었던 것이다(왕상 11:39).

3. 솔로몬 왕의 말년과 죽음

솔로몬 왕이 말년에 칠백 명의 후비와 삼백 명의 첩들을 둔 것은 단순한 성적性的인 문제 때문이 아니었다. 그가 이방의 여러 왕국들로부터 여인들을 왕궁으로 불러들인 것은 당시의 외교정책과 연관된다. 솔로몬은 하나님을 의지하지 않고 주변 왕국들의 국제적 정황에 의지했다. 그는 많은 이방 여성들을 왕궁으로 불러들이면서 그것이 마치 이스라엘 왕국을 위한 것인 양 착각하고 있었다. 이는 하나님에 대한 불신앙에 기인하는 태도이다.

하나님께서는 배도한 솔로몬 왕의 정부를 엄히 징계하고자 하셨다. 솔로몬은 그런 상황 가운데서도 하나님의 뜻을 알려 하지 않고 자신의 죄악된 모습을 되돌아 보려하지도 않았다. 육신의 욕망에 눈이 어두워진 솔로몬은 도리어 자신의 잘못된 행동에 대해 동조하지 않는 여로보암을 죽이려 했을 따름이다.

그러자 여로보암은 결국 애굽으로 도망할 수밖에 없었다. 그것이 생명을 보존할 수 있는 방편이었다. 그는 솔로몬 왕이 죽을 때까지 이스라엘을 떠나 애굽에 머물면서 망명생활을 했다. 그동안 이스라엘 땅에서는 솔로몬 왕의 악한 행태를 보며 여로보암의 지도력에 기대하는 사람들이 점차 늘어가고 있었다.

그런 와중에 솔로몬 왕은 죽음을 맞이할 수밖에 없었다. 그는 이스라엘의 왕이 되어 사십 년 동안 다스리다가 죽은 후 다윗성에 장사되었다. 그가 누렸던 명성과 부귀영화도 끝이 났으며 그가 말년에 추구하고자 했던 모든 욕망도 이제 물거품처럼 되어 버렸다.

하지만 이스라엘 민족 가운데 남아 있는 하나님의 율법과 예루살렘 성전의 의미는 전혀 손상되지 않고 그대로 남아 있었다. 이스라엘 백성들이 깨달아야 할 점은 바로 그것이었다. 그로부터 벗어나 인간적인 욕망에 따라 행동하게 되면 그것은 하나님께 저항하여 범죄하는 것이 된다.

솔로몬 왕이 죽은 후 그의 뒤를 이어 왕위를 계승한 자는 솔로몬의 아들 르호보암이었다. 이는 하나님께서 다윗 왕의 혈통적 계보를 남겨 두셨음을 의미한다. 하나님께서는 다윗 왕을 통해 건립하신 왕국을 통해 온 세상에 자신을 드러내실 것이며 예루살렘 성전을 통해 약속하신 메시아를 보내시게 된다.

4. 솔로몬의 악행을 통한 교훈

솔로몬 왕의 악행은 개인 한 사람에게만 문제가 발생하게 한 것이 아니었다. 그것은 이스라엘 모든 민족과 나라에 심각한 영향을 미치게 되었다. 솔로몬은, 자기는 다른 사람들에게 해악이나 불이익을 끼칠 마음이 전혀 없었다고 말할지도 모른다. 그런데 문제는 그의 악행이 모든 백성들을 하나님의 징계의 자리에 놓게 되었다는 사실이다.

특히 이스라엘 민족의 지도자로서 하나님을 배신한 것은 중요한 것을 시사하고 있다. 그것은 메시아의 오심을 훼방하는 자리에 놓이게 된다는 것을 의미한다. 즉 자신의 욕망에 충실하려는 것은 메시아에 대한 의존을 약화시키는 결과를 가져오게 된다.

하나님의 택하신 이스라엘 백성을 다스리는 왕이 그렇게 되는 것을 하나님께서는 결코 용납할 수 없었다. 그것은 모든 백성들에게 그대로 전이될 악한 누룩의 역할을 할 것이기 때문이다. 그것은 드러나는 악한 사건으로 발생하는 것이 아니라 마치 누룩처럼 뭇 백성들의 마음을 좀먹게 되는 것이다.

이는 오늘날 우리 시대 역시 마찬가지다. 개인이 저지른 잘못이 자기에게만 영향을 끼치게 된다고 생각해서는 안 된다. 개인의 악행이 많은 사람들을 하나님의 징벌의 자리에 놓게 된다는 사실을 결코 잊어서는 안 된다. 특히 교회의 직분자일수록 더욱 그렇다. 목사든 장로든 집사든 마찬가지다. 교회에서 직분자로 선출되었다는 의미는 공인公人이 되었음을 의미하고 있다.

그러므로 우리는 이에 대해 민감하지 않을 수 없다. 지상의 교회에는 항상 다양한 문제들이 야기되고 있다. 세상이 끼치는 해악이 넘쳐난다. 나아가 변질되고 잘못된 기독교 사상은 교회와 성도들을 미혹하며 위협하고 있다. 교회와 성도들, 특히 직분자들이 깨어 경성해야 한다. 우리는 어떤 문제를 발견하게 될 때 가장 미리 자신을 돌아보면서 전체 교회의 유익을 위해 말씀의 교훈에 따라 처신할 수 있어야 한다. 그렇게 함으로써 교회에 속한 모든 이웃에게 선한 영향이 끼쳐지도록 해야 하는 것이다.

제2부
이스라엘 왕국의 분열

제9장
왕국의 분열: 르호보암 왕과 여로보암 왕

(왕상 12:1-33)

1. 솔로몬의 왕위를 계승한 르호보암(BC 931)

이방신들을 끌어들여 배도의 길에 들어선 솔로몬을 하나님께서 징계하시는 가운데 그는 죽고 그의 아들 르호보암이 왕위를 계승하게 되었다.12) 이스라엘 백성들이 새로운 왕을 세우기 위해 세겜Shekem에 모였다(왕상 12:1).

르호보암이 왕위에 오르는데 백성들이 왜 예루살렘이 아니라 세겜에 모였을까? 세겜은 그리심Greizim 산과 에발Ebal 산 중간에 위치하여 예루살렘으로부터 북쪽으로 50킬로미터 가량 떨어진 곳이다.

백성들이 예루살렘에 모이지 않고 세겜에 모여든 것은 하나님의 특별한 언약과 관련되는 것으로 이해해야 한다. 이스라엘의 모든 왕들이 즉위할 때 세겜에서 의식을 행했던 것은 아니다. 이는 매우 특이한 경우라 할 수 있다. 르호보암이 왕위에 오를 때 백성들이 세겜에 모였던 까닭은 믿음의 조상 아브라함을 비롯한 조상에게 주어진 하나님의 언약을 기억했기 때문인 것으로 보인다.

---

12) 르호보암 왕의 어머니는 암몬 출신 여자였다(왕상 14:31). 우리는 여기서 다윗의 혈통을 잇는 왕이라 할지라도 순수 이스라엘 민족의 혈통이 아니라는 사실을 알게 된다, 이는 하나님께서 이스라엘 민족의 혈통에 의지하는 분이 아님을 보여주고 있다.

세겜은 특별히 아브라함과 야곱의 흔적이 남아있는 곳이었다. 하나님께서는 갈대아 우르에서 출발한 아브라함이 오랜 여행 끝에 세겜에 도착했을 때 그 땅을 저의 후손들에게 주시겠다고 약속하셨으며 아브라함은 그곳에서 단을 쌓았다(창 12:6,7). 그리고 야곱은 밧단아람으로 피신해 갔다가 돌아오는 길에 그곳에서 하나님을 위한 단을 쌓고 그 이름을 '하나님은 이스라엘의 하나님'이라는 뜻의 '엘-엘로헤-이스라엘'El-Elohe-Israel이라 불렀다(창 33:18-20).

또한 모세는 이스라엘 백성들의 가나안 땅 진입을 앞두고 하나님의 복과 저주에 연관된 언약에 관한 중요한 요구를 했다(신 11:29-32; 27:12-15). 그것은 이스라엘 백성이 가나안 땅에 들어가게 되면 열두 지파를 반으로 나누어 각각 그리심 산과 에발 산 사이에 나누어 서서 하나님의 복과 저주를 선포하라는 것이다. 그 장소는 곧 세겜 땅으로서 아브라함과 야곱의 언약과 연관되는 것이다.

> "너희가 요단을 건넌 후에 시므온과 레위와 유다와 잇사갈과 요셉과 베냐민은 백성을 축복하기 위하여 그리심 산에 서고 르우벤과 갓과 아셀과 스불론과 단과 납달리는 저주하기 위하여 에발 산에 서고 레위 사람은 큰 소리로 이스라엘 모든 사람에게 말하여 이르기를 장색의 손으로 조각하였거나 부어 만든 우상은 여호와께 가증하니 그것을 만들어 은밀히 세우는 자는 저주를 받을 것이라 할 것이요 모든 백성은 응답하여 아멘 할지니라"(신 27:12-15)

여호수아는 이스라엘 백성들을 이끌고 가나안 땅을 정복하면서 세겜에 이르러 모세가 율법에서 요구한 대로 이스라엘 열두 지파가 반반씩 그리심 산과 에발 산에 갈라서게 한 후 복과 저주를 선포했다(수 8:32-35). 르호보암이 왕위에 오를 때 이스라엘 백성이 세겜에 모였던 것은 그 언약을 기억하고 있었기 때문이다.

이처럼 이스라엘 백성이 르호보암 왕의 즉위와 함께 세겜에 모였던 것은 하나님의 언약과 연관되어 있었다. 이렇게 하여 르호보암은 다윗과 솔로몬의 혈통을 잇는 정통성 있는 왕위를 계승하게 되었다. 이는 하나님께서 세우신 다윗 왕국이 이스라엘 민족 가운데 유효하게 계승되고 있음을 의미하고 있다.

2. 여로보암의 귀국과 르호보암 왕(BC 931-910)의 국정운영 방침

솔로몬 왕이 죽자 여로보암은 애굽에 피신해 있으면서 그에 대한 소문을 듣게 되었다. 여로보암을 추종하는 자들은 즉시 애굽에 사람을 보내 그를 가나안 땅으로 불러왔다. 망명길에서 귀국한 여로보암은 새로운 왕이 그 동안 솔로몬 왕이 취했던 강압정책을 펴지 않기를 바랐다.

그래서 여로보암은 이스라엘의 회중과 더불어 새로 등극한 르호보암 왕에게 선정을 펴도록 요구했다. 선왕先王 솔로몬이 백성들에게 부과했던 고역苦役과 과중한 부담을 백성들에게 지우지 말아달라는 부탁이었다. 왕이 그렇게 한다면 모든 백성이 그에게 충성을 다하겠다고 다짐했다. 백성들의 요구를 들은 르호보암 왕은 저들에게 사흘 후에 그에 대한 자신의 입장을 밝히겠노라고 말했다.

솔로몬을 계승해 새로 왕위에 오르게 된 르호보암은 여로보암을 비롯한 백성들의 요청을 듣고 나서 그에 대한 국정운영 방침을 결정하기 위해 여러 신하들의 자문을 구하고자 했다. 그는 서로 다른 입장을 가지고 있는 원로들과 그전부터 자기와 친분이 두터운 소장파 인사들의 견해를 각각 들어보기를 원했다.

르호보암은 우선 원로들을 불러 여로보암을 앞세운 백성들의 요구조건에 대해 말했다. 원로들은 새로 왕위에 오른 르호보암에게 백성들의 모든 요구를 들어줄 것을 당부했다. 그렇게 하면 국정 운영에 어려움이 없으리라는 것이었다. 강압적인 솔로몬 왕에 대해 상당한 불만을 가지고 있던 백성들의 민심을 아우르기 위해서는 그것이 최선의 방책이었다. 그들은 솔로몬 왕이 그동안 백성들에게 과중한 멍에를 지워왔음을 인정하고 있었다.

원로들의 의견을 확인한 르호보암이 이번에는 그 전부터 친분이 가깝던 소장파 인사들을 불렀다. 여로보암과 백성들의 의중을 전하고 어떻게 하는 것이 좋을지 자문을 구했다. 그들은 원로들과는 상반된 주장을 폈다. 솔로몬 왕보다 더욱 강력한 철권통치鐵拳統治를 해야만 나라가 강하게 되리라는 것이었다.

소장파 인사들은 솔로몬 왕을 능가하는 강력한 통치를 함으로써 흐트러진 정국을 안전하게 장악할 수 있으리라는 생각을 하고 있었다. 백성들의 사사로운 요구들을 들어주기 시작하면 끝이 없으리라 생각했을지도 모른다. 아마도 그들은 르호보암이 강력한 왕으로서 원활한 정책을 펴기 위해서는 약한 정부로 비쳐지지 말아야 한다고 판단했을 것이다. 결국 왕은 소장파 인사들의 견해를 받아들여 강압정치를 하고자 결심했다.

약속된 사흘 째 날이 되자 르호보암 왕은 사람들을 모아 앞으로 전개될 자신의 국정운영 방침을 발표했다. 그는 자신의 강인한 입장을 전달하려는 듯 의도된 포악한 말로 강압통치에 관한 의사를 드러냈다. 왕이 그렇게 말하면 백성들은 아무런 저항을 하지 못하고 따르리라 생각했던 것이다.

> "내 부친은 너희의 멍에를 무겁게 하였으나 나는 너희의 멍에를 더욱 무겁게 할지라 내 부친은 채찍으로 너희를 징치하였으나 나는 전갈로 너희를 징치하리라"(왕상 12:14)

르호보암 왕은 자신의 말이 이스라엘 왕국을 분열시키게 된다는 사실을 인식하지 못하고 있었다. 사실 거기에는 하나님의 경륜이 작용하고 있었다. 왕이 원로들의 조언을 무시하고 백성들의 요구를 거절한 것은 하나님으로 말미암는 것이었다(왕상 12:15). 즉 하나님께서 그 전에 선지자 아히야Ahijah로 하여금 여로보암에게 예언했던 일이 이루어지도록 그렇게 하신 것이다.

3. 왕국의 분열(BC 931) : 민심이반民心離反

르호보암 왕이 철권통치를 표방함으로써 그로부터 민심이 이반하게 되었다. 백성들은 더 이상 르호보암의 통치를 받을 이유가 없다고 저항했으며 다윗 왕조 자체를 거부하기에 이르렀다. 그리하여 유다 지파를 제외한 나머지 지파 사람들은 다윗 왕조를 떠나 제각각 자신의 길로 가게 되었다.

그렇게 되자 다윗 왕조와 르호보암을 왕으로 인정하는 자들은 유다 지파의 경내境內에 살고 있는 사람들 밖에 없었다. 르호보암의 국정운영 방침이 일순간에 왕국을 약화시키게 되었다. 결국 르호보암은 왕위에 오르자마자 약속의 땅 가운데 지극히 작은 한 부분을 차지하는 지역의 왕이 될 수밖에 없었다.

그러자 르호보암은 가만히 앉아 악화된 상황을 지켜보고만 있을 수 없었다. 그래서 그는 등을 돌린 백성들에게 부역감독자였던 아도니람을 특별 사신으로 보냈다. 아마도 그들과 적절한 정치적 타협을 하려 했을지 모른다.

하지만 이미 떠난 민심을 되돌릴 수는 없었다. 다윗 왕조를 버린 이스라엘 백성들은 르호보암이 보낸 아도니람을 돌려 쳐죽여 버렸다. 이는 단순한 민중의 일시적 분노가 아니라 이제 돌이킬 수 없는 왕국의 분열을 의미하고 있다. 그렇게 되자 르호보암은 급히 예루살렘으로 도망쳐야만 했다.

다윗 왕조를 배반한 북쪽 열 지파 사람들은 여로보암을 무리 가운데로 초청하여 저들을 다스릴 왕으로 추대했다. 이제 다윗 왕조의 통치를 받지 않고 저들이 원하는 새로운 왕국을 건설하게 된 것이다. 이는 이스라엘 백성들이 민의民意에 따라 세우게 된 왕국이다. 이렇게 하여 솔로몬의 신하였던 여로보암은 이스라엘 열 지파를 통치하는 왕이 되었다.

4. 르호보암 왕의 여로보암 응징 계획

다윗 왕조와 르호보암 왕은 북쪽 열 지파가 세운 왕국과 여로보암을 인정할 수 없었다. 이스라엘 민족인 그들이 하나님의 율법을 떠나 불법적인 반란정부를 세웠던 것으로 보았다. 그러므로 르호보암은 유다 지파 경내에 거주하는 유다 온 족속과 베냐민 사람들을 불러모았다. 그들을 통해 반란을 일으킨 이스라엘 족속을 응징하고 원래의 다윗 왕조를 회복하려 했던 것이다.

하지만 그것은 가능한 일이 아니다. 북쪽에 세워진 왕국은 이스라엘 민족에 대한 하나님의 징계였기 때문이다. 하나님께서 내린 심판을 인간들의 힘으로 되돌릴 수는 없었다. 그때 하나님의 말씀이 선지자 스마야Shemaiah에게 임했다. 반란자들을 공격하려는 계획을 멈추라는 것이었다.

> "여호와의 말씀이 너희는 올라가지 말라 너희 형제 이스라엘 자손과 싸우지 말고 각기 집으로 돌아가라 이 일이 내게로 말미암아 난 것이라 하셨다 하라 하신지라 저희가 여호와의 말씀을 듣고 그 말씀을 좇아 돌아갔더라"(왕상 12:24)

우리는 여기서 다윗 왕조에 속한 사람들의 신앙 자세를 보게 된다. 그들이 배도하여 하나님의 심판을 자초했지만 저들에게는 여전히 하나님의 말씀에 순종하려는 마음이 남아 있었다. 선지자가 하나님의 예언을 전했을 때 그들은 아무런 저항 없이 그 말씀을 받아들였다. 이는 여로보암과 북쪽 열 지파 사람들이 하나님을 지속적으로 배신했던 사실과 크게 비교된다.

5. 북쪽 여로보암 왕의 탈선

이스라엘 왕국의 왕이 된 여로보암은 세겜에 행정을 위한 중심지로 정했다. 그리고 나름대로 체제를 정비하고 북쪽 지역에 필요한 정책을 폈다. 그는 자신의 통치 영역을 관심있게 돌아보며 백성들을 위한 정치를 구현하려 애썼다. 그것이 원래 여로보암이 가지고 있던 성향이기도 했다.

그런데 그에게는 커다란 걱정거리가 있었다. 북쪽 이스라엘 왕국이 반란 왕국이자 정통성이 없다는 사실을 여로보암 자신이 누구보다 잘 알고 있었다. 이스라엘 민족은 애굽으로부터 탈출한 종교를 중심으로 하는 언약의 백성이었다. 따라서 언제 다시 그들의 마음이 예루살렘 성전을 중심으로 한 다윗 왕조를 향해 돌아설지 알 수 없었다.

이에 여로보암은 자신의 통치 지역 내에 예루살렘에 버금가는 성전을 세우기로 마음먹었다. 만일 북쪽 지역에 여호와 하나님을 섬길 만한 성전이 없다면 백성들이 예루살렘 성전을 방문하게 될 것이며 그러다가 민심이 그쪽으로 돌아설 우려가 있었기 때문이다.

여로보암 왕은 그에 대한 궁여지책으로 금송아지 둘을 만들어 단Dan과 벧엘Bethel에 두었다. 이스라엘 왕국의 북단과 남단에 둠으로써 백성들이 굳이 멀리 예루살렘에 있는 성전까지 가지 않고 하나님을 경배하도록 배려한다는 명분이었다. 이는 사실 무언無言의 금령禁令과 같은 기능을 했을 것이다.

> "이에 계획하고 두 금송아지를 만들고 무리에게 말하기를 너희가 다시는 예루살렘에 올라갈 것이 없도다 '이스라엘아 이는 너희를 애굽 땅에서 인도하여 올린 너희 신이라' 하고 하나는 벧엘에 두고 하나는 단에 둔지라"(왕상 12:28,29)

여로보암 왕은 과거 조상들의 타락했던 행위를 그대로 따라했다. 자신의 왕권강화를 이룩하려는 목적을 달성하기 위해 수단과 방법을 가리지 않았다. 여로보암은 구약성경에 기록된 내용을 적절히 인용하며 자기의 악한 행위를 합리화해갔다. 어리석은 백성들은 성경에 기록된 사건들의 올바른 의미를 알지 못한 채 감언이설에 속아넘어갔다.

출애굽한 이스라엘 백성은 시내광야에 있을 때 금송아지를 만들어 두고 제멋대로 하나님을 섬기며 즐거워했다. 그들은 율법을 벗어난 상태에서 종교적 감정만으로 하나님을 경배할 수 있다고 생각했다. 그들은 우상을 만들어 섬기면서도 여호와 하나님께 드리는 제사인 양 번제와 화목제를 드리며 잔치를 벌였다.

> "모든 백성이 그 귀에서 금 고리를 빼어 아론에게로 가져오매 아론이 그들의 손에서 그 고리를 받아 부어서 각도로 새겨 송아지 형상을 만드니 그들이 말하되 '이스라엘아 이는 너희를 애굽 땅에서 인도하여 낸 너희 신이로다' 하는지라"(출 32:34)

시내 광야에서 있었던 아론과 이스라엘 백성의 금송아지 숭배는 하나님을 욕되게 하는 배도 행위였다. 그들은 그것이 하나님에 대한 신앙 행위라 생각했지만 실상은 그렇지 않았다. 하나님께서는 저들에게 심히 진노하셨다.

여로보암은 아론과 이스라엘 조상들의 행위를 그렇게 나쁜 것이 아니었다고 주장하며 백성들을 속였을 것으로 보인다. 이미 배도의 길에 들어선 백성들은 더 이상 하나님의 말씀에 진정으로 귀를 기울이고자 하는 마음이 없었다. 따라서 그들은 자기 편의대로 생각하려는 습성으로 인해 여로보암의 말을 받아들였다.

나아가 여로보암은 북쪽 지역에 산당들을 짓고 레위 자손이 아닌 일반 백성들을 제사장으로 세웠다. 하나님의 율법을 무시하고 개인의 능력과 취향, 그리고 자원에 의해 세워졌던 것이다. 또한 그는 임의대로 절기를 만들어 정했다. 예루살렘 성전에서 진행되는 절기와 비슷한 시기에 적절한 절기를 만들어 단과 벧엘에서 제물을 바치게 함으로써 예루살렘 성전 방문을 저지했던 것이다(왕상 12:32,33).

6. 르호보암 왕과 여로보암을 통해 얻게 되는 교훈

이스라엘 민족의 모든 역사 가운데서 구속사적 의미와 더불어 중요한 교훈들을 배운다. 그렇다면 이스라엘 왕국의 분열에 앞장선 르호보암 왕과 여로보암 왕으로부터 어떤 교훈을 배우게 되는가? 그들은 바람직한 정치를 한 왕들이 아니었음이 분명하다. 하지만 다윗 왕조를 이은 르호보암의 악행 및 부족한 정치력과 하나님을 떠나 완전히 배도한 여로보암의 사악한 정치는 구분해서 이해해야 한다.

르호보암은 아버지 솔로몬 왕의 학정을 청산하지 못했다. 그는 자기의 강력한 통치력이 막강한 왕국을 이어갈 것으로 판단했다. 하나님의 뜻과 도우심에 의존하지 않고 자신의 능력과 판단에 따른 정치를 하려다가 결국은 왕국을 분열하게 만들었던 것이다.

여로보암 왕의 경우는 반란 왕국인 이스라엘을 배도의 길로 인도했다. 그는 자기의 정권을 유지하기 위해 하나님의 율법을 버렸다. 그것은 이스라엘 민족을 허무는 역할을 했다. 우리는 본문의 기록을 통해 하나님을 버린 여로보암의 악행을 분명히 볼 수 있다.

여로보암의 악행은 다양한 형태로 나타났다. 첫째 예루살렘 성전을 버리고 단과 벧엘에 거짓 성전을 세웠다. 그곳에 금송아지를 만들어 두고 백성들로 하여금 섬기게 했다. 둘째, 레위 지파가 아닌 일반 백성들을 제사장으로 임명했다. 그것은 하나님의 율법을 어기는 악행으로서 결코 하나님을 섬길 수 없는 자들을 세워 하나님을 욕되게 했다. 셋째, 하나님의 율법과 상관없이 임의대로 절기를 만들었다. 그렇게 함으로써 이스라엘 백성들이 예루살렘 성전을 방문하는 것을 금하고 우상숭배에 빠지게 했다.

우리는 르호보암과 여로보암의 악한 행위를 통해 우리 자신을 돌아볼 수 있어야 한다. 먼저 르호보암이 자신의 정치력을 통해 백성들을 다스리고자 했던 태도를 반면교사로 삼아야 한다. 그의 행동은 하나님을 의지하는 것이 아니라 자신의 능력에 의존하려는 어리석은 생각이었다.

자기 능력에 의존하려 했던 르호보암의 철권통치 표방은 이스라엘 왕국을 분열시키는 직접적인 원인을 제공했다. 오늘날 우리도 교회 가운데서 그와 동일한 심각한 오류에 빠질 우려가 없지 않다는 사실을 항상 기억해야만 한다.

그리고 여로보암의 악행도 반면교사로 삼아야 한다. 우리는 하나님의 거룩한 성전인 성도들의 무리인 교회 이외에 다른 어떤 것을 성전으로 삼으려 하지는 않는가? 그리스도께서 피로 값주고 사신 교회 공동체 이외에 그 어떤 것도 하나님의 성전이 될 수 없다.

또한 우리는 아무렇게나 교회의 직분자를 세우려 하지는 않는지 반성해야 한다. 세상에서의 인간적인 능력이나 취향에 따라 직분자를 세우려 하지 않는가? 나아가 교회를 통한 내적 소명과 외적 소명에 대한 분명한 확인 없이 개인적인 자원만으로 교회의 교사인 목회자를 세우지는 않는가? 우리는 목사, 장로, 집사 등 모든 직분은 개인의 취향이나 자원하는 마음이 아니라 성령과 교회의 의사로 말미암는다는 사실을 분명히 이해해야 한다.

나아가 우리는 교회의 절기를 임의대로 만들어 잘못된 종교적 목적을 이룩하려 하지는 않는지 생각해 보아야 한다. 여로보암은 임의로 절기를 만들어 백성들이 하나님께 참된 경배를 드리는 것을 가로막았다.

우리 시대에도 자칫 잘못하면 인간들이 만들어낸 절기를 행사화 함으로써 기독교를 이방 종교화하고, 매주일 드려지는 공 예배를 약화시켜 방해할 수 있다. 온 성도들이 매주일 모여 말씀과 성찬을 통해 하나님을 경배하는 것보다 더 중요시되는 모든 임의적 절기들은 우상행위에 속한다는 사실을 결코 잊어서는 안 된다.

제10장
북 이스라엘 왕국 여로보암의 악행과 죽음

(왕상 13:1-14:20)

1. 유다지역으로부터 벧엘의 여로보암을 방문한 선지자

하나님께서 예루살렘으로부터 한 선지자를 북 이스라엘 왕국의 벧엘로 보내셨다. 그것은 여로보암 왕을 책망하여 일깨우기 위해서였다. 이스라엘 왕국에 있어서 왕의 배도 행위는 단순한 개인적인 문제가 아니라 전체 백성들에게 더러운 누룩을 퍼뜨리는 악행이 된다.

예루살렘의 선지자가 벧엘에 도착했을 때 여로보암 왕은 제단에서 분향하는 중이었다. 여로보암은 거짓 제단에서 분향하며 제사를 지냈는데 이는 여러 백성들에게 보이기 위한 교활한 태도였던 것으로 보인다. 즉 그는 자신의 행동을 하나님이 기뻐할 것이라 생각지 않으면서 그런 가증스런 행동을 했던 것이다.

남쪽 유다지역에서 온 하나님의 선지자는 여로보암의 종교 행위를 보며 그의 앞에 있는 제단을 향해 저주를 선포했다. 그것은 여로보암이 통치하는 이스라엘 왕국을 향한 저주였다. 이는 저들의 모든 제사행위가 하나님을 욕되게 한다는 것을 선포하는 의미를 지니고 있었다.

"제단아 제단아 여호와께서 말씀하시기를 다윗의 집에 요시야라 이름하는 아들을 낳으리니 저가 네 위에 분향하는 산당 제사장을 네 위에

제사할 것이요 또 사람의 **뼈**를 네 위에 사르리라"(왕상 13:2)

여로보암과 르호보암이 통치하던 당시 북 이스라엘 왕국과 남 유다 왕국은 심한 갈등 중에 있었다. 나아가 빈번한 전쟁이 발생하고 있었다. 그런데 예루살렘에서 온 그 선지자는 남 유다 왕국의 다윗 자손 중에 요시야Josiah라는 인물이 태어나 여로보암이 제사지내고 있는 그 제단에서 수종드는 제사장들을 그곳에 제사지낼 것이라 예언했던 것이다.[13] 이는 저주 중에 저주라 할 만하다.

그 선지자는 여로보암 왕에게 그에 대한 징조와 증거로서 제단이 갈라지고 그 위에 있는 재가 쏟아지리라고 말했다. 불쾌한 저주의 말을 들은 여로보암은 심하게 분노하여 그를 잡아죽이려 했다. 자신의 악한 행동을 지적하는 예루살렘으로부터 온 선지자를 용납하지 않으려 했던 것이다.

여로보암이 그 선지자를 잡기 위해 손을 펴는 순간 그의 손이 말라 다시 거둘 수 없게 굳어버렸다. 그리고 동시에 여로보암이 제사지내던 제단이 갈라지고 거기서 재가 쏟아져 내렸다. 그것을 통해 선지자가 여로보암에게 한 말이 하나님으로부터 온 예언이란 사실이 입증되었다.

2. 여로보암의 뇌물작전

자신의 행동으로 인해 갑자기 손이 굳어버린 여로보암은 예루살렘에

---

13) 열왕기하 22, 23장 참조. 특히 23장 14-16절은 이에 대한 예언이 성취되고 있는 모습을 보여주고 있다: "왕이 또 석상들을 깨뜨리며 아세라 목상들을 찍고 사람의 해골로 그곳에 채웠더라 이스라엘로 범죄케 한 느밧의 아들 여로보암이 벧엘에 세운 단과 산당을 왕이 헐고 또 그 산당을 불사르고 빻아서 가루를 만들며 또 아세라 목상을 불살랐더라 요시야가 몸을 돌이켜 산에 있는 묘실들을 보고 보내어 그 묘실에서 해골을 취하여다가 단 위에 불살라 그 단을 더럽게 하니라 이 일을 하나님의 사람이 전하였더니 그 전한 여호와의 말씀대로 되었더라"(왕하 23:14-16)

서 온 하나님의 선지자에게 간청하지 않을 수 없었다. 그는 선지자가 자기의 손이 회복될 수 있도록 하나님께 기도해주기를 간청했다. 당황하는 여로보암의 당부를 듣고 그 선지자가 기도함으로써 그의 손이 그 전처럼 성하게 되었다.

저주의 예언을 듣고 분노했던 여로보암은 자신의 손이 말랐다가 회복된 놀라운 사건에 대한 경험과 제단에서 벌어진 이적을 보고 그 선지자를 자기의 왕궁으로 초대하고자 했다. 그는 선지자를 환대하여 그에게 뇌물을 바침으로써 직면한 위기를 모면하려 했던 것이다.

그러나 예루살렘에서 온 하나님의 선지자는 여로보암의 요청을 일언지하에 거절했다. 하나님께서 그것을 엄히 금하셨으므로 아무리 값진 보물을 준다할지라도 결코 그의 집에 들어가지 않을 것이며 그곳에서는 조금의 떡이나 물이라도 마시지 않겠노라고 단언했다. 그 말을 한 후 선지자는 벧엘로 올 때와는 다른 길을 택해 예루살렘으로 되돌아가고자 했다.

3. 벧엘의 한 늙은 선지자의 속임수

유다지역으로부터 온 하나님의 선지자가 행했던 행동과 그의 예언에 관한 소문은 벧엘에 있는 많은 사람들에게 알려졌다. 당시 벧엘에는 한 늙은 거짓 선지자가 있었는데 그의 아들들도 그에 관한 소문을 들었다. 그들은 집에 있던 아버지에게 벧엘에서 일어났던 사실을 고했다.

아들들을 통해 자초지종 이야기를 들은 그 거짓 선지자는 급히 나귀를 타고 예루살렘으로 돌아가고 있는 선지자를 따라갔다. 그는 유다지역의 그 선지자를 그냥 돌려보낼 수 없다고 판단하고 있었다.

벧엘의 거짓 선지자는 예루살렘을 향해 가는 길가의 상수리나무 아래서 그 선지자를 만나 자기 집으로 식사초대를 했다. 하지만 참 선지자는 그의 초청을 거절했다. 다시 벧엘로 되돌아가지 않을 것이며 결단코 저와 함께 먹고 마시지 않겠노라고 말했던 것이다. 하나님께서 그렇게 하는 것을 허락하지 않으셨다는 것이었다.

그러자 벧엘의 거짓 선지자는 그를 속여 거짓말을 했다. 자기도 하나님의 선지자로서 여호와 하나님의 특별한 계시를 받았다고 주장했던 것이다. 하나님께서 자기에게 예루살렘으로부터 벧엘을 방문한 선지자를 자기 집의 식사에 초청하도록 계시를 받았다고 말하며 그를 속였다. 그가 굳이 그렇게 했던 까닭은 유다 왕국을 약화시키려는 의도 때문이었던 것으로 보인다.

벧엘의 거짓 선지자는 자신의 목적을 달성하기 위해 '선지자' 라는 직분을 함부로 도용했으며 '하나님의 이름' 을 악용했다. 예루살렘에서 온 선지자는 거짓 선지자의 거짓말에 어이없이 속아넘어가게 되었다. 우리가 여기서 주의 깊게 생각해야 할 점은, 유다지역으로부터 온 참 선지자는 아무런 악의 없이 속아넘어갔으나 그것이 결코 면책사유가 될 수 없었다는 사실이다.

이에 대해서는 오늘날의 성도들이 각별히 신경 써야 할 내용이다. 우리 주변에는 하나님과 아무런 상관없이 하나님의 이름을 핑계삼는 거짓 교사들이 가득하다. 비록 특별한 악의 없이 저들에게 속아넘어간다 할지라도 그것이 면책사유가 되지는 않는다. 그러므로 참 성도들은 거짓 교사들의 위선적인 행동이나 미사여구美辭麗句에 속아넘어가지 않도록 항상 깨어 각성해야 하는 것이다.

4. 예루살렘의 선지자가 받게 된 징벌과 벧엘의 악행

예루살렘의 선지자는 벧엘의 거짓 선지자의 꾐에 넘어갔다. 그는 벧엘에 있는 늙은 거짓 선지자의 집에 초청받아 그와 함께 식사를 나누었다. 그 선지자는 저의 말이 사실인 줄 알고 속아넘어갔던 것이다.

그들이 식탁에 마주 앉았을 때 하나님의 말씀이 벧엘의 거짓 선지자에게 임했다.14) 그는 예루살렘의 참 선지자를 향해 예언했다. 그가 하나님께서 행하지 말라고 금지한 명령을 어기고 하나님의 말씀을 온전히 지키지 않았으므로 정상적인 죽음을 맞지 못하리라는 것이었다.

그에게는 이제 아무런 변명도 필요 없었다. 벧엘의 거짓 선지자를 잘못 알아보고 그로부터 속았다고 강변해도 그의 책임이 면해지는 것은 아니었다. 달리 어떻게 할 방법도 없이 속수무책이었다. 거짓 선지자는 그런 상황 가운데서 식사를 마친 후 예루살렘으로부터 온 선지자를 배웅했다.

그는 예루살렘으로 되돌아가는 길에서 사나운 사자를 만나게 되었다. 그 사자는 선지자를 보자마자 잔인하게 물어뜯어 죽였다. 그의 시체는 길바닥에 뒹굴었으며, 지나가던 사람들은 그곳에 서 있는 사자를 보았다. 그것은 하나님의 말씀을 어긴 선지자에 대한 엄한 징계였다.

벧엘에 살고 있던 늙은 거짓 선지자는 그에 대한 사실을 전해 듣게 되었다. 그 거짓 선지자는 유다지역으로부터 온 참 선지자가 죽은 현장으로 가서 그의 시체를 거두어 나귀에 싣고 돌아와 자기의 묘실에 장사지냈다. 그는 자기의 거짓말로 인해 예루살렘의 선지자가 억울하게 죽게 된 것을 마음 아파했다. 그리고 그는 자기가 죽으면 시체를 그와 같은 묘실에 장사 지내주도록 아들들에게 유언했다.

그는 참 선지자를 장사지내고 난 후, 유다지역의 선지자가 벧엘에 있는 제단과 악한 산당들에 관해 예언한 내용이 반드시 이루어지게 될 것

---

14) 거짓 선지자에게 과연 하나님의 말씀이 임할 수 있는가? 구약시대에 하나님께서는 동물을 통해 말씀하기도 하셨다. 민수기 22장 28절에는 하나님께서 나귀의 입을 열어 발람에게 말하게 하신 경우가 있다. 여기에는 우리가 특별히 유념해 얻어야 할 교훈이 있다. 그것은 '한번씩' 옳은 말을 하는 자들을 쉽게 믿어서는 안 된다는 사실이다. 중요한 것은 하나님에 대한 본질적 신앙을 가진 성도인가 하는 점이며, 그의 입에서 흘러나오는 말 자체는 아니다.

을 말했다. 이는 거짓 선지자의 참된 예측이라 할 수 있다. 그가 이런 예측을 한 것은 하나님에 대한 진정한 신앙 때문이라기보다는 지식적으로 인정하는 그의 판단 때문이었던 것으로 보인다.

이 사건에서 보는 것처럼 하나님께서는 유다지역으로부터 한 선지자를 보내 여로보암에게 분명한 메시지를 주고자 하셨다. 그 선지자는 악한 제사를 지내는 여로보암의 눈앞에서 경고의 상황과 더불어 앞으로 이룩될 예언을 말했다. 그것은 여로보암 개인을 넘어 여전히 언약의 민족으로 있는 이스라엘 백성들을 위한 것이었다.

여로보암은 이스라엘 왕국의 왕으로서 자기의 눈으로 직접 보고 겪은 기적들을 통해 하나님의 메시지를 귀담아 들을 수 있어야 했다. 그는 악행을 저지르는 자신의 손이 일시에 말랐다가 회복되는 것과, 벧엘의 제단이 갈라져 재가 쏟아져 내리는 사건을 직접 목격했다. 그럼에도 불구하고 그는 하나님의 뜻을 받아들이기는커녕 도리어 더러운 종교적 악행을 지속했다.

그 두려운 사건이 있은 후에도 여로보암은 하나님을 모독하는 산당과 제단을 통해 제사를 지냈으며 레위족속이 아닌 일반 백성들로 하여금 제사장 직무를 행하게 했다. 그러한 것은 하나님을 모독하는 악한 행동이었다. 그것은 하나님의 무서운 징벌을 재촉하는 것이나 마찬가지였다.

5. 북 이스라엘 왕국의 악행과 여로보암의 죽음

(1) 여로보암의 가정사로 인한 선지자 방문

여로보암 왕의 아들 아비야가 중병에 걸리게 되었다(왕상 14:1). 다음 왕위를 이어야 할 위치에 있는 왕자가 중한 질병에 걸렸다는 것은 여간 심각한 일이 아니었다. 여로보암은 왕후인 자기 아내를 변장시켜 실로

Shiloh에 있는 하나님의 선지자 아히야Ahijah에게 보냈다. 아히야는 그 전에 여로보암이 이스라엘 왕국의 왕이 되리라고 예언했던 인물이었다(왕상 11:30-38 참조).

우리는 여기서 여로보암이 왕자인 자기 아들의 질병 문제로 벧엘이나 단에 있는 거짓 선지자들에게 보내지 않고 하나님의 참된 선지자였던 아히야에게 보낸 사실을 기억해야 한다. 그리고 자기 아내를 변장시켜 그에게 보낸 사실은 하나님에 대한 자신의 배도 행위를 스스로 인식하고 있었음을 반증하고 있다.

여로보암이 자기 아내를 변장시켰던 것은 나름대로 찔리는 것이 있었기 때문이다. 황후의 모습을 한 상태로 선지자 아히야에게 가게 되면 그가 불길한 예언을 할까봐 염려했던 것으로 보인다. 그는 아들을 위해 좋은 예언을 듣고 싶었던 것이다. 그리고 여로보암 왕은 변장한 자기 아내의 손에 떡과 과자, 꿀 등 뇌물을 들려 보냈다(왕상 14:3). 여로보암은 하나님에 대한 신앙이 아니라 자신이 준비한 뇌물을 통해 모든 것을 해결하려는 악한 왕이었다. 그는 앞에서도 뇌물을 가지고 예루살렘에서 온 선지자의 마음을 사려했던 적이 있다(왕상 13:7).

여로보암의 아내는 변장한 채 뇌물을 들고 아들에 대한 예언을 듣기 위해 선지자 아히야를 찾아갔다. 아들의 중한 질병 앞에서는 왕후의 체면 따위는 별 것 아니었다. 그가 실로에 있는 아히야의 집을 방문했을 때는 그의 나이가 늙어 육안으로 사람을 분간하지 못할 정도가 되어 있었다. 여로보암의 아내는 선지자 아히야를 만났을 때 즉시 그것을 알 수 있었다.

(2) 선지자 아히야의 예언

하나님께서는 선지자 아히야에게 여로보암의 아내인 왕후가 자기 아들의 질병으로 인해 변장하고 들어오게 될 사실을 미리 말씀해 주셨다. 그리고 선지자에게 그녀를 향해 이를 말을 알려주셨다.

여로보암의 아내가 집 문으로 들어올 때 아히야는 발소리를 듣고 왕후의 신분을 숨기고 다른 사람인체 하고 들어오는 그녀를 심하게 질책했다. 그리고는 그녀에게 불길한 예언을 했다. 그것은 하나님께서 여로보암을 이스라엘 왕국의 왕위에 앉게 했음에도 불구하고 그가 하나님의 명령을 저버리고 우상 산당들을 지어 더러운 제사를 지내는 악행을 행했으므로 엄히 심판하시겠다는 것이었다.

선지자는 여로보암의 악행으로 인해 하나님께서 진노하셨음을 말했다. 그가 하나님의 노를 격발했으므로 그에게 속한 자들 가운데 성읍에서 죽은 자들은 개가 먹겠고 들에서 죽은 자들은 공중의 새가 먹게 되리라고 예언했다(왕상 14:11). 그러면서 그 징조로 그녀가 집으로 돌아가면 그때 질병에 걸린 왕자가 죽게 되리라는 것이었다.

그리고 왕자의 죽음으로 인해 온 이스라엘 백성이 슬퍼하며 묘실에 장사지내게 되리라고 예언했다. 그가 묘실에 묻힐 수 있게 된 것은 그에게 여호와 하나님을 향한 선한 뜻과 그를 경외하는 마음이 있었기 때문이라 했다. 그러나 여로보암 왕에게 속한 다른 사람들은 자연스런 죽음을 맞지 못하리라고 예언했다. 여로보암의 정권에 반란을 일으키는 세력이 일어나 여로보암의 가문을 끊어버리게 되리라는 것이었다. 하나님께서는 아히야 선지자를 통해 여로보암이 왕위에 오를 것을 예언한 것처럼 그의 멸망을 예언하도록 하셨다.

여로보암은 아세라 신을 비롯한 이방신의 목상木像을 만들어 섬김으로써 여호와 하나님을 진노케 했다. 그는 그 자신뿐 아니라 모든 이스라엘 백성으로 하여금 하나님 앞에 범죄케 했던 것이다. 그러므로 하나님께서는 이스라엘을 쳐서 흩어버리시겠노라고 말씀하셨다.

(3) 여로보암에게 내려진 형벌과 죽음

여로보암의 아내인 왕후가 실로에 있는 아히야 선지자를 만난 후 집으로 돌아가 집 문지방에 이르렀을 때 병든 왕자는 죽음을 맞았다. 이스라엘 백성들은 슬퍼하며 그의 시신을 묘실에 장사지냈다. 이는 선지자 아히야의 예언대로 된 것이다.

여로보암은 이스라엘 왕이 되어 하나님을 배도하는 많은 악행을 저질렀다. 백성들로 하여금 예루살렘 성전을 방문하지 못하게 함으로써 하나님을 떠나도록 만들었다. 그는 이스라엘 왕국의 왕으로 등극하여 이십이 년간을 통치하다가 죽었다. 그의 뒤를 이어 북 이스라엘 왕국의 왕이 된 자는 그의 아들 나답Nadab이었다.

6. 본문의 말씀 가운데서 받아야 할 교훈

우리는 여로보암 왕의 악정惡政을 통해 반면교사反面教師로 삼을 만한 많은 교훈들을 얻게 된다. 우선 하나님의 율법을 떠나 자기의 목적을 이룩하기 위해 하나님을 이용하고자 하는 악한 행위가 눈에 띈다. 여로보암은 예루살렘이 아닌 단과 벧엘에 거짓 성전을 세우고 많은 산당들을 지었다. 그는 그곳에서 섬기는 제사장의 직무를 위해 레위족속이 아닌 일반 백성들에게 개방했다. 나아가 예루살렘 성전에 관심을 가진 백성들의 눈을 속여 가짜 절기를 만들어 예루살렘에 올라가지 못하도록 했다.

또한 우리는 남쪽 유다지역으로부터 특별히 벧엘의 여로보암에게 보냄을 받은 선지자로부터 중요한 교훈을 얻게 된다. 그는 벧엘에 살고 있던 거짓 선지자에게 속아 하나님의 명령을 어겼다. '선지자'와 '하나님의 이름'을 악용한 거짓 선지자의 말에 속았으므로 별다른 악의가 있었던 것은 아니지만 그것이 면책사유가 될 수는 없었다.

그리고 여로보암은 왕자인 자기 아들을 살리기 위해 변장한 아내를 통해 아히야 선지자에게 뇌물을 주고 좋은 예언을 듣고자 했다. 하나님을 경외하는 자라면 결코 있을 수 없는 일이다. 그런 판단과 행동을 하는 것은 하나님을 속이고자 하는 악행이었다. 그럼에도 불구하고 여로보암 왕은 자신의 목적을 달성하기 위해 수시로 그런 행동을 되풀이 했다.

우리는 이러한 여러 사실들을 기억하며 자신의 모습을 되돌아볼 수 있어야 한다. 하나님의 자녀들은 계명을 벗어나 자의적으로 하나님을 섬기려는 태도를 버려야 한다. 아무리 성의를 다한다 해도 예루살렘 성전을 통한 정당한 제사를 동반하는 예배가 아니라면 아무런 의미가 없다. 인본주의적인 목적을 달성하기 위해 절기를 만들어 그것을 이용한다면 도리어 하나님을 욕되게 하는 행위가 된다.

우리 주변에는 쉽게 분별하기 어려운 거짓 교사들이 가득하다. 어떤 경우에도 우리는 저들의 감언이설甘言利說에 속아서는 안 된다. 악의가 없다거나 몰랐다는 것으로 변명할 수 없다. 여로보암에게 하나님의 예언을 전하기 위해 벧엘에 갔던 예루살렘의 선지자를 통해 그것을 배우게 된다.

성숙한 성도들은 현대 교회가 하나님의 말씀을 버리고 자의적인 종교 활동에 빠져 있지 않은지 주의 깊게 살펴야 한다. 그렇게 함으로써 이 땅에 하나님께서 원하시는 올바른 교회를 세워나가게 된다. 우리는 어지럽고 혼탁한 시대에 살면서 하나님의 말씀에 충실한 자세를 가지는 것이 성도들의 진정한 복이 된다는 사실을 결코 잊어서는 안 된다.

제11장
남 유다 왕국에 주어진 하나님의 말씀과 다윗 왕조를 잇는 왕들의 행적: 르호보암, 아비얌, 아사

(왕상 14:21-15:24)

1. 남 유다 왕국의 악행과 르호보암 왕의 죽음

(1) 르호보암(BC 931-913)의 악행과 하나님의 진노

솔로몬 왕을 계승한 르호보암은 하나님을 의지하기보다 자신의 정책에 의존하려다가 왕국 분열이라는 난관에 부딪치게 되었다. 그럼에도 불구하고 그는 정신을 차려 주님께 돌아선 것이 아니라 더욱 큰 악행을 저질렀다. 이스라엘 민족의 나라가 하나님께서 세우신 특별한 왕국이라는 사실을 멸시했던 것이다.

르호보암 왕은 이방신을 섬기는 산당들을 짓고 그 안에 우상과 아세라 목상木像 등을 세웠다(왕상 14:21-23). 이는 암몬 족속 출신인 자기 어머니의 영향을 크게 받았기 때문이다. 나아가 르호보암은 북 이스라엘 왕국의 여로보암이 행했던 비신앙적인 행동을 보면서 백성들의 정치적 호감을 사기 위해 경쟁적으로 악을 도모한 측면이 없잖아 있었을 것으로 보인다.

당시 북쪽의 여로보암 왕은 백성들을 위한 민주적인 군주로 인식되어 있었다. 하나님의 뜻에 절대 의존하는 것이 아니라 백성들의 안위에 주로 관심을 기울였던 것이다. 물론 그것은 인간의 욕망에 기인하는 것이지만 신앙과 무관한 사람들의 눈에는 좋게 비쳐질 수 있었다.

그에 비해 유다 왕국의 왕이 된 다윗의 손자 르호보암은 독재자로 알려져 있었다. 그는 선정을 요구하는 백성들의 목소리를 외면했다. 그로 말미암아 왕국이 분열되자 백성들의 여론에 민감하지 않을 수 없었던 것이다. 그는 자기도 여로보암처럼 백성들의 소리에 귀를 기울이며 종교적 편의를 도모하는 자임을 드러내고 싶었을 것이다.

그러나 그것은 하나님을 배도하는 결정적인 악행이 되었다. 예루살렘 성전을 중심으로 하여 하나님 한 분만을 섬겨야 할 백성들이 산당들을 찾아가고 이방신들을 섬기는 더러운 악행에 빠지게 된 것이다. 이는 종교에 관련된 것으로 끝나지 않고 백성들의 일상생활에까지 깊은 영향을 미치게 되었다.

나라의 최고 통치자인 왕이 각종 우상들을 만들어 이방신을 섬기는 데 앞장서게 되자 많은 백성들이 하나님을 경외하는 마음을 버리는 상황에 이르렀다. 그렇게 되자 모든 것이 인간들의 욕망을 추구하는 삶에 초점이 맞추어졌다. 백성들은 도덕적으로 해이해져 극도로 악한 성적 문란을 가져왔다. 예루살렘을 비롯한 유다 왕국의 통치 영역에 더러운 남창男娼들이 생겨나고 동성애가 성행하게 되었던 것이다.

이스라엘 민족이 가나안 땅에 들어오기 전에 살던 이방 백성들이 행하던 모든 악습들을 이스라엘 민족이 본받아 행하게 되었던 것이다. 놀라운 사실은 그에 앞장 선 사람이 다름 아닌 이스라엘 백성들을 올바르게 통치해야 할 왕이었다는 사실이다. 이러한 사실은 하나님의 노를 격발하기에 충분했다. 하나님께서는 자신을 배신하고 떠난 그런 자들을 결코 가만 두지 않으신다. 하나님은 질투하는 분이시기 때문이다.

> "너희는 스스로 삼가서 너희하나님 여호와께서 너희와 세우신 언약을 잊어버려서 네 하나님 여호와께서 금하신 아무 형상의 우상이든지 조각하지 말라 네 하나님 여호와는 소멸하는 불이시요 질투하는 하나님이시니라 네가 그 땅에서 아들을 낳고 손자를 얻으며 오래 살 때에 만일 스스로 부패하여 무슨 형상의 우상이든지 조각하여 네 하나님 여호와 앞에 악을 행함으로 그의 노를 격발하면 내가 오늘날 천지를 불러 증거를 삼노니 너희가 요단을 건너가서 얻는 땅에서 속히 망할 것이라 너희가 거기서 너희 날이 길지 못하고 전멸될 것이니라"(신 4:23-26)

하나님께서는 이와 동일한 말씀을 수도 없이 되풀이하셨다. 이스라엘 백성이 시내광야에 있을 때 여러 차례 말씀하셨으며 약속의 땅 가나안에 들어가서는 그에 더욱 철저하도록 당부하셨다. 때문에 이스라엘 백성들은 이 율법을 지키지 않으면 안 되었다. 그것은 하나님을 배도하는 악행이었기 때문이다.

하물며 이스라엘의 왕으로서 하나님의 이 말씀을 마음속 깊이 새기지 않는다는 것은 말이 되지 않는다. 그렇지만 이스라엘 민족의 왕들 가운데는 하나님을 저버리는 경우가 태반이었다. 이는 저들이 모세의 율법을 알지 못했기 때문이 아니라 백성들의 비위를 맞추려하거나 자신의 통치를 위해 인간적인 지혜에 의존했기 때문이다.

르호보암 왕은 십칠 년간 유다 왕국을 통치하면서 그와 같은 악행에 빠졌다. 그는 왕으로서 하나님을 배도하는 악행을 저지르면서 순진한 백성들로 하여금 자기의 길을 따르도록 했다. 우리는 여기서 한 사람의 민족 지도자의 잘못된 처신이 전체 일반백성들에게 미치는 영향이 얼마나 큰가 하는 점을 쉽게 알 수 있다.

(2) 애굽을 통한 하나님의 징벌과 르호보암의 죽음

르호보암 왕은 아버지 솔로몬이 세력을 강화시켰던 왕국을 극도로 약화시켰다. 막강한 국력을 가졌던 나라가 남북으로 분열됨으로써 쇠약해질 수밖에 없었다. 이제 다윗이 세운 왕국은 주변의 여러 나라들 가운데 가장 열악한 존재가 되어버렸다. 솔로몬 왕국의 막강한 국력이 르호보암 왕에 이르러서 일순간에 기울어져 버린 것이다.

나아가 종교적으로도 그 전보다 더욱 악화되었다. 그렇게 되자 도덕성이 와해되고 윤리적으로도 퇴폐한 문화들이 편만하게 되었다. 백성들은 하나님을 두려워하지 않고 인간적인 욕망을 추구하기에 급급했다.

그러자 하나님께서는 르호보암이 통치하는 유다 왕국을 징계하기로 작정하셨다. 그 일을 위해 애굽을 징계의 도구로 사용하셨다. 솔로몬 왕은 혼인정책을 통해 애굽을 우방으로 삼았던 나라였으며 그 힘을 의지해 많은 정치적 이득을 얻었었다. 그런데 하나님께서 이번에는 그 애굽을 들어 유다 왕국을 공격하게 하셨다.

르호보암 왕의 즉위 5년에 애굽 왕 시삭Shishak이 올라와 예루살렘을 치고 성전과 왕궁에 있던 보물들을 빼앗아갔으며, 솔로몬 왕이 부와 권력의 상징으로 만든 금 방패를 빼앗아갔다(왕상 14:26). 그렇게 되자 르호보암은 하는 수없이 금 방패 대신 놋 방패를 만들어 왕궁 문을 지키는 시위대 장관에게 주었다.

왕궁의 시위대장이 가지고 있던 금 방패는 매우 중요한 용도를 지니고 있었다. 왕이 성전에 들어갈 때마다 시위하는 장관이 금 방패를 들고 왕을 성전으로 인도하여 갔다가 시위소로 되돌아왔다. 바로 그 금 방패를 애굽에게 빼앗긴 것은 신앙적인 자존심에까지 심각한 영향을 받고 있었음을 보여준다. 이는 르호보암 왕이 통치하던 유다 왕국의 극도로 약화된 형편을 그대로 보여주고 있다.

르호보암이 왕으로 재임하던 시기는 막강한 솔로몬 왕국에는 비교가 되지 않을 정도로 약화되어 있었다. 남쪽에서는 애굽이 끊임없이 위협을 가해왔으며 북쪽의 여로보암이 통치하는 이스라엘 왕국 또한 유다 왕국을 편안하게 두지 않았다. 남쪽 유다와 북 이스라엘 왕국 사이에는 항상 전쟁과 긴장 관계가 끊어질 날이 없었다.

하나님을 경외하지 않고 악행을 저지르던 르호보암 왕이 죽게 되자 다윗성에 장사되었다. 그는 솔로몬 왕의 뒤를 이었지만 나라의 국력을 극도로 약화시켰을 따름이다. 뿐만 아니라 더러운 이방 종교의 관습과 퇴폐적인 성윤리가 백성들 가운데 보편화되어 있었다.

3. 남 유다 왕국의 아비얌Abijam[15] 왕(BC 913-911)의 악행

르호보암 왕이 죽은 후 그의 아들 아비얌이 왕위를 이어받았다. 그는 삼 년간을 예루살렘에서 통치했다. 그는 다윗 왕이 가졌던 하나님에 대한 신앙을 가지지 않았으며 도리어 르호보암 왕이 행했던 모든 죄악들을 되풀이하여 행했다.

아비얌 왕이 통치하던 시기에도 유다 왕국은 북 이스라엘 왕국의 여로보암과의 전쟁이 끊이지 않았다. 아비얌은 삼 년 동안 예루살렘에서 백성들을 통치하면서 하나님 앞에서 악을 행했으므로 성실한 신앙이 영위되지 않았다. 그는 삼 년이라는 짧은 기간을 통치한 후 죽어서 조상들이 묻혀있는 다윗성에 장사되었다.

4. 유다 왕 아사(Asa, BC 911-870)의 선정善政

아비얌 왕이 죽고 난 후 그의 아들 아사가 새로 왕위에 올랐다. 유다 왕국의 왕이 세 번 바뀌는 동안 북 이스라엘 왕국에서는 여로보암이 통

---

15) 아비얌(Abijam)은 아비야(Abijah)와 동일 인물이다. 열왕기상 15장 1절의 아비얌이 영어성경 KJV에는 아비얌(Abijam)으로 기록되어 있으며, NIV에는 아비야(Abijah)로 번역되어 있다. 마태복음 1장 7절에도 '아비야'로 기록되어 있다.

치를 하고 있었다. 아사 왕은 북 이스라엘 왕국의 여로보암의 통치 말기에 등극하여 예루살렘에서 41년간을 통치한 장수왕이었다. 그는 다윗 왕과 같이 하나님 앞에서 정직하게 행하고자 했으며 하나님을 욕되게 하는 더러운 것들을 척결하려고 애썼다.

아사 왕은 남창男娼과 동성애자들 같은 악한 자들을 그 땅에서 쫓아냈으며 그의 조상들, 즉 르호보암 왕과 아비얌 왕이 지었던 산당과 우상들을 파괴하기 위해 나름대로 최선의 노력을 기울였다. 나아가 그는 사사로운 인정에 얽매이지 않고 왕궁에 거하는 가족들에 대해서도 분명한 태도를 취했다.

조모祖母이자 르호보암 왕의 왕후였던 마아가Maacha가 혐오스런 아세라 상을 만들어 가지고 있었으므로 태후太后의 위位를 폐했다. 그리고 태후가 신주단지 모시듯 하고 있던 우상을 찍어 기드론 시냇가에서 불살랐다. 그가 그렇게 했던 까닭은 하나님의 율법이 명령하고 있는 바였기 때문이다. 모세의 율법은 더러운 우상숭배 행위에 대해 매우 엄격하게 대처할 것을 요구하고 있다. 거기에는 어떤 인간적인 관계나 사사로운 인정이 끼여들 자리가 없었다.

> "네 동복 형제나 네 자녀나 네 품의 아내나 너와 생명을 함께 하는 친구가 가만히 너를 꾀어 이르기를 너와 네 열조가 알지 못하던 다른 신들 곧 네 사방에 둘러 있는 민족 혹 네게서 가깝든지 네게서 멀든지 땅 이 끝에서 저 끝까지 있는 민족의 신들을 우리가 가서 섬기자 할지라도 너는 그를 좇지 말며 듣지 말며 긍휼히 보지 말며 애석히 여기지 말며 덮어 숨기지 말고 너는 용서 없이 그를 죽이되 죽일 때에 네가 먼저 그에게 손을 대고 후에 뭇 백성이 손을 대라"(신 13:6–9)

유다 왕 아사는 우상숭배 문제에 관해 구약의 율법이 요구하고 있는 내용을 잘 기억하고 있었던 것이 분명하다. 그는 율법에 따라 순종하고자 많은 애를 썼다. 하지만 구약의 율법에 규정된 모든 내용을 그대로 지키지는 못했다. 조상들이 건축한 더러운 이방 산당을 완전히 폐하지 못했던 것이다. 이는 여러 가지 정치적 상황으로 인한 염려 때문이었을 것으로 보인다. 자칫 잘못하여 그것이 지나치게 되면 도리어 큰 혼란을 불러오게 될지 모른다는 인간적인 판단이 산당 파괴를 완료하지 못하게 했던 것 같다.

그럼에도 불구하고 아사 왕은 태후인 할머니를 폐위시키는 과단성을 보였다. 그것은 여러 관점에서 보아 심각한 사건이었음이 분명하다. 그 시대에도 정치적 반대파들이 많이 있었을 것이다. 그들은 아사 왕의 태후 폐위 사건을 두고 불효막심한 행동이라 비난했을지도 모른다. 나아가 백성들 가운데는 이미 태후 마아가와 같이 아세라 신에 연관된 종교 사상을 받아들이고 있는 자들이 적지 않았을 것이다.

그런 형편 가운데서 할머니를 폐위시킨다는 것은 결코 쉬운 일이 아니었다. 왕궁에서 귀염을 받고 자라났을 손자가 왕위에 오르자 할머니의 태후자리를 폐하는 것은 많은 구설수를 몰고 올 수밖에 없다. 아사 왕이 상당한 정치적 부담을 안고 그런 판단과 결정을 내린 것은 순전히 하나님을 경외하는 마음 때문이었다.

그는 율법에 따라 하나님을 온전히 섬기기 위해 최선의 노력을 기울였다. 은금 그릇 등을 거룩하게 구별하여 성전에 드리기를 게을리 하지 않았다. 이는 그가 예루살렘 성전의 중요성을 잘 알고 있었다는 사실을 잘 보여주고 있다.

아사 왕의 선정에도 불구하고 그가 통치하는 남 유다 왕국과 북 이스라엘 왕국 사이의 갈등과 전쟁은 끊지 않았다. 당시 북쪽에는 여로보암 왕을 뒤이어 바아사Baasha가 통치를 하고 있던 시기였다. 아사 왕이 하나님을 경외하며 정치를 했지만 당시 남 유다 왕국은 북 왕국에 비해 국력이 현저히 약화되어 있었다.

때문에 북 왕국의 바아사 왕이 유다를 공격해 와도 아사는 그것을 쉽게 방어할 수 없었다. 바아사는 북쪽에 거하는 이스라엘 백성들이 예루살렘 성전이 있는 남쪽으로 눈을 돌리지 않게 하기 위해 온갖 노력을 다 기울였다. 그는 그것을 위해 라마Ramah에 성을 축조하고자 했다. 자기의 통치 아래 있는 북쪽 지역 백성들의 남쪽 왕래를 막을 뿐 아니라 그것을 통해 유다 왕국을 위협하고자 했던 것이다.

바아사 왕은 그 일을 위해 많은 자재들과 병사들을 라마에 동원했다. 이는 유다 왕 아사에게 있어서 결코 쉽게 넘길 수 있는 사안이 아니었다. 그것은 유다 왕국에 심각한 비상 사태가 발생했음을 말해주고 있다. 예루살렘에서 그리 멀지 않는 곳에 막강한 성곽을 두른 적진이 구축되면 여간 불안하지 않을 수 없는 것이다.

하지만 아사 왕은 자력으로 그것을 막을 방도가 없었다. 그러자 아사 왕은 하는 수 없이 다메섹에 있던 아람 왕 벤하닷Ben-Hadad에게 지원을 요청했다. 그것을 위해 성전과 왕궁에 보관되어 있는 많은 금과 은을 보냈다. 그는 선대先代로부터 있었던 양국간의 우호 관계를 내세우며 자신을 위협하는 이스라엘 왕국의 세력을 진압해 주기를 부탁했다.

아사 왕으로부터 상당한 양의 귀중품과 함께 지원요청을 받은 벤하닷은 즉시 북 이스라엘 왕국을 공격했다. 그것은 순전히 유다 왕국을 지원하기 위한 우호적인 군사 행동이라 말할 수만은 없다. 아람 왕국에 있어서 그것은 일거양득의 기회가 되었다. 유다 왕국의 지원 요청에 의해 이스라엘 왕국을 공격함으로써 유다를 우방으로 얻는 동시에 이스라엘의 부담스런 세력 확장을 막을 수 있었기 때문이다.

그로 인해 이스라엘 왕국의 바아사 왕은 라마의 축성築城 계획을 중단할 수밖에 없었다. 그러자 남쪽 유다 왕국의 아사 왕은 북쪽의 바아사 왕이 라마에 버려두고 간 석재와 목재들을 거두어 남쪽 지역으로 가져오게 했다. 그는 그것들로써 게바Geba와 미스바Mizpah를 건축하게 되었다(왕상 15:22).

아사 왕은 사십 년이 넘는 긴 세월동안 예루살렘에서 백성들을 통치하다가 말년에 질병에 걸려 죽게 되었다. 그는 죽어 조상들이 묻혀있는 다윗성에 장사되었으며 그의 아들 여호사밧이 뒤를 이어 유다 왕국의 왕이 되었다.

5. 우리가 얻을 교훈

이스라엘 왕국의 분열은 하나님에 대한 배도 행위로 말미암는 것이었다. 솔로몬 왕의 배도가 하나님의 심판을 자초했던 것이다. 이스라엘 민족이 남북으로 분열되었음에도 불구하고 지도자들과 백성들은 여전히 정신을 차리지 못했다.

처음부터 반란 왕국이었던 여로보암의 북쪽 이스라엘 왕국은 말할 것도 없고 르호보암이 통치하는 남쪽의 유다 왕국 역시 마찬가지였다. 르호보암의 뒤를 이어 왕위에 오르게 된 아비얌도 부모를 따라 하나님을 배역하는 악행을 저질렀다.

그렇게 함으로써 애굽을 비롯한 이방 왕국을 통한 하나님의 징계가 이루어졌으며 나라는 한없이 약화되었다. 그러던 중 왕위를 이어받은 아사 왕이 하나님을 경외하며 선정을 펴기 위해 많은 노력을 기울였다.

아사 왕의 선정이 배도자들에게는 다른 빌미를 줄 수도 있었다. 그는 할머니 마아가를 태후에서 폐위시키는 일을 했다. 반대파에서는 그것을 두고 불효막심한 행위라며 강하게 비판하지 않았을까? 어쩌면 그들은 구약의 율법을 내세우며 저항했을지도 모른다. 모세의 십계명에 기록된 "네 부모를 공경하라 그리하면 너의 하나님 나 여호와가 네게 준 땅에서 네 생명이 길리라"(출 20:12)는 말씀을 들먹이며 공략했을 가능성이 크다.

그러나 성경은 아사 왕이 할머니의 태후를 폐위한 것은 본받을 만한 선행으로 말하고 있다. 그가 그렇게 했던 까닭은 이방의 아세라 신과 그에 대한 사상을 받아들이는 것을 용납하지 않으려 했기 때문이다. 물론 아사 왕은 하나님의 율법을 완전히 지키지는 못했다. 하지만 그는 어려운 결단을 했던 것만은 분명하다. 그럼에도 불구하고 아사 왕은 선왕先王들이 세운 산당들을 완전히 척결하지 못했다. 거기에는 복잡한 정치적 상황들이 얽혀 개입되어 있었을 것이 분명하다.

이는 우리 시대의 종교개혁을 부르짖는 사람들의 다양한 태도를 기억나게 한다. 우리 시대에도 사람들은 온건개혁이니 과격개혁이니 하는 말들을 많이 한다. 온건개혁은 무엇이며 과격개혁은 무엇인가? 사실 그것은 체제와 형식에 대한 개혁운동일 뿐 성경이 말하는 진정한 개혁과는 거리가 멀다. 따라서 우리는 온건개혁이라는 말과 과격개혁이라는 용어를 통해 교회의 개혁을 이루려는 생각조차 가질 필요가 없다.

우리에게 진정으로 요구되는 것은 하나님의 말씀이 교회 가운데 온전히 적용되도록 하는 순종 행위이다. 인간들의 이성과 판단에 의존하여 교회를 개혁하겠다고 하는 것은 지극히 조심해야 할 일이다. 인간들은 자신의 종교적 지혜를 배경으로 한 계산들을 너무 많이 한다. 즉 그로 인한 결과적 성공과 실패를 염두에 두게 되는 것이다. 하지만 우리는 항상 기록된 말씀에 충실해야 할 따름이다.

엄밀한 의미에서는 인간들이 주도하는 개혁이 아니라 하나님의 말씀을 교회 가운데 드러내며 적용하게 될 때 성령 하나님께서 자신의 교회를 온전한 길로 인도하시게 된다. 구약시대와 신약시대를 통틀어 하나님의 주된 관심은 메시아이신 예수 그리스도와 그에 속한 백성들의 온전한 순종이라는 사실을 잊어서는 안 된다. 오늘날 우리 역시 구약시대의 역사적 사건들을 보며 그와 동일한 교훈을 받아야만 한다.

제12장
북 이스라엘 왕국의 반란 정국과 악한 왕들:
나답, 바아사, 엘라, 시므리, 오므리, 아합

(왕상 15:25-16:34)

1. 북 이스라엘 왕국의 위험한 전개

북 이스라엘 왕국의 통치자들은 마치 하나님을 배도하는 악을 계승하는 것을 목적으로 삼고 있는 것처럼 보인다. 그들 가운데 하나님을 진정으로 경외하는 자들은 아무도 없는 것 같다. 그들에게는 회개도 반성도 없이 나라를 꾸려가기에만 여념이 없었다.

여로보암이 세운 북 이스라엘 왕국은 불안한 정국이 지속되었다. 왕과 지도자들은 백성들로부터 민심을 얻고 국력을 강화시키기 위해 하나님을 배반하고 그의 율법을 완전히 버렸다. 그들의 입술에는 하나님의 이름이 달려 있었을지 모르지만 저들의 마음에는 이방신들을 향한 종교적 욕망이 가득 차 있었을 따름이다.

북 이스라엘 왕국은 반란이 지속되는 왕국으로 발전되어 갔다. 신하가 왕에게 반란을 일으켜 왕위를 찬탈하게 되면, 잠시 동안의 정국의 안정과 변화가 있은 후 또 다시 반란이 일어나게 되었다. 따라서 백성들은 안정된 삶을 이어갈 수 없었다. 북 이스라엘 왕국의 초기 단계에 이미 그와 같은 상태가 고착되어 끝없이 되풀이되고 있었던 것이다.

본문 말씀 가운데는 마치 정형화된 구조처럼 되풀이되는 용어가 나타난다. 그것은 이스라엘 왕들의 행적 유형이다: ['여로보암의 길' – '여호와 보시기에 행하는 악' – '이스라엘로 범하게 한 죄 ' – '여호와의 노를 격동시킴']. 우리는 하나님께서 이 가운데서 무엇을 말씀하시고자 하는지 관심을 기울여야 한다.

2. 여로보암 이후의 북 이스라엘의 정국

(1) 나답 왕(BC 910–909)

여로보암이 죽은 후 그의 아들 나답Nadab이 부친의 뒤를 이어 왕위를 계승했다. 당시 남쪽 유다 왕국에서는 아사 왕이 즉위해 악을 제거하는 개혁을 단행하고 있을 때였다. 그러나 북쪽의 나답은 아버지 여로보암 왕의 악행을 그대로 답습하여 하나님 앞에서 범죄하기를 중단하지 않았다.

나답은 어려서부터 여로보암 왕이 주도하는 정책을 통해 그런 것들을 보며 익힐 수밖에 없었다. 그는 그렇게 하는 것이 이스라엘 왕국의 부흥을 위한 정당한 길이라 생각했을지도 모른다. 또한 이스라엘 백성들을 통치하는 이념으로 여로보암의 행위를 따르는 것이 최선의 방책이라 판단했던 것으로 보인다. 하지만 그의 정책은 일반 백성들로 하여금 하나님을 떠나 더러운 죄에 빠지게 하는 것이었다.

(2) 바아사(BC 909–886)의 반란과 예후의 예언

① 바아사의 반란
나답이 여로보암을 계승해 왕이 되어 통치하기 시작한 지 얼마 되지 않아 잇사갈 지파의 바아사Baasha가 나답 왕을 모반하여 반란을 일으켰다. 아마도 그는 어차피 여로보암의 집안은 왕가王家로서 아무런 정통성이 없는 혈통이라 판단했을 것이다. 바아사는 블레셋 지역에 있는 깁브돈Gibbethon에서 나답을 죽이고 왕위를 찬탈했다. 나답은 2년이라는 짧은 기간동안 왕위를 누리다가 반란군에 의해 피살되었다.

바아사는 반란에 성공한 후 즉시 여로보암의 집안에 속한 자들을 무차별적으로 살해했다. 이는 후환을 없애기 위한 계획된 행동이었지만 그 전에 선지자 아히야의 예언이 이루어진 것이다(왕상 14:14). 막강한 권세를 누리던 여로보암의 집안이 이렇게 멸망당한 것은 그와 그에 속한 자들이 하나님께 범죄하고 백성들로 하여금 죄에 빠져들게 했기 때문이다. 그것은 하나님의 무서운 진노를 사기에 충분했다.

바아사는 왕위에 오른 후 이십사 년 동안 이스라엘 백성을 통치했지만 여호와 하나님 앞에서 더러운 악을 행했다. 그는 여로보암과 나답이 그전에 행했던 것과 동일한 악을 행하며 하나님을 욕되게 했던 것이다. 그가 왕이 되어 통치하는 기간 동안 남쪽 유다 왕국의 아사 왕 사이에 전쟁이 그치지 않았다.

② 바아사 왕의 집안에 대한 예후의 예언

바아사가 왕위에 올라 하나님을 떠나 악을 행하게 되자 하나님의 말씀이 선지자 예후Jehu[16])에게 임하게 되었다. 하나님께서 여로보암의 악행을 그대로 따라 하는 바아사 왕과 그의 집안을 여로보암의 집처럼 멸망시키시겠다고 경고하셨던 것이다.

그런데 우리가 여기서 눈여겨보아야 할 사실은 하나님께서 바아사를 이스라엘 왕국의 주권자로 삼으셨다고 말씀하신 것이다(왕상 16:2). 이는 무엇을 의미하고 있는가? 하나님께서 과연 바아사를 들어 자신을 위한

---

16) 여기 기록된 하나니(Hanani)의 아들 예후는 선지자로서 북 이스라엘 왕국의 10대 왕이었던 여호사밧의 아들 예후(Jehu)와 동명이인(同名異人)이다. 선지자 예후는 유다 왕 여호사밧이 북 이스라엘 왕국의 아합 왕과 우호적인 관계를 유지한 것을 경고하기도 했다(대하 19:2).

선한 도구로 사용하시고자 했다는 말씀인가?

우리는 이 말씀의 진정한 의미를 하나님의 경륜적 간섭으로 이해해야 한다. 즉 하나님께서 바아사로 하여금 반란을 일으켜 나답 왕을 죽이고 대신 이스라엘 왕국의 왕위에 오르게 한 것은 여로보암의 집안에 대한 심판을 위한 것으로 그 가운데 하나님의 경륜이 들어 있었음을 말해주고 있다.

하나님께서 여로보암의 집안을 엄하게 심판하신 것은 하나님을 배반하고 우상숭배를 행하며 백성들을 악한 길로 인도했기 때문인데, 하나님의 심판의 도구가 된 바아사가 그 행위를 그대로 따라 하고 있었다. 그러므로 하나님께서는 바아사 왕과 그의 집안에 대해서도 여로보암의 집안과 동일한 심판을 행하실 것을 예후를 통해 말씀하셨던 것이다.

> "내가 너 바아사와 네 집을 쓸어버려 네 집이 느밧의 아들 여로보암의 집 같이 되게 하리니 바아사에게 속한 자가 성읍에서 죽은즉 개가 먹고 그에게 속한 자가 들에서 죽은즉 공중의 새가 먹으리라"(왕상 16:3,4)

바아사 왕은 하나님을 멸시하는 극심한 악행을 저질렀다. 그는 자신의 통치 관할 아래 있던 북쪽의 이스라엘 백성들이 하나님의 거룩한 성전이 있는 남방의 예루살렘에 출입하는 것을 막기 위해 최선의 노력을 기울였다. 그것은 자신의 정치적 욕망을 달성하고자 하여 하나님을 배신하는 악한 행위였다.

그러자 하나님께서는 그에게 속한 자들이 죽으면 도시의 개와 들의 새들이 먹게 되는 참상을 보게 될 것이라 말했던 것이다. 이는 그들이 편안한 일상적인 죽음을 맞지 못할 것이라는 선언이었다. 그런 악행을 저지르던 바아사 왕도 결국 죽어 장사되었다. 그리고 그의 아들 엘라

Elah가 대신 왕위를 계승했다.

(3) 엘라 왕(BC 886-885)

엘라는 부친 바아사의 뒤를 이어 왕위에 올랐으나 단명短命한 왕이었다. 그는 디르사Tirzah에서 2년 동안 백성들을 통치하며 선왕先王들이 행했던 것과 동일한 악행을 저질렀다. 그는 백성들이 전쟁의 긴박한 분위기에 처해 있을 때도 자신의 욕망을 위해 먹고 마시는 것에 급급해 있었다.

이스라엘 왕국의 일부 군대가 전방에서 블레셋과 대치하고 있던 어느 날 엘라 왕은 자기 신하의 집에서 술을 마시고 취해 있었다(왕상 16:9). 그 때 군 지휘관 가운데 한 사람이었던 시므리Zimri가 왕을 모반하여 그를 살해했다. 이로써 그의 시대는 끝이 나고 시므리에게 왕위가 넘어가게 되었다.

(4) 시므리의 칠일七日천하(BC 885)

시므리는 바아사의 아들 엘라 왕을 죽이고 왕위에 올랐다. 그러나 그는 불과 칠일 동안 왕위에 있었을 따름이다(왕상 16:15). 시므리는 그 기간 동안 바아사 집안의 사람들을 무차별적으로 살해했는데 특별히 남자들은 남겨두지 않았다. 이는 선지자 예후를 통해 하나님께서 예언하신 말씀이 이루어진 것이다(왕상 16:3).

당시 이스라엘 왕국의 병사들이 블레셋과 대치하고 있었다는 사실은 비상시국非常時局이었음을 말해주고 있다. 그러던 중 시므리가 반란을 일으켜 엘라 왕을 살해하고 왕이 되어 바아사의 집안 사람들을 무참히 죽이고 있다는 소식은 충격적이지 않을 수 없었다. 그 소문을 들은 전방의 지휘관을 비롯한 병사들은 그 사태를 가만히 좌시하지 않았다.

(5) 오므리(BC 885-874)의 반란

① 역반란逆反亂

디르사의 왕궁에서 일어난 시므리의 모반 사건 소식을 접한 병사들은 그 자리에서 오므리Omri를 왕으로 선포했다. 이는 반란을 일으켜 정권을 획득한 시므리를 저들의 왕으로 인정할 수 없다는 선언이었다. 이렇게 하여 오므리가 이끄는 군대가 왕궁이 있는 디르사를 포위하여 함락했다.

왕위를 찬탈한 지 불과 7일밖에 되지 않는 시므리는 자기가 통치하는 성읍이 일시에 함락되는 것을 보고 스스로 왕궁에 불을 지르고 자살하였다(왕상 16:18). 전장에서 병력을 돌려 역습해오는 병사들과 싸워봐야 아무런 승산이 없는 것으로 판단했던 것이다. 이렇게 하여 시므리 왕의 칠일천하는 막을 내리게 되었다. 시므리는 왕위를 찬탈하기도 했거니와 원래부터 하나님을 욕되게 하는 자로서 악한 사람이었다.

② 북 이스라엘 왕국의 혼란 정국

오므리가 시므리의 세력을 진압하고 집권하여 새로운 왕으로 선포되었음에도 불구하고 이스라엘의 정국은 여전히 안정되지 않았다. 이는 오므리 왕에 대해 불만을 가진 상당한 세력이 잔존하고 있었기 때문이다. 그들은 디브니Tibni를 추종하는 세력으로서 오므리를 왕으로 인정하지 않았다.

이렇게 되자 북 이스라엘 왕국은 새로 왕위에 오른 오므리를 추종하는 세력과 디브니를 추종하는 세력으로 양분되어 대치하는 국면을 맞기에 이르렀다. 그들은 세력을 팽창하기 위해 서로간 격렬한 싸움을 하지 않을 수 없었다. 결국 오므리의 추종세력이 디브니를 죽이고 세력을 장악함으로써 오므리가 북 이스라엘 왕국의 왕으로 군림하게 되었다.

　오므리 왕은 십이 년 동안의 통치기간 중 디르사에 육 년 동안 있다가, 사마리아로 수도를 옮겼다. 그는 사마리아 산지를 매입하고 그 위에 성읍을 건축하여 새로운 수도를 정함으로써 국정쇄신을 꾀하고자 했다.

　그러나 오므리는 선왕들을 비롯한 조상들과 마찬가지로 하나님 앞에서 더러운 악을 도모했다. 그는 이방신 사상을 끌어 들여와 백성들의 신앙을 혼미하게 했다. 오므리는 이스라엘 왕국의 건립자였던 여로보암의 악행을 그대로 따라 행하며 그 전의 왕들보다 더욱 적극적으로 하나님을 욕되게 했다. 그것은 하나님의 무서운 진노를 불러일으키는 행위였다.

　오므리는 왕위를 찬탈한 후 십이 년간의 통치를 마감하고 죽었다. 그가 사망하자 사마리아에 장사지내게 되었다. 그의 뒤를 이어 왕위에 오른 자는 이스라엘 민족을 더욱 심각한 종교적 혼합주의에 빠뜨리게 되는 아합 왕이었다.

(6) 아합 왕(BC 874-853)

① 총체적 악과 하나님의 진노

아합Ahab이 왕위에 오를 당시 남 유다 왕국은 아사 왕의 말기에 해당되는 시기였다. 아합은 사마리아에서 이십이 년간을 통치하게 되는데 이는 비교적 장수한 왕이었다. 그는 오랜 기간 백성들을 다스리면서 하나님께서 원하시는 선정을 편 것이 아니라 그 전의 왕들보다 더욱 악한 정치를 구현했다.

　그는 시돈Sidon의 공주 이세벨Jezebel을 왕후로 맞아들여 그녀가 섬기는 바알을 섬기는 악행을 주저하지 않았다. 나아가 아합 왕은 사마리아에 바알 신전을 건축하고 바알을 위해 제단을 쌓았다. 그는 또한 아세라 상을 만들기도 했다. 그것은 여호와 하나님의 진노를 격발하지 않을 수 없는 악행이었다.

② 여리고성 건축

아합 왕이 북 이스라엘 왕국을 통치하던 때 벧엘 사람 히엘Hiel이 여리고성을 건축하고자 했다. 이는 개인적인 일이 아니라 북 이스라엘 왕국의 국책 사업이었을 것이다. 그들이 여리고에 성을 건축하고자 하는 것은 북 이스라엘 왕국의 국력을 엿보게 한다.

그러나 그것은 하나님께서 엄하게 금하신 일이었다. 이스라엘 백성들이 출애굽 한 후 사십 년 동안 시내광야에 있다가 가나안 땅으로 진입할 때 여호수아가 무너진 여리고를 두고 예언한 바 있었다. 그것은 하나님께서 무너뜨리신 여리고성을 다시금 쌓는 행동에 대한 엄중한 경고의 말씀이었다.

> "여호수아가 그때에 맹세로 무리를 경계하여 가로되 이 여리고성을 누구든지 일어나서 건축하는 자는 여호와 앞에서 저주를 받을 것이라 그 기초를 쌓을 때에 장자를 잃을 것이요 문을 세울 때에 계자를 잃으리라 하였더라"(수 6:26)

하나님께서는 여호수아의 입을 통해 여리고성의 의미에 관련된 말씀을 하셨다. 하나님은 시내광야에 있던 이스라엘 백성들을 약속의 땅 가나안으로 인도해 내시면서 친히 여리고성을 멸망시키셨다. 그것은 가나안 땅 첫 성城이었다는 측면에서 매우 중요한 상징적 의미를 지닌다. 이스라엘 백성들은 가나안에 진입하면서 여리고성이 힘없이 멸망당하는 것을 똑똑히 목격했다. 그것은 하나님께서 행하신 거룩한 사역이었다.

때문에 무너진 그 여리고성을 다시 쌓는다는 것은 하나님께 저항한다는 상징적인 의미를 담고 있다. 그런데 북 이스라엘 왕국의 아합 왕은 하나님의 말씀을 어기고 여리고성의 재건축을 시도했다. 그 일을 직접 담당했던 벧엘 출신의 히엘이 성터를 쌓을 때 그의 맏아들이 죽었으며 성문을 세울 때 막내아들이 죽었다. 이는 하나님께서 여호수아를 통해 예언하신 말씀이 그대로 이루어진 것이다.

3. 북 이스라엘의 왕들을 통한 악의 계승

북 이스라엘 왕국은 반란 왕국이자 그러한 위기의 사태가 지속되는 나라였다. 이스라엘의 모든 왕들은 여로보암의 악한 행위를 계승하듯이 따랐으며 백성들 또한 그들을 본받았다. 결국 하나님의 구원사역을 위해 특별히 선택된 이스라엘 민족이 그 이름만 가지고 있었을 뿐 실상은 하나님을 배도하기에 바쁜 모습을 보였던 것이다.

이스라엘 왕국을 통치한 다수의 왕들은 나름대로 나라를 강화하기 위한 정책을 폈으며 백성들을 위한 정치를 한다는 명분을 버리지 않았다. 그것을 위해 이방의 더러운 종교 사상들을 들여왔으며 관용정책을 폈다. 그 관용정책이란 백성들의 마음에 원하는 무엇이든지 행하도록 허용하는 것이었다. 그것은 하나님의 율법을 버리는 악한 행위였다.

왕들은 바알 신과 아세라 신을 섬기는 이방 사상을 도입했을 뿐 아니라 이방 산당들과 신전을 건립하기도 했다. 그것은 왕과 국가가 솔선하여 그 일을 도모하기도 했지만 일반 백성들에게 그것을 받아들이도록 허용했다는 것을 의미한다. 그러한 종교 행위는 결국 종교 혼합주의 사상을 가져올 수밖에 없었다.

그러자 지상의 풍요를 기원하는 이방의 기복주의 사상이 백성들의 마음을 지배하게 되었다. 그들은 입술과 생각으로는 하나님을 믿는다고 했지만 실상은 자신의 목적을 달성하기 위한 수단으로 신앙생활을 했던 것이다.

본문에서 되풀이되고 있는 ['여로보암의 길' – '여호와 보시기에 행하는 악' – '이스라엘로 범하게 한 죄' – '여호와의 노를 격동시킴']의 관습화된 행동이 그것을 보여준다. 이 가운데서도 하나님의 사랑이 드러나는데, 그것은 하나님께서 선지자들을 보내 경고하셨다는 사실이다. 그럼에도 불구하고 이스라엘의 왕들과 백성들은 철저히 저들의 귀를 막았다.

4. 우리가 받을 교훈

북 이스라엘 왕국을 통치한 악한 왕들이 과연 스스로 악하다는 생각을 했을까? 그리고 무지한 일반 백성들이 하나님을 배도하는 저들의 악행을 정확하게 인식할 수 있었을까? 만일 그들에게 윤리적인 악행이 드러났다면 그것을 쉽게 인정하고 알아보았을지 모른다. 윤리란 일반 상식에 근거하므로 옳고 그름에 대한 구별을 쉽게 할 수 있다. 그래서 누가 봐도 그에 대한 잘잘못을 별 어려움 없이 구분하게 된다.

그러나 종교적인 측면에서는 그에 대한 분별이 훨씬 어렵다. 인간들은 자신의 성심성의를 다한 자세를 두고 그것이 곧 진정한 신앙의 기준이 되는 양 오해하게 되기 때문이다. 아무리 잘못된 신앙이라 할지라도 스스로 거기에 빠져 있으면 그것이 마치 좋은 신앙인 듯이 오해하게 되는 것이다.

이처럼 이스라엘 악한 왕들 가운데는 스스로 최선을 다해 하나님과 백성을 위해 충성을 다했다고 여기는 자들이 다수 있었을 것으로 생각된다. 그러나 기록된 하나님의 말씀을 벗어난다면 아무리 열정적인 종교 활동이라 할지라도 그것은 하나님을 기쁘게 하는 것이 아니라 도리어 하나님을 욕되게 하는 악한 행동이다.

북 이스라엘 왕국에서는 그와 같은 악행이 대대로 상속되어 갔다. 왕국 내부에 가득 찬 잘못된 종교적 전통으로 인해 하나님을 배도하는 악행들에 대한 연결고리를 끊기 어려웠던 것이다. 여기서 우리는 하나님의 율법과 선지자들의 입을 통한 예언의 말씀을 듣는 것을 거부하고 선조들의 행위를 아무런 비판 없이 관습적으로 따라 행했던 저들의 위험한 신앙을 보게 된다.

이에 대해서는 오늘날 우리 역시 자신의 모습을 냉철하게 되돌아 볼 수 있어야 한다. 개인의 신앙은 시대에 속한 종교 집단이나 자기 자신에 의해 승인받을 수 있는 것이 아니며, 주변의 사람들이 인정한다고 해서 그것 자체로서 좋은 신앙인이 되는 것은 아니다.

참된 신앙은 오로지 기록된 하나님의 말씀에 의해 판명되어야 하며 하나님을 진정으로 경외하는 건전한 교회를 통해 검증되어야 한다. 불건전한 종교 집단에서 서로간 신앙이 훌륭한 것으로 치켜세우는 것은 매우 위험하다. 그것은 말씀을 통해 자신을 돌아보기 위한 겸손한 자세를 버리게 하기 때문이다.

우리는 이스라엘 왕국의 악한 왕들과 저들의 통치를 받으며 신앙생활을 했던 이스라엘 백성들을 기억해야 한다. 그들의 착각과 오해로 인해 하나님께서는 여러 선지자들을 보내 말씀하셨다. 모든 이스라엘 백성들은 선지자를 통한 하나님의 말씀을 귀담아 들어 순종해야 했지만 전혀 그렇지 못했다.

이에 대해서는 오늘 우리 시대의 모든 성도들 또한 그와 동일한 자세를 견지해야 한다. 우리는 구약시대의 선지자들과 신약시대의 사도들을 통해 계시된 성경으로 말미암아 우리 자신의 죄된 모습을 살피며 온전한 신앙생활을 하게 된다. 기록된 하나님의 말씀에 귀를 기울이지 않는다면 관습화된 '여로보암의 길'을 따를 수밖에 없다. 성경 말씀을 떠나 형성된 모든 신앙은 하나님 앞에서 악한 행위라는 것을 잠시도 잊어서는 안 된다.

제3부
선지자 엘리야와 아합 왕

제13장
엘리야와 아합 왕

(왕상 17:1-24)

1. 엘리야의 예언

북 이스라엘 왕국의 아합은 하나님을 적극적으로 배도하는 악한 왕이었다. 그는 아내 이세벨을 통해 이방신들을 들여왔으며 그에 연관된 혼합주의 종교 사상을 장려했다. 이세벨은 아합 왕을 부추겨 북 이스라엘 가운데 이방신 사상을 적극적으로 도입함으로써 백성들의 마음으로부터 하나님의 자리를 빼앗았다.

아합 왕은 바알 선지자들과 아세라 선지자로 불리는 혼합적인 신앙을 가진 자들을 공직자로 선정해 선지자의 직능을 감당하게 했다. 분별력 없는 어리석은 백성들은 아합의 종교정책을 아무런 비판없이 받아들였다. 그들은 그것을 국제적인 신앙이며 다른 종교들에 관용하는 좋은 태도라 오해했다.

왕과 백성들의 사고에는 현세지향적인 기복신앙을 통해 세상의 풍요로움과 복을 누리고자 하는 마음이 가득 차 있었다. 이는 하나님의 진노를 사기에 충분했다. 그것은 하나님의 심판과 징계를 가져왔다. 하나님께서는 선지자 엘리야를 보내 아합 왕과 이스라엘 왕국을 향해 엄중한 경고를 하셨다. 앞으로 수년 동안 하늘에서 비가 내리지 않는다는 메시지였다. 그것은 심한 기근의 고통을 예고하는 것이었다.

아합 왕이 보기에 선지자 엘리야의 예언은 이스라엘 민족을 향한 저주였다. 축복은 해주지 못할망정 저주를 한다는 것은 결코 그냥 둘 수 없는 노릇이었다. 아합 왕도 진노했거니와 왕후 이세벨의 진노는 더욱 심했을 것이 분명하다. 그들은 엘리야의 예언이 하나님으로 말미암은 것이라는 사실을 제대로 인식하지 못했던 것이다.

아합 왕은 이스라엘을 향해 저주의 말을 쏟아내는 엘리야를 잡아 죽이려했다. 그렇게 되자 엘리야는 생명의 위협을 느끼지 않을 수 없었다. 좁은 이스라엘 왕국 가운데서 권력자의 눈을 피해 숨어산다는 것은 결코 쉬운 일이 아니었다. 더구나 수년 동안 비가 오지 않아 심한 기근이 들게 되면 엘리야 역시 동일한 고통을 겪을 수밖에 없었던 것이다.

2. 하나님의 인도하심

(1) 그릿Kerith 시냇가

하나님께서는 선지자 엘리야를 요단강 근처에 있는 그릿 시냇가로 피신하도록 인도하셨다. 그곳은 사람들이 많이 살지 않는 지역이었다. 하나님은 그릿 시냇가에 거하는 엘리야의 생명을 특별한 방법으로 보존시키셨다.

엘리야가 하나님의 명령에 따라 그릿 시냇가에 머무는 동안 하나님께서는 까마귀를 통해 음식을 공급하셨다. 까마귀가 아침저녁으로 그에게 떡과 고기를 가져다주었다. 그것은 일용할 양식을 의미하고 있다. 엘리야는 자신의 노동력이 아니라 전적인 하나님의 은혜로 양식을 공급받았다.

그런데 그 양식은 어디서 난 것일까? 까마귀들이 다른 사람들이 먹어야 할 음식을 몰래 가져온 것일까? 아니면 황량한 들판에서 물어 나른 것이었을까? 당시에는 이미 기근으로 인해 사람들이 먹을 양식이 절대 부족하던 때였다. 개인이 먹을 양식이 까마귀에 의해 없어졌다면 즉시 그것을 알게 될 것이며, 들에는 양식이 될 만한 것들이 남아 있지 않았을 것이 분명하다.

우리는 하나님께서 까마귀를 통해 엘리야에게 먹을 양식을 공급하신 사실이 특별한 의미를 지니고 있다는 점을 알 수 있다. 여기서 구약시대와 신약시대에 있었던 두 가지 구속사적 사건들을 기억한다. 그것은 이스라엘 백성들이 시내광야에 있을 때 하나님께서 사십 년 동안 그들에게 만나와 메추라기를 먹이셨던 사건과 예수께서 광야에서 백성들에게 오병이어五餠二魚의 이적을 베푸셨던 사건이다.

애굽의 왕은 모세를 비롯한 모든 이스라엘 백성들을 죽이려했다. 그러나 하나님께서는 그들을 홍해바다 건너 시내광야의 안전한 곳으로 인도해 내셨다. 그곳은 사람들이 먹고 살아갈 수 있는 양식을 구하기 어려운 지역이었으며 겉보기에 화려한 곳은 더욱 아니었다. 도리어 풍요로운 삶을 원하는 사람들이 기피하는 열악한 지역이었다.

그러나 하나님께서는 그들을 메마른 광야로 피신시켜 날마다 만나와 메추라기로 먹이셨다. 사막에서 수백만 명이 넘는 백성들이 날마다 먹을 수 있는 양식을 구한다는 것은 불가능한 일이었다. 스스로 음식을 구할 수 없는 형편에서 하나님께서 기적적인 방법을 통해 저들의 생명을 보존시키셨던 것이다.

하나님께서는 모세를 비롯한 이스라엘 백성들이 시내광야에 있는 동안 자신의 거룩한 뜻을 보여주셨다. 그곳에서 모세를 통해 율법을 주셨으며 하나님께서 거하시는 집인 성막을 건립하게 하셨다. 그것을 중심으로 하여 백성들은 날마다 공급되는 만나와 메추라기를 통해 생명을 이어갔다. 이스라엘 백성들은 그것을 통해 하나님께서 저들과 함께하신다는 사실을 구체적으로 볼 수 있었다.

또한 예수께서는 광야에서 보리떡 다섯 개와 물고기 두 마리로서 자기를 따르던 오천여 명의 무리를 먹이셨다. 당시 예루살렘에 거주하던 유대인 지도자들은 하나님의 아들이신 예수님을 철저히 배척했다. 그들은 이미 나름대로 성공한 삶을 누리며 자기 이름을 위해 살아가던 자들이었다.

그러나 대다수 일반 백성들은 아무런 소망 없이 삶을 영위해 가고 있었다. 그들에게는 정치, 경제, 사회적으로 특별히 기대할 만한 것이 없었다. 그들이 고대했던 것은 성경에서 예언하고 있는 메시아가 도래해 새로운 세계를 이룩하는 것이었다.

하지만 예수님을 따라다니던 사람들 가운데는 그를 메시아로 믿었기 때문이 아니라 특별한 소일거리가 없었기 때문에 따르는 자들이 많았다. 그들은 먹을 만한 충분한 양식이 없었으므로 배고픔을 견뎌내야만 했다. 백성들은 예수님을 따라 다니면서도 먹을 것 없이 몸만 뒤따랐다.

그럴 때 예수께서는 저들에게 기적적인 방법을 통해 양식을 공급하셨다. 마침 곁에 서 있던 아이 하나가 보리떡 다섯 개와 물고기 두 마리를 가진 것을 받아 축사하신 후 거기 모인 오천 명이 넘는 무리에게 풍족히 먹이셨던 것이다. 그것은 영생하는 양식이 아니라 일시적으로 배를 채울 수 있는 음식이었다.

물론 예수님의 주된 관심은 그들의 배를 일시적으로 채워주시고자 하는 것이 아니었다. 그것은 몇 시간을 넘기지 못해 또 다시 배고프게 할 것이다. 하지만 주님께서는 그 사역을 통해 인간의 생명이 자신에게 달려있음을 선포하셨다. 예수께서는 자신이 곧 영원한 생명의 떡이 되신다는 사실을 실제로 보여주셨던 것이다. 그러므로 오병이어의 기적이 있은 후 예수께서는 그 의미에 대해 설명하셨다.

"예수께서 가라사대 내가 곧 생명의 떡이니 내게 오는 자는 결코 주
리지 아니할 터이요 나를 믿는 자는 영원히 목마르지 아니하리라"(요
6:35)

예수님으로부터 양식을 공급받아 배부름을 경험한 유대인들은 앞으
로도 계속해서 그렇게 해 주도록 요구했다. 옛날 시내광야에서 그들의
조상들이 경험했던 만나와 메추라기를 기억하며 그와 같은 표적을 바랐
을 때 예수께서는 자신이 곧 영원한 생명의 양식이라는 사실을 선포하
셨던 것이다.

하나님은 영원한 생명의 근원이시다. 그러므로 그는 자신을 따르는
백성들의 생명을 친히 보호해 주신다. 엘리야에게 베푸신 은혜 역시 이
와 동일한 관점에서 이해되어야 한다. 하나님께서는 그것을 통해 생명
의 근원이 되시는 자신의 모습과, 배도한 무리들을 심판하시는 엄한 모
습을 보여주셨던 것이다.

우리는 구약성경에서 차지하는 모세와 엘리야의 구속사적 위치를 잘
기억하고 있다. 구약성경의 마지막 책인 말라기서 맨 끝에 모세와 엘리
야가 언급되어 있다(말 4:4,5). 그것은 이스라엘 민족에게 앞으로 오실 메
시아를 기다리도록 요구하는 하나님의 말씀이다. 즉 하나님을 경외하는
참 이스라엘 백성들은 영원한 메시아이신 '의로운 해'(말 4:2)가 오실 날
을 소망하며 기다려야 했다.

예수께서 제자들을 데리고 변화산에 올라갔을 때 그곳에 모세와 엘리
야가 나타났던 것도 이와 동일한 맥락에서 이해해야 한다(마 17:3; 막 9:4;
눅 9:3 참조). 이는 모세와 엘리야를 통한 구약의 모든 언약이 성취되었음
을 말해주고 있다. 주님의 제자들이 그 자리에 함께 있으면서 그 광경을
지켜보았다는 사실은 메시아이신 하나님의 아들 예수 그리스도를 통해
구약과 신약이 연결됨을 의미하고 있는 것이다.

(2) 사르밧(Zarepheth: 사렙다)17) 과부

그릿 시냇가에서 까마귀를 통해 직접 양식을 공급하시던 하나님께서는 그후 엘리야를 사르밧에 있는 과부에게로 보내셨다. 그런데 하나님께서는 왜 하필 그를 과부에게 보내셨을까? 엘리야 시대 보통 과부들의 삶은 어렵기 그지없었다. 당시에는 건장한 남성이 있는 집이라 할지라도 양식이 부족해 어려움을 겪던 때였다.

하물며 가난한 과부의 집이라면 생존에 위협을 받을 만큼 극도로 어려울 수밖에 없다. 거기다가 그녀의 아들은 그다지 건강하지 못했던 것으로 보인다. 나아가 선지자가 남편이 없는 과부의 집으로 가서 거한다는 사실에 대해 좋지 않은 소문을 퍼뜨릴 자들이 생겨날지도 모를 일이다.

그럼에도 불구하고 하나님께서는 수많은 집들 가운데 어려운 과부의 집으로 엘리야를 인도하셨다. 우리는 그것이 엘리야의 생명을 보존하시기 위한 하나님의 특별한 경륜에 따른 것임을 알 수 있다. 즉 남성인 선지자가 가난한 과부의 집에 들어가 살게 되리라고 생각하는 사람은 아무도 없었다. 일반적인 경우라면 그것은 결코 있을 수 없는 일이었던 것이다.

하나님께서는 엘리야를 그 과부의 집으로 보내시면서 그녀를 도와주라고 말씀하지 않으셨다. 도리어 그 가난한 과부가 엘리야에게 먹을 음식을 제공해 줄 것이라 말씀하셨다. 물론 그 과부는 그에 대한 구체적인 내용을 알지 못하고 있었다.

이는 무엇을 말해주고 있는가? 선지자가 먹을 양식은 부자들에게서 나오지 않는다. 즉 유력한 인간들에 의해 그의 생명이 보장되는 것이 아

---

17) 사르밧은 베니게 서해안 시돈 남방 13km 지점 산 위에 있다. 신약시대에는 헬라어 음역에 따라 사렙다로 불렸다; "내가 참으로 너희에게 이르노니 엘리야 시대에 하늘이 삼 년 육 개월 간 닫히어 온 땅에 큰 흉년이 들었을 때에 이스라엘에 많은 과부가 있었으되 엘리야가 그 중 한 사람에게도 보내심을 받지 않고 오직 시돈 땅에 있는 사렙다의 한 과부에게 뿐이었으며"(눅 4:25,26).

니다. 도리어 아무도 그 가능성을 예측할 수 없는 기적적인 방법을 통해 하나님께서 직접 먹이신다. 그것을 통해 하나님의 놀라운 은혜를 알아가게 되는 것이다.

엘리야가 하나님의 명령에 따라 사르밧의 성문 가까이 이르렀을 때 나뭇가지를 줍고 있는 한 과부를 만나게 되었다. 그것은 하나님의 인도하심에 따른 것이었다. 엘리야는 그 여인에게 다가가 마실 물과 먹을 음식을 좀 달라고 요구했다.

그러나 그 과부는 자기에게 다른 사람과 나누어 먹을 만한 양식이 없다는 사실을 고했다. 그녀는 집에 남아있는 한 움큼의 가루로 마지막 음식을 만들어 먹고 나면 죽을 수밖에 없음을 말했다. 지금 나뭇가지를 줍고 있는 것도 그것으로 마지막 음식을 만들고자 하는 것인데 그후에는 아무런 양식도 남아 있지 않다는 것이다.

> "그가 이르되 당신의 하나님 여호와께서 살아 계심을 두고 맹세하노니 나는 떡이 없고 다만 통에 가루 한 움큼과 병에 기름 조금 뿐이라 내가 나뭇가지 둘을 주워다가 나와 내 아들을 위하여 음식을 만들어 먹고 그 후에는 죽으리라"(왕상 17:12)

그 과부의 집에 양식이 다 떨어졌다는 사실은 극도의 위기에 처해 있음을 보여준다. 이는 엘리야 역시 먹고 살아갈 수 있는 뾰족한 방도가 없음을 말해주고 있다. 하나님께서는 그 과부를 통해 엘리야를 먹이시겠노라고 말씀하셨는데 이제 그에 대한 일반적인 기대를 포기할 수밖에 없었다.

처한 사정이 그 정도 되면 서로 살아갈 궁리를 해야만 한다. 어디서 양식을 구해오든지 특단의 방법을 강구하지 않으면 안 된다. 그래도 엘리야는 나름대로 노동력이 있는 힘있는 건장한 남성 아닌가!

그런데 엘리야는 그 마지막 남은 양식을 자기를 위해 달라고 요구했

다. 그 여인의 입장에서 본다면 어처구니없는 이기적인 요구로 비쳐질
수 있다. 한 번도 본적이 없는 나그네가 마지막 남은 약간의 음식을 자
기에게 나누어 달라고 요구했던 것이다. 그러면서 하나님께서 저들의
생명을 지키시리라는 사실을 말했다.

> "엘리야가 그에게 이르되 두려워하지 말고 가서 네 말대로 하려니와
> 먼저 그것으로 나를 위하여 작은 떡 한 개를 만들어 내게로 가져오고 그
> 후에 너와 네 아들을 위하여 만들라 이스라엘의 하나님 여호와의 말씀
> 이 나 여호와가 비를 지면에 내리는 날까지 그 통의 가루가 떨어지지 아
> 니하고 그 병의 기름이 없어지지 아니하리라 하셨느니라"(왕상
> 17:13,14)

우리가 여기서 볼 수 있는 놀라운 사실은 그 과부가 엘리야의 말을 그
대로 받아들였다는 점이다. 그녀는 엘리야의 말을 듣고 아무런 의심이
나 주저함이 없이 그대로 따라 순종했다. 그 결과 과부의 집에 놓여있는
통의 가루와 병의 기름이 떨어지지 않는 이적이 일어났다.

그런데 사르밧의 과부가 어떻게 하여 엘리야의 요구를 의심없이 받아
들여 순종하게 되었을까? 그녀는 전에 엘리야를 만난 적이 없으며 그가
하나님의 선지자인 줄 알지 못했던 것으로 보인다. 하나님께서 그녀에
게 미리 계시로 알려주신 것 같은 정황도 아니다.

그럼에도 불구하고 그 과부가 엘리야의 말을 들어 순종했던 것은 그
녀가 당시의 시대적 상황을 정확하게 직시하고 있었기 때문인 것으로
여겨진다. 즉 엘리야가 앞으로 오래 동안 지면에 비를 내리지 않게 되는
여호와 하나님의 심판을 언급했을 때, 그 과부는 그를 하나님의 선지자
로 알아보았던 것 같다.

사르밧의 과부가 하나님을 의지하는 온전한 신앙을 가진 여인이었음
이 틀림없다. 그러므로 그녀는 이방신을 섬기며 이방 사상을 끌어들인

아합 왕과 이세벨을 비롯한 그를 따르는 백성들에게 하나님의 두려운 진노가 임한다는 사실을 알고 있었다.

따라서 마지막 남은 음식을 자기에게 가져오라는 엘리야의 말과 하나님께서 저들의 생명을 유지하기 위한 양식을 공급하리라는 그의 말을 지체하지 않고 받아들였던 것이다. 그 결과 하나님께서는 그 과부의 집에 양식이 떨어지지 않게 하셨다.

그후 과부의 아들이 중병에 걸리게 되었다. 그러다가 병세가 점차 위중하게 되어 결국 죽게되었다. 사랑하는 아들을 잃은 과부는 낙심하지 않을 수 없었다. 이 세상에서 의지하며 살아갈 수 있는 유일한 피붙이가 죽게 되었으니 그럴 만도 했다.

우리는 여기서 사르밧 과부의 언사를 주의 깊게 살펴볼 필요가 있다. 그녀는 자기의 아들이 병들어 죽게 된 것이 '자신의 죄'와 연관되는 것으로 생각하고 있다. 선지자 엘리야가 자기의 집을 찾음으로써 악한 죄상을 더욱 분명하게 기억나게 하고 결국은 그것이 아들을 죽게 했다고 여겼던 것이다.

> "여인이 엘리야에게 이르되 하나님의 사람이여 당신이 나와 더불어 무슨 상관이 있기로 내 죄를 생각나게 하고 또 내 아들을 죽게 하려고 내게 오셨나이까"(왕상 17:18)

성경은 사르밧의 과부가 저지른 죄가 무엇인지 정확하게 말하지 않는다. 하지만 우리는 그에 대한 충분한 추론을 할 수 있다. 그녀가 저지른 죄가 윤리적이며 도덕적인 죄와 연관되는 것 같지는 않다. 도리어 그것은 하나님에 대한 신앙에 연관되는 것으로 보인다.

당시는 아합 왕과 이방 출신의 왕후 이세벨이 통치하고 있던 시기였다. 그들은 바알과 아세라신 사상을 혼합한 신앙을 가진 성직자들을 전국적으로 두고 있었다. 사르밧 지역에도 그런 거짓 선지자들이 많이 있었을 것이 분명하다.

그런 불안한 환경 가운데서 사르밧 과부 역시 저들의 사상에 심정적으로나마 어느 정도 동조했을 것으로 판단된다. 주변의 모든 사람들이 이방으로부터 들어온 종교적 사고를 받아들이고 있는 터에 그것을 피하기란 쉽지 않았을 것이다. 이웃과 더불어 평안히 살아가기 위해서는 불가피하다고 생각했을지도 모른다.

사르밧 과부는 엘리야를 만나고 생명을 공급하시는 하나님의 놀라운 이적을 보면서 자신의 죄를 기억했을 것이다. 그리고 자식이 병들어 죽는 것을 보며 그것이 자신의 죄 때문이라고 생각했던 것이다. 여전히 많은 사람들이 그렇게 살아가고 있으면서 별 탈이 없음에도 불구하고 하나님을 알고 죄를 깨닫게 되자 그런 불행한 일이 자신에게 발생한 것으로 여겼다.

하지만 그것은 하나님의 놀라운 경륜에 의한 것이었다. 하나님께서는 그녀의 아들이 죽고 엘리야를 통해 다시 살리시는 이적을 통해 영원한 생명에 대한 진정한 교훈을 주시고자 했던 것이다. 그것은 비단 엘리야와 사르밧의 과부뿐 아니라 이스라엘 민족과 오늘날 그에 대한 계시적 기록을 소유한 교회와 성도들을 위한 것이었다.

엘리야는 죽은 아이를 여인의 품에서 받아 안고 자기가 거처하는 다락에 올라가 침상에 눕혔다. 그리고는 그것을 죄로 인한 재앙으로 이해하는 여인을 언급하며 하나님께 간구했다. 그 결과 하나님께서 저에게 생명을 공급하시자 그가 다시 살아나게 되었다. 그것을 통해 사르밧의 과부는 엘리야가 하나님의 선지자란 사실을 더욱 분명하게 깨닫게 되었다(왕상 17:24).

여기서 우리는 그동안 엘리야와 과부의 집에 공급된 양식과 과부의 죽은 아들을 살리게 된 연관성을 깨달아야 한다. 그것은 모두 영원한 참된 생명과 연관되어 있다. 즉 생명을 공급하시는 분은 하나님이라는 사실이 그 가운데 선포되고 있는 것이다.

사르밧 과부의 아들이 살아난 것을 보며 우리는 예수께서 죽은 나사로를 살리신 사건을 떠올리게 된다. 예수께서는 십자가에 달리시기 전 죽은 나사로를 살리심으로써 자기가 참 생명의 주인임을 선포하셨다.

구약성경에서 실제로 죽은 사람의 생명을 다시 살리신 사건은 단순한 이적에 머무르지 않는다. 그것은 신약시대에 있게 될 생명과 연관되어 선포되고 있는 것이다. 사르밧 과부의 아들이 죽었다가 다시 살아났으며 죽은 나사로가 다시 살아났지만 그들은 또 다시 죽게 되었다. 그들은 육체적으로 두 번 죽었을 따름이다. 그러므로 그들이 두 번 죽게 된 사실을 두고 복된 사람이었다고 말하지 않는다. 그들의 죽음과 살아남에는 하나님의 모든 백성들을 위한 보다 깊은 메시지가 담겨 있음을 깨달아야 한다.

3. 우리가 얻어야 할 구속사적 교훈

엘리야의 예언에 분노한 아합 왕이 그를 죽이려 하자 하나님께서는 그를 요단강 근처 그릿 시냇가로 인도하셨다. 하나님은 그곳에서 날마다 까마귀를 통해 그에게 양식을 공급하셨다. 그후 사르밧에 있는 가난한 과부의 집으로 엘리야를 보냈다. 그가 거기 있는 동안 그 과부의 집에 놓인 통에는 가루가 떨어지지 않았으며 병에 기름이 떨어지지 않았다. 하나님은 기적적인 방법으로 엘리야가 머물고 있는 과부의 집에 양식을 제공하셨던 것이다.

우리는 이런 일들을 통해 시내광야에서 이스라엘 백성들이 날마다 먹었던 만나와 메추라기를 기억하게 된다. 그리고 예수께서 광야에서 베푸셨던 오병이어의 기적을 떠올리게 된다. 하나님께서는 엘리야에게 그릿 시냇가의 까마귀와 사르밧 과부의 집에서 일용할 양식을 공급하심으로 과거 그들의 조상들에게 주셨던 언약과 더불어 앞으로 있게 될 메시아 사역을 예표해 보여주셨다.

그리고 엘리야를 통해 사르밧 과부의 죽은 아들에게 생명을 공급하신 사건을 통해 죽은 나사로를 살리신 예수님을 떠올리게 된다. 그것은 하나님의 아들이신 예수 그리스도께 영원한 생명이 달려 있음을 잘 보여주고 있다. 물론 그 가장 중심에는 자기 자녀들을 위해 내놓게 될 십자가에 달리신 예수 그리스도의 몸이 자리잡고 있다.

우리는 본분에 기록된 엘리야의 사건을 통해 하나님의 구속사적 의미를 본다. 기적적인 방법으로 엘리야가 양식을 공급받는 사건들을 통해 모세와 이스라엘 백성의 광야생활을 기억하게 된다. 이는 구약에서의 언약이 특별한 구속사적인 사건을 통해 메시아 사역을 예언하고 있는 것이다.

또한 엘리야가 사르밧 과부의 죽은 아들을 살리는 사건을 통해 생명에 대한 새로운 깨달음을 가지게 한다. 인간의 생명은 인간이 누리고 있으나 그 이상의 의미가 존재함이 그것을 통해 드러나고 있다. 즉 하나님께서 인간의 생명을 주관하고 있다는 사실이 구체적인 사건을 통해 선포된 것이다.

이처럼 우리는 아합 왕에 대한 하나님의 심판으로 인해 엘리야가 극단의 위기에 처했을 때 하나님께서 그를 인도하시는 과정에서 일어난 이적들이 메시아 언약을 담고 있다는 사실을 깨달아야 한다. 즉 그것들은 단순히 엘리야의 생명을 보호하시는 것에 머무는 것이 아니라 그후의 이스라엘 백성과 신약시대의 교회와 성도들을 위한 구속사적 사건이었다. 구약시대의 성도들은 그 이적들을 통해 메시아에 대한 소망을 가졌으며, 신약시대의 성도들은 메시아 언약의 성취를 누리게 되었던 것이다.

제14장
엘리야와 갈멜산 증거

(왕상 18:1-36)

1. 하나님께서 엘리야를 아합에게 보내심

하나님께서는 엘리야로 하여금 저를 체포해 죽이려는 아합 왕에게 가도록 명령하셨다. 이는 매우 위험한 일이 아닐 수 없다. 아합 왕은 이스라엘 왕국에 삼 년 반 동안 비가 오지 않아 심한 기근이 든 것을 엘리야 때문이라 생각하고 있었다(눅 12:54; 약 5:17). 그것은 북 왕국의 심각한 위기를 가져온 반역 행위와도 같았다.

아합 왕은 엘리야를 찾아 죽이기 위해 전국에 수배를 해두고 있는 상태였다. 나아가 아합은 그를 찾기 위해 주변의 이방 족속들과 왕국에까지 신하들을 보냈다(왕상 18:10). 그러나 그동안 엘리야가 하나님의 인도하심에 따라 사르밧에 있는 가난한 과부의 집에 숨어 지냈으므로 찾아낼 수 없었다.

그런데 하나님께서는 엘리야에게 이제 자진해 아합 왕을 만나라고 하셨다. 하나님께서 엘리야를 통해 이스라엘 왕국에 비를 내리고자 하는 뜻과 더불어 아합 왕에게 주실 중요한 메시지가 있었기 때문이다. 엘리야는 자기를 찾아 죽이려는 왕을 만나는 것에 대한 두려움이 없지 않았지만 하나님의 말씀에 순종했다.

2. 궁내대신 오바댜와 엘리야

아합 왕의 정부政府는 불신앙으로 가득 차 있었지만 그중에는 하나님을 진정으로 경외하는 성도들도 없지 않았다. 그 가운데서 궁내대신 오바댜는 여호와 하나님을 크게 경외하는 자였다. 그는 아합 왕 정부의 주요 공직자로서 자신의 생명에 대한 위험을 무릅쓰고 하나님의 참 선지자들을 보호했던 인물이다.

아합 왕의 입장에서 본다면 오바댜는 국가 정책에 반하는 행위를 한 배신자였다. 하지만 그는 우리가 흔히 일컫는 '순교신앙'을 지닌 자였음이 분명하다. 왕후 이세벨은 북 이스라엘 왕국에 거하는 참된 하나님의 선지자들을 대거 숙청한 적이 있다. 그것은 아마도 엘리야에 대한 분노 때문이었을 것이다. 이세벨이 여호와 하나님의 선지자들을 죽일 때 궁내대신 오바댜는 선지자 일백 명을 둘로 나누어 오십 명씩 다른 굴에 숨기고 저들에게 양식을 공급했었다.

그럼에도 불구하고 오바댜는 여전히 아합 왕의 깊은 신임을 받고 있었다. 물론 아합과 이세벨은 오바댜의 저들에 대한 정치 종교적인 배신 행위를 알지 못하고 있었던 것이 틀림없다. 그러므로 아합 왕은 심한 가뭄과 기근으로 인한 국난國難을 해결하기 위해 오바댜를 최적임자로 선정했던 것이다.

아합 왕은 식용수食用水와 짐승들18)에게 먹일 꼴을 얻기 위해 오바댜와 함께 대책을 강구하고 그 일을 저와 분담했다. 이는 오바댜가 극한 위기 가운데서 아합 왕의 절대적인 신뢰를 받았음을 보여주고 있다. 오

---

18) 성경 본문에는 '말과 노새'(왕상 18:5)에 관해 언급하고 있다, 이 중 '말'은 국가의 안보를 위해 필수적인 짐승이다. 즉 '말'은 중요한 전쟁 병기 역할을 했다. 만일 말들을 살리지 못하여 죽게 된다는 것은 왕국이 패망의 위기에 처했음을 의미한다. 즉 당시의 기근은 단순히 백성들의 고통에 머무는 것이 아니라 왕국의 존망에 영향을 끼칠 만큼 심각한 것이었다.

바댜는 어려운 난국 가운데서도 자신의 신앙을 지키며 최선을 다해 성실하게 일했던 것이다.

아합 왕과 오바댜는 서로 나뉘어 딴 길을 택해 물과 꼴을 찾아 나섰다. 오바댜가 길을 가는 중에 그 앞에 엘리야가 나타났다. 오바댜는 하나님의 선지자인 그를 한눈에 알아보고 그의 앞에 엎드렸다. 이것은 결코 자연스런 일이 아니다. 오바댜는 북 이스라엘 왕국의 고위 공직자였으며 엘리야는 당시 나라를 해롭게 하는 범인으로 지목된 위험한 인물이었다. 그 시간에도 엘리야는 전국에 수배되어 있는 형편이었다.

그럼에도 불구하고 오바댜가 엘리야 앞에 무릎을 꿇은 것은 그가 하나님의 선지자라는 사실을 잘 알고 있었기 때문이다. 하지만 그것은 국법을 어기는 것과 같다. 왕국의 주요 공직자가 임무 수행 중 수배된 범죄자 앞에 무릎을 꿇는다는 것은 결코 있을 수 없다. 하지만 오바댜는 하나님 앞에서 자기가 어떻게 처신해야 하는지 잘 알고 있었다.

선지자 엘리야는 오바댜에게 자신이 거기 있다는 사실을 아합 왕에게 보고하라고 말했다. 곧 자기를 체포해 가라는 것이었다. 하지만 그것은 오바댜에게 여간 심각한 문제가 아닐 수 없었다. 그것은 크게 두 가지 관점에서 이해할 수 있다.

우선은 하나님의 선지자를 배도한 아합 왕에게 신고한다는 것은 말이 되지 않는다. 그리고 그것은 자신의 생명이 걸린 문제였다. 오바댜는 그동안 국가의 주요 공직자로서 엘리야가 이스라엘의 경내에 없는 것으로 보고해 왔는데, 지금에 와서 있다고 하면 왕이 용서하지 않을 것이다. 또한 왕에게 엘리야가 있는 장소를 보고할지라도 여호와 하나님께서 그를 다른 데로 피신시켜 버리면 자기의 보고가 거짓이 되어 결국 생명을 잃게 될지 모른다.

그리하여 오바댜는 엘리야 앞에서 하나님에 대한 자신의 신앙을 고백했다. 자기는 어려서부터 여호와 하나님을 경외한 자라는 사실과, 왕후 이세벨이 하나님의 선지자들을 대거 학살할 때 그들 중 백 명을 한적한 굴에 피신시켜 위험을 무릅쓰고 양식을 공급해 왔음을 말했다.

그러자 엘리야는 자기가 직접 아합 왕에게 나아가겠으니 염려말고 그대로 보고하도록 요구했다. 물론 그것은 하나님께서 자신에게 지시한 대로 순종하는 것이었다. 오바댜는 하나님께 맹세하며 그렇게 하겠다는 엘리야의 의지를 확인하고 그것이 하나님의 뜻으로 말미암는다는 사실을 알게 되었다.

3. 엘리야와 아합 왕이 만남

아합 왕은 엘리야가 이스라엘 민족을 적대시하는 해로운 인물이라 생각했을 것이 분명하다. 삼 년이 넘는 오랜 기간 동안 심한 가뭄과 기근이 있게 하여 백성들을 고통에 빠뜨린 위험한 자라고 보았던 것이다.

이와 반대로 아합 자신은 스스로 이스라엘 민족을 위해 모든 힘을 쏟아부어 대중정치를 하는 훌륭한 왕으로 여겼을지도 모른다. 하나님을 배반하는 비신앙적인 태도에 대해서는 잊어버리고 이스라엘 백성들을 위해 왕국을 부강하게 만드는 것이 훌륭한 왕인 것으로 오해하고 있었을 것이다. 그가 이방신들과 혼합주의 사상을 이스라엘 민족 가운데 끌어들인 것도 왕국과 백성들을 위해서라고 생각했을 것이기 때문이다.

오바댜가 엘리야를 만난 후 아합 왕에게 그를 만났다는 보고를 했다. 왕은 오바댜의 말을 듣고 엘리야를 만나기 위해 직접 그 장소로 갔다. 아합은 엘리야를 만나자마자 그를 강하게 책망하는 말부터 했다. 엘리야가 이스라엘 백성을 평안하게 하는 것이 아니라 심히 괴롭히고 있는 자임을 표명했던 것이다. 이는 아합 왕 스스로 정치와 종교적인 문제에 대한 자신의 정당성을 내세우는 것과 같다.

이에 반해 엘리야는 이스라엘 민족을 괴롭게 한 것은 자신이 아니라 아합 왕과 그의 집안이라는 사실을 말했다. 아합 왕이 여호와 하나님의 율법을 버리고 바알을 좇은 것이 곧 이스라엘 백성을 괴롭힌 것이라는 주장이다.

> "오바댜가 가서 아합을 만나 고하매 아합이 엘리야를 만나려 하여 가다가 엘리야를 볼 때에 저에게 이르되 이스라엘을 괴롭게 하는 자여 네냐 저가 대답하되 내가 이스라엘을 괴롭게 한 것이 아니라 당신과 당신의 아비의 집이 괴롭게 하였으니 이는 여호와의 명령을 버렸고 당신이 바알들을 좇았음이라"(왕상 18:16-18)

아합 왕과 엘리야 선지자의 생각은 서로 정반대였다. 서로 상대방을 향해 이스라엘 백성을 괴롭힌 인물이라고 분명히 말했다. 이는 둘 다 이스라엘 민족을 위한 자신의 정당성을 상대방에게 강조하고 있는 것이다.

우리는 여기서 매우 중요한 생각을 해 보아야 한다. 아합 왕은 엘리야가 백성들을 괴롭혔다고 말하고 엘리야는 도리어 아합이 백성들을 괴롭힌 것으로 분명히 말하고 있다. 그렇다면 일반 백성들의 생각은 어떠했을까? 백성들은 과연 누구에 의해 고통과 괴로움을 당하고 있는 것으로 생각하고 있었을까?

우리가 쉽게 짐작할 수 있는 사실은 당시 많은 백성들이 엘리야에 의해 괴로움을 당하고 있는 것으로 생각했으리라는 사실이다. 이미 타락한 이방 종교 사상에 깊이 물든 일반 백성들은 현실적인 삶에 집착해 있었다. 그들에게는 영원한 생명이 아니라 어떻게 하면 이 세상에서 배불리 먹으며 살아가는 것이 관건이었다.

당시 상황을 살펴보면 다수의 이스라엘 백성들이 아합 왕을 두고 저들을 위해 노심초사勞心焦思하는 유능하고 고마운 왕으로 생각했으리란 점을 알 수 있다. 반면 엘리야에 대해서는 현실을 무시하는 고지식한 선지자라 여겼을 가능성이 크다. 오늘 우리 시대는 당시와 비교해 볼 때 과연 어떨까?

4. 갈멜산Mount Carmel 증거

(1) 엘리야의 공개 대결 요청

바알 선지자와 아세라 선지자들은 종교 혼합주의 사상을 가지고 있었다. 즉 그들은 여호와 하나님에 대한 지식이 전혀 없는 순수한 이방 선지자들이 아니었다. 그 거짓 선지자들은 아합 왕 정부의 공직자로서 북 이스라엘 왕국에 대해 긍정적인 그럴듯한 거짓 예언을 했다. 또한 북쪽의 백성들이 예루살렘에 출입하지 못하도록 종교적인 지도를 했다. 그들은 그것을 통해 급여를 받아먹고 살아가는 혼합주의 종교 사상을 가지 거짓 선지자들이었다.

엘리야 선지자는 아합 왕에게 이스라엘 왕국의 공직자로 있는 바알 선지자 사백 오십 명과 아세라 선지자 사백 명을 갈멜산에 불러 모아주도록 부탁했다. 그러자 아합은 바알 선지자들과 아세라 선지자들을 소집했다. 이스라엘의 많은 백성들은 갈멜산에서 벌어지게 될 엘리야 한 사람과 이방신을 섬기는 선지자들 팔백 오십 명의 대결을 보기 위해 모여들었다.

(2) "너희가 어느 때까지 두 사이에서 머뭇머뭇 하려느냐?"

엘리야는 우선 갈멜산에 모여든 이스라엘 백성들을 강하게 책망했다. 그들은 아합 왕과 그의 정부에 속한 바알 선지자들과 아세라 선지자들에 의해 왜곡된 신앙교육을 받고 있었다. 물론 다수의 백성들은 이방 종교의 혼합주의 사상을 받아들이는 거짓 선지자들의 문제점을 어느 정도 감지하고 있었을 것이 분명하다.

그러면서도 그들은 현실적인 목적과 편의로 인해 혼합적인 종교 사상을 그대로 받아들였다. 엘리야는 일반 백성들의 그런 잘못된 태도를 정확하게 파악하고 있었다. 그러므로 저들의 신앙적 태도를 분명히 취하도록 요구했던 것이다.

> "엘리야가 모든 백성에게 가까이 나아가 이르되 너희가 어느 때까지 두 사이에서 머뭇머뭇 하려느냐 여호와가 만일 하나님이면 그를 좇고 바알이 만일 하나님이면 그를 좇을지니라 하니 백성이 한 말도 대답지 아니하는지라"(왕상 18:21)

엘리야는 여호와 하나님과 이방신들 사이에 양다리를 걸치고 있던 이스라엘 백성들에게 둘 중 한 쪽 편에 서라고 말했다. 하나님과 이방신들 사이에서 눈치를 보며 머뭇거리지 말고 양쪽 가운데 하나를 분명히 선택하라고 했다. 어정쩡한 신앙을 버리고 하나님이면 하나님, 바알이면 바알을 좇으라고 요구했던 것이다.

그러나 이스라엘 백성들은 그에 대해 아무런 직접적인 답변을 하지 않았다. 그들은 자신의 삶에 녹아있던 이방신 사상을 완전히 포기하고 하나님만을 따를 마음이 없었다. 바알과 아세라 신앙을 장려하는 아합 왕국에 속해 있으면서 핍박을 받지 않고 적당한 신앙생활을 하는 것이 세속화된 저들이 원하는 바였다.

(3) 엘리야 선지자와 수백 명의 거짓 선지자들의 대결

엘리야는 거기 모인 이스라엘 백성들에게, 자신이 홀로 바알과 아세라 선지자 수백 명과 대결함으로써 어느 쪽이 참 하나님의 선지자인지 분별하게 될 것이라 말했다. 일반적인 경우라면 그것은 불가능한 싸움이었다. 그러나 엘리야는 그 싸움에서 분명히 승리할 것을 확신하고 있었다. 이는 엘리야 자신의 개인적인 능력 때문이 아니라 여호와 하나님께서 직접 행하시는 일이었기 때문이다.

엘리야는 우선 바알 신의 종교 사상을 가진 거짓 선지자들에게 송아지 두 마리를 가지고 와서 각자의 신에게 번제를 드리자는 제안을 했다. 즉 이방신 사상을 가진 자들에게는 저들의 신에게 번제를 지내고 자신은 여호와 하나님께 번제를 드리겠다는 것이다.

그러나 거기에는 중요한 조건이 있었다. 그것은 나뭇가지를 준비하고 그 위에 번제물인 송아지를 얹어 놓되 불을 붙이지 말고 다른 방법을 통해 불로 응답하는 신이 참 하나님이라는 것이었다. 갈멜산에 집결한 모든 백성들은 엘리야의 제안을 좋게 받아들였다. 백성들이 그렇게 하자고 아우성을 치는 마당에 바알 선지자들은 그것을 거절할 수 없었다.

엘리야는 바알 선지자들에게 먼저 저들의 신에게 번제를 지내도록 요구했다. 그들은 나뭇가지 위에 송아지를 잡아 제물로 올려놓고 아침부터 낮까지 바알의 이름을 부르며 응답하도록 열심히 기도했다. 여기서 그들이 바알의 이름을 불렀다는 것은 이스라엘의 하나님과는 다른 신을 불렀다는 의미이다.[19]

그러나 저들의 열성적인 기도에도 불구하고 신은 아무런 반응을 하지 않았다. 그렇게 되자 그들은 제단 주변에서 이방인들의 종교적 관습에

---

[19] 우리는 여기서 매우 주의 깊은 이해를 해야 한다. 앞에서 언급한 바 있듯이 '바알'이라는 의미는 신에 대한 보통명사이다. 특히 열왕기상 18장 18절에 기록된 '바알신들'(Baals)이라는 복수에 주의를 기울일 필요가 있다. 즉 신은 신인데 성경에 계시된 여호와 하나님이 아니라 저들의 목적을 추구하기 위한 구미에 맞는 신들을 만들어 놓고 그 신의 이름을 불렀던 것이다. 우리는 이를 한국적인 상황에 비추어 생각해 볼 수 있다. 다수의 타락한 한국교회는 기독교의 하나님을 믿는다고 하지만 실상은 성경에 계시된 '여호와 하나님'과는 거리가 먼 조작된 신을 대상으로 하고 있다. 엘리야 시대의 바알신은 우리 시대의 성경을 떠난 '기독교의 혼합주의적 종교를 위한 신'과 유사한 개념으로 이해할 수 있다.

따라(왕상 18:28) 한 낮까지 잔치를 벌이며 시끄럽게 뛰놀았다. 그들의 열성적인 행동에도 불구하고 아무런 반응이 없는 것을 본 엘리야는 저들의 신이 묵상에 잠겨있거나 외출하지 않았으면 깊이 잠들었을 수도 있으니 좀더 부지런히 불러보라며 조롱했다.

그러자 약이 오른 그들은 더욱 적극적으로 신의 이름을 부르며 칼과 창으로 자신의 몸을 상하도록 심하게 자학自虐하며 신의 이름을 불렀다. 거짓 선지자들은 종교적인 열성과 고행을 통해 신의 응답을 받으려 했다. 그들은 신과의 인격적인 대화가 아니라 종교적인 억지를 부리며 그것을 신앙이라 여겼던 것이다. 저녁이 되기까지 온갖 힘을 다해 떠들썩한 종교 행위를 했지만 결국 아무런 반응이 없었다.

그런 분위기 가운데서 엘리야는 이스라엘 백성들을 가까이 불러모았다. 그는 규례에 따라 여호와의 단을 수축修築하고 이스라엘 열두 지파를 기억하며 열두 돌을 취했다. 그것은 하나님께서 저들의 조상에게 허락하신 언약을 기억하는 의례였다.

엘리야는 여호와 하나님의 이름을 의지하여 그 돌들로 단을 쌓고 단 주변을 돌아가며 곡식 두 세아 정도가 들어갈 만한 커다란 도랑을 팠다.[20] 그후 나뭇가지를 벌여놓고 송아지를 잡아 각을 떠서 그 위에 올려놓았다. 그리고는 그 번제물과 나뭇가지 위에 여러 차례에 걸쳐 물을 듬뿍 붓고 도랑에도 물을 가득 채웠다. 그렇게 한 상태에서는 불을 억지로 붙여 제물을 태우려 해도 불가능한 일이다.

번제를 드리기 위해 모든 준비를 갖춘 엘리야는 규례에 따라 하나님께 기도하며 간구했다. 그는 아브라함과 이삭과 야곱에게 언약하신 여호와 하나님께서 응답해 주시도록 인격적인 기도를 했던 것이다. 엘리

---

20) 한글 '공동번역성경'에는 이에 대해 '곡식 두 가마 정도가 들어갈 만큼의 큰 도랑'이라 번역하고 있다. 그러면 우리가 그 도랑의 규모를 대략 짐작할 수 있을 것이다.

야는 자기가 하나님의 말씀에 따라 번제를 드리고 있다는 사실을 거기 모인 모든 백성들이 알 수 있게 응답해 주시기를 간구했다.

엘리야가 진정으로 원했던 점은 그것을 통해 이스라엘 백성들의 마음이 하나님께로 돌아서는 것이었다(왕상 18:37). 그에게 다른 사사로운 욕망은 존재하지 않았다. 그는 오로지 하나님의 응답을 통해 이스라엘 백성에게 여호와 하나님만이 참된 신이라는 사실이 온전히 선포되기를 바랐던 것이다.

(4) 하나님의 응답과 응징

하나님께서는 인격적인 간구를 하는 엘리야의 기도에 즉시 응답하셨다. 그는 바알 선지자들처럼 왁자지껄한 종교 행위를 하지 않았다. 그들처럼 비인격적으로 고함을 지르며 하나님의 이름을 부르지 않았으며 특별한 고행이나 종교적 노력에 의존하지도 않았다.

엘리야는 하나님의 말씀과 규례에 따라 간절히 간구했을 따름이다. 그것은 하나님께서 허락하신 법도 안에서 행해진 인격적인 기도였다. 하나님께서는 자신의 언약에 따라 엘리야의 기도에 응답하셨다. 그러자 하나님의 불이 내려와 물에 젖은 번제물과 나무 및 주변의 것들을 순식간에 태워버렸으며 도랑에 채워진 물을 말려버렸다.

이스라엘 백성들은 기대와 달리 너무 싱겁게 여호와 하나님께서 응답하신 것으로 여겼을지도 모른다. 그 놀라운 광경을 가까이서 지켜본 백성들은 비로소 여호와 하나님만이 참 신이라는 사실을 깨달았다. 그러므로 그들은 하나님에 대한 두려움으로 인해 그 앞에 엎드리지 않을 수 없었다.

엘리야는 거기 모여 있던 바알 선지자들을 모두 잡아 죽였다. 그들이 도망하지 못하도록 잡아 기손 계곡Kishon Valley으로 데려가 거기서 처형했다. 이는 매우 특이한 경우라 하지 않을 수 없다. 일반적인 경우라면 공직자 신분의 수백 명의 거짓 선지자들이 엘리야 한 사람에게 처형당한다는 것은 있을 수 없는 일이다. 그러나 엘리야는 이스라엘 백성들을 현혹하여 여호와 하나님을 멀리하게 했던 그들을 잡아 처형했다.

그 배경에는 하나님의 특별하신 간섭과 여호와 하나님의 능력을 본 이스라엘 백성들이 존재하고 있었던 것으로 보인다. 그리고 아합 왕은 엘리야가 행하는 그 일을 함부로 제어하지 못했다. 아합은 엘리야를 통해 역사하시는 여호와 하나님의 능력을 두 눈으로 똑똑히 목격한 상태였다. 그것을 통해 엘리야가 하나님의 선지자라는 사실이 분명히 입증되었던 것이다.

5. 삼 년 만에 내리는 비와 엘리야에게 임한 여호와의 능력

엘리야는 아합 왕에게 이제 곧 비가 내릴 것이라는 소식을 전했다. 아직 아무런 기후 변화가 있지 않은 상태에서였다. 엘리야가 비에 대한 소식을 말했던 것은 하늘의 기후를 보았기 때문이 아니라 하나님의 응답으로 인한 것이었다.

아합 왕이 식사하기 위해 자리를 뜬 후, 엘리야는 갈멜산 꼭대기로 올라가 땅에 무릎을 꿇고 엎드려 얼굴을 묻었다. 그는 사환에게 비가 오는 징조가 보이지 않는지 서쪽의 바다 편을 바라보라고 했다. 그러나 사환은 바다 쪽에서 아무런 기후 변화를 볼 수 없었다. 동일한 요구와 행동을 여러 차례 되풀이했으나 특별한 조짐이 보이지 않았다.

그러다가 일곱 번째가 되어서야 사환은 바다에서 일어나는 사람 손바닥만한 작은 구름이 떠있는 것을 보게 되었다. 엘리야는 그에 대한 보고를 받고 이제 엄청난 양의 비가 쏟아지게 될 것을 알았다. 하지만 아합 왕은 여전히 곧 비가 내리게 되리라는 사실을 전혀 감지하지 못하고 있었다. 엘리야는 아합 왕에게 많은 비로 인해 돌아가는 길이 막힐지 모르니 마차를 갖추어 속히 내려가라고 말했다.

엘리야의 언급이 있은 후 오래 지나지 않아 구름과 바람이 일어나 하늘이 캄캄해지기 시작했다. 그리고는 곧장 엄청난 양의 비가 쏟아져 내렸다. 아합은 가까스로 왕궁으로 돌아갔다. 그리고 엘리야를 통해 여호와 하나님은 자신의 능력을 친히 보이셨다. 하나님께서 엘리야의 기도를 들으셨던 것이다. 신약성경에서 야고보는 그에 대한 증언을 하고 있다.

> "엘리야는 우리와 성정이 같은 사람이로되 그가 비가 오지 않기를 간절히 기도한즉 삼 년 육 개월 동안 땅에 비가 오지 아니하고 다시 기도하니 하늘이 비를 주고 땅이 열매를 맺었느니라"(약 5:17,18)

하나님께서 엘리야의 기도를 들으신 것은 그가 하나님 보시기에 의인이었기 때문이다. 이는 그가 개인의 사사로운 목적을 위해 하나님께 간구했던 것이 아니라 이스라엘 민족의 구속사적 의미를 기억하는 가운데 하나님의 뜻을 간구했음을 의미한다.

엘리야는 보통 사람과 다르지 않은 성정性情을 지니고 있었지만 하나님을 진심으로 경외하는 신실한 선지자였다. 아합 왕과 이세벨이 이방신 사상을 끌어들여 이스라엘 민족을 더럽힐 때 엘리야는 하나님의 뜻 가운데 목숨을 걸고 저들과 맞서 싸웠다. 하나님께서는 그를 통해 자기 백성을 위한 놀라운 구원 계획을 이루어 가셨던 것이다.

6. 엘리야의 갈멜산 증거를 통해 우리가 얻는 교훈

엘리야는 구약시대 이스라엘의 모든 선지자들을 대표하는 인물이다. 이는 갈멜산에서 있었던 이방신 사상을 가진 거짓 선지자들과의 대결도 대표성을 띠는 사건으로 이해할 수 있음을 말해주고 있다. 즉 그 사건의 의미가 구약시대는 물론 오늘날 우리 시대까지 존속하고 있는 것이다.

엘리야 시대 이후의 이스라엘 역사 가운데서도 항상 거짓 선지자들이 백성들을 미혹하는 일을 게을리 하지 않았다. 그들은 소수의 참 선지자들을 박해하며 저들의 생명을 위협했다. 그러나 하나님의 선지자들은 거짓 선지자들의 협박에도 불구하고 저들과 백성들에게 하나님의 계시된 말씀을 끊임없이 전했다.

이에 대해서는 신약시대에도 여전히 동일한 문제가 발생하게 됨을 알 수 있다. 오늘날 우리 시대 역시 마찬가지다. 양의 탈을 쓴 거짓 교사들이 나타나 하나님의 백성들을 미혹하고 있다. 어린 성도들은 저들의 혼합주의적 가르침에 미혹되기 십상이다. 그것이 하나님을 알지 못하던 때 세상에서 익힌 경험과 더욱 친숙하고 가깝기 때문이다.

우리는 엘리야의 음성을 분명히 들어야만 한다. "너희가 어느 때까지 두 사이에서 머뭇머뭇 하려느냐 여호와가 만일 하나님이면 그를 좇고 바알이 만일 하나님이면 그를 좇을지니라."

이 말씀은 엘리야가 갈멜산에 모인 이스라엘 백성들에게 한 말이지만 구약시대와 신약시대의 모든 성도들이 항상 귀담아 들어야 할 소중한 말씀이다.

제15장
호렙산의 엘리야와 하나님의 명령

(왕상 19:1-21)

1. 이세벨의 분노

아합 왕과 이세벨은 부부였지만 종교적으로는 상당한 차이가 났다. 아합 왕은 여호와 하나님을 배도한 자였으나 그에 대한 어느 정도의 두려움은 남아 있었다. 그는 여전히 이스라엘 자손이었기 때문이다. 이에 반해 이세벨의 경우는 아합과 전혀 달랐다. 그녀는 배도한 이스라엘인이 아니라 태생적으로 여호와 하나님을 알지 못한 이방여인으로서 바알 신을 섬기는 자였다. 따라서 그녀는 이스라엘 민족이 믿는 하나님에 대한 아무런 경외심을 가지고 있지 않았다.

엘리야의 갈멜산 증거로 인해 아합 왕은 여호와 하나님에 대한 감성적 두려움을 가지고 있었으므로 자기에게 속한 수백 명이나 되는 바알 선지자들이 처형당하는 것을 보고도 어쩔 수 없었다. 반면에 왕후 이세벨은 그에 관한 소식을 듣고 땅을 치며 분노했다. 어쩌면 아무런 대응을 하지 못하고 일방적으로 당하고만 있었던 남편 아합이 지극히 무능한 왕으로 비쳤을지도 모른다.

아합 왕으로부터 사건의 자초지종을 전해들은 이세벨은 선지자 엘리야를 죽이기로 결심했다. 그녀는 엘리야에게 사신을 보내 그 이튿날 반드시 찾아가 죽이겠다는 경고의 메시지를 전했다. 만일 그렇게 하지 않으면 신들로부터 징벌을 받기 원한다고 맹세하며 말했다. 이는 이세벨이 이스라엘의 여호와 하나님에 대해 정면도전을 하고 있음을 보여주고 있다. 즉 그녀는 이스라엘의 왕후로서 여호와 하나님을 절대로 받아들일 수 없다는 사실을 공포했던 것이다.

우리가 여기서 볼 수 있는 사실은 죄에 빠진 인간들이 얼마나 사악한가 하는 점이다. 하나님의 살아계심이 그렇듯이 명백하게 증거되었음에도 불구하고 하나님을 알지 못하는 인간들은 여전히 하나님께 강하게 저항하고 있다. 이세벨은 단순히 엘리야 한 사람을 죽이려 했던 것이 아니라, 그것을 통해 이스라엘 민족으로부터 여호와 하나님을 분리시키려는 악행을 시도했던 것이다.

2. 로뎀나무a juniper tree 아래의 엘리야

엘리야는 자신을 죽이려 하는 이세벨의 칼날을 피해 남쪽을 향해 도망갔다. 호렙산으로 가기 위해서였다. 그는 브엘세바Beersheba에 이르렀을 때 함께 가던 사환을 그곳에 머물게 하고 홀로 하룻길을 걸어 인적이 없는 광야로 나아갔다.

쫓기고 있던 엘리야는 이 세상에 하나님을 진정으로 알고 믿는 자가 아무도 없다는 생각을 하며 한탄했다. 그리고 그는 한 로뎀나무 아래 앉아서 죽기를 원했다. 이는 그의 삶이 그만큼 절박했다는 사실을 잘 보여주고 있다. 물론 엘리야는 자기 마음대로 죽을 수 없다는 사실을 잘 알고 있었다. 로뎀나무 아래 앉은 엘리야는 하나님께 간구했다. 지금 죽어도 하나님께 넉넉히 감사하는 마음을 가지고 있으니 이제 하나님께서 자신의 생명을 거두어 달라는 것이었다. 그러면서 자신은 조상들보다 낫지 못하다는 고백을 했다(왕상 19:4).

　여기서 우리는 엘리야가 고백했던 내용의 의미를 생각해 보아야 한다. 엘리야는 당시 많은 믿음의 조상들을 떠올렸을 것이다. 셋, 노아, 아브라함, 이삭, 야곱, 모세, 다윗 등 수없이 많은 조상들을 기억했을 것이 분명하다. 믿음의 조상들은 하나님의 진리를 선포하고 보존하기 위해 한결같이 불의한 세력에 저항해 싸웠다.

　엘리야 역시 하나님의 말씀에 따라 그렇게 하기를 원했으나 스스로 역부족이라 생각했다. 아합 왕에게 저항하고 갈멜산에서 수백 명이 넘는 거짓 선지자들과 싸워 하나님의 능력을 증거했음에도 불구하고 여전히 연약한 모습을 벗어날 수 없었기 때문이다. 그래서 그는 악한 왕후 이세벨의 칼을 피해 남쪽으로 도망하고 있었다. 엘리야는 그런 자신의 연약한 모습을 돌아보며 조상들보다 못한 인생을 한탄하는 마음으로 고백했던 것이다.

　엘리야가 하나님께 자기를 죽여 달라고 요구했던 것은 바로 그런 이유 때문이었다. 그러나 하나님께서는 나약한 마음을 먹고 있는 엘리야에게 천사를 보내 도리어 그를 위로하셨다. 하나님의 천사는 로뎀나무 아래서 힘없이 잠들어 있는 엘리야를 어루만지며 그에게 특별히 예비된 음식을 먹도록 권했다. 엘리야는 죽음을 염두에 두고 아무런 음식을 준비하지 않은 상태였다.

　천사의 말을 듣고 잠에서 깨어난 엘리야는 머리맡에 놓여있는 구운 떡과 병에 담긴 물을 먹고 마셨다. 그리고는 다시 잠이 들었는데 또 다시 천사가 와서 그를 어루만지며 일어나 음식을 먹으라고 권했다. 이는 엘리야로 하여금 원래 가고자 했던 목적지인 호렙산으로 무사히 갈 수 있도록 하기 위해서였다(왕상 19:7).

　엘리야가 브엘세바 근처 사막의 로뎀나무 아래서 하나님을 통한 특별한 음식을 먹은 것은 그전에 그릿 시냇가에서 까마귀를 통해 하나님으로부터 음식을 공급받은 사실과 사르밧 과부의 집에 머무는 동안 하나님의 특별한 간섭에 의해 양식이 공급되었던 일과 연관된다. 이 모든 사실들은 하나님께서 선지자 엘리야의 생명을 강하게 붙잡고 있음을 증거하고 있는 것들이다.

여기에는 엘리야뿐 아니라 이후의 모든 선지자들에게 공히 적용되어야 할 중요한 교훈이 들어있다. 하나님의 선지자들은 주변의 정치, 사회, 경제적 상황이나 인간들의 눈치를 보는 자가 아니다. 그들은 어떠한 경우에도 하나님께서 계시하신 말씀을 가감없이 이스라엘 백성들에게 선포해야 했다. 하나님께서 그들의 생명과 삶을 온전히 붙잡고 계시기 때문이다.

이는 신약시대의 사도들과 성경을 가르치는 교사들 역시 마찬가지였다. 교회를 박해하는 자들과 반대자들의 눈치를 보며 하나님의 말씀을 변개해 전하거나 가르칠 수는 없었다. 이는 또한 우리 시대 교회의 교사들에게도 적용되어야 한다. 모든 교사들은 하나님의 말씀에 기록되어 있는 내용을 교회 앞에 그대로 드러내야 한다. 시대적 형편에 민감해 사람들의 귀를 긁어주며 저들과 야합하려는 변질된 메시지를 전해서는 안 된다.

하나님의 말씀을 맡은 모든 직분자들은 오로지 하나님께 자신의 생명을 의존할 따름이다. 세상에서 자기의 종교적인 성공을 추구할 목적으로 하나님의 뜻을 왜곡한다면 거짓 선지자, 거짓 사도, 거짓 교사에 지나지 않는다. 우리는 구약의 모든 선지자들을 대표하는 엘리야를 통해 하나님의 말씀을 증거하는 직분을 맡은 자들이 마땅히 가져야 할 기본적인 자세를 배울 수 있어야 한다.

3. 호렙산의 엘리야

(1) 왜 엘리야는 호렙산[21]에 갔는가?

모든 하나님의 백성들은 언약의 자녀들이다. 그들은 일시적인 자신의 판단에 의해 하나님을 믿게 된 것이 아니라 하나님의 언약에 따라 그를 믿게 된 자들이다. 그러므로 하나님께서 자기 피로 값주고 사신 바 된 성도들은 항상 영원한 언약을 기억하는 가운데 살아가야만 한다.

하물며 특별한 직분자로 세움을 받는 성도들은 그에 대해 더욱 분명한 깨달음을 가지지 않으면 안 된다. 일반 성도들에게 하나님의 말씀과 그의 뜻을 선포하며 가르칠 때 항상 언약이 중심에 있어야 하기 때문이다. 이에 대해서는 시대와 장소를 막론하고 누구에게나 적용되어야만 한다.

하나님의 언약을 기록된 계시로서 직접 받은 인물은 모세이다. 그는 호렙산의 떨기나무 불꽃 가운데 계신 하나님 앞에 섰으며 그곳에서 하나님의 음성을 직접 들었다. 모세는 또한 호렙산 곧 시내산에서 하나님의 두 돌판 언약인 십계명을 받았으며 그곳에서 하나님께서 거하시게 될 성막을 짓도록 명령받았다.

그러므로 하나님의 율법과 성막, 그리고 그와 연관된 모든 언약은 그곳에서 구체적인 계시로 드러난 것으로 이해할 수 있다. 선지자 엘리야

---

21) 성경에 나오는 '호렙산' 과 '시내산' 은 동일한 지명으로 볼 수 있다. 하지만 다수의 학자들은 호렙산을 시내산을 포함한 전체 산군(山群)을 말하며 시내산은 그 가운데 있는 한 봉우리를 중심으로 한 산을 일컫는 것으로 이해한다. 즉 '팔공산' 이라 말하면 하나의 큰 산군을 말하며 그 안에 동봉, 관봉, 인봉, 가산 등 여러 산들이 있다. 즉 팔공산은 넓은 지역을 포함하고 있으며 각각의 여러 봉우리들은 나름대로 다른 이름을 가지고 있는 것이다. 이처럼 호렙산은 주변의 여러 산들을 포함한 지역적 의미를 띠고 있으며 시내산은 그 가운데 한 봉우리를 중심으로 한 산을 일컫는 것으로 이해하는 것이다.

가 왕후 이세벨의 칼날을 피해 호렙산으로 피신해 간 것도 그와 연관된다. 엘리야는 고통스런 위기에 처했을 때 하나님의 언약이 주어졌던 그곳으로 찾아갔던 것이다.

이에 대해서는 나중 사도 바울 역시 그와 동일한 행동을 보였다. 그는 교회를 핍박하기 위해 다메섹으로 가는 도상에서 그리스도를 만나 회심한 후 일정기간 다메섹에 있으면서 하나님의 말씀을 증거했다. 그것을 알게 된 유대인들이 그를 잡아 죽이려할 때 바울은 시내산으로 피신했다.

우리가 흔히 바울이 아라비아에 가서 삼 년간 피해 있었다고 하는데(갈 1:17,18), 그 아라비아는 곧 시내산을 일컫고 있다.[22] 바울은 갈라디아 교회에 편지하면서 그에 대한 분명한 언급을 했다(갈 1:7; 4:25, 참조). 바울이 그곳을 찾았던 것은 엘리야가 그곳을 찾은 것과 마찬가지로 모세에게 계시된 하나님의 언약을 기억하고자 하는 마음과 연관된다.

(2) 모세의 하나님, 엘리야의 하나님, 우리의 하나님

엘리야는 호렙산에 도착하여 한 굴속에 들어가 머물렀다. 그러던 중 하나님의 말씀이 그에게 임했다. 앞에서 언급한 것처럼 엘리야가 호렙산을 찾아간 것은 하나님의 언약에 대한 깊은 신앙적 관심 때문이었다. 엘리야의 그런 마음이 하나님께 신원하는 말 가운데 그대로 드러나고 있다.

엘리야는 먼저 이스라엘 자손이 하나님의 언약을 버린 점에 대해 말씀드렸다. 이스라엘 백성들이 하나님의 거룩한 제단을 헐고 부정한 칼로 모든 선지자들을 무참히 죽였음을 아뢰었다. 그는 이제 자기만 홀로 남아 있는데, 이제 저들이 마지막 남은 자신의 생명을 찾고 있다고 말했다.

---

22) 이광호, 바울의 생애와 바울서신, 서울: 도서출판 깔뱅, 2007, pp.51-53. 참조.

엘리야의 신원을 들은 하나님께서는 그에게 여호와 하나님 앞에 서라고 명령하셨다. 하나님께서는 엘리야에게 친히 자신을 보여주고자 하셨던 것이다.

> "여호와께서 이르시되 너는 나가서 여호와 앞에서 산에 서라 하시더니 여호와께서 지나가시는데 여호와 앞에 크고 강한 바람이 산을 가르고 바위를 부수나 바람 가운데에 여호와께서 계시지 아니하며 바람 후에 지진이 있으나 지진 가운데에도 여호와께서 계시지 아니하며 또 지진 후에 불이 있으나 불 가운데에도 여호와께서 계시지 아니하더니 불 후에 세미한 소리가 있는지라"(왕상 19:11,12)

하나님께서는 자기 앞에 선 엘리야의 목전에서 태풍과 같은 강한 바람을 일으켜 산을 가르고 바위를 부쉈다. 그것으로 인해 강한 지진이 일어났으며 그후에 불이 일어났던 것이다. 하지만 하나님께서 그 가운데 계시지 않았다. 그런 가운데 엘리야에게 세미한 소리가 들렸다. 이것은 무엇을 의미하고 있는가?

엘리야는 그런 두려운 상황들을 통해 자신의 두 눈으로 하나님의 능력을 똑똑히 보게 되었다. 그리고 마지막에 세미한 소리가 있었다는 사실은 태풍과 같은 강한 바람과 지진을 비롯한 불이 있은 후 주위의 분위기가 갑자기 매우 고요하게 되었음을 의미한다. 이는 하나님의 능력을 눈으로 본 후 그의 세미한 음성을 귀로 들어야 함을 말해주고 있다.

우리는 이 기록을 통해 성경에 기록된 몇 가지 중요한 사건들을 떠올리게 된다. 그것은 우선 모세와 연관된 내용들이다. 모세는 애굽의 왕궁을 떠나 시내광야에 피신해 있으면서 이드로Jethro의 딸과 결혼하여 그와 더불어 살았다. 그러던 어느 날 그는 호렙산에서 불꽃 가운데 계신 거룩하신 하나님을 대면했다.

> "여호와의 사자가 떨기나무 불꽃 가운데서 그에게 나타나시니라 그

가 보니 떨기나무에 불이 붙었으나 사라지지 아니하는지라 이에 가로 되 내가 돌이켜 가서 이 큰 광경을 보리라 떨기나무가 어찌하여 타지 아니하는고 하는 동시에 여호와께서 그가 보려고 돌이켜 오는 것을 보신지라 하나님이 떨기나무 가운데서 그를 불러 가라사대 모세야 모세야 하시매 그가 가로되 내가 여기 있나이다 하나님이 가라사대 이리로 가까이 하지 말라 너의 선 곳은 거룩한 땅이니 네 발에서 신을 벗으라 또 이르시되 나는 네 조상의 하나님이니 아브라함의 하나님, 이삭의 하나님, 야곱의 하나님이니라"(출 3:2-6)

여호와 하나님께서는 모세에게 자신의 거룩한 모습을 보여주셨다. 그는 모세로 하여금 발에 신고 있던 신을 벗도록 명령하셨다. 하나님이 계시는 그곳은 거룩한 영역이었기 때문이다. 그에 순종하는 모세에게 하나님께서는 아브라함과 이삭과 야곱의 하나님으로서 언약의 하나님이신 자신을 드러내 보이셨다.

하나님께서는 그때 모세에게 그를 다시 애굽 땅으로 보내 이스라엘 백성들을 인도해 내시겠노라고 말씀하셨다(출 3:10). 모세는 그에 대해 자신이 없었으나 하나님의 능력을 힘입어 애굽으로 가서 바로 왕과 대결했다. 사실상 그것은 애굽에 대한 하나님의 심판의 시초였다. 우리가 여기서 관심을 기울여야 내용은 모세가 호렙산의 떨기나무 불꽃 가운데서 하나님을 본 후 그 큰 일이 기다리고 있었다는 사실이다.

또한 이스라엘 백성이 출애굽하고 난 후 시내광야에 이르렀을 때 하나님께서는 불 가운데서 모세와 백성들에게 나타나셨다. 하나님은 모세와 이스라엘 백성들에게 친히 임재하여 중요한 교훈을 주시고자 했던 것이다.

"모세가 하나님을 맞으려고 백성을 거느리고 진에서 나오매 그들이 산기슭에 섰더니 시내산에 연기가 자욱하니 여호와께서 불 가운데서 거기 강림하심이라 그 연기가 옹기점 연기 같이 떠오르고 온 산이 크게 진동하며 나팔 소리가 점점 커질 때에 모세가 말한즉 하나님이 음성으

로 대답하시더라"(출 19:17-19)

모세는 시내산에서 불 가운데 강림하신 하나님을 대면했다. 그때 큰 지진이 일어났으며 천상의 나팔소리가 울려 퍼졌다. 하나님께서는 그 가운데서 모세에게 직접 말씀하셨던 것이다. 그 일 후에 하나님께서는 모세를 통해 이스라엘 백성에게 두 돌판 언약인 십계명을 허락하셨다(출 20장). 하나님께서 시내산에서 친히 기록해 주신 십계명은 구약의 모든 율법의 기초가 된다. 따라서 이스라엘 백성들은 항상 그 언약을 기억하며 살아가야만 했다.

엘리야가 이세벨의 위협을 피해 호렙산으로 갔던 것은 바로 그런 사건들과 연관된다. 그리고 엘리야의 시내산 사건을 통해 우리가 떠올리게 되는 또 다른 중요한 한 사건은 오순절 성령강림이다. 우리는 그 가운데서 엘리야가 경험했던 내용과 일면 상통하는 분위기를 보게 된다.

"오순절 날이 이미 이르매 저희가 다 같이 한곳에 모였더니 홀연히 하늘로부터 급하고 강한 바람 같은 소리가 있어 저희 앉은 온 집에 가득하며 불의 혀 같이 갈라지는 것이 저희에게 보여 각 사람 위에 임하여 있더니 저희가 다 성령의 충만함을 받고 성령이 말하게 하심을 따라 다른 방언으로 말하기를 시작하니라"(행 2:1-4)

오순절 성령 하나님께서 강림하심으로써 지상에 하나님의 교회가 세워지게 되었다. 이땅에 교회가 세워지기 위한 중요한 일을 앞두고 하나님께서 큰 바람과 불 가운데 친히 임재하여 역사하셨던 것이다. 예수님의 제자들이 한자리에 모였을 때 하늘로부터 급하고 강한 바람 소리가 들렸는데 이는 시내산에서 엘리야가 경험했던 것과 유사하다.

그리고 그때 불의 혀 같은 것이 갈라지는 것을 보게 되었는데 이 역시 엘리야가 보았던 불을 연상케 한다. 이는 엘리야의 이름으로 온 세례자 요한(마 11:14)이 선포한 예수 그리스도의 사역과 그로 말미암은 오순절 성령 강림사건에 연관되는 것으로 볼 수 있다.

엘리야가 경험한 태풍과 같은 강한 바람은 산을 가르고 바위를 부쉈다. 그것은 지진과 연관된다. 그리고 그가 불을 본 후에는 세미한 소리가 들렸다. 이는 오순절 성령 강림으로 인해 방언과 더불어 교회시대가 도래한 것처럼, 엘리야의 호렙산 사건 이후 하나님께서는 새로운 선지자 시대를 열고 계셨던 것이다.

엘리야는 호렙산에서 하나님의 임재와 그의 음성을 들은 후 하나님께서 요구하시는 특별한 임무를 부여받게 되었다. 하나님의 임재로 인해 엘리야는 감히 하나님을 바로 보지 못하고 겉옷으로 얼굴을 가린 채 굴 어귀에 서 있을 때 하나님께서 다시 그를 부르셨다.

그러자 엘리야는 앞서 고했던 것과 동일한 내용을 하나님께 말씀드렸다. 이스라엘 자손이 하나님의 언약을 버리고 그의 거룩한 제단을 헐며 선지자들을 죽였으며 자기가 생명의 위험에 빠져 있다는 것이었다. 이는 이스라엘 백성이 시내산에서 모세를 통해 받은 하나님의 언약을 어기고 있으며, 모세가 건립한 성막의 의미를 포기하고 하나님의 율법에 수종드는 선지자들을 죽였다는 것이다.

하나님께서는 엘리야의 말을 들으신 후 그에게 특별한 임무를 부여하셨다. 이는 시내산의 모세가 하나님의 임재를 경험한 후 있었던 사역과 오순절 성령강림 이후 하나님의 성도들이 경험했던 내용과 의미상 연관되어 있다. 즉 엘리야에게 주어진 임무는 하나님의 구속사적 의미를 지니고 있었던 것이다.

(3) 특별한 임무를 부여받은 엘리야

호렙산에서 태풍과 같이 크고 강한 바람으로 인한 지진과 불을 동반하여 엘리야에게 나타나신 하나님께서는 이제 그에게 몇 가지 중요한 임무를 부여하셨다. 하나님께서는 우선 그에게 호렙산을 떠나 광야를 거쳐 다메섹으로 가라고 명령하셨다.

엘리야가 그곳에서 해야 할 일은 하사엘Hazael에게 기름을 부어 아람Aram 왕국의 왕위에 오르게 하는 것이었다. 그리고 예후Jehu에게 기름을 부어 이스라엘의 왕이 되게 하는 것이었다. 이는 아합 왕과 이세벨에 대한 하나님의 심판을 예고하는 것이었다.

그리고 엘리사에게 기름을 부어 엘리야를 대신한 선지자로 세우라고 명령하셨다. 하나님께서는 엘리야를 통해 기름을 부어 왕으로 세우시는 아람 왕 하사엘과 이스라엘 왕 예후, 그리고 선지자 엘리사로 하여금 아합 왕과 이세벨이 통치하는 이스라엘을 철저히 심판하도록 하셨다.

(4) 칠천 명의 남은 자the Remnants

선지자 엘리야는 매우 외로운 인물이었다. 사실 이스라엘의 모든 선지자들은 어떤 의미에서 보아 외로운 사람들이었던 것을 알 수 있다. 하나님의 선지자들은 주변의 인물들과 머리를 맞대고 나누는 이성적인 합의를 통해 사역하는 자들이 아니라 오로지 하나님의 계시에 따라 소신껏 사역하는 직분자들이었다.

엘리야가 자기 혼자만 남은 것처럼 생각했던 것은 바로 그런 이유 때문이었다. 일반적인 관점에서 본다면 그는 다른 사람들과 적절하게 어울려 종교생활을 할 수 없었던 것이다. 따라서 어리석은 사람들의 눈에는 그가 사회성이 결여된 인물로 비쳐졌을지도 모른다.

하나님께서는 외로움에 빠진 엘리야에게 배도한 이스라엘 민족 가운데 칠천 명의 신실한 성도들을 남겨두었음을 말씀하셨다. 그들은 바알에게 무릎을 꿇지 않고 바알에게 입맞추지 않은 자들이다. 이는 이방신들을 향해 추파를 던지지 않고 목숨을 걸고 신앙의 정조를 지킨 신실한 성도들을 일컫고 있다.

이것은 전적인 하나님의 은혜로 말미암는 것이었다. 엘리야는 그에 관한 하나님의 말씀을 듣고 많은 위로를 받았을 것이 틀림없다. 나아가 엘리야는 다른 칠천 명의 성도들도 함께 모여 힘을 발휘하는 것이 아니라 전부가 엘리야처럼 악에 저항하며 외로운 투쟁을 하고 있다는 사실을 깨닫게 되었을 것이다.

역사 가운데 있었던 많은 경우와 마찬가지로 오늘날 우리의 시대도 그와 마찬가지일 것이다. 엘리야 선지자처럼, 그리고 엘리야 시대의 칠천 명의 남은 자들처럼 우리 시대의 신앙의 정조를 지키는 성도들 역시 그와 유사한 환경에서 악한 자들에게 저항하며 살아가고 있음을 기억해야 한다.

4. 엘리야가 엘리사를 부름

엘리야는 호렙산에서 내려가 가장 먼저 할 일은 엘리사를 부르는 일이었다. 그는 하나님께서 말씀하신 대로 아벨므홀라Abelmehola로 가서 자신의 선지자 직분을 '대신' 이어받게 될 엘리사를 불렀다(왕상 19:16). 물론 거기에는 하나님의 놀라운 경륜이 개입되어 있었다.

우리는 여기서 매우 중요한 의미들을 엿보게 된다. 그것은 엘리사가 엘리야를 상속한 선지자가 된다는 사실이다. 선지자 상속은 이스라엘 역사 가운데 사역했던 선지자들을 살펴볼 때 매우 특이한 경우이다. 즉 선지자들은 일반적인 관점에서 상속받는 직분이 아니다. 이는 왕들과 제사장들이 상속적 개념을 지니고 있었던 사실과 대비되는 내용이다.

엘리야가 자신의 선지자 직분을 엘리사에게 상속하도록 명령을 받았다는 것은 매우 중요한 점을 시사하고 있다. 그것은 엘리야가 모든 선지자들을 대표하는 위치에 있기 때문이다. 그러므로 우리가 생각할 수 있는 것은 구약시대의 모든 선지자들은 상호 연관되며 시대에 따른 전체적 상속의 개념을 지닌다는 사실이다. 즉 모든 선지자들은 각각 완전히 독단적인 사역을 행하는 자들로 이해할 수 없다는 것이다.

그리고 엘리야의 선지자 직분을 상속받는 엘리사가 칼로써 이스라엘의 배도자들을 죽이는 임무를 부여받게 된다는 점이다. 이는 구약의 모든 선지자들이 재판관의 지위를 갖게 된다는 사실을 말해준다. 우리는 이 점에 대해 올바른 이해를 해야만 한다. 구약의 선지자들은 단순히 하나님의 예언을 하는 기능뿐 아니라 이스라엘 민족 가운데 존재하는 불의한 것들을 구체적으로 정화하는 기능을 감당해야 함을 의미한다.

엘리야는 하나님으로부터 특별한 임무를 부여받은 후 호렙산을 떠나 엘리사가 살고 있는 지역으로 찾아갔다. 그때 그는 열두 겨리의 소를 앞세우고 밭을 갈고 있었다. 엘리사를 본 엘리야는 곧장 그에게 가까이 나아가 자신의 겉옷을 걸쳐주었다.

엘리사는 처음 만나게 된 그 낯선 인물이 엘리야 선지자라는 사실을 금방 알아챌 수 있었다. 당시 엘리야는 이스라엘 민족 가운데 매우 유명한 인물이었다. 백성들 가운데는 하나님의 선지자인 그를 긍정적인 눈으로 바라보는 사람들도 없잖아 있었지만 부정적인 안목으로 보는 자들이 태반이었다.

그때까지 엘리사는 하나님의 선지자가 아니라 농사를 짓는 평범한 농부였다. 하지만 그는 선지자 엘리야의 부름에 기꺼이 응했다. 그것은 하나님의 인도하심에 따른 결과였다. 엘리야가 자신의 겉옷을 자기에게 걸치는 것을 통해 그가 자신을 부르고 있다는 사실을 즉시 알아차렸던 것이다.

엘리야를 따르기로 작정한 엘리사는 자신의 부모를 비롯한 가족에게 작별 인사를 하고 돌아오겠노라고 말했다. 물론 엘리야는 그것을 허락했다. 엘리사는 마을로 돌아가 황소를 잡고 자기의 농사도구를 불살라 그것으로 요리를 해 가족과 동네 사람들에게 나누어주어 먹게 했다. 엘리사는 이로써 자기의 직업을 버렸으며 가족과도 결별하게 되었다.[23] 이렇게 함으로써 엘리사는 엘리야를 따르는 제자가 되었다.

---

[23] 엘리사가 자신의 농사 도구를 불태운 사건은 베드로를 비롯한 사도들이 갈릴리 바다에서 고기잡이 배를 버리고 예수님을 따라나선 사실을 기억나게 한다.

제16장
이스라엘 왕국과 아람 왕국의 전쟁

(왕상 20:1-43)

1. 아람 왕의 이스라엘 침공계획

⑴ 아람 왕 벤하닷의 선전포고

이스라엘 왕국은 아람 왕 벤하닷으로 인해 위기에 놓이게 되었다. 이미 그 전부터 아람 왕국의 벤하닷은 아합 왕에게 상당히 두려운 존재였다. 이번에는 벤하닷이 자기가 거느리는 영주領主 삼십이 명을 비롯해 많은 군대를 불러모았으며, 말과 전차를 동원해 사마리아 성을 완전히 포위했다. 벤하닷은 성중에 있는 아합 왕에게 사신使臣을 보내 메시지를 전했다. 즉시 항복하라는 것이었다.

벤하닷 왕은, 아합 왕이 소유하고 있는 모든 금은보석뿐 아니라 왕의 처첩들과 자녀들 가운데 미인들을 자기에게 바치라고 요구했다(왕상 20:3). 그러자 아합 왕은 벤하닷의 전갈을 받고 구두로 항복하는 말을 전했다. 자기의 모든 소유가 벤하닷 왕의 것이라고 인정했던 것이다.

그 말을 들은 벤하닷은 다시 사신들을 보내, 아합이 가지고 있는 모든 귀한 것들을 그 다음날 사마리아 성으로부터 전부 내오겠노라고 말했다. 이는 이스라엘 왕국이 풍전등화와 같은 극심한 위기를 맞고 있음을 보여주고 있다.

(2) 이스라엘 왕국 장로들의 권면

절체절명絕體絕命의 위기에 빠진 아합 왕은 지혜를 모으기 위해 나라의 장로들을 불러모았다. 아람 왕 벤하닷이 이스라엘 왕인 자기의 귀한 보물들은 물론 처첩과 자식들을 빼앗아가기 위해 사신을 보냈는데 감히 그것을 거절할 수 없었음을 말했다. 그리고는 이제 어떻게 대처하면 좋을지 자문을 구했다.

아합 왕의 말을 들은 장로들과 백성들은 앞으로는 벤하닷의 말을 듣지도 말고 그의 요구를 허락지도 말도록 권면했다. 그리하여 아합은 벤하닷이 다시 보낸 사신들에게 그의 요구를 다 들어줄 수 없다는 의사를 전했다.

사신들의 보고를 받은 벤하닷은 그렇다면 사마리아 성을 완전히 멸망시키겠노라며 크게 진노했다. 성을 공격해 단 한 줌의 재도 남지 않을 만큼 완전히 불태워버리겠다는 것이었다(왕상 20:10). 만일 그렇게 하지 않는다면 신들이 자기에게 벌을 내릴 것이라 맹세하듯 말했다.

벤하닷의 말을 들은 아합 왕은 용기를 내어 그에게 자기의 생각을 전했다. '갑옷을 입고 있는 중에는 갑옷을 벗은 듯 자랑해서는 안 된다'(왕상 20:11)고 말하면서, 아직 싸움이 끝나지 않은 상태에서 너무 쉽게 승리를 장담하지 말라는 의미였다. 즉 길고 짧은 것은 대보아야 안다는 식으로 말했던 것이다.

잠시 전에는 항복한다고 말했다가 갑작스레 태도를 바꾼 아합 왕의 말을 전해들은 벤하닷은 크게 진노하지 않을 수 없었다. 그는 즉시 신하들에게 이스라엘을 향한 공격 준비를 갖추도록 명령했다. 이로써 아람 군대는 진지들을 구축하고 진용을 갖추어 사마리아 성을 공격하기 위한 만반의 태세를 갖추었다. 이제 양국간에 피비린내 나는 전투가 벌어지게 될 일촉즉발—觸卽發의 상황이 되었다.

2. 뒤바뀐 전세戰勢

(1) 한 선지자의 예언과 아합 왕의 순종

아합 왕은 아람 왕 벤하닷에게 큰소리를 치기는 했지만 불안한 마음이 사라지지 않았을 것이 틀림없다. 이스라엘 왕국의 전투력이 아람 왕국에 비해 턱없이 약했기 때문이다. 그럴 때 하나님의 선지자 한 사람이 아합에게 나아왔다. 하나님께서 말씀하신 예언을 그에게 전하기 위해서였다.

여호와 하나님께서는 그 선지자를 통해 막강한 아람 군대를 이스라엘 군대에 붙이겠다고 말씀하셨다. 즉 이스라엘이 벤하닷의 군대를 쳐 승리하게 되리라는 것이었다. 이는 결코 쉽게 이루어질 일이 아니라는 사실을 누구나 잘 알고 있다. 아합 왕 자신도 궁여지책窮餘之策으로 그렇게 대응했을 뿐 아람 군대에 승리하리라는 생각을 하지는 못했다.

하지만 하나님의 선지자는 그렇게 되리라고 예언했다. 우리는 하나님께서 아합 왕에게 승리를 안겨주기로 하신 이유에 대해 분명히 이해해야 한다. 즉 하나님께서 무슨 이유로 사악한 아합 왕과 자신을 배도한 이스라엘에게 승리를 안겨주시기로 약속하셨던 것일까?

그것은 그들로 하여금 전쟁에 승리하게 하신 분이 여호와 하나님이라는 사실을 알게 하기 위해서였다(왕상 20:13). 즉 여호와가 저들의 하나님이라는 사실을 다시금 깨닫게 해주시고자 했다. 이는 그들을 향한 하나님의 사랑을 보여준다. 하나님께서는 배도한 아합 왕과 이스라엘 백성이 패망의 위기에서 승리함으로써 하나님께로 돌아서기를 원하셨던 것이다.

아합은 하나님의 예언을 들은 후 선지자에게 어떤 전략을 세워야 할지 물었다. 그러자 그 선지자는 여러 지역에 흩어져 있는 청년들을 모아 새로 군대를 편성하도록 했다(왕상 20:14). 젊은 청년들을 중심으로 전력을 짠다는 것은 중요한 의미를 지닌다. 이는 전투 경험이 많은 노련한 군인들이 아니라 전투 경험이 없는 자들을 중심에 둔다는 말이기 때문이다.

하나님께서는 이를 통해 이스라엘의 전력과 작전에 의해서가 아니라 자기가 친히 이스라엘편에서 싸우심으로써 승리를 취하신다는 사실을 보여주시고자 했다. 아합이 선지자의 예언을 듣고 각 지역에서 소집한 젊은 장교들의 수는 이백삼십 명이었으며, 전쟁에 나가게 될 군인의 총 수는 칠천 명이 되었다. 이는 노련하고 전투에 능한 아람 군대의 지휘관들과 군대 규모에 비할 때 형편없이 약한 전력이다(왕상 20:29,30 참조).

(2) 아합 왕의 선제공격

하나님으로부터 긍정적인 예언의 말씀을 들은 아합 왕은 군대를 편성하고 공세를 취할 준비를 갖추었다. 그러나 절대적인 승리를 장담하고 있던 벤하닷과 군대 장교들은 안일安逸에 빠져 적군에 대한 경계의 끈을 완전히 풀고 있는 상태였다. 그러므로 그들은 전쟁이 일어날 급박한 상황 가운데서 술상을 벌이며 자신감에 취해 있었던 것이다.

그러던 중 이스라엘 군대의 동태가 심상치 않다는 보고를 받은 벤하닷은 적진으로 정탐꾼을 보냈다. 그들은 적군의 동향을 살핀 후 사마리아 성에서 군대가 나오고 있다는 사실을 회보했다. 벤하닷 왕은 항복을 거부한 이스라엘의 아합 왕이 또 다시 심경의 변화를 일으켜 화친을 요구할 수도 있다는 판단을 하고 있었다.

벤하닷은 그들이 화친하러 오든지 혹은 공격해 오든지 무조건 사로잡으라는 명령을 내렸다. 이스라엘을 기필코 멸망시키겠다는 의지가 강했기 때문이다. 그러나 실제 상황은 전혀 달리 전개되어 갔다. 소수 규모인 아합 왕의 군대가 대군인 아람의 진영을 공격하여 많은 병사들을 죽이며 승기를 잡게 되자 퇴각하지 않을 수 없었다. 그렇게 되자 아람 왕 벤하닷은 말을 타고 호위병들을 대동하고 급히 도망침으로써 목숨을 건졌다.

그것을 본 아합 왕은 직접 전장으로 나가 말과 전차를 공격했으며 적군들을 살해했다. 전혀 예기치 못했던 대승을 눈앞에 두고 있었던 것이다. 그러나 하나님의 말씀을 예언했던 선지자는 아합 왕에게 나아가 해가 바뀌면 아람 왕이 역공을 해올 터이니 미리 그에 대한 만반의 준비를 갖추지 않으면 안 된다고 권면했다.

3. 벤하닷의 역공

이스라엘의 아합 왕으로부터 전혀 예기치 못한 선제공격을 받은 벤하닷은 그냥 뒤로 물러설 수만은 없었다. 잠시 방관하고 있는 틈을 타 공격을 당했기 때문에 일시 후퇴하기는 했지만 여전히 자기의 병력이 훨씬 막강한 것으로 믿고 있었다. 이에 대해서는 벤하닷 왕뿐 아니라 그의 다른 신하들의 생각 역시 마찬가지였다.

벤하닷의 신하들은 전투에서 패배한 이유를 전략상의 문제 때문이었던 것으로 자평했다. 즉 이스라엘의 하나님은 '산의 신'(gods of mountains)이므로 이스라엘 병사들은 산지 전투에 능하다는 것이었다. 그것이 주된 패인이라고 분석했던 것이다. 그러므로 다음 전투에서는 산지가 아니라 평지에서 싸우면 확실히 승리할 수 있다고 판단했다.

그러면서 그들은 벤하닷 왕에게 새로운 군사 편제를 통한 작전을 제시했다. 그것은 아람 왕국 전체를 비상시국인 전시체제戰時體制로 전환하라는 것이었다. 즉 각 지역을 통치하는 행정장관들을 뒤로 물러앉게 하고 대신 군 지휘관들로 그 자리를 대체하도록 권면했다(왕상 20:24). 그리고 앞선 전투에서 상실한 병력을 다시 보충하고 말과 전차도 재정비하면 필히 승리할 수 있다는 것이었다.

벤하닷 왕은 신하들의 권면을 수용하여 그대로 실천했다. 이제 해가 바뀌어 정비된 국가와 군 체제를 바탕으로 새롭게 구성된 아람 군대가 아합의 이스라엘 왕국과 싸우기 위해 맞서 진을 쳤다. 이제 본격적인 전투가 시작될 상황이 이르렀던 것이다.

4. 여호와 하나님의 관여와 이스라엘의 승리

벤하닷이 이끄는 아람 왕국의 군대가 이듬해 사마리아를 향해 진격해 오자 아합 왕의 이스라엘 군대도 그들을 마주보고 진을 쳤다. 아람 군사의 수가 엄청나게 많은데 비해 이스라엘 군인들의 수는 상대적으로 극히 적었다. 양쪽 군대의 외형을 보면 이스라엘 군대가 아람에게 승리할 가능성은 매우 희박했다. 최고의 지위에서 이스라엘 군대를 총 지휘하고 있는 아합 왕으로서는 기가 죽을 만했다.

그때 하나님의 선지자가 또 다시 아합 왕에게 나아와, 하나님께서 이스라엘 군대에 승리를 안겨주시리라고 하신 말씀을 예언했다. 이는 이스라엘 민족이 잘하고 있기 때문이 아니라 오만한 이방인들을 징계하시기 위한 것이었다.

아람인들이 '이스라엘 민족이 섬기는 여호와는 산의 신이며 골짜기의 신은 아니라'(왕상 20:28)고 하는 말로써 하나님의 이름을 폄하했으므로 그들에게 패망을 안겨주고자 하셨던 것이다. 하나님께서는 그것을 통해 이스라엘 백성들이 돌이켜 여호와 하나님을 알게 되기를 원하셨다.

칠일 동안을 대치하는 가운데 서로 신경전을 벌이다가 제 칠일 째 되는 날 격한 전투가 벌어져 이스라엘 군대가 하루에 아람 보병 십만 명을 죽였다. 벤하닷과 남은 아람 병사들은 혼비백산하여 도망치게 되었다. 벤하닷 왕은 겨우 목숨을 부지한 채 자기의 성읍으로 도망해 골방으로 들어가 숨었다. 그제서야 벤하닷은 아람 왕국이 이스라엘 군대에 완전히 패배했음을 절감하게 되었던 것이다.

5. 아합 왕의 화친和親과 하나님의 진노

(1) 아람인들의 지략智略

전쟁에서 완전히 패배한 아람 왕국은 특단의 대책을 강구하지 않으면 안 되었다. 이스라엘 군대가 아람 왕국 내부로 침공해 들어오게 되면 모든 것이 끝장나게 된다. 아람의 지도자들은 그것만은 막아야 한다고 판단했다. 그래서 그들은 아합 왕을 찾아가 항복을 하고 왕의 동정심을 유발하는 것이 상책이라 생각했다.

아람 사람들은 이스라엘 왕국의 왕들은 잔인하지 않다고 여기고 있었다(왕상 20:31). 이 말은 그다지 좋은 뜻으로 이해할 수 없다. 왜냐하면 그 가운데는 이스라엘 왕들은 하나님을 어설프게 겁내는 자들이라는 다소 냉소적인 의미가 내포되어 있기 때문이다.

그리하여 벤하닷의 신하들은 굵은 베로 허리를 묶고 머리에 새끼줄을 매고 슬픈 기색을 하며 사마리아에 있는 이스라엘 왕 앞으로 나아갔다. 그들은 아람의 벤하닷 왕이 완전히 항복했음을 전했다. 그가 이스라엘 왕국의 아합 왕에게 목숨만 살려달라고 간청하고 있음을 고했던 것이다.

그 말을 들은 아합 왕은 저들에게 벤하닷 왕이 죽지 않고 살아있는지 묻고 그는 자기의 형제라고 말했다. 아합 왕은 그때 전승의 분위기에 고무되어 상당히 들뜬 상태였을 것이 분명하다. 왜냐하면 얼마 전까지만 해도 아람 왕국과 벤하닷으로 인해 심히 두려워 떨고 있었는데 이제 그가 자기에게 항복하여 목숨만 살려달라고 애걸하고 있으니 꿈만 같았을 것이다.

아합 왕은 이스라엘의 승리가 하나님의 경륜으로 말미암은 것이라는 사실을 조금도 염두에 두지 않았다. 그러므로 그는 원수 같던 아람 왕국의 벤하닷을 형제라 칭하며(왕상 20:32) 엉뚱한 여유를 부렸다. 물론 그에게 나름대로 정치적 계산이 없잖아 있었을 것은 분명하다. 이미 패망하여 세력을 완전히 상실한 그를 받아들임으로써 정치적으로 얻게 되는 유익은 많이 있었을 것이다. 결국 아람 왕국의 신하들의 지략이 맞아떨어진 셈이 되었다.

(2) 아합의 화친 수용과 평화조약 체결

벤하닷의 신하들은 궁여지책으로 이스라엘 왕국을 찾아왔지만 계략에 성공했다. 아합 왕이 벤하닷을 형제로 칭하자 아람의 관료들은 그것을 좋은 징조로 받아들이면서 과연 그러하다며 그에 화답했다. 그러자 아합 왕은 기고만장하여 그들에게 돌아가 벤하닷을 자기에게로 불러오라고 말했다.

벤하닷이 초라한 모습으로 사마리아 성에 도착하자, 아합 왕은 패망한 왕국의 군주인 그에게 충분한 예우를 했다. 아합은 왕만 탈 수 있는 자기의 수레에 벤하닷을 올라타게 했다. 그것은 전쟁에 패한 군주에 대한 최고의 예우가 아닐 수 없었다.

뜻밖의 예우를 받은 벤하닷은 아합 왕에게 자기의 부친이 그전에 이스라엘로부터 빼앗아 점령하고 있는 모든 성읍들을 되돌려 주겠다고 말했다. 그리고 승전에 대한 특별한 기념물을 남기도록 권했다. 즉 그 전에 벤하닷의 부친이었던 아람 왕은 이스라엘 왕국과 맞선 전쟁에서 승리한 후 사마리아에 자기를 기념하는 도로를 만들었는데, 이제 아합 왕이 아람 왕국의 수도인 다메섹에 승전을 기념하는 거리를 만들라는 것이었다.

아합 왕은 패전한 왕 벤하닷의 제안을 기꺼이 받아들였다. 그리고는 그것을 양국간의 약조約條로 인정함으로써 벤하닷을 다메섹으로 돌려보냈다. 이렇게 하여 아합 왕과 벤하닷 사이의 전쟁은 끝이 나고 다메섹에 아합 왕을 기념하는 거리를 조성하기로 약조함으로써 양국 사이에 평화 조약이 체결된 것이다(왕상 20:34).

(3) 하나님의 진노와 이스라엘에 대한 징계 계획

아합 왕이 벤하닷과 화친한 것은 하나님을 배신하는 행위였다. 하나님의 은혜와 경륜에 의해 전쟁에 승리했으면 마땅히 하나님께 감사하고 그의 뜻을 따라야 했다. 하나님께서 이스라엘 왕국에 승리를 안겨주셨던 것은 이스라엘의 왕과 백성으로 하여금 여호와 하나님을 알고 따르게 하기 위해서였다.

그러나 아합 왕은 마치 자신의 능력과 전술로 말미암아 전쟁에 승리한 것처럼 착각하고 있었다. 아합은 아람 왕국과 패전한 왕 벤하닷을 대하면서 자기의 인간적인 판단과 목적에 따라 모든 것을 결정하고 실행했다. 그것은 하나님을 멸시하는 악한 행동이었다. 그러므로 하나님께서는 아합 왕에게 징벌을 내리고자 작정하셨다.

하나님께는 다시금 선지자를 보내 가시적인 그의 행동을 통해 아합 왕에게 자신의 뜻을 전달하시고자 했다. 그 선지자는 우선 자기 친구에게 가서 자신의 얼굴을 상할 만큼 쳐달라고 요구했다. 아무런 영문도 모르는 선지자의 친구는 그렇게 하고 싶지 않아 그의 말을 따르지 않았다.

하지만 그 선지자는, 그가 하나님의 뜻을 순종하지 않았으므로 사자lion 에게 물려 죽게 되리라고 말했으며 결국 그렇게 되었다.

그러자 선지자는 또 다른 사람을 만나 자기의 얼굴을 치라고 말했더니 그가 선지자를 크게 상하도록 쳤다. 선지자는 맞은 얼굴을 수건으로 가리고 변장한 채 길거리에서 아합 왕이 지나가기를 기다렸다. 그러던 중 왕이 지나갈 때 그는 큰 소리로 왕을 불렀다. 아합 왕이 그의 앞에 서게 되자, 선지자는 변장한 채 왕에게 자신이 당한 일에 대해 옳고 그름을 판단해 달라고 호소했다.

자기가 전장戰場 가운데 있는데 어떤 사람이 자기에게 한 사람을 끌고 와서 그를 지키도록 요구했다고 말했다. 그가 나중 되돌아왔을 때 끌려온 사람이 그 자리에 있으면 괜찮지만 그렇지 않으면 자기가 대신 죽어야 한다는 것이었다. 만일 죽기 싫다면 그가 은 한 달란트를 대가로 지불해야만 한다고 말했다는 것이다.

그런데 자기가 잠시 일을 볼 동안에 자기에게 끌려온 그 사람이 없어져 버렸다고 했다. 그래서 그는 그 사람으로부터 억울하게 맞았다며 하소연했다. 그러면서 그렇게 원통한 일이 어디 있느냐며 왕에게 호소했다. 그러나 아합 왕은 그가 그 사람의 말을 받아들였으니 그대로 당할 수밖에 달리 도리가 없다고 답했다. 그것은 억울함을 호소하는 백성에게 내리는 일종의 판결과도 같다.

아합 왕의 말을 다 들은 그 선지자는 자신의 얼굴을 가리고 있던 수건을 벗었다. 그러자 왕은 그가 선지자들 가운데 한 사람이라는 사실을 알게 되었다. 그 선지자는 하나님께서 전하시는 메시지를 왕에게 전했다. 그것은 아합 왕과 이스라엘 민족이 아람 왕 벤하닷과 그의 백성들에게 취했던 행동과 연관되는 것이었다.

하나님께서는 이스라엘 민족으로 하여금 승리케 하여 아람 왕 벤하닷을 잡아 아합 왕과 그의 백성에게 맡겨두었는데 그가 불법적으로 벤하닷을 풀어주었다는 것이다. 그러므로 조금 전 아합 왕이 스스로 판결했듯이 이스라엘의 왕과 모든 백성들은 그에 대한 책임을 져야만 한다고 했다. 결국 그것으로 인해 아합 왕과 이스라엘 백성은 하나님의 심판을 피할 수 없게 되었다.

하나님의 선지자로부터 예언의 말씀을 들은 아합 왕은 그것이 걱정되어 마음이 답답했다. 그러나 아람 왕국과 평화조약을 체결하고 벤하닷을 다메섹으로 보내 준 아합 왕으로서는 이제 더 이상 어쩔 도리가 없었다. 그는 하나님으로 말미암는 극적인 방법을 통해 전쟁에 승리했음에도 불구하고, 하나님의 뜻을 저버렸으므로 인해 불안한 마음을 가진 채 사마리아 성에 있는 왕궁으로 되돌아갔다.

6. 우리가 얻어야 할 교훈

하나님은 자기 백성들을 위해 사랑과 긍휼을 베푸시는 분이시다. 아합 왕과 이스라엘 백성이 하나님을 배도했지만 하나님께서는 저들로 하여금 다시금 자신을 기억할 수 있도록 기회를 허락하셨다. 이는 근본적으로 그 가운데 존재하는 진정한 하나님의 자녀들과 그 후의 참 백성들을 위해서였다.

아람 왕 벤하닷은 이미 오래 전부터 이스라엘 왕국에 있어서는 두려운 존재였다. 그래서 그가 사마리아 성을 공격하려 했을 때 아합 왕은 당황하여 어쩔 줄 몰라 했다. 하나님께서는 그런 위급한 형편 가운데서 특별한 경륜에 따라 이스라엘 왕국에 승리를 안겨주셨다. 이는 하나님께서 그것을 통해 자신의 언약을 소유한 이스라엘 왕국이 순결을 회복하기를 원하셨던 것이다.

하지만 아합 왕은 전쟁에서 승리한 후 그것이 마치 자기의 능력과 전략으로 인한 결과인 양 착각하고 있었다. 그는 잘못된 여유를 부리며 이방 왕국과 화친함으로써, 하나님께서 경멸하시는 혼합주의 사상을 버리지 않았다. 도리어 아람 왕국의 다메섹에 자신을 위한 전승기념물로서 도로를 만들라는 벤하닷의 달콤한 말에 빠져 평화조약을 체결했다. 아합 왕은 그것이 자기에게 주어진 승리를 활용하는 지혜라 여겼을 것이 분명하다.

그러나 하나님께서는 아합 왕과 이스라엘 백성이 아람 왕 벤하닷을 처형함으로써 그들과 원수가 되기를 원하셨다. 그래야만 이스라엘 사람들이 저들로부터 들여온 이방신으로 말미암는 혼합주의 사상을 버리게 된다. 그러나 아합은 도리어 그들과 화친함으로써 그 전보다 더욱 심한 혼합주의 사조를 부추겼다. 그러므로 하나님께서는 크게 진노하여 아합과 이스라엘 왕국을 심판하기로 작정하셨던 것이다.

오늘날 우리의 모습은 어떤가? 세상과 화친하며 그들과 평화조약을 체결하고 있지는 않은가? 이는 물론 교회와 세상 사이에서 발생하는 물리적인 충돌을 염두에 두고 하는 말이 아니다. 중요한 것은 세상과 벽 없이 친밀하게 지내면서 하나님과 아무런 상관이 없는 저들의 세속적인 사상을 교회 안으로 끌어들여 옴으로써 혼합주의를 부추겨서는 안 된다는 사실이다.

하나님께서 벤하닷과 아람 왕국에 저항하는 아합 왕과 이스라엘 민족에게 원하셨던 것이 무엇이었던가 하는 점을 깊이 깨닫지 않으면 안 된다. 우리는 악한 아합 왕이 마치 여유를 누리듯 지혜라 여겼던 것과 동일한 행동을 따라하면서 스스로 지혜롭다고 착각하는 오류에 빠지지 않도록 정신을 바짝 차려야만 한다.

제17장
아합 왕과 나봇의 포도원

(왕상 21:1-29)

1. 아합 왕이 나봇의 포도원을 탐냄

아람 왕국과의 전쟁에서 크게 승리한 후 아합 왕은 기고만장하게 되었다. 그는 하나님의 뜻을 저버리고 아람의 벤하닷 왕과 화친하여 평화 조약을 맺었다. 그것은 이방의 종교문화와 완전히 단절해야 할 이스라엘이 여전히 이방 왕국과 교류하며 혼합주의를 수용하겠다는 의사를 표명한 것과 같다.

이에 하나님께서는 한 선지자를 보내 아합 왕을 징계하시겠다는 뜻을 전달하셨다(왕상 20:42). 하나님의 예언을 들은 아합 왕은 근심이 되어 심란하게 되었다. 그럼에도 불구하고 그는 여전히 자기의 욕심을 버리지 못하고 있었다.

아합 왕은 전쟁의 승리에 취해 있으면서 왕궁 가까이 있는 나봇이라는 사람의 포도원을 탐내게 되었다. 일반적인 표현을 빌리자면 그곳에서 채소를 가꾸면서 전원 생활을 즐기고자 했던 것이다. 그래서 왕은 나봇에게 포도원을 자기에게 팔라고 요구했다. 만일 주인인 나봇이 원한다면 그보다 더 아름다운 포도원을 줄 것이며 돈을 원한다면 충분한 값을 쳐주겠노라고 말했다.

그러나 나봇은 조상으로부터 상속받은 땅인 그 포도원을 자기 마음대로 함부로 팔 수 없었다. 설령 그렇게 하고자 하는 마음이 나봇에게 있다 할지라도 그럴 수 없는 형편이었다. 모세의 율법이 토지 매매를 금하고 있었기 때문이다.

> "토지를 영영히 팔지 말 것은 토지는 다 내 것임이라 너희는 나그네요 우거하는 자로서 나와 함께 있느니라"(레 25:23)

여기서 말하는 토지란 경작지를 의미하고 있다. 모세 율법에 있어서 토지는 개인의 소유가 아니라 전적으로 하나님께 속한 것이었다. 그러므로 이스라엘 백성들은 자기의 목적을 위해 자유롭게 토지를 사고 팔 수 없었다. 생존 문제로 인해 부득이 하여 토지를 판다고 해도 무를 수 있으며, 너무 가난하여 힘이 미치지 못할 경우 가까운 친족이 대신 그 판 값을 물어주고 원상태로 돌려야 한다.

때문에 나봇은 아합 왕에게 하나님께서 금하시는 토지매매를 할 수 없노라고 답변했던 것이다. 아합은 이스라엘 민족의 한 사람으로서 모세의 율법에 기록된 법조항에 대한 나름대로의 지식이 있었을 것이 분명하다. 그럼에도 불구하고 그는 나봇의 포도원을 탐내 율법을 무시하고 그 땅을 사고자 했다.

나봇이 조상으로부터 상속받은 땅을 율법에 명시된 토지매매 금지에 관한 규례에 따라 왕에게 팔 수 없다고 말했음으로 인해 아합 왕은 마음이 심히 상했다. 그래서 그는 식사도 거르면서 침상에 누워있게 되었다. 왕이 식음을 전폐하고 정무政務를 멀리하게 되자 왕궁 전체에 비상이 걸리지 않을 수 없었다.

2. 이세벨이 하나님을 핑계대어 나붓을 모함해 죽임

아합 왕이 음식을 먹지 않은 채 침상에 누워있자 왕후 이세벨은 남편에게 무슨 일이 있는지 물었다. 그러자 아합은 나붓의 포도원에 관한 모든 이야기를 했다. 자기는 나붓의 포도원을 사서 자기를 위한 채소밭으로 만들고 싶은데 그가 모세의 율법을 핑계삼아 포도원을 팔려고 하지 않는다는 것이었다.

그 말을 들은 이세벨은 아합에게 이스라엘의 왕으로서 그 정도로 걱정할 것이 무엇이냐며 자기가 그 포도원을 그로부터 취해 왕에게 바치겠노라고 말했다. 그후 이세벨은 아합 왕의 이름으로 밀서密書를 써서 인봉하여 나붓과 함께 거하는 성읍의 장로들과 귀족들에게 보냈다. 그 편지에는 나붓을 모함하여 죽이기 위한 극비의 내용이 담겨 있었다.

이세벨이 거짓으로 쓴 아합 왕의 밀서에는 공식적으로 금식을 선포하라는 명령이 들어 있었다. 이는 이스라엘 백성들 가운데 매우 불경한 일이 있음을 알리는 신호의 역할을 하게 된다. 이세벨의 서신 가운데는 금식과 더불어 나붓이 재판을 받을 수 있도록 많은 사람들이 볼 수 있는 높은 자리에 앉히고 불량자 두 사람을 증인으로 세워 그가 하나님과 왕을 저주했다고 거짓 증언하라는 밀명密命이 들어 있었다. 그 증언이 있게 되면 곧장 나붓을 밖으로 끌고 나가 돌로 쳐죽이도록 명령했다(왕상 21:13).

이세벨은 마치 자신이 율법에 충실한 자인 것처럼 가장하고 있다. 나붓이 모세의 율법을 어기고 하나님과 하나님이 세우신 왕을 감히 저주했다며 문제삼고 있는 것이다. 여호와의 이름을 훼방하고 저주하는 자는 돌로 쳐죽이도록 하는 율법의 규례를 이세벨이 알고 있었던 것으로 보인다.

"여호와께서 모세에게 일러 가라사대 저주한 사람을 진 밖에 끌어내어 그 말을 들은 모든 자로 그 머리에 안수하게 하고 온 회중이 돌로 그를 칠지니라 너는 이스라엘 자손에게 고하여 이르라 누구든지 자기 하나님을 저주하면 죄를 당할 것이요 여호와의 이름을 훼방하면 그를 반드시 죽일지니 온 회중이 돌로 그를 칠 것이라 외국인이든지 본토인이든지 여호와의 이름을 훼방하면 그를 죽일지니라"(레 24:13-16)

만일 나봇이 하나님과 왕을 저주했다면 마땅히 죽어야만 할 죄인이다. 아합 왕의 이름으로 하달된 그에 관련된 밀서를 전해 받은 성읍의 장로들과 귀족들은 편지에 기록된 대로 시행했다. 당시 이스라엘 왕국의 민족 지도자들은 한결같이 아합의 악행에 동조하며 온갖 비리에 가담하고 있었다.

나봇은 결국 하나님과 왕을 저주한 범죄자로 몰려 돌에 맞아 처형되는 억울한 죽음을 당할 수밖에 없었다. 그렇지만 그 자리에 함께 있던 대다수 백성들은 나봇이 정말 하나님과 왕을 저주했기 때문에 율법에 따라 돌에 맞아 처형된 것으로 알았다. 즉 그가 처형당해 죽은 것을 당연하게 여겼던 것이다.

억울한 모함을 받은 나봇이 사형을 당한 후 그 일을 담당하여 집행했던 장로들과 귀족들은 이세벨에게 그에 대한 결과를 보고했다. 나봇이 사형에 처해졌다는 보고를 받은 이세벨은 아합 왕에게 나봇이 죽었으니 이제 그가 원하던 포도원을 취하라고 말했다. 아합은 나봇이 죽었다는 말을 듣고 그의 포도원을 차지하기 위해 포도원으로 내려갔다. 그는 이스라엘의 왕인 자기의 요구를 거절한 나봇이 불경죄로 정죄받아 처형당한 것을 당연하게 여겼을 것으로 보인다.

3. 아합 왕가의 멸망을 예언한 엘리야

아합 왕이 나봇의 포도원을 가지고 싶어했던 것은 순전히 개인적인 욕망 때문이었다. 엄밀하게 말한다면, 아합 왕은 무죄한 백성을 희생시켜 자신의 취미생활을 하고자 했던 것으로 이해할 수 있다. 그것은 여호와 하나님을 위한 것이 아니었음은 물론 이스라엘 백성들을 위한 것도 아니었다.

하지만 아합이 계획하던 일이 제대로 이루어지지 않자 왕후 이세벨은 왕을 만족시키기 위해 나봇에게 누명을 씌워 죽였다. 그리고는 그 포도원을 강탈해 아합 왕에게 주게 되었다. 왕은 비극적인 상황 가운데 남의 포도원을 강탈하게 된 것을 기쁘게 여겨 그것을 취하려고 빼앗은 포도원으로 내려갔다.

아합 왕이 그 포도원을 무자비하게 강탈한 후 만족한 마음으로 포도원에 내려갈 때 하나님의 말씀이 엘리야 선지자에게 임했다. 아합은 나봇의 포도원을 빼앗고 즐거워했지만 죽은 나봇과 그의 가족들에게는 억울하고 슬픈 일이 아닐 수 없었다. 그러나 그 억울함을 풀어줄 사람은 아무도 없었다. 이때 하나님께서는 결코 있을 수 없는 더러운 악행을 저지른 아합 왕을 직접 심판하시고자 했다.

엘리야는 하나님의 명령에 따라 나봇의 포도원을 강탈하고 만족해하는 아합 왕을 찾아갔다. 자기에게 찾아온 엘리야를 본 아합은 불편한 심기를 감출 수 없었다. 아합은 엘리야를 자기가 행하고자 하는 모든 일들에 대해 사사건건 문제를 삼는 불쾌하기 짝이 없는 원수로 생각했기 때문이다.

아합 왕을 만난 엘리야는 하나님으로부터 받은 예언의 말씀을 전했다. 그가 아합을 찾은 까닭은 하나님의 명령에 의한 것이라는 사실을 밝혔다. 이스라엘 왕국의 통치자로서 마땅히 보호하고 감싸야 할 백성을 도리어 부당한 방법으로 죽이고 그의 재산을 강탈한 아합을 하나님께서 결코 그냥 두지 않을 것임을 예언했던 것이다.

"네가 죽이고 또 빼앗았느냐고 하셨다 하고 또 그에게 이르기를 여호
와의 말씀이 개들이 나봇의 피를 핥은 곳에서 개들이 네 피 곧 네 몸의
피도 핥으리라"(왕상 21:19); "이세벨에게 대하여도 여호와께서 말씀하
여 이르시되 개들이 이스르엘 성읍 곁에서 이세벨을 먹을지라 아합에
게 속한 자로서 성읍에서 죽은 자는 개들이 먹고 들에서 죽은 자는 공중
의 새가 먹으리라고 하셨느니라"(왕상 21:23,24)

아합 왕의 악한 행동은 단순히 나봇을 죽이고 그의 포도원을 강탈하
는 죄에 머물지 않는다. 그의 행동은 하나님의 뜻에 적극적으로 저항하
는 죄로서 하나님을 진노케 하는 것이었다. 나아가 이스라엘의 왕이 범
죄한 것은 전체 이스라엘 백성이 범죄에 가담하게 됨을 의미한다(왕상
21:22). 왕의 범죄는 한 사람에게 머무르는 것이 아니라 전체 왕국의 대
표자로서 모든 백성들에게 악한 영향을 미치게 된다.

때문에 하나님께서는 엘리야를 보내 저들에게 저주의 예언을 전달하
게 하셨다. 아합 왕에게 속한 자들과 이스라엘의 악한 자들의 시체를 개
들과 새들이 먹게 될 것이라는 것이었다. 하나님을 직접 모독한 이세벨
은 이스르엘 성 곁에서 개들의 먹이가 될 것이다(왕하 9:36).

도시에서 죽은 자들의 시체를 부정한 동물인 개들이 먹고, 들에서 죽
은 자들의 시체를 공중의 새들이 먹어치운다는 것은 아합 왕에게 속한
자들이 하나님의 심판을 피할 수 없음을 말해준다. 이스라엘 민족에게
있어서 이보다 더 크고 무서운 저주는 없다. 더구나 그것은 언어로만 그
치는 것이 아니라 분명히 발생하게 될 일이다.

아합 왕은 하나님을 배도한 악한 통치자였다. 아합은 분열된 이스라
엘 왕국의 초대 왕이었던 여로보암의 악한 길을 떠나지 않았다. 거기다
가 아합의 악을 부추기기 위해 크게 한 몫 한 자는 이방인 출신의 그의
아내 이세벨이었다. 그녀는 항상 남편인 아합 왕이 여호와 하나님을 떠
나 범죄하도록 충동질했다. 그리하여 아합은 하나님께서 이스라엘 자손

의 삶의 영역에서 쫓아내신 이방인들의 종교적 습성을 다시금 이스라엘 안으로 끌어들여 우상숭배를 하며 가증한 행동을 장려했던 것이다(왕상 21:26).

4. 후회하는 아합 왕

아합 왕은 선지자 엘리야가 전한 저주의 말을 듣고 즉시 자신의 행동을 후회했다. 그는 자신의 옷을 찢고 굵은 베로 몸을 두르고 음식을 먹지 않았다. 그는 엘리야의 무서운 저주로 인해 풀이 죽지 않을 수 없었던 것이다.

하지만 아합이 그렇게 반응했던 것은 하나님 앞에서 이루어진 진정한 회개로 보이지 않는다. 그가 그렇게 했던 것은 하나님께서 저들에게 내리시겠다고 하신 재앙에 대한 두려움 때문이었다. 백성들의 생명과 삶을 가볍게 여겨 무참히 짓밟았던 아합은 자신의 생명과 삶에 대해서는 엄청나게 집착하고 있었던 것이다.

그렇지만 하나님께서는 두려움에 빠진 아합의 낮아짐을 보고 재앙의 시기를 늦추고자 하셨다. 즉 그가 이스라엘을 통치하는 시대가 아니라 그의 아들이 통치하는 다음 세대에 이르러 재앙을 내리고자 하셨다. 이는 아합 왕과 그의 아들이 통치하는 왕국이 분리되지 않은 한 덩어리라는 사실을 말해주고 있다. 하나님의 관심은 개개인 인간들이기에 앞서 이스라엘 민족 전체에 있었던 것이다. 이스라엘 백성은 이땅에 메시아를 보내시고자 하는 하나님의 특별한 도구였기 때문이다.

5. 오늘날 우리가 되새겨 볼 만한 교훈

이스라엘 왕국의 아합 왕은 평범한 시민이었던 나봇의 포도원을 강제로 빼앗으면서 최악의 불의한 방법을 동원했다. 그것이 이세벨의 계략에 의해 시도된 것이기는 하지만 아합은 어떤 식의 악한 과정을 통해 그 포도원이 자기의 손에 넘어왔는지 잘 알고 있었을 것이 분명하다.

그러나 채소를 가꾸고자 하는 자신의 취미생활에 가까운 일을 이루기 위해 한 사람이 죽고 그의 가족이 처절한 고통을 당한 사실에 대해서는 아무런 관심이 없었다. 아마 그 정도는 왕으로서 누릴 수 있는 특권이라 생각했을 것이다.

아합 왕은 하나님의 율법을 악용하여 나봇을 죽이고 그의 포도원을 빼앗음으로써 자기 혼자만 범죄에 빠진 것이 아니라 이스라엘 민족 전체를 범죄에 빠뜨렸다(왕상 21:22). 물론 그것을 위해 크게 한 몫 한 자는 이방 종교 사상을 가진 그의 아내 이세벨이었다. 그녀는 항상 남편인 아합 왕이 여호와 하나님을 떠나 범죄의 길에 들어서도록 충동질했다.

아합 왕이 평범한 시민의 포도원을 빼앗기 위해 무죄한 그를 모함하여 죽인 것은 백만장자가 가난한 사람을 부당하게 죽이고 몇 푼 되지 않는 그의 전 재산을 빼앗는 것과도 같다. 이렇듯이 아합은 하나님과 이스라엘 백성을 위한 왕이 아니라 자신의 욕망을 채우기에 열중하는 왕이었다. 그는 백성들을 자기의 목적을 위한 도구로만 간주하고 있었다. 그러므로 자신의 욕망을 채우기 위해서는 어떤 수단과 방법도 가리지 않았던 것이다.

우리는 아합 왕과 나봇의 포도원 사건을 통해 현대의 타락한 기독교를 머리에 떠올리게 된다. 교회의 지도자, 특히 목사는 어떤 경우에도 교회와 성도들을 자기의 종교적 목적을 달성하기 위한 도구로 여겨서는 안 된다. 더구나 성경을 마음대로 인용하여 거짓 증거하거나 성도들을 속이는 행위는 결코 있어서는 안 될 무서운 범죄 행위이다.

하나님의 몸된 교회에 목사 직분이 필요한 것은 전적으로 교회와 성도들을 위한 것이며, 목사 자신과 그의 종교적 성공을 위해서가 아니다.

하지만 현대의 악한 시대에 살고 있는 목회자들은 그러한 유혹을 받기 십상이다. 대다수 어리석은 인간들은 교회의 외적인 규모를 통해 목사의 성공여부를 따지는 위험한 사고에 빠져 있기 때문이다. 그렇게 되면 잘못된 목사들은 교회의 외형을 성장시킴으로써 그것을 통해 종교적으로 성공하려는 유치한 욕망에 빠지게 된다. 그리고 어리석은 목사들 가운데는 그것이 마치 목회에 크게 성공한 것인 양 착각하는 자들이 생겨나게 되는 것이다.

또한 우리가 분명히 기억해야 할 점은 오늘날 교회의 목사가 하나님 앞에서 종교적으로 범죄하는 것은 개인적인 문제에 그치는 것이 아니라는 사실이다. 지도자의 범죄는 전체 교회를 무서운 범죄에 빠뜨리는 것과 유사하다. 그러므로 교회의 교사로 세워진 목사들은 성경을 핑계대며 저지르는 영적인 범죄에 대해 더욱 민감하지 않으면 안 된다.

나아가 교회의 모든 직분자들은 어떤 경우에도 하나님의 이름으로 일반 성도들의 능력과 재산을 탐하지 말아야 한다. 교회를 위해 충성할 것을 강조하면서 하나님을 열심히 섬기도록 강요하지만 실상은 그것이 자신의 목회를 위한 욕망에 기인한다면 여간 심각한 일이 아닐 수 없다. 그렇게 하는 것은 하나님의 교회를 핑계삼아 종교적인 자기의 목적을 달성하고자 하는 악행이 될 수 있기 때문이다.

아합 왕과 나봇의 사건과 더불어 현대 교회의 목사와 교회를 언급한다고 해서 목사가 왕과 비견되는 위치에 있다고 말하는 것은 결코 아니다. 단지 그 직임을 맡은 자가 다른 성도들에게 얼마나 심각한 영향을 미치게 되는가 하는 것을 언급하고 있다. 우리는 목회자가 교회와 성도들을 위한 직분자일 뿐, 교회와 성도들이 목회자를 위해 존재하는 것이 아니라는 사실을 분명히 이해해야만 한다.

제18장
운명공동체로서 남북 이스라엘 왕국

(왕상 22:1-53)

1. 이스라엘 왕국과 유다 왕국의 연합전선聯合戰線 구축계획

이스라엘 왕국과 아람 왕국 사이에는 항상 긴장 관계에 놓여 있었다. 잦은 전쟁으로 인해 백성들이 불안할 때가 많았지만 약 삼 년간 전쟁이 없는 조용한 시기가 이어졌다. 그러던 중 남쪽 유다 왕국의 여호사밧 왕이 북 이스라엘 왕국의 아합 왕을 방문했다. 이른바 남북 정상회담을 위해 사마리아에서 회동하게 된 것이다(BC 853년). 이는 남북 이스라엘 왕국 사이에 그리 흔하지 않은 경우였다.

원래 이스라엘 영역이던 요단강 동편의 길르앗 라못Ramoth Gilead은 당시 아람 왕국의 지배를 받고 있었다. 앞서 아합 왕이 아람 왕국에 승리했을 때 벤하닷은 아람이 점령하고 있던 이스라엘의 영토들을 되돌려 주겠다고 말했다(왕상 20:34). 그때 아합은 아람 왕국과 평화조약을 체결하면서 그점에 대해 흐지부지했던 것으로 보인다.

그러다가 이제 몇 년이 지나 다시 그 영토를 회복하려 했을 때는 상황이 많이 달라져 있었다. 아합 왕은 자기의 신하들에게 길르앗 라못은 원래 이스라엘의 땅인데 아람 왕국이 점령하고 있으므로 군대를 동원해 다시 정복해 회복해야겠다는 의사를 표명했다.

아합 왕은 또한 남북 정상회담에서 유다 왕국의 여호사밧에게 군사적 협조를 요청했다. 남북 왕국이 대치 관계에 놓여 있었지만 한 민족으로서 연합전선을 구축해 이스라엘 민족의 영토인 길르앗 라못을 되찾자는 것이었다. 즉 길르앗 라못은 현재 이스라엘 왕국의 잃어버린 땅으로서 유다 왕국의 소유는 아니지만, 먼 장래를 본다면 결국 이스라엘 민족의 땅이라는 의미였다.

남쪽 유다 왕국의 여호사밧 왕은 북쪽 아합 왕의 말을 충분히 알아들었을 뿐 아니라 그도 그와 동일한 생각을 하고 있음을 말했다. 여호사밧은 아합 왕의 뜻에 동조해 분열된 남북 이스라엘 왕국은 한 나라임을 밝혔다.

> "나는 당신과 일반이요 내 백성은 당신의 백성과 일반이요 내 말들도 당신의 말들과 일반이니이다"(왕상 22:4); "I am as you are, my people as your people, my horses as your horses"(1King 22:4)

여호사밧 왕의 이 말 가운데는 많은 의미를 함유하고 있다. 그는 길르앗 라못, 즉 영토에 관한 자신의 견해가 아합 왕의 생각과 동일하다는 점을 말했다. 그리고 남북 이스라엘 왕국의 백성들이 아브라함과 이삭과 야곱을 조상으로 둔 한 민족임을 강조했다. 또한 남북 왕국의 말馬들이 공동 소유로서의 의미를 지니고 있음을 말하고 있다.

남북 이스라엘 왕국의 말들이 공동 소유로 표현되고 있다는 사실은 공동 운명체임을 확인하고 있는 것이다. 즉 남북 왕국은 한 덩어리가 되어 외부의 적에 저항해 싸워야 할 민족 공동체라는 의미이다. 이는 약속의 땅에 속해 있어야 할 길르앗 라못을 회복하기 위한 전쟁이라면 기꺼이 공동 전선을 펼 수 있음을 드러내 보이고 있다.

2. 참 선지자와 거짓 선지자의 상이한 예언

북 이스라엘 왕국의 아합 왕이 바알과 아세라 신을 받아들인 혼합주의 종교 사상을 가진 불신자와 같았던 반면, 남쪽 유다 왕국의 여호사밧 왕은 여호와 하나님을 진심으로 경외하는 인물이었다. 그러므로 여호사밧은 먼저 아람 왕국에 대항해 일으키는 영토회복 전쟁에 대한 하나님의 뜻이 어떤지 알아보아야 한다고 말했다. 즉 길르앗 라못을 회복하기 위한 전쟁을 일으켜도 좋을지 하나님의 선지자에게 물어보라는 것이었다.

아합 왕은 여호사밧의 말을 듣고 마지못해 자기의 측근에 있던 사백여 명이나 되는 이방신 사상에 혼합된 거짓 선지자들을 불러모았다. 그리고는 영토회복을 위해 길르앗 라못에 가서 아람 군대에 맞서 싸워야 할지 물었다. 거짓 선지자들의 특성은 주변의 상황에 대한 눈치가 매우 빠르다는 특성을 지닌다. 즉 그들은 진리 자체보다는 상황에 따라 민감하게 처신하며 그것을 지혜라 여긴다.

이스라엘 왕국의 거짓 선지자들은 아합 왕이 무엇을 원하고 있는지 정확하게 파악하고 있었다. 그들은 여호와 하나님께 관심이 있었던 것이 아니라 왕이 원하는 것을 말하게 될 따름이다. 그들에게는 하나님의 뜻 따위에는 애당초 아무런 관심도 없었다. 따라서 그들은 아합 왕이 이미 결심하고 있는 바대로 길르앗 라못으로 올라가 빼앗긴 영토를 회복하는 것이 신의 뜻이라 말했다. 그렇게 하면 왕이 손쉽게 그 성읍을 취하게 되리라고 거짓 예언을 했던 것이다.

아합 왕의 옆에서 거짓 선지자들의 예언을 들은 여호사밧 왕은 그들 이외에 예언할 만한 여호와 하나님의 선지자가 없는지 물었다. 여호사밧의 말을 들은 아합 왕은 그것이 못마땅했을 것이 분명하다. 하지만 여호사밧의 말을 단호하게 거절할 수도 없었다. 그러므로 아합 왕은 이스

라엘에 자기 마음에 들지 않는 미가야Micaiah라는 선지자가 있으나 그
는 자기를 위해 길한 예언을 하지 않고 항상 불길한 예언만 하기 때문에
찜찜하다고 말했다.

그러나 여호사밧은 아합에게 그런 말을 하지 말도록 했다. 중요한 것
은 인간의 기대나 욕망이 아니라 여호와 하나님의 뜻이라는 것이었다.
아합 왕은 하는 수 없이 여호사밧의 요청에 따라 사신을 보내 미가야 선
지자를 속히 불러오도록 명령했다. 그때 사마리아의 성문 어귀 광장에
마련된 왕좌에는 북 이스라엘 왕과 남 유다 왕이 나란히 앉아있었다.

3. 거짓 선지자 시드기야와 참 선지자 미가야의 상반된 예언

남북 이스라엘 왕국의 두 정상이 의관衣冠을 갖추고 사마리아 성문 광
장의 왕좌에 앉아있는 동안 아합 왕이 불러온 거짓 선지자들이 종교 행
위를 하며 예언을 하고 있었다. 그 가운데 시드기야Zedekiah가 선지자들
을 대표해서 행동을 통한 거짓 예언을 했다. 그는 철로 제작된 뿔들을
들고 나와 '여호와 하나님의 이름'을 들먹이며 왕들 앞에서 예언했다.
여호와께서 아합 왕으로 하여금 그것들을 가지고 아람 군대를 진멸시키
겠다고 말씀하셨다는 것이다. 그러자 거기 모여 있던 다른 거짓 선지자
들도 시드기야의 주장에 합세했다.

> "그나아나의 아들 시드기야는 자기를 위하여 철로 뿔들을 만들어 가
> 지고 말하되 여호와의 말씀이 왕이 이것들로 아람 사람을 찔러 진멸하
> 리라 하셨다 하고 모든 선지자도 그와 같이 예언하여 이르기를 길르앗
> 라못으로 올라가 승리를 얻으소서 여호와께서 그 성읍을 왕의 손에 넘
> 기시리이다 하더라"(왕상 22:11,12)

우리는 여기서 거짓 선지자가 '여호와 하나님의 이름'을 도용하는 것
을 보게 된다. 하나님은 그에게 아무런 말씀을 하신 적이 없음에도 불구

하고 선지자인 자기에게 그렇게 말씀하셨다며 거짓으로 공표했다. 그들은 하나님의 거룩한 이름을 망령되게 일컬었던 것이다.

우리는 거짓 선지자들의 행태를 보며 우리 시대의 사악한 형편을 머리에 떠올리게 된다. 우리 가운데는 하나님께서 말씀하시지 않았음에도 불구하고 마치 그렇게 말씀하신 것처럼 거짓 선전을 하고 있지는 않은가? 예를 들어 하나님께서는 화려한 교회당 건물을 지으라는 말씀을 하시지 않았는데도 그렇게 말씀하신 것처럼 선전하는 일은 없는가? 그런 일은 결코 있어서는 안 될 두려운 범죄 행위이다.

또한 하나님께서는 자기에게 특정 지역에 가서 선교하라는 말씀을 한 적이 없는데도 다른 사람들에게 그런 식으로 주장하며 선전해서도 안 된다. 우리 주변의 기독교 지도자들을 살펴보면 이런 일들은 비일비재하게 발생하고 있다. 이는 매우 두려운 일이 아닐 수 없다. 이스라엘 왕국의 거짓 선지자들이 여호와 하나님의 이름을 망령되게 사용하는 것을 보며 우리의 모습을 돌아보지 않을 수 없는 것이다.

시드기야를 비롯한 이스라엘 왕국의 선지자들은 거짓 예언을 하면서도 그것이 마치 아합 왕과 이스라엘 민족을 위한 것인 양 생각했을지 모른다. 그들은 그것이 하나님께 얼마나 크게 욕되는 일인지 제대로 파악하지 못하고 있었을 수도 있다. 하나님의 말씀을 떠난 종교인들의 행동은 항상 자신의 종교적 이성과 감성을 기준으로 한 그런 방식으로 전개되어 왔다.

한편 참 선지자인 미가야를 부르러 간 아합 왕의 사신은 그를 정치적으로 회유하려 했다. 다른 여러 선지자들처럼 왕이 기분 좋아 할 예언을 해달라는 것이었다(왕상 22:13). 그렇게 하는 것이 아합 왕뿐 아니라 이스라엘 왕국에 속한 모든 백성들을 위해 유익이 된다고 판단했을지도 모른다. 그리고 왕에게 길한 예언을 해주는 것이 미가야 선지자 개인의 신상에도 좋을 것이란 의미가 내포되어 있었다.

선지자들에게 거짓 예언을 요구하는 이런 부정한 예들은 이스라엘 역사 가운데 끊임없이 있어 왔다. 그러므로 이사야서에는 악한 백성들이 저들의 귀를 시원하게 해줄 예언을 청탁한 기록이 나온다. 그들은 하나님의 진정한 뜻이 아니라 인간들의 일시적 평안과 만족에만 관심을 가지고 있었을 따름이다.

> "그들이 선견자에게 이르기를 선견하지 말라 선지자에게 이르기를 우리에게 정직한 것을 보이지 말라 부드러운 말을 하라 거짓된 것을 보이라"(사 30:10)

배도한 이스라엘 백성들은 하나님의 참 예언보다 거짓 예언을 더 좋아했다. 그것을 자기가 이룩하고 싶은 욕망을 추구하는 근거로 삼고자 했던 것이다. 아합 왕의 명령을 좇아 미가야 선지자를 부르러간 그 사신도 그와 동일한 판단을 하고 있었다. 오늘날 우리도 그에 대해서는 결코 자유롭지 못하다.

현대의 기독교인들은 공예배를 통해 선포되는 설교에서조차 하나님의 말씀이 아니라 자기가 원하는 말을 듣기 원한다. 그러다 보니 설교자는 하나님의 말씀이 아니라 교인들의 가려운 귀를 긁어주는 내용들을 말한다. 어리석은 교인들은 설교를 듣고 자기의 마음이 편안하고 만족스러우면 그것을 최고라 생각한다.

이러한 문제에 대해서는 사도 바울이 디모데에게 편지하면서 엄하게 경계했다. 기독교인이라는 형식적인 이름을 가지고 있으면서 하나님의 교훈을 멀리하는 자들이 많이 생겨나게 되었기 때문이다. 그들은 진리에는 관심이 없고 인간적인 욕망을 추구하기 위해 자기가 원하는 말을 해줄 수 있는 교사들을 두기를 좋아한다. 때문에 참된 교사들은 하나님 앞에서 분명한 태도를 취하지 않으면 안 된다.

"너는 말씀을 전파하라 때를 얻든지 못 얻든지 항상 힘쓰라 범사에 오래 참음과 가르침으로 경책하며 경계하며 권하라 때가 이르리니 사람이 바른 교훈을 받지 아니하며 귀가 가려워서 자기의 사욕을 좇을 스승을 많이 두고 또 그 귀를 진리에서 돌이켜 허탄한 이야기를 좇으리라"(딤후 4:24)

어리석은 교인들은 자기가 원하는 거짓 종교적 스승을 두고 그를 통해 자기의 욕망을 추구하며 합리화시킨다. 거짓 교사들이 성경을 자의로 해석하며 하나님의 이름을 망령되게 일컫는 가운데 교인들의 가려운 귀를 긁어주며 세상적인 만족을 제시할 때 어린 교인들은 성경과 아무런 상관이 없는 욕망에 빠져 이기적인 감사와 잘못된 종교 사상에 절여 입술의 노래를 부르게 되는 것이다.

사도 바울은 디모데에게 그런 악행을 엄히 경계하라며 권하고 있다. 거짓 교사들이 활개를 칠수록 범사에 오래 참음과 가르침으로 경책하며 경계하며 성도들을 엄히 가르치도록 명령하고 있는 것이다. 이는 오늘날 타락한 기독교 시대에 살아가고 있는 우리가 특별히 귀담아듣지 않으면 안 될 중요한 교훈이다.

아합 왕의 명령에 따라 선지자를 데리러 간 사신이 그를 회유하려 했을 때 미가야 선지자는 여호와 하나님께서 말씀하시는 대로 예언하겠다는 사실을 맹세하며 분명히 말했다(왕상 22:14). 그런데 그가 사마리아의 광장의 남북 이스라엘 왕국의 두 왕들이 앉아있는 곳에 도착해 예언을 하는 과정에서 문제가 다소 복잡하게 전개되어 갔다.

왜냐하면 아합 왕이 미가야 선지자에게 이스라엘 군대가 길르앗 라못으로 가서 아람 군대와 맞서 싸워야할지 물었을 때 그렇게 하면 승리를 거둘 것이라 말했기 때문이다. 이는 그의 속마음이 아니었다. 앞에서 여호와 하나님의 말씀을 그대로 예언하겠다고 맹세하며 말했던 그가 왜 갑자기 그런 식으로 답변했을까?

미가야가 그렇게 말했던 주된 이유는 의외로 매우 간단하다. 선지자가 보기에 아합 왕은 여호와 하나님의 말씀을 들어 순종할 생각이 전혀 없었다. 즉 그가 어떤 예언을 할지라도 영토회복을 위해 아람 왕국과 전쟁을 하려는 그의 마음은 확고했다. 그런 상태에서 설령 참된 예언을 한다고 해도 아무런 의미가 없다는 사실을 선지자가 잘 알고 있었던 것이다.

미가야 선지자의 말을 들은 아합 왕은 그가 진실한 예언을 하지 않고 있는 것으로 판단했다. 이는 지금 아람 군대와 맞서 싸우려는 것이 하나님의 뜻이 아니라 자기의 판단이라는 사실을 알고 있었기 때문이다. 그러므로 아합 왕은 측근에 있는 거짓 선지자들의 예언이 자기에게 아부하기 위한 거짓 예언일 뿐 여호와 하나님으로부터 나온 것이 아니라는 사실도 충분히 짐작할 수 있었을 것이 분명하다.

그래서 아합 왕은 미가야에게 여러 번 되풀이하여 맹세케 하며 참된 예언을 해줄 것을 명령했다. 물론 그는 선지자를 통해 여호와 하나님의 말씀을 듣는다고 해서 그에 따를 마음은 추호도 없었다. 단지 그의 참예언을 들어보고 싶은 궁금증이 그를 채근했을 따름이다.

그러자 미가야 선지자는 아합이 전쟁에 나가면 잃어버린 영토를 회복할 수 없을 뿐 아니라 틀림없이 패배하게 된다는 하나님의 말씀을 전했다. 온 이스라엘이 목자 없는 양같이 산에 흩어져 있는 것 같으니 모두 집으로 돌려보내라고 하신다는 것이었다(왕상 22:17). 미가야 선지자의 예언을 들은 아합은 옆에 앉은 여호사밧 왕에게 그 사람이 그런 식의 불길한 예언을 할 줄 알았다고 말했다.

그 말을 직접 들은 미가야는 다시 예언을 하면서 천상의 보좌에 앉으신 하나님께서 아합 왕을 심판하려 하신다는 사실과 아람 군대와 전투를 하도록 부추기는 것은 사탄의 영이라는 사실을 말했다(왕상 22:19-23). 즉 아합 왕과 이스라엘 군대가 그 전투에 나가는 것은 하나님의 뜻과 상반된다는 것이었다. 그때 앞서 예언을 했던 거짓 선지자 시드기야가 걸어 나와 미가야의 뺨을 쳤다. 자기와는 정반대의 예언을 하는 그가 하나님과 왕의 뜻을 거스르고 있다는 이유 때문이었다.

> "그나아나의 아들 시드기야가 가까이 와서 미가야의 뺨을 치며 이르되 여호와의 영이 나를 떠나 어디로 가서 네게 말씀하시더냐"(왕상 22:24)

이러한 무서운 담력은 거짓 선지자들만이 가질 수 있다. 거짓을 예언하는 자가 도리어 정의를 앞세워 분노하고 있다. 나아가 하나님의 참 선지자에게 폭력을 행사하기를 주저하지 않았다. 나아가 여호와 하나님의 이름을 망령되게 일컬으며 여호와의 영이 자기에게 임했노라고 주장했다. 언제 하나님의 영이 미가야에게 가서 임했느냐며 격렬하게 따져 물었던 것이다.

진짜가 가짜가 되고 가짜가 진짜가 되는 순간이다. 하나님의 참 선지자에게는 실제적인 힘을 행사할 만한 아무런 능력이 없다. 거짓 선지자의 행동과 말에 그대로 당할 수밖에 달리 도리가 없었다. 그가 대응할 수 있는 유일한 방편은 나중에 하나님의 예언이 이루어지는 것을 보면 알게 되리라는 것이었다.

결국 미가야 선지자는 하나님의 말씀을 올바르게 예언했다는 이유로 인해 감옥에 갇히는 신세가 되었다. 아합 왕이 자기에게 불길한 예언을 한 그 선지자를 잡아 투옥하고 고생의 떡과 고생의 물을 먹이라 명령했기 때문이다. 하나님의 선지자에게 돌아온 것은 명예로운 상과 칭찬이 아니라 극심한 고통이었다. 그런 와중에서도 미가야는 왕과 이스라엘 백성들이 하나님의 말씀에 귀를 기울이도록 선포했다(왕상 22:28). 이는 하나님의 말씀에 귀를 막고 있는 왕과 백성들에 대한 안타까운 마음으로 인한 것이었다.

4. 남북 이스라엘 연합군과 아람의 전투에서 아합 왕 전사戰死

미가야 선지자의 예언에도 불구하고 남북 이스라엘은 연합군을 결성했다. 당시 여호사밧 왕은 북 이스라엘 왕국의 참 선지자와 거짓 선지자에 대한 정확한 파악을 할 수 없었던 것 같다. 그가 만일 시드기야의 예언이 거짓이고 미가야의 말이 참된 예언이었다는 사실을 알았다면 그의 신앙의 행적을 볼 때 결코 출전하지 않았을 것이다. 아합 왕은 여호사밧에게 다른 정황들을 숨기고 영토회복 자체만 내세워 그를 설득했음이 틀림없다.

아합은 전쟁터로 나가면서 적군인 아람 군대에 남북 연합군이 결성되었다는 사실을 드러내지 않으려 했다. 때문에 여호사밧으로 하여금 왕 복차림의 무장을 하도록 하고, 자신은 왕이 아닌 듯 변장하고 전투에 임했다. 이는 사실상 전체적인 지휘권을 여호사밧 왕에게 맡긴 것과 다름없다. 어쩌면 아합은 그렇게 하는 것이 남쪽 유다의 여호사밧 왕에 대한 예우라 생각했을지도 모른다.

이스라엘 군대가 접근해 오는 것을 본 아람 왕국의 왕은 여러 부대로 나누어 산발적인 전투를 벌이지 말고 이스라엘의 아합 왕을 집중적으로 공격해 싸우라는 작전명령을 내렸다(왕상 22:31). 아람 군대는 왕의 복장을 한 총사령관이 아합 왕인 줄 알고 공격을 시도했으나 곧 그가 아합이 아니라는 사실을 알게 되었다. 그래서 그들은 방향을 돌이키게 되는데 그때 한 병사가 무심코 이스라엘 군대를 향해 활을 쏘았을 때 아합의 갑옷 틈새를 뚫고 그의 몸에 화살이 꽂히게 되었다.

아합 왕은 심한 부상을 입고 전쟁터를 빠져나가야 했지만 전투가 격렬하여 아람 군대가 포위하다시피 했으므로 결국 그 날 밤 과다출혈로 인해 전사하고 말았다. 그렇게 되자 이스라엘의 모든 군대는 후퇴하면서 해산할 수밖에 없었다. 미가야의 예언대로 이스라엘 왕국이 참패를 당하게 된 것이다.

전사한 아합 왕의 시신은 사마리아로 옮겨져 장사되었다. 그때 그의 피가 잔뜩 묻은 전차를 창기娼妓들이 목욕하는 사마리아 못에 씻었다. 이는 아합이 창기와 같은 인물이었다는 사실을 상징적으로 암시해 주고 있다. 사마리아의 못에 피를 씻게 되자 개들이 몰려들어 아합 왕의 피를 핥았다. 하나님께서 말씀하신 예언이 그대로 이루어지게 된 것이다.

이렇게 하여 여호와 하나님을 배도하여 바알신과 아세라신을 끌어들임으로써 이스라엘을 혼합주의로 만들었던 아합 왕의 파란만장한 인생도 끝이 났다. 그가 건축한 많은 성읍들과 아름다운 상아궁은 그대로 남아 있되 그의 허망한 생애는 이렇게 종말을 고하게 되었다. 그의 뒤에는 혼합주의 사상에 빠진 배도한 이스라엘 민족이 남아 갈피를 잡지 못하고 있었다.

5. 북 이스라엘 왕 아합과 대조적인 유다 왕 여호사밧

빼앗긴 약속의 땅을 회복하기 위해 아람 왕국에 대항해 연합군을 결성했던 북 이스라엘의 아합 왕과 남 유다의 여호사밧 왕은 동시대의 왕으로서 각기 백성들을 통치했지만 매우 대조적인 인물이었다. 아합이 길르앗 라못을 회복하려 했던 것은 순전히 자기의 욕심 때문이었다. 그러나 여호사밧이 그 전투에 참여했던 것은 길르앗 라못이 하나님께서 약속하신 땅의 일부분이라 생각했기 때문이다.

여호사밧 왕은 북 이스라엘 왕국의 아합 왕 즉위 제 사 년에 남 유다 왕국의 왕위에 올랐다. 아합 왕이 이방 여인 이세벨을 왕후로 맞아 바알과 아세라신을 끌어들여 배도의 길을 걷는 동안 여호사밧 왕은 여호와 하나님 앞에서 정직하게 행했다(왕상 22:43). 하지만 산당을 폐하지 못해 여전히 많은 백성들은 그곳에서 제사를 지내며 분향하는 일을 계속했다. 그런 중에서도 여호사밧은 이방신당에서 남색男色하는 자들을 쫓아냈다. 아합 왕과 여호사밧 왕은 남북이 대치하는 상태에서 상당히 오랜 기간 동안 통치했지만 상호 평화로운 분위기를 이어갔다(왕상 2:44).

에돔 왕국에 왕이 없어 섭정이 이루어지고 있을 때 여호사밧이 무역선을 만들어 금을 구하기 위해 오빌Ophir로 보내고자 했던 적이 있다. 그런데 도중 에시온게벨Ezion Geber에서 그의 배가 파선하게 되었다. 그때 아합의 아들 아하시야Ahaziah가 도와주려 했지만 여호사밧은 그것을 거절했다. 아마 그에게 이스라엘 왕국을 견제하는 마음이 있었기 때문이었을 것이다.

6. 북 이스라엘의 아합 왕을 계승한 아하시야, 남 유다의 여호사밧 왕을 계승한 여호람

이 세상에 살아가는 모든 인간들은 누구나 죽기 마련이다. 천하를 호령하는 왕들이라 해도 별수 없다. 북 이스라엘 왕국의 아합 왕은 전사하여 사마리아 성에 장사되었으며 그후 남 유다 왕국의 여호사밧 왕도 죽어 다윗성에 장사되었다.

아합 왕의 뒤를 계승한 자는 왕자 아하시야로서 그의 부모와 조상 왕들이 행했듯이 여호와 앞에서 심한 악을 행했다. 그는 바알신을 섬기며 그에게 경배함으로써 이스라엘의 하나님 여호와의 노를 격동시켰다.

한편 여호사밧 왕의 뒤를 이어 왕위를 계승한 자는 그의 장남 여호람이었다. 왕위를 이어받은 여호람은 아버지와 같지 않았다. 그는 부왕과는 달리 여호와 하나님을 경외하지 않았으며 선정을 펴지 않았다. 여호사밧은 죽기 전에 자기의 재산을 여러 아들들에게 골고루 상속해주었으며 여호람이 자신의 왕위를 계승한 것은 그가 장남이었기 때문이다. 그는 모든 자식들을 위해 최선을 다했던 것이다.

그러나 여호람은 왕위에 올라 세력을 장악한 후에는 모든 동생들을 죽이고 정치지도자들을 여러 명 죽였다(대하 21:4). 그가 그런 악행을 저지른 것은 그들이 자기의 정적이 될 것이라 우려했기 때문이며 자기의 정치적 행로에 방해가 된다고 판단했기 때문이다. 그는 또한 하나님을 경외한 선왕 여호사밧이 아니라 북 이스라엘 왕국의 배도한 아합 왕이 하던 행색을 그대로 따라했다. 여호람이 그렇게 했던 것은 아합 왕의 딸이 그의 아내가 되어 많은 영향력을 행사했기 때문이다.

여호람은 삼십대 초반에 유다 왕국의 왕위를 계승해 팔 년간 백성들을 다스리며 여호와 하나님 보시기에 많은 악을 행했다. 이로써 남북 이스라엘 왕국은 하나님을 떠나 함께 배도의 길을 걸으면서 동반자 역할을 하게 되었다. 그들은 하나님의 특별한 은혜가 아니면 결코 온전히 세워질 수 없는 미약한 왕국에 지나지 않았음을 보여주고 있다.

열왕기하

제1부
엘리사의 사역과 하나님의 관여

제1장
엘리야와 이스라엘 왕국

(왕하 1:1-2:25)

1. 엘리야와 아하시야 왕(BC 852년)

(1) 이스라엘 왕국의 내우외환_{內憂外患} : 아하시야 왕의 배도 행위

아합 왕이 죽은 후 이스라엘 왕국의 국내외 정세에도 상당한 변화가 일어났다. 모압 왕국은 그동안 이스라엘의 편에 서 있다가 배반하게 되었다. 아합 왕 당시에는 이스라엘 왕국에 우호적인 관계를 가지고 있던 모압이 그의 죽음 후에는 더 이상 이스라엘이 아니라 다른 왕국들의 편에 서게 되었던 것이다. 이는 아합 왕의 죽음으로 인해 이스라엘의 국력이 급격하게 쇠퇴하게 된 것을 의미하고 있다.

하지만 아합 왕의 뒤를 계승한 아하시야 왕은 아버지가 행했던 배도의 길을 그대로 걸었다. 주변의 국제적 상황이 좋지 않았음에도 불구하고 왕위를 계승한 아하시야는 하나님의 말씀에 전혀 관심을 두지 않았다. 그러던 어느 날 왕은 다락 난간에서 떨어져 크게 다치게 되었다. 그로 인해 자리에서 일어날 수 없을 만큼 심각한 중병에 걸렸다.

그러자 아하시야 왕은 사신들을 택해 에그론Ekron으로 보냈다. 그곳 사람들이 섬기는 우상신 바알세붑Baal-Zebub24)에게 심하게 상한 자신

---

24) 바알세붑은 블레셋의 5대 성읍 가운데 최북단에 위치한 에그론 사람들이 섬기던 우상이다. 아마 그 신은 질병을 낫게 하는데 큰 효험을 지니고 있는 것으로 소문이 나 있었던 것 같다.

의 건강을 회복할 수 있는 방법이 있는지 물어보라는 것이었다. 아하시야는 예루살렘 성전과 여호와 하나님에 대해서는 아예 관심이 없었다. 사람이 욕심을 부리다가도 죽음에 직면하게 되면 진리를 찾고자 애쓰는 마음이 생겨나는 것이 일반적이다.

아하시야 왕은 죽음에 이를 만큼 심각한 위기에 빠져 있었음에도 불구하고 여호와 하나님이 아니라 이방의 거짓 신을 찾았다. 이는 이스라엘 왕국이 얼마나 부패해 있었는가 하는 점을 여실히 보여주고 있다. 왕의 특명을 받은 신하들은 바알세붑에게 묻기 위해 에그론을 향해 길을 떠났다.

그 모든 일들은 사마리아의 왕궁 내부에서 발생했으며 아하시야 왕의 개인적인 종교적 판단이었다. 그러므로 그 사실에 대해서 아는 사람은 극히 소수에 지나지 않았다. 당시 북 이스라엘 왕국의 영내에 있던 엘리야를 비롯한 하나님의 선지자들도 그 사실을 알 수 없었다.

하지만 그런 상황이 하나님의 눈에는 그대로 드러났다. 그것은 하나님을 멸시하는 악행이었다. 따라서 하나님께서는 엘리야를 불러 사마리아 왕이 에그론의 바알세붑에게 보내는 사신들을 찾아가 경고하도록 하셨다. 엘리야는 하나님의 말씀에 순종해 예언을 해야만 했다(왕하 1:3). 그것은 아하시야 왕에 대한 심판 선언이기도 했지만 그 징계를 통해 이스라엘 백성들에게 깨달음을 주시고자 하는 하나님의 은혜이기도 했다.

하나님의 보내심을 받은 엘리야는 에그론을 향해 가는 그 사신들을 찾아가 만났다. 엘리야는 그들에게 이스라엘에 참 하나님이 없어서 에그론의 우상신 바알세붑에게 물으려 하느냐며 질책했다. 이는 엘리야가 이스라엘 왕국이 하나님을 버리고 배도의 길을 걷고 있음에 대해 경고하는 말이었다.

(2) 엘리야의 예언과 징계

엘리야는 에그론의 바알세붑에게 가던 아하시야 왕의 사신들을 책망하며 왕궁으로 되돌아가 왕이 자리에서 일어나지 못하고 반드시 죽게 되리라는 예언을 전하도록 했다(왕하 1:4). 불길한 예언을 듣게 된 신하들은 에그론으로 가던 길을 돌이켜 왕궁으로 되돌아왔다. 그들은 도중 한 선지자를 만났던 사실과 그가 말했던 예언을 아하시야 왕에게 보고했다. 왕의 입장에서 본다면 그 예언은 자신을 향한 저주의 말이었다. 본문의 말씀을 통해 볼 때 에그론으로 가던 사신들은 엘리야를 구체적으로 알아보지 못했던 것으로 보인다. 즉 그가 하나님의 선지자라는 사실을 인지했지만 엘리야라는 사실은 알지 못하고 있었던 것 같다.

사신들의 말을 들은 아하시야 왕은 그 선지자의 인상착의를 물었다. 그때 그를 만났던 사신들은, 그 사람에게 털이 많았으며 허리에 가죽띠를 띠고 있었다고 말했다.[25] 그러자 아하시야 왕은 그가 엘리야라는 사실을 알아차렸다. 왕은 엘리야가 자신에게 저주를 예언한 것으로 생각하고 즉시 그를 체포해 오라는 명령을 내렸다. 아하시야는 엘리야를 아합 왕 때부터 이스라엘 왕국에 저주를 빌면서 무서운 곤경에 빠뜨린 자로 인식하고 있었던 것이다.

아하시야 왕은 그를 체포하기 위해 훈련된 군인들을 파송했다. 오십부장과 그의 부하 오십 명을 체포조로 결성하여 보냈다. 그들은 산꼭대기에 앉아있는 엘리야를 발견하고 왕의 명령을 전했다(왕하 1:9). 순순히 왕

---

25) 엘리야의 모습은 나중 예수께서 오시기 전의 세례자 요한의 모습과 흡사하다. 열왕기하 1장 8절의 '털이 많은 사람'이라는 표현은 "털옷을 입은 사람"이라는 말로 번역될 수 있다. 아마 세례자 요한은 구약 성경의 마지막 선지자로서 선지자들의 대표격인 엘리야의 복색을 함으로써 이스라엘 백성들에게 메시아를 선포하려 했을 것이다. 신약성경은 그에 대해 기술하고 있다: "이 요한은 약대 털옷을 입고 허리에 가죽띠를 띠고 음식은 메뚜기와 석청이었더라"(마 3:4; 막 1:6).

의 명령에 따르라는 것이었다. 거기에는 만일 왕의 명령에 불복하여 저항하면 훨씬 더 무거운 벌을 받게 되리라는 경고의 말도 포함되어 있었다.

그러나 엘리야는 왕이 보낸 병사들의 말에 순순히 따르기는커녕 도리어 하늘로부터 불을 내려 그들 모두를 태워 죽여 버렸다. 그 사실을 알게 된 왕은 또 다시 다른 오십 부장과 오십 명의 병사들을 보냈다. 그들 역시 앞의 경우와 동일한 일을 당했다.

그러자 왕은 세 번째 오십 부장과 오십 명의 병사들을 보냈다. 아마 이번에는 엘리야를 무력으로 체포하는 대신 잘 구슬려서 왕 앞으로 데려오라는 명령을 했던 것으로 보인다. 우리는 여기서 아하시야 왕의 끈질긴 모습을 보게 된다. 그것은 하나님께 불순종하고 저항하는 일에 끈질긴 욕망에 가득 찬 악한 모습을 의미한다. 아하시야는 어떻게 해서라도 하나님의 선지자 엘리야를 자기 앞에 세우고자 했던 것이다.

세 번째 파송을 받은 오십 부장은 앞 선 자들과는 달리 작전을 바꾸어 엘리야 앞에 무릎을 꿇었다. 이는 그들이 온 목적은 무력으로 그를 체포하려는 것이 아니라는 표시였다. 즉 자기는 앞서 그를 체포하기 위해 왔던 병사들과 다르므로 죽이지 말고 왕에게 같이 가서 문제를 해결하자고 간곡히 청했다.

그때 하나님의 사자가 엘리야에게 나타나 두려워하지 말고 저들과 함께 왕에게 가라고 말했다. 엘리야는 하나님의 뜻에 따라 왕 앞으로 나아갔다. 그는 하나님께서 말씀하신 내용을 그대로 예언했다. 하나님의 선지자는 자기 판단에 따라 예언의 내용을 마음대로 바꿀 수 있는 자가 아니다. 아하시야 왕은 그것을 기대했지만 선지자는 결코 그렇게 할 수 없었으며 그렇게 하지도 않았다. 이는 거짓 선지자들이 왕의 비위를 맞추기 위해 상황에 따라 거짓 예언을 하는 것과는 판이하게 다르다.

아하시야 왕은 엘리야의 예언대로 오래가지 못해 죽게 되었다. 그러나 그에게는 아들이 없었으므로 아합 왕의 아들이자 자기의 동생인 여호람Jehoram이 왕위를 계승했다. 그는 남쪽 유다 왕국의 여호사밧의 뒤를 계승한 여호람과 동명이인同名異人이었다. 공교롭게도 같은 이름을 가진 그들은 동시대에 각각 남북 이스라엘 왕국을 통치하게 되었다.

2. 엘리야의 승천

하나님께서는 그후 선지자 엘리야를 회오리바람으로 천상의 나라로 불러올리고자 작정하셨다. 여기서 우리가 눈여겨 봐야 할 점은 엘리야 스스로 살아있는 채로 천상으로 올라가고자 하는 마음을 가지고 있지 않았다는 사실이다. 이는 그것이 전적인 하나님의 계획에 따른 것임을 보여주고 있다. 그렇다면 하나님은 왜 엘리야를 산 채로 천상으로 불러올리고자 하셨을까? 그것은 과연 엘리야를 위한 것이었는가? 우리가 여기서 분명히 깨달아야 할 점은 하나님께서 엘리야를 하늘로 불러올리시게 되는 것이 그를 위해서가 아니라 지상에 살고 있는 하나님의 자녀들을 위해서라는 사실이다.

노아 홍수 이전에도 산 채로 승천한 사람이 있었다. 하나님께서는 살아있는 에녹을 천상으로 불러올리셨다(창 5:24). 그때 하나님께서 에녹을 하늘로 불러올리신 것은 에녹을 위한 것이 아니라 지상에 있는 하나님의 자녀들을 위한 것이었다.[26] 이처럼 하나님께서 엘리야를 산 채로 하늘로 불러올리신 것은 엘리야를 위한 것이 아니라 땅에서 고통받는 백성들에게 확신과 소망을 주시기 위해서였다.

당시 엘리야와 엘리사는 길갈Gilgal[27]에 있었는데 하나님께서 엘리야

---

26) 이광호, 창세기, 서울: 도서출판 깔뱅, 2007, pp.76,77. 참조.

27) 이스라엘 왕국에는 길갈(Gilgal)이라는 지명을 가진 성읍들이 여러 곳에 있었다. 여리고 근처에 길갈(수 4:19,20; 5:9,10; 10:6,7)이 있으며, 세겜 근처에도 길갈(신 11:30)이 있다. 그러나 열왕기하 2장 1절에 기록된 길갈은 벧엘 북쪽 약 11km 정도 떨어진 중앙 산맥의 높은 구릉 위에 위치한 줄줄리에(Juljulie)인 것으로 본다(원용국, 열왕기하 주석, 서울: 호석출판사, 2001, p.40).

에게 벧엘로 내려가도록 명령하셨다. 그러자 엘리야는 엘리사에게 자기와 같이 벧엘로 가지 말고 길갈에 남아있는 것이 어떠냐고 말했다. 하지만 엘리사는 여호와 하나님께 맹세하며 기필코 그와 함께 가겠노라고 했다. 결국 그 두 사람은 함께 벧엘로 가게 되었다.

그들이 벧엘에 도착했을 때 그곳에 있는 선지자의 제자들[28]이 엘리사에게 여호와께서 곧 엘리야를 천상의 나라로 데려가실 줄 알고 있느냐고 물었다. 그 말을 들은 엘리사는 물론 자기도 그 사실을 알고 있으니 '잠잠하라' 고 말했다(왕하 2:3). 엘리사가 그들에게 잠잠하라고 요구했던 것은 그 놀라운 일이 인간들의 떠들썩한 행동이나 행사를 통해 이루어지는 것이 아니라 하나님께서 행하시는 일이므로 잠잠히 지켜보게 될 따름이라는 의미이다.

우리는 또한 여기서 매우 놀라운 사실을 보게 된다. 그것은 엘리야가 산 채로 천상으로 올라갈 사실이 이미 당시의 선지자들에게는 공개적으로 알려져 있었다는 사실이다. 엘리야가 그 모든 정황을 자세히 파악하고 있었을 것은 분명하다. 엘리야는 또 다시 엘리사에게 벧엘에 머물라고 요구했다. 하나님께서 자기를 여리고로 보내신다는 것이었다. 그러나 엘리사는 이번에도 기필코 엘리야와 함께 가겠다며 맹세하므로 다짐했다.

그 두 사람이 여리고에 도착했을 때 그곳에 있는 선지자의 제자들 또한 엘리사에게 여호와 하나님께서 엘리야를 천상의 나라로 데려가시게 될 것을 아느냐고 물었다(왕하 2:5). 그러자 엘리사는 벧엘에서와 마찬가지로 자기도 알고 있으니 '잠잠하라' 고 말했다. 이는 엘리야의 승천에

---

28) 당시 북 이스라엘 왕국의 곳곳에는 선지 학교들이 있었다. 벧엘과 여리고뿐 아니라 여러 지역에 그와 같은 학교들이 있었다. 그 학교는 하나님의 율법을 공부하며 진리를 탐구하는 교육기관이었던 것으로 보인다. 배도한 이스라엘 왕국 가운데서도 구약의 율법을 비롯한 하나님의 계시를 연구하며 공부하는 학교가 있었다는 사실은 놀라운 일이 아닐 수 없다.

대한 동일한 관심이 여러 지역에서 확인되고 있었음을 보여준다.

이번에는 하나님께서 또 다시 엘리야를 요단으로 인도하셨다. 엘리야는 그 사실을 엘리사에게 말하며 여리고에 남아 있으라고 요구했다. 그러나 이번에도 엘리사는 엘리야와 함께 가겠노라고 맹세하며 말했다. 결국 그 두 사람은 함께 요단으로 가게 되었다.

엘리야와 엘리사는 하나님의 명령에 따라 길갈에서 벧엘로, 벧엘에서 여리고로, 여리고에서 요단으로 이동해 갔다. 엘리야가 승천을 앞두고 이스라엘 왕국의 여러 지역을 방문했던 것이다. 그럴 때마다 각 지역에 있던 참된 선지자들은 엘리야에게 어떤 일이 발생하게 될지 알고 있었다. 이는 엘리야의 승천이 골방에서 비밀리에 이루어진 것이 아니라 이스라엘 민족 가운데 사전에 선포되었다는 사실을 말해주고 있다.

엘리야와 엘리사가 요단강에 도착했을 때 그곳에 오십 명의 선지자의 제자들이 있었다. 그 두 사람은 요단강 가에 섰으며 선지자들은 멀리서 그들을 지켜보고 있었다. 엘리야는 겉옷을 벗어 말아서 강물을 치자 물이 양편으로 갈라지고 두 사람은 마른 땅 위로 강을 건넜다(왕하 2:8). 이는 이스라엘 백성들이 홍해바다를 건널 때(출 14:22)와 시내광야에 있던 이스라엘 백성이 요단강을 건너 가나안 땅에 입성하던 때(수 4:7-10)를 기억나게 한다.

엘리야와 엘리사가 요단강물을 가르고 건너간 이 사실은 무엇을 의미하고 있는가? 홍해바다를 가르고 건널 때의 모세와, 요단강을 건널 때의 여호수아는 이스라엘 민족을 구출하는 직무를 감당했다. 이처럼 엘리야가 강물을 갈라 요단을 건너게 된 것 역시 이스라엘 민족의 구출과 연관된다. 즉 그 가운데는 하나님의 특별한 구속사적 의미가 들어 있었던 것이다. 우리는 엘리야가 요단강을 겉옷으로 가르고 건넌 사실이 그의 승천만큼이나 중요하다는 사실을 깨달아야만 한다. 그것은 단순한 기적이 아니라 자기 백성을 구원하시고자 하는 하나님의 언약과 직접 연관되어 있기 때문이다.

요단강을 건넌 엘리야는 엘리사에게 하나님께서 자신을 천상으로 불러올리시기 전에 원하는 것이 있느냐고 물었다. 그러자 엘리사는 엘리야에게 임했던 성령의 능력이 갑절이나 더하기를 바란다고 말했다. 이는 엘리사가 엘리야의 사역을 상속inherit 받고자 하는 것이었다. 그러자 엘리야는 그가 결코 쉽지 않은 것을 구한다고 답변했다. 그러나 하나님께서 자신을 천상으로 데려가시게 되면 그것이 이루게 되리라고 말했다(왕하 2:9). 이 말씀은 예수께서 내가 가면 보혜사 성령을 보내주시겠노라고 하신 주님의 말씀을 기억나게 한다.

> "그러하나 내가 너희에게 실상을 말하노니 내가 떠나가는 것이 너희에게 유익이라 내가 떠나가지 아니하면 보혜사가 너희에게로 오시지 아니할 것이요 가면 내가 그를 너희에게로 보내리니 그가 와서 죄에 대하여, 의에 대하여, 심판에 대하여 세상을 책망하시리라"(요 16:7,8)

물론 우리는 엘리야의 승천과 엘리사의 관계를 예수 그리스도의 승천과 성령 하나님의 관계와 직접 연관지어 설명하고자 하지 않는다. 그럼에도 불구하고 그 가운데는 지상에서 이어지게 되는 하나님의 능력에 관한 놀라운 섭리를 보게 된다. 엘리야가 천상의 나라로 올라가면서 그 후에 갑절의 능력이 엘리사에게 임하게 되리라고 한 말을 통해 우리는 이땅에서 진행되는 하나님의 사역을 보게 되는 것이다.

그렇다면 엘리사가 엘리야에게 갑절의 능력을 요구한 것은 단순히 그의 욕망 때문이었는가? 물론 그것은 아니다. 엘리사가 하나님의 능력을 구했던 것은 자신의 욕망이 아니라 하나님의 언약이 상속되어 이스라엘 민족 가운데 강력하게 임하기를 바라는 간절한 마음 때문이었다.

엘리야와 엘리사 사이에 마지막 대화가 이루어지고 있을 때 불 수레와 불 말이 두 사람을 갈라놓게 되었으며 엘리야는 회오리바람을 타고 하늘로 올라가게 되었다(왕하 2:11). 하나님께서 살아있는 엘리야를 천상의 나라로 불러 올리셨던 것이다. 엘리사는 그 놀라운 광경을 지켜보며 크게 소리질렀다.

> "내 아버지여 내 아버지여 이스라엘의 병거와 그 마병이여!"(왕하 2:12)

엘리사가 엘리야뿐 아니라 병거와 마병을 일컬어가며 이렇게 소리지른 것은 전쟁을 염두에 두고 한 외침이었다. 즉 그는 엘리야가 참 이스라엘이 되어 거짓 세력과 맞서 싸웠듯이 자기도 그렇게 싸워야 하리라는 것을 염두에 두고 소리질렀던 것이다. 하늘로 올라가는 엘리야를 목격한 엘리사는 더 이상 그가 보이지 않게 되자 자기의 겉옷을 둘로 찢었다. 그리고 엘리야의 몸에서 떨어진 겉옷을 가지고 돌아오면서 여호와의 이름을 부르며 그것으로써 요단강의 물을 치자 물이 갈라졌다.

엘리사가 자신의 옷을 둘로 찢은 것은 하나님의 언약을 확인하는 의미를 지니고 있다. 그리고 엘리야의 옷을 가지고 요단강 물을 쳤을 때 그 물이 갈라진 것은 엘리야의 선지자 직분을 상속했음을 확증해 보여주고 있다. 즉 엘리야와 함께 하신 하나님께서 이제부터 엘리사와 함께 계심을 확증하고 있는 것이다.

이는 사실 매우 중요한 의미를 담고 있다. 모든 선지자들의 대표격인 엘리야의 선지자 직분을 엘리사가 그의 능력과 함께 상속받았다는 사실은 그 이후의 모든 선지자들 역시 의미상 엘리야의 선지자 직분과 연관되어 있음을 말해주고 있기 때문이다. 그러므로 그가 여리고로 되돌아왔을 때 선지자의 제자들이 엘리야의 영감이 엘리사에게 임한 줄 알고 그에게 무릎을 꿇게 되었던 것이다.

하지만 그들은 엘리사에게 저들 가운데 있는 용맹한 사람 오십 명으로 하여금 엘리야를 찾아보자고 요구했다. 혹 하나님의 성령이 회오리 바람을 통해 그를 하늘로 데려가시다가 도중에 다시 산이나 골짜기 어디에 던져버렸으면 어떻게 하느냐는 것이었다. 물론 엘리사는 하나님께서 그를 천상의 나라로 데려가셨으니 그럴 필요가 없다고 말했다. 결국 그들의 강력한 요청으로 인해 오십 명이 나가 사흘 동안 두루 찾았으나 엘리야를 찾을 수 없었다.

여기서 우리는 이에 대한 진정한 의미를 생각해 보아야 한다. 즉 여리고에 있던 선지자의 제자들은 그 전에 이미 엘리야가 승천하게 되리라는 사실을 알고 있었다(왕하 2:5). 그럼에도 불구하고 그들은 승천한 엘리야를 하늘이 아니라 땅에서 찾고자 했다. 하지만 그들이 엘리야를 땅에서 찾을 수 없으므로 인해 도리어 엘리야가 승천하게 되었음을 확실히 증거하는 역할을 하게 되었던 것이다.

3. 생명과 심판에 연관되어 시작된 엘리사의 선지자 사역

선지자 엘리야의 승천으로 인해 엘리사는 갑절의 영감을 상속받게 되었다. 이는 물론 산술적으로 두 배를 말하는 것은 아니다. 하나님께서 엘리야에게 허락하신 모든 영감을 엘리사에게도 허락하셨음을 의미하고 있다. 물론 오늘날 우리가 엘리사가 엘리야의 능력을 갑절로 요구했듯이 그렇게 요구할 수 있는 것은 결코 아니다.

엘리사가 계승한 하나님의 능력은 생명과 연관되며 언약과 연관된다. 그리고 하나님의 심판과 연관되어 있다. 그러므로 여리고 사람들은 엘리야의 사역을 상속한 엘리사에게 생명의 보장을 요구했다. 그들은 저들이 살고 있는 성읍의 위치는 좋지만 물이 좋지 않아 곡물을 소출하기 어렵다고 하소연했다.

그러자 엘리사는 새 그릇에 소금을 담아오게 하여 그것을 물 근원 가운데 던지며 회복을 선언했다. 그런데 엘리사가 왜 물 근원에 소금을 뿌렸을까? 모세 율법에 있어서 소금은 정결케 하는 기능을 한다(출 30:35). 그리고 그로 말미암는 '소금 언약'은 음식과 생명에 연관되어 있다. 따라서 모세는 이스라엘 민족을 향해 그점을 언급했다.

> "이스라엘 자손이 여호와께 거제로 드리는 모든 성물은 내가 영영한 응식으로 너와 네 자녀에게 주노니 이는 여호와 앞에 너와 네 후손에게 변하지 않는 소금 언약이니라"(민 18:19)

엘리사가 여리고의 물 근원에 소금을 뿌린 것은 구속사적 의미를 지닌다. 즉 아무나 그렇게 할 수 있는 일이 아니라 특별히 엘리야의 선지자 직분을 계승한 그에게 허락된 생명의 사역이었다. 그러므로 모세가 말한 소금 언약이 엘리사를 통해 이스라엘 민족에게 생명이 공급됨을 보여주게 되었던 것이다.

그후 엘리사는 여리고에서 벧엘로 올라갔다. 벧엘로 들어가는 길에 철없는 어린아이들(little children. KJV)이 성읍에서 나와 엘리사를 조롱하며 놀렸다. 그 아이들은 '대머리야 가라, 대머리야 가라'(왕하 2:23)고 외치며 멸시했던 것이다. 그들은 엘리사의 인격이나 신앙이 아니라 외모에 대한 것을 두고 놀렸을 따름이다. 그러나 하나님의 선지자를 경멸하는 것은 결코 예삿일이 아니다.

엘리사는 자기의 외모를 두고 놀려대는 그 어린아이들에 대해 매우 분노하여 여호와의 이름으로 저들을 저주했다. 그러자 숲 속에 있던 암곰 두 마리가 나와 아이들 가운데 마흔두 명을 찢어 죽여 버리게 되었다. 그후 엘리사는 벧엘을 출발해 갈멜산을 거쳐 사마리아로 돌아갔다.

우리는 여기서 엘리사가 왜 철없는 아이들을 저주해 죽게 만들었을까 하는 점을 생각해 보아야 한다. 앞에서 언급한 것처럼 우리는 또한 예수 그리스도의 승천 후 성령께서 오셔서 그가 이 세상을 심판하시며 책망하시게 된 사실을 기억하게 된다.

우리가 주의 깊게 생각해야 할 점은 엘리야를 계승한 엘리사의 본격적인 선지자 사역이 여리고 사람들에게 생명을 공급하는 사역과 벧엘의 어린아이들을 심판하는 것으로 시작되었다는 사실이다. 평범한 상식으로 본다면 철없는 아이들이 그렇게 했다면 용서할 수 있는 것 아닐까 생각할 수도 있다. 즉 엄히 꾸중하고 그렇게 못하도록 훈계해야지 철없는 아이들을 잔인하게 죽일 것까지 있느냐고 생각할 수 있는 것이다.

그러나 우리는 어린아이들의 행동이 어른들의 신앙적인 삶의 태도에 대한 반영이라는 점을 기억하지 않을 수 없다. 즉 하나님을 경외하지 않는 어른들이 그렇게 하니까 아이들도 하나님의 선지자를 두려워하지 않았던 것이다.

수많은 아이들이 곰에 의해 찢겨 죽은 것을 보고 가장 놀란 사람들은 그 부모들을 비롯한 어른들이었을 것이 분명하다. 엘리사가 철없는 아이들을 저주하고 그들을 죽음에 내준 것은 단순히 아이들이 괘씸했기 때문만은 아니다. 오히려 그는 아이든 어른이든 어느 누구도 하나님 앞에서 경거망동해서는 안 된다는 사실을 선포하고 있는 것이다.

그러므로 우리는 엘리사를 통한 저주와 심판을 하나님의 사랑의 관점에서 이해해야 한다. 하나님께서는 그것을 통해 이스라엘 민족이 올바른 깨달음을 가지게 되기를 원하셨던 것이다. 엘리사가 벧엘을 출발해 갈멜산을 거쳐 사마리아로 갔을 때 그에 대한 모든 소문은 이미 널리 퍼졌을 것이 분명하다.

엘리사가 이스라엘의 왕궁이 있는 사마리아로 갔다는 사실은 배도자들의 심장부에 들어간 것과 같다. 하지만 온 이스라엘은 엘리사가 여리고에서 백성들에게 생명을 공급한 사실과 벧엘에서 어린아이들을 저주하여 심판한 사실로 인해 그와 함께하시는 하나님을 두려워하지 않을 수 없었을 것이다.

제2장
이스라엘과 모압의 전쟁, 그리고 엘리사의 사역

(왕하 3:1-4:44)

1. 이스라엘과 모압

(1) 이스라엘 연합군과 모압 왕국의 전쟁

아하시야 왕이 질병으로 인해 죽은 후 그의 동생이자 아합의 아들인 여호람이 북 이스라엘 왕국의 왕위를 계승하게 되었다. 그는 십이 년간 통치하면서 여호와 하나님 보시기에 악을 행했다. 그는 아합과 이세벨처럼 사악한 악을 저지르는 않았지만 이스라엘 민족을 죄에 빠뜨리는 여로보암의 죄에서 떠나지 않았다.

그가 더러운 악을 행했지만 그 부모와 같지는 않았다고 한 것은 자기 아버지가 만들었던 바알신의 우상을 없앴기 때문이다. 그러나 이방신상을 없앤 그의 행동은 순수한 신앙으로 말미암는 것이 아니라 그의 정치적인 목적과 윤리적인 판단에 따른 것으로 보인다.

앞에서 언급한 바 있는 것처럼 아합 왕이 죽은 후 모압 왕국은 이스라엘을 배반한 상태였다(왕하 1:1). 원래 모압의 주된 산업은 목축이어서 그동안 이스라엘 왕에게 양털을 조공으로 바쳐왔다. 그러나 그러한 관계는 아합 왕이 죽은 후 모압이 배신함으로써 중단되었다.

새로 이스라엘의 왕이 된 여호람은 배신한 모압을 응징하기 위한 계획을 세우면서 남쪽의 유다 왕에게 군사지원을 요청했다. 여호람의 군사지원 요청을 받은 여호사밧은 남북 이스라엘이 한 민족이므로 같이 나가 싸우겠노라고 말했다. 아합 왕 때 공동전선을 구축했던 양국이 또다시 군사공조를 이루게 된 것이다.

그때는 에돔 왕국도 그에 합류했다. 이스라엘 왕국이 모압을 공격하기 위해 에돔 광야를 지나가야만 했기 때문이다. 결국 그들은 에돔 광야를 통과해 모압을 공격하기로 작전을 세우고 군사행동을 감행했다(왕하 3:8). 그런데 그들 가운데 심각한 문제가 발생하게 되었다. 에돔 광야 길을 둘러 가던 중 칠일이 되었을 때 병사들과 말을 비롯한 동물들이 마실 물이 절대로 부족했던 것이다. 그러자 여호람 왕은 이스라엘과 유다, 에돔 왕이 광야에 갇혀 모압 왕국에 의해 패망하게 되었다며 한탄했다.

북 이스라엘의 왕이 탄식하고 있을 때 남쪽 유다 왕국의 여호사밧 왕은 이스라엘 왕국에 여호와 하나님의 선지자가 없는지 물었다. 그 자리에 함께 있던 이스라엘 왕의 신하들 가운데 한 사람이 엘리야의 제자 엘리사가 있노라고 답변했다. 그 말을 들은 여호사밧은 이스라엘과 에돔 왕을 대동하고 엘리사가 있는 곳으로 내려갔다.

세 나라의 왕들이 자기에게 나아오는 것을 본 엘리사는 그들의 정부에 고용된 선지자들에게 갈 것이지 왜 자기에게 왔느냐며 못마땅한 반응을 보였다. 그 말을 들은 이스라엘 왕은 지금 남북 이스라엘 왕과 에돔 왕이 모압의 목전에서 패망할 위기에 놓여 있으니 도와달라고 애걸했다. 이스라엘 왕의 말을 들은 엘리사는 그를 위해서가 아니라 하나님을 경외하는 유다 왕 여호사밧의 얼굴을 보아 저들의 청을 들어주겠노라고 말했다.

"엘리사가 이르되 내가 섬기는 만군의 여호와께서 살아 계심을 두고

맹세하노니 내가 만일 유다의 왕 여호사밧의 얼굴을 봄이 아니면 그 앞
에서 당신을 향하지도 아니하고 보지도 아니하였으리이다"(왕하 3:14)

엘리사는 여기서 매우 중요한 의미가 담긴 말을 하고 있다. 우리는 이 말이 엘리사 개인의 판단에 따른 것이라기보다 하나님의 계시에 따른 표현으로 이해해야 한다. 하나님께서는 그 왕들 가운데 자신을 진심으로 경외하는 유다의 여호사밧이 있었으므로 그들 전체를 도와주시려 했던 것이다.

우리는 여기서 한 사람의 올바른 신앙인으로 인해 다른 사람들에게 은혜를 베푸시는 하나님을 기억하게 된다. 대표성을 띠는 이러한 예는 성경에서 종종 보게 된다. 이 사실은 오늘날 우리에게도 매우 중요한 사실을 시사하고 있다. 이는 우리의 모든 영역에서 신중하게 생각해 보아야 할 문제이다.

동시에 우리는 자신에게 하나님으로부터 어떤 긍정적인 도움이 있는 것으로 판단할 때 그것이 자기 자신이 아니라 하나님의 말씀에 온전히 순종하는 다른 성도들로 말미암은 것일 수 있다는 점을 기억해야 한다. 즉 자신의 열성적인 신앙 때문이 아니라 도리어 주변의 다른 이웃들의 신실한 신앙으로 인해 하나님의 긍휼을 입을 수 있는 것이다.

(2) 엘리사와 예언과 이스라엘의 승리

엘리사는 에돔 광야에 갇혀 마실 물로 인해 궁지에 몰린 세 왕들에게 예언을 한 후 '거문고 타는 자'를 불러오도록 요구했다(왕하 3:15). 거문고 타는 자가 나아와서 거문고를 탈 때 여호와 하나님의 능력이 엘리사 위에 임했다. 엘리사는 저들에게 하나님께서 골짜기에 개천을 많이 파라고 하신 말씀을 예언했다. 그렇게 하면 바람이 불지 않고 하늘에서 비가 내리지 않는다 해도 골짜기에 물이 가득하게 되어 병사들과 모든 생

축들이 충분한 물을 마시게 되리라고 말했던 것이다.

우리는 여기서 엘리사가 왜 거문고 타는 자를 불렀는가 하는 점과, 그가 공적으로 어떤 직임을 가진 사람인가 하는 점을 매우 주의 깊게 생각해 보아야 한다. 엘리사가 거문고 타는 자를 불러오라고 요구한 것은 악기를 다룰 줄 아는 아무 사람이라도 불러오라고 한 말이 아니었다. 즉 거문고를 능숙하게 탈 줄 아는 예술가를 원했던 것이 아니라 그것을 통해 하나님을 섬기는 직분자를 요구했던 것이다.

엘리사가 거문고 타는 자를 불러오게 한 까닭은 자신이 하나님의 선지자로서 예루살렘 성전과 연관되어 있음을 드러내 보이고 있다. 즉 그의 행동은 예루살렘 성전에서 제사를 지내기에 앞서 행하던 의례와 연관이 되는 것이다. 구약시대의 하나님에 대한 모든 경배와 제사는 예루살렘 성전에 연관되어 있어야만 한다. 시편에는 그에 대한 분명한 내용들이 기록되어 있다.

> "밤에 여호와의 집에 섰는 여호와의 모든 종들아 여호와를 송축하라 / 〈성소를 향하여〉 너희 손을 들고 여호와를 송축하라/ 천지를 지으신 여호와께서 시온에서 네게 복을 주실지어다"(시 134편); "할렐루야 〈그 성소에서〉 하나님을 찬양하며 그 권능의 궁창에서 그를 찬양할지어다/ 그의 능하신 행동을 인하여 찬양하며 그의 지극히 광대하심을 좇아 찬양할지어다/ 나팔 소리로 찬양하며 비파와 수금으로 찬양할지어다/ 소고 치며 춤추어 찬양하며 현악과 퉁소로 찬양할지어다/ 큰 소리 나는 제금으로 찬양하며 높은 소리나는 제금으로 찬양할지어다/ 호흡이 있는 자마다 여호와를 찬양할지어다 할렐루야"(시 150편)

예루살렘 성전에는 제사장들과 성전을 관리하는 레위인들이 거하고 있었다. 그리고 노래하는 자들이 부속된 골방에 상주하고 있었다. 또한 거기에는 성전제사 의례에 참여하는 악기 연주자들도 함께 거했다. 이 모든 사람들은 하나님에 대한 경배와 제사에 직접 연관되어 있던 자들이었다. 느헤미야는 이에 관한 기록을 하고 있다.

> "곧 이스라엘 자손과 레위 자손이 거제로 드린바 곡식과 새 포도주와 기름을 가져다가 성소의 기명을 두는 골방 곧 섬기는 제사장들과 및 문지기들과 노래하는 자들이 있는 골방에 둘 것이라 그리하여 우리가 우리 하나님의 전을 버리지 아니하리라"(느 10:39)

느헤미야서에 기록된 노래하는 자들이란 단순히 시편을 낭송하는 자들뿐 아니라 수금을 비롯한 다양한 악기를 다루는 자들도 포함되어 있었다. 이처럼 예루살렘 성전에는 제자사장들과 관리자들, 그리고 노래하는 자들이 항상 상주하고 있었다.

이 말은 비록 제사장들과 성전관리인들, 노래하는 자들뿐 아니라 다른 이스라엘의 사역자들 역시 예루살렘 성전을 중심으로 하여 직무를 감당하고 있었음을 보여준다. 즉 이스라엘의 모든 선지자들과 장로들 역시 성전을 중심으로 사역하고 있었던 것이다. 이처럼 하나님을 경배하는 이스라엘 민족의 모든 참된 사역자들은 예루살렘 성전을 중심으로 활동했다.

그런데 우리가 유념해야 할 바는 이스라엘 왕국이 분열된 상태에서 남북 지역에서 각각 사역하던 하나님의 선지자들 역시 그와 동일한 관점에서 이해해야 한다는 사실이다.[29] 하지만 남 유다 왕국 출신의 선지자들은 예루살렘 성전을 자유롭게 출입했겠지만 엘리야와 엘리사를 비롯한 북 왕국에 속한 선지자들의 경우에는 상당한 정치적인 제약이 따랐을 것으로 보인다.

---

[29] 이에 대해서는, 나중 예루살렘 성전이 BC 586년 신 바벨론 제국에 의해 멸망을 당하고 제사장들과 선지자들을 비롯한 이스라엘 민족의 지도자들이 이방 지역에 포로로 잡혀갔을 때도 여전히 그들의 신앙은 예루살렘을 향하고 있었던 것과 관련해 이해되어야 한다. 아브라함 언약에 포함된 예루살렘은 이땅에 메시아 사역이 완성될 때까지 그 언약적 의미를 소유하고 있었던 것이다.

그럼에도 불구하고 북쪽 왕국의 참된 선지자들은 이방신당이 있는 단과 벧엘의 우상 성소를 완강하게 거부했다. 이는 그들이 예루살렘 성전에 속한 자들이었음을 말해주고 있다. 특히 열왕기하 3장 20절에 기록된 아침이 되어 '소제를 드릴 때'라고 기록한 내용을 통해 참된 경배는 예루살렘 성전에 연결되며, 어느 지역에서 하나님을 섬기든지 항상 예루살렘 성전에 연관되어 있음을 알 수 있다.

그러므로 엘리사가 거문고 타는 사람을 불러 거문고를 타게 했던 것은 신약시대에 행해지는 종교와 연관된 악기 연주와는 아무런 상관이 없다. 이는 엘리사가 시행하도록 했던 거문고 연주뿐 아니라 구약의 모든 악기 연주 역시 마찬가지다.

엘리사는 그것을 통해 예루살렘 성전에 속한 선지자로서 자신의 사역을 보여주며 하나님의 예언의 말씀을 전했다. 그것으로 말미암아 모압 왕국에 대한 이스라엘의 승리가 예언되었다. 남북 이스라엘 왕들이 엘리사의 예언에 대해 순종함으로써 생명을 구하고 모압 왕국에 승리한다는 것이었다. 그들이 엘리사의 말에 따라 사막의 골짜기에 개천을 판 다음 날 아침 에돔 쪽으로부터 물이 흘러 들어왔다.

한편 이스라엘 왕국의 군대가 공격해 온다는 정보를 입수한 모압은 군대를 정비하고 철저한 경계태세에 돌입했다. 그러던 중 어느 날 아침, 이스라엘 진영쪽이 해의 반사 빛으로 인해 물이 붉은 피같이 비쳐졌다(왕하 3:22). 그것을 본 모압 진영에서는 이스라엘의 연합군 내부에서 자중지란이 일어나 피를 흘리는 전투가 일어난 것으로 판단했다.

이처럼 사태를 잘못 판단한 모압 군대는 아무런 대안도 없이 무작정 이스라엘 군대를 노략하기 위해 이스라엘 진영에 이르렀다. 하지만 그들은 예기치 못한 갑작스런 역습으로 인해 도망칠 수밖에 없었다. 그로 인해 이스라엘 군대는 모압의 각 성읍들을 공격하여 성을 헐고 좋은 나무들을 베었으며 두루 다니며 샘을 메우고 돌을 던져 밭들을 황폐케 했다(왕하 3:25).

전쟁에서 완전히 패배한 것을 알게 된 모압 왕은 남은 군사 칠백 명을 모아 에돔으로 피하고자 했지만 그때는 이미 에돔 왕이 이스라엘 왕국의 편에 서 있었다. 그러자 저들의 신에 의지할 수밖에 달리 도리가 없다고 판단했다. 따라서 그는 다음 왕위를 이어받게 될 왕자를 죽여 성위에서 번제를 드리며 극단적인 종교의례를 행했지만 허사였을 따름이다. 결국 모압은 이스라엘에 의해 완전히 패망할 수밖에 없었다.

2. 엘리사의 생명 사역

모압에 대한 이스라엘 왕국의 승리는 전적으로 하나님의 은혜로 말미암은 것이었다. 그 승리는 결코 이스라엘의 병력과 저들의 탁월한 전략에 의한 것이 아니었다. 패망 직전에 놓여있던 저들에게 주어진 선지자 엘리사의 예언을 통해 이스라엘은 최종적인 승리를 거둘 수 있었던 것이다.

하나님께서는 이스라엘의 전쟁 승리 후 엘리사를 통해 많은 이적들을 행하도록 허락하셨다. 그것들은 단순히 엘리사가 행한 특출한 기적이 아니라 미래에 임하게 될 메시아 예언과 연관되는 것으로 이해해야 한다.

(1) 선지자의 과부의 집에서 채워졌던 기름 그릇(왕하 4:1-7)

선지자의 제자들의 부인 가운데 한 사람이 어느 날 엘리사를 찾아왔다. 그녀는 하나님을 진정으로 경외하는 사람이었으나 남편이 죽고 난 후 진 빚으로 인해 심한 고통을 당하고 있었다. 빚을 준 사람이 찾아와 속히 빚을 갚지 않으면 대신 그녀의 자식 두 명을 데려가 종으로 삼겠다고 위협하자 엘리사를 찾아온 것이다.

엘리사는 그 여인의 딱한 사정을 듣고 적절한 도움을 주고자 했다. 그는 우선 그녀의 집에 무엇이 남아있는지 묻고 기름 한 그릇 이외에 아무것도 없다는 말을 들었다. 그러자 엘리사는 이웃들에게 빈 그릇들을 최대한 많이 빌리라고 말했다. 그 여인은 엘리사가 시키는 대로 순순히 순종했다.

그런데 여기서 우리의 관심을 끄는 것은 그녀의 반응과 행동이다. 엘리사가 이웃에게 나가 빈 그릇을 할 수 있는 대로 최대한 많이 빌려오라고 했을 때 그녀는 아무런 대꾸 없이 그대로 순종했다. 이는 결코 상식적인 행동이 아니다. 무엇 때문에 자기에게 그런 일을 하도록 시키는지 물어 볼 만했던 것이다.

그럼에도 불구하고 그녀가 조금의 의심도 없이 명령을 따랐던 것은 그만큼 궁지에 몰려 있었음과 선지자의 말을 믿었다는 사실을 보여준다. 즉 그녀에게는 이제 더 이상 아무런 삶의 방책이 없었다. 인생의 막다른 골목에 내몰린 셈이다. 그녀가 의지할 수 있는 분은 오직 하나님 한 분밖에 없었다. 그러므로 그 여인이 엘리사를 찾아 딱한 사정을 호소했던 것이다.

엘리사는 그 여인에게 빈 그릇들을 최대한 많이 빌리도록 요구한 것을 통해 그녀의 순종을 확인했다. 그후 엘리사는 그 여인에게 두 아들과 함께 방 안으로 들어가 문을 닫고 빌려온 모든 그릇에 집에 남아있던 기름을 붓도록 지시했다. 그 여인은 엘리사의 말대로 빌려온 모든 빈 그릇에 기름을 가득 채웠다.

그 여인이 빌려온 마지막 남은 그릇에 기름을 가득 채우게 되자 기름이 멈추게 되었으며 그 사실을 엘리사에게 말했다. 그러자 엘리사는 그 여인에게 그 기름을 팔아 모든 빚을 갚고 남는 것으로 생활하도록 했다.

우리는 엘리사를 통해 베풀어진 이 기적을 통해 몇 가지 사실을 생각해 보게 된다. 그 여인이 이웃들로부터 많은 그릇들을 빌려와서 방문을 닫고 두 아들과 함께 기름을 붓고 있을 때 그 방 안은 바깥과 완전히 단절된 전혀 딴 세상이었다. 그곳에서는 전혀 상식적이지 않은 특별한 일이 발생하고 있었기 때문이다. 거기에는 선지자 엘리사를 통한 하나님의 놀라운 사역이 진행되었던 것이다.

그런데 더욱 놀라운 점은 그 여인과 두 아들 가운데 어느 누구도 그에 대해 놀라워하지 않았다는 사실이다. 이는 저들의 생명이 전적으로 하나님께 달려 있다는 것을 잘 알고 있었음을 보여주고 있다. 또한, 그렇다면 저들이 빈 그릇에 무한정 채워지는 기름을 보며 더 많은 그릇들을 빌려 올 걸 하는 욕심을 혹시라도 가졌을까? 그렇지는 않아 보인다. 그녀는 선지자의 요청에 의해 자기가 할 수 있는 대로 최대한 빌려왔으므로 그것을 통해 하나님의 놀라운 은혜의 역사를 보게 되었을 따름이다.
만일 어떤 사람이 엘리사가 베푼 이 기적을 이야기하며 오늘날 우리 역시 더 많은 그릇을 빌려오거나 준비해야 한다고 가르친다면 올바른 해석이 아니다. 그것은 우선적인 하나님의 목적이 저들에게 부족한 것을 채워주시고자 하는 것이 아니라 메시아 사역에 연관된 구속사적인 사건이었기 때문이다.
우리는 이 기적을 통해 하나님을 경외하는 성도들의 생명은 전적으로 하나님께 달려 있음을 확인하게 된다. 무한정의 기름을 공급하시는 이 사건을 통해 자기 자녀들의 생명을 주관하시는 하나님을 깨닫게 된다. 이 사건에 직접 관여했던 사람은 엘리사와 그 여인과 두 아들이다. 소수의 사람들 이외에는 그 놀라운 이적을 직접 눈으로 보지 못했다. 그러나 우리가 분명히 기억해야 할 사실은 이에 대한 소문이 즉시 온 이스라엘에 퍼졌을 것이란 점이다.

하나님께서 그 여인을 통해 공급하신 기름은 주변의 많은 사람들이 사서 먹었다. 백성들은 그 가난한 여인의 집에서 어떻게 하여 그 많은 양의 기름이 생겨났는지 알 수 없었다. 따라서 선지자의 아내였던 그녀는 자기에게 일어난 모든 일들을 주변의 이웃들에게 말했을 것이며, 그것은 당시의 이스라엘 백성뿐 아니라 기록된 하나님의 말씀을 소유한 오늘날 우리를 포함한 모든 성도들에게 소상히 알려지고 있다.

하나님께서는 그 사건을 통해 한 여인의 어려운 가정 문제를 해결하는 데 초점을 맞추셨던 것이 아니라 그것으로 말미암아 자기가 곧 이 세상을 살아가는 사람들의 생명의 근원이 되심을 이스라엘 민족 가운데 선포하셨다. 예수께서 자신을 곧 생명의 근원으로 말씀하셨던 것도 이와 연관되는 개념으로 이해해야 한다.

(2) 엘리사와 수넴 여인(왕하 4:8-37)

그후 어느 날 엘리사는 수넴Shunem을 방문하게 되었다. 그곳에 있는 하나님을 경외하는 한 여인이 엘리사에게 음식을 제공했으므로 자주 그 집을 찾았다. 당시 엘리사는 일반 이스라엘 백성들에게 환영을 받지 못했다. 정부에 속한 관리들뿐 아니라 일반 백성들도 그를 반기지 않았다. 이는 배도한 이스라엘 백성들이 그를 여호와 하나님의 선지자로서 예우하기를 꺼렸기 때문이다.

그런 분위기 가운데 그 여인은 엘리사가 하나님의 선지자라는 사실을 알고 그에게 음식 제공하기를 좋아했다. 나아가 나그네인 엘리사가 머물만한 적절한 장소가 없는 것을 안 그 여인은 자기 남편에게 하나님의 사람 엘리사를 위해 조그만 방을 하나 마련해 주자고 제안했다. 거기 침상과 책상, 의자, 촛대를 두면 그가 편하게 머물 수 있으리라는 것이었다. 그녀의 남편 역시 엘리사를 하나님의 선지자로 알았으므로 흔쾌히 그렇게 하도록 했다.

그러던 중 하루는 엘리사가 방에 들어가 자기의 사환 게하시Gehazi에게 수넴 여인을 불러오라고 했다. 그녀의 호의에 보답하고자 하는 마음 때문이었다. 그래서 혹 이스라엘 백성으로서 생활에 특별한 어려움이 없는지 물었다. 어떤 문제라 할지라도 자기가 도움을 주리라는 것이었다. 그러나 그녀는 자기에게 필요한 것은 아무 것도 없다고 답변했다.

수넴 여인이 밖으로 나간 후 엘리사는 그 여인에게 보답할 만한 것이 없을까 궁리했다. 그때 옆에 있던 게하시가 그녀에게 자식이 없다는 사실을 말했다. 그러자 엘리사는 그 여인을 다시 불러 내년 이 맘 때 즈음 아들을 낳게 되리라고 말했다. 엘리사의 말을 들은 여인은 그 말을 쉽게 받아들일 수 없었다.

하지만 수넴 여인은 아기를 잉태하게 되었으며 이듬해가 되어 엘리사의 예언대로 아들을 낳게 되었다. 그 아이가 잘 자라갔으나 하루는 밭에 있던 중 갑자기 머리가 아프다고 했다. 사환이 급히 아픈 아이를 어미인 수넴 여인에게 데려갔으나 그리 오래가지 못해 어미의 무릎에 앉은 채 죽어버렸다.

수넴 여인은 죽은 아들을 엘리사의 빈 방에 눕혀둔 채 급히 남편에게 사환 한 명과 나귀를 보내주도록 요청했다. 남편은 종교적인 특별한 날이 아닌데 왜 선지자를 찾느냐고 반문했다. 그는 아직 자기 아들이 죽었다는 사실을 모르고 있었던 것 같다.

사환과 나귀가 이르자 수넴 여인은 남편에게 간단한 인사말만 남긴 채 곧 바로 엘리사가 있는 갈멜산으로 급하게 달려갔다. 그녀는 질병을 치료하는 의사를 찾은 것이 아니라 선지자 엘리사를 찾았던 것이다. 엘리사는 수넴 여인이 자기에게 급히 달려오는 모습을 보고 사환 게하시를 보내 그녀를 맞으며 집안과 아들의 안부를 물었다.

수넴 여인은 그에 대해 건성으로 답한 후 엘리사의 발을 붙잡고 애걸했다. 갑작스런 상황에 직면한 게하시는 그녀의 무례한 행동을 저지시키려 했다. 그러나 엘리사는 그녀에게 심각한 문제가 발생했다는 사실을 직감적으로 알았다. 그러므로 수넴 여인의 행동을 저지하고자 하는 게하시의 행동을 도리어 저지했다(왕하 4:27).

그 여인은 엘리사에게 자기가 요구하지도 않은 아들을 주고 지금 그 아이가 죽음에 빠지게 됨으로써 자기를 괴롭게 하느냐며 하소연했다. 그 말을 들은 엘리사는 게하시에게 급한 명령을 내렸다. 즉시 준비를 갖추어 자기의 지팡이를 가져가 죽은 그 아이의 얼굴 위에 놓으라고 지시했다(왕상 4:29). 그 집으로 달려가는 도중 어떤 사람을 만나더라도 내려서 인사하거나 답변하지 말고 빨리 자기가 시키는 일을 하도록 했다.

한편 수넴 여인은 엘리사에게 직접 자기 집으로 갈 것을 요구했으며 엘리사는 그녀를 따라나섰다. 게하시가 엘리사의 명령대로 그의 지팡이를 죽은 아이의 얼굴에 올려놓았으나 아무런 반응이 없었다. 그런데 엘리사는 아무런 반응도 있지 않은 그런 행동을 왜 지시했을까?

여기에는 우리가 결코 놓치지 말아야 할 중요한 의미가 담겨있다. 엘리사는 그것을 통해 그 여인을 안심시켰던 것이다. 즉 엘리사가 그렇게 하지 않았더라면 그 여인의 마음은 감당하기 어려운 조급증에 빠질 수밖에 없었을 것이다. 하지만 엘리사가 게하시에게 지시하는 내용을 듣고 그녀는 자기 아들이 다시 살아나게 되리라 생각하게 되었다.

엘리사가 수넴 여인의 집에 도착했을 때 사환 게하시는 엘리사의 지시에 따랐지만 그 아이가 살아나지 않는다고 보고했다. 엘리사가 집에 들어가 자기의 방에 가보니 자기의 침상 위에 죽은 아이가 눕혀져 있었다. 엘리사는 자기 방으로 들어가 침상 위에 눕혀져 있는 죽은 아이를 보며 다른 사람들은 들어오지 못하게 하고 자기와 죽은 아이의 시체만 그 방에 있었다.

엘리사는 여호와 하나님께 기도를 하고 죽은 아이의 몸 위로 올라가 입에는 입을 눈에는 눈을 손에는 손을 마주 대고 엎드렸다. 그러자 그 아이의 살이 점차 따뜻해져 오기 시작했다. 엘리사는 방에서 나와 집안을 이리저리 한 바퀴 돈 뒤 다시 방 안으로 들어가 죽은 아이의 몸 위에 올라가 엎드리자 이번에는 아이가 일곱 번 재채기를 하고 나서 눈을 떴다. 죽은 아이가 다시금 살아나게 된 것이다.

엘리사는 게하시를 통해 수넴 여인을 불렀다. 그는 여인에게 방안으로 들어와 살아난 아들을 데려가라고 했다. 그녀는 아들의 살아난 모습을 보고 엘리사에게 엎드려 인사한 후 아들을 데리고 나갔다.

우리는 이 사건을 통해 여러 가지 구속사적인 사건들을 떠올리게 된다. 예수께서 죽은 나사로를 살리신 사건과 더불어, 예수님 자신이 친히 죽음에서 살아나신 유일무이한 사건을 기억하게 된다. 또한 우리는 사도 바울이 드로아에서 말씀을 전하던 중 3층루에서 떨어져 죽은 유두고 Eutychus를 살린 사건을 기억한다. 그때 바울은 마치 엘리사처럼 죽은 유두고의 몸 위에 엎드려 살렸던 것이다(행 20:9,10).

엘리사가 수넴 여인의 죽은 아이를 살린 사건을 통해 우리는 진정한 생명은 하나님께 달려 있음을 알게 된다. 죄에 빠진 인간들은 세월을 거스를 수 없다. 인간이 생명에 대해서 할 수 있는 일은 아무 것도 없다. 그러나 하나님께서는 죄악 세상의 모든 이치를 떠나 죽은 자에게 생명을 공급하신다. 구약성경에 기록된 이 사건을 통해 우리는 하나님께서 궁극적으로 하시고자 하는 일을 깨달아 알게 되는 것이다.

(3) 음식에서 독을 없애고 풍족히 먹이는 기적(왕하 4:38-44)

그후 엘리사는 다시 길갈로 갔다. 당시는 이스라엘에 심한 흉년이 들어있는 상태였다. 엘리사가 도착하자 선지자의 제자들이 한자리에 모였다. 그들은 아마도 하나님의 말씀을 나누며 배도에 빠진 이스라엘 민족을 염려했을 것이다. 그때 엘리사는 사환에게 큰 솥을 걸어 그들을 위해 국stew30)을 끓이도록 했다.

그 날 어떤 사람이 채소를 구하기 위하여 들로 나갔다. 그는 들 야생 덩굴wild vine을 보고 그것으로부터 들 호박 같은 것들을 따서 옷자락에 담아왔다. 그 사람은 사환이 국을 끓이는 것을 보고 자기가 따온 열매를 썰어 국솥에 넣었다. 물론 그에게는 아무런 악의가 없었으며, 그것이 치명적인 독성을 지녔다는 사실을 알고 있는 사람은 아무도 없었다.

국이 끓게 되자 퍼서 거기 있는 사람들에게 나누어주어 먹게 했다. 그것을 먼저 먹던 사람들이 국 안에 독이 들어있다고 외쳤다. 그러므로 아무도 그 국을 먹을 수 없었다. 그 형편을 알게 된 엘리사는 가루를 가져오게 해 솥 안에 던져 넣고 나서 다시금 퍼다가 사람들에게 나누어주어 먹도록 했다. 엘리사가 그 독이 없어지게 했던 것이다.

그때 어떤 사람이 바알 살리사Baal Shalishah라는 지역으로부터 첫 수확물로 만든 보리떡 스무 개와 채소 얼마를 선지자 엘리사에게 가지고 왔다. 엘리사는 사환에게 그것을 거기 모인 무리에게 나누어주어서 먹게 하라고 지시했다. 그러자 얼마 되지 않는 소량의 음식을 어떻게 백 명이나 되는 사람들을 먹일 수 있느냐고 반문했다. 하지만 엘리사는 그것으로서 거기 모인 무리가 충분히 먹고도 남을 것이라는 하나님의 말씀을 전했다. 역시 엘리사의 말처럼 그곳에 있던 모든 사람들이 배불리 먹고도 남았다.

우리는 여기서 예수님의 사역과 직접 연관된 두 가지 사실을 떠올리게 된다. 그것은 예수께서 믿는 자들에게 따르게 될 표적을 제자들에게 말씀하시면서 '독을 마실지라도 해를 받지 않을 것' 이라 하신 말씀과

---

30) 한글 성경의 번역본들은 이를 거의 '국' 으로 표현하고 있다. 그러나 우리의 국은 밥을 먹기 위한 보조 음식이므로 그 번역이 적절하지 않다. 그렇지만 여기서 말하는 국(stew)은 보조적인 음식이 아니라 주된 음식물로서 진하게 끓인 죽과 같은 음식으로 이해해야 한다.

'오병이어의 기적'이다.

> "믿는 자들에게는 이런 표적이 따르리니 곧 저희가 내 이름으로 귀신을 쫓아내며 새 방언을 말하며 뱀을 집으며 무슨 독을 마실지라도 해를 받지 아니하며 병든 사람에게 손을 얹은즉 나으리라"(막 16:17,18); "여기 한 아이가 있어 보리떡 다섯 개와 물고기 두 마리를 가졌나이다 그러나 그것이 이 많은 사람에게 얼마나 되겠삽나이까 예수께서 가라사대 이 사람들로 앉게 하라 하신대 그 곳에 잔디가 많은지라 사람들이 앉으니 수효가 오천쯤 되더라 예수께서 떡을 가져 축사하신 후에 앉은 자들에게 나눠주시고 고기도 그렇게 저희의 원대로 주시다 저희가 배부른 후에 예수께서 제자들에게 이르시되 남은 조각을 거두고 버리는 것이 없게 하라 하시므로 이에 거두니 보리떡 다섯 개로 먹고 남은 조각이 열두 바구니에 찼더라"(요 6:9-13)

예수께서는 자기를 믿는 자들은 무슨 독을 마실지라도 해를 받지 않는다는 사실을 언급하셨다. 이는 성도들이 실제로 독을 마셔도 괜찮다는 말인가! 그렇지 않다. 그 진정한 의미는 세상의 어떤 것이라 할지라도 하나님의 자녀들을 해롭게 할 수 없음을 말해주고 있다. 그리고 예수께서는 오병이어의 기적을 통해 적은 양의 음식을 가지고 수천 명이 되는 무리를 배불리 먹이셨다. 그것을 통해 모든 생명은 하나님께 달려 있음을 보여주셨던 것이다.

그러므로 우리가 이해해야 할 바는 엘리사를 통해서 베푸신 하나님의 이적이 앞으로 있게 될 메시아 사역에 대한 예언적 기능을 하고 있다는 사실이다. 그리고 예수께서 사람들에게 치명적인 독이라 할지라도 하나님의 자녀들에게는 궁극적인 해를 끼치지 못할 것이란 사실을 말씀하시면서 엘리사가 행했던 기적을 기억하고 있었을 것이 틀림없다. 또한 주님께서는 수천 명의 백성들을 배불리 먹이시면서 엘리사를 통해 행하셨던 사역을 기억했을 것이 분명하다.

3. 엘리사를 통한 메시아 사역에 대한 예언적 기능

도저히 승리를 장담할 수 없는 형편에서 모압 왕국을 이스라엘이 정복하게 된 것은 엘리사를 통한 하나님의 도우심 때문이었다. 하나님의 은혜가 아니었다면 이스라엘은 패망할 수밖에 없는 위기에 처해 있었다. 하지만 이스라엘의 여호람은 하나님을 경외하는 유다 왕 여호사밧의 신앙으로 인해 엘리사를 찾아가게 되었으며 그를 통해 하나님의 예언이 임하게 되었던 것이다.

이스라엘 왕국이 승리할 수 있었던 배경에는 여호람 왕이나 유다 왕 여호사밧, 혹은 에돔 왕이 있었던 것이 아니다. 굳이 그 승리의 주역을 따진다면 선지자 엘리사가 승리의 주역이었다. 이는 그 전쟁 승리는 전적으로 하나님으로 말미암는 것이었음을 말해주고 있다.

그 전쟁에서 이스라엘 왕국이 승리한 후 엘리사는 연이어 수많은 기적들을 베풀었다. 열왕기하 제4장에는 크게 보아 세 가지의 기적들이 기록되어 있다. 그것은 선지자의 아내였던 과부의 집에서 채워졌던 빈 그릇들의 기름(왕하 4:1-7), 수넴 여인의 죽은 아들이 살아난 기적(왕하 4:8-37), 그리고 음식에서 독을 없애고 무리를 풍족히 먹이는 기적(왕하 4:38-44)이다.

이 기적들은 엘리사의 탁월한 능력을 보여주려 하는 것이라기보다 메시아 사역에 대한 예언적 기능을 하고 있다. 기적적인 방법으로 기름을 채워주신 사건은 성도들의 삶에 구체적으로 관여하시는 하나님을 보여주고 있다. 그리고 수넴 여인의 자식에 관한 이적은 성도들의 생명이 주님께 달려 있음을 보여준다. 또한 음식에서 독을 제거하고 적은 분량으로 풍족히 먹이시는 기적을 통해 앞으로 있게 될 메시아 사역을 예언하고 있다.

구약시대의 이스라엘 백성들은 엘리사의 사역을 보며 메시아에 대한 소망을 가져야만 했다. 즉 그를 통해 나타나는 현실적인 이적의 혜택을 기대하는 것이 목적이 될 수 없었다. 그런 차원이라면 그와 동일한 현실적 혜택을 입은 사람은 아무도 없다. 하지만 예수 그리스도를 믿는 모든 하나님의 자녀들은 한결같이 그와 같은 놀라운 혜택 가운데 살아가고 있다. 우리는 엘리사의 사역을 통해 그점을 분명히 깨달을 수 있어야 한다.

제3장
나아만 장군과 게하시의 나병

(왕하 5:1-27)

1. 나병에 걸린 아람 왕국의 나아만Naaman 장군

나아만은 아람 왕국의 영웅이었다. 그는 이스라엘 왕국과의 전쟁에서 대승을 거두었던 군사령관 출신이다. 아람의 승리는 배도한 이스라엘 민족을 심판하시고자 한 하나님의 관여에 의한 것이었지만(왕하 5:1) 이방 국가인 아람은 그 사실을 알지 못했다. 따라서 아람의 백성들은 나아만 장군의 탁월한 전술이 이스라엘 왕국에 대승하게 한 것으로 믿고 있었다.

하지만 나아만은 심각한 질병에 걸려 있었다. 그가 치유하기 어려운 나병에 걸리게 되었던 것이다. 여기서 우리가 쉽게 짐작할 수 있는 점은 나아만이 원래부터 나병환자가 아니었으리라는 사실이다. 그가 만일 처음부터 나환자였다면 군인으로서 최고의 지위인 사령관에 오르지 못했을 것이 분명하다.

그가 몹쓸 나병에 걸리게 되자 아람 왕을 비롯한 많은 사람들이 안타깝게 생각했다. 그러나 그 무서운 질병에 대해 달리 어떻게 할 도리가 없었다. 아람 왕국의 영웅인 나아만은 퇴역 장군으로서 무서운 질병으로 인해 절망스러운 나날을 보냈을 것으로 보인다.

그럴 때 이스라엘 출신의 한 어린 소녀가 나아만 장군의 나병을 보며 만일 그가 이스라엘의 사마리아에 있는 선지자에게 나아간다면 고칠 수 있으리라 생각했다(왕하 5:3). 이는 엘리사를 염두에 두고 한 것임에 틀림없다. 그 소녀는 그 전에 나아만 장군이 이스라엘에 승리했을 때 포로로 잡아온 아이였다. 그녀는 나아만 장군의 아내에게 수종드는 여종이 되어 있었던 것이다.

그 여자아이는 자기의 여주인에게 집주인 나아만이 이스라엘의 선지자 앞에 서게 된다면 나병을 치료받을 수 있을 것이라 말했다. 나아만의 아내는 그 이야기를 남편에게 전했으며 나아만은 이스라엘 출신의 소녀의 말을 왕에게 아뢰었다. 질병이 나을 수만 있다면 무슨 일이라도 할 만큼 나아만은 지푸라기도 잡고 싶은 심정이었을 것이다.

2. 나아만 장군의 방문에 당황해하는 이스라엘 왕

일등공신인 나아만의 말을 들은 아람 왕은 나아만이 질병치료를 위해 이스라엘 왕국으로 가는 것을 허락했다. 왕은 단순히 허락했을 뿐 아니라 그가 갈 때 자신의 친서와 함께 은금과 의복 등 값비싼 많은 예물들을 함께 보냈다. 그 가운데는 할 수만 있다면 나아만의 질병을 낫게 해 달라고 간청하는 의미가 들어 있었다.

그러나 이스라엘 왕은 그 편지를 받고 매우 당황했다. 그는 아람 왕의 친서를 읽고 나서 옷을 찢으며 곤경에 빠진 모습을 보였다. 아람 왕이 나병에 걸린 나아만 장군을 보내면서 그의 병을 고쳐내라고 하니 그렇게 생각할 만도 했다. 이스라엘의 왕은 아람 왕이 이스라엘을 공격하기 위한 빌미를 얻기 위해 의도적으로 그렇게 하고 있는 것으로 판단했던 것이다.

나병에 걸린 나아만 장군이 아람 왕의 친서를 가지고 사마리아를 방문한 것으로 인해 왕이 옷을 찢으며 괴로워한다는 소문을 엘리사가 든게 되었다. 엘리사는 왕에게 나아만 장군을 자기에게 보내달라고 했다. 그 사람이 이스라엘에 여호와 하나님의 선지자가 있는 줄 알게 되리라는 것이었다(왕하 5:8). 이 말은 나아만과 아람 왕국에 하나님의 말씀이 선포됨을 의미하고 있다. 엘리사의 말을 들은 이스라엘 왕은 곧바로 나아만을 그에게 보냈다.

3. 엘리사를 통한 나아만의 치유

이스라엘 왕국을 방문한 나아만 장군은 말과 전차 등 군대를 거느리고 엘리사의 집으로 찾아갔다. 나아만은 엘리사가 집 밖으로 나와 자기를 정중히 맞아 주리라 기대했을 것이 분명하다. 하지만 엘리사는 집 밖에도 나오지 않은 채 나아만에게 요단강에 가서 몸을 일곱 번 씻으라고 말했을 따름이다(왕하 5:10). 그렇게 하면 그의 나병이 치유되어 살갗이 깨끗하게 회복되리라는 것이었다.

격의를 벗어난 엘리사의 무례한 태도로 인해 나아만은 자존심이 심하게 상했을 것이 틀림없다. 비록 나병에 걸린 환자라 할지라도 당시 그는 국빈대우를 받듯이 국왕의 대접을 받는 중인데 자기가 믿는 신과 아무런 상관이 없는 일개 종교인이 감히 자신을 농락하고 있는 것으로 생각했을지도 모른다.

나아만은 그에 대해 매우 분개했다. 그는 엘리사가 이스라엘의 하나님 여호와의 이름을 간절히 부르며 자신의 환부에 손을 얹고 특별한 종교 행위를 함으로써 나병을 치료해 줄 것으로 기대했다. 그러나 엘리사는 얼굴도 내비치지 않은 채 요단강에 가서 일곱 번 몸을 씻으라며 명령하듯 말했던 것이다.

나아만이 그런 식으로 분개했던 것은 전혀 이상하지 않다. 그렇게 간단한 일이라면 굳이 이스라엘까지 올 리 없었을 것이며, 엘리사에게까지 와서 심한 자존심을 상하는 일은 발생하지 않았을 것이기 때문이다. 그의 집이 있는 다메섹의 아바나Abana 강과 바르발Pharpar 강은 요단강보다 못하지 않았다. 따라서 요단강에 몸을 씻어 치유될 것 같았으면 굳이 그 먼 길을 오지 않았으리라는 것이었다.

그러나 나아만 장군의 신하들의 생각은 달랐다. 아마 그들은 엘리사의 능력에 관한 정보들을 충분히 입수하고 있었던 것으로 보인다. 그러므로 만일 엘리사가 행하기 힘든 어려운 일을 시켰다 해도 따라 했을 텐데 쉬운 일을 시켰으니 한번 해보는 것이 어떠냐고 권면했다. 즉 밑져봐야 본전인데 이왕에 왔으니 한번 해보라고 권했던 것이다. 나아만은 신하들의 말을 듣고 못이긴 채 엘리사가 시키는 대로 요단강에 일곱 번 몸을 잠그고 씻게 되었다. 그러자 그의 살이 어린아이의 살같이 회복되어 나병이 치유되었다.

우리가 여기서 잊지 말아야 할 사실은 나아만의 질병이 치유된 것이 그의 믿음의 결과가 아니었다는 사실이다. 즉 엘리사의 말을 따르면 나병이 낫게 되리라고 믿었던 것이 아니다. 도리어 그에게는 선지자 엘리사와 이스라엘의 여호와 하나님에 대한 믿음이 전혀 없었다. 그러나 자의가 아니라 타의에 의해 하는 수 없이 그렇게 했는데 치유를 받게 되었던 것이다.

4. 나아만의 고백과 어려움

엘리사가 말한 대로 요단강에서 일곱 번 몸을 씻은 나아만 장군의 나병은 거짓말처럼 깨끗하게 나았다. 나아만은 치유를 받고 나서 대동한 군대와 함께 엘리사에게로 되돌아왔다. 그는 그 자리에서 이스라엘 가운데 존재하는 여호와 하나님에 대한 신앙을 고백했다.

"내가 이제 이스라엘 외에는 온 천하에 신이 없는 줄을 아나이다"(왕

하 5:15)

　나아만 장군이 요단강에 몸을 잠금으로써 나병을 치유 받은 사건은 대단한 사건임에 틀림없다. 하지만 그것은 그가 이스라엘의 의미와 여호와 하나님을 알게 된 사실과 비교되지 않는다. 즉 나아만의 질병이 치유된 것은 그가 이스라엘 가운데 계시는 여호와 하나님을 믿게 된 사실에 비하면 아무 것도 아닐 만큼 작은 일이었던 것이다.

　그후 나아만은 그에 대한 감사의 뜻으로 엘리사에게 예물을 주고자 했다. 나아만은 엘리사에게 예물을 전하면서 그것을 받도록 강권했다. 그가 예물을 주려했던 것은 앞 뒤 문맥을 살펴보건대 단순한 질병 치유 때문만이 아니라 이스라엘의 하나님을 알게 된 감사의 마음이 포함되어 있었던 것으로 이해된다.

　그러나 엘리사는 그 예물을 받지 않았다. 그는 나아만이 고백한 여호와 하나님의 이름으로 맹세하며 그가 주는 예물을 받지 않았다. 엘리사는 나아만이 치유 받은 것이 자기의 능력 때문이 아니라는 사실을 잘 알고 있었다. 그것은 전적인 하나님의 능력으로 말미암은 것이었다. 엘리사가 나아만의 예물을 거절했던 것은 자신이 그 예물을 받을 자가 아니었기 때문이다.

　결국 나아만은 엘리사에게 예물을 전하지 못하고 그 대신 다른 의외의 요구를 했다. 그것은 전혀 예기치 못한 것으로서 자기의 노새 두 마리에 실을 흙을 달라는 부탁이었다. 이는 매우 특이한 요청이 아닐 수 없다.

　"나아만이 이르되 그러면 청하건대 노새 두 마리에 실을 흙을 당신의 종에게 주소서 이제부터는 종이 번제물과 다른 희생제사를 여호와 외 다른 신에게는 드리지 아니하고 다만 여호와께 드리겠나이다"(왕하 5:17)

우리는 여기서 몇 가지 중요한 생각을 해 보아야 한다. 그것은 나아만이 왜 '이스라엘의 흙'을 요구했는가 하는 점과 '선지자 엘리사에게' 그 흙을 달라고 했는가 하는 점이다. 거기에는 결코 간과할 수 없는 매우 의미심장한 뜻이 담겨 있다.

나아만 장군이 이스라엘 땅에 있는 흙을 누구로부터 허락을 받지 않고 가져간다고 해서 그것을 막을 사람은 아무도 없다. 그런데 그는 엘리사에게 흙을 달라고 부탁하고 있다. 거기에는 '선지자가 주는 이스라엘의 흙'을 받겠다는 의도가 담겨 있다. 이스라엘 전체가 흙이었지만 나아만은 선지자 엘리사가 주는 흙을 가져가기를 원했던 것이다.

그렇다면 그가 이스라엘의 흙을 원했던 구체적인 까닭은 무엇이었을까? 그것이 자기의 질병을 치유 받은 것을 기념하기 위한 것이었을까? 만일 그렇다면 흙이 아니라 요단강의 물을 떠가면 된다. 즉 요단강의 물이 질병 치유에 탁월한 효과가 있다고 온 천하에 소문을 냈을 것이다.

그러나 나아만 장군은 그런 유치한 생각과 행동을 하지 않았다. 그는 이스라엘의 흙을 가지고 고향으로 돌아가려는 신중한 마음을 먹고 있었다. 그가 그렇게 하고자 했던 것은 이제 자신은 '이스라엘 땅에 사는 사람'이라는 사실을 고백하고 있는 것이다. 즉 이제부터 나아만은 '이스라엘의 선지자와 더불어 이스라엘의 땅에 사는 자'가 된 것이다. 그의 몸이 어느 지역에 있든지 그의 정체성은 분명해졌다. 그러므로 나아만은 이제부터 여호와 하나님 이외의 다른 신들에게 제사를 드리지 않겠노라고 고백했던 것이다.

하지만 아람 왕국의 유력한 장군 출신인 그에게는 여전히 쉽지 않은 곤란한 문제가 남아 있었다. 그는 항상 아람 왕과 함께 있어야 하는 신분이었는데, 아람 왕은 이방 신 림몬Rimmon[31]을 섬기는 자였다. 그러

---

31) 림몬은 그리스 신화의 제우스신과 유사한 성격을 지닌 아람인들의 신으로 알려져 있다. 그 신은 종종 한 손에 번개를 잡고 소의 등 위에 올라 타 있는 모습으로 표현된다.

므로 왕이 림몬의 신당에 들어가 제사를 지낼 때 자기도 그 옆에 있어야만 했던 것이다.

왕이 림몬의 신당에 들어가 이방신을 섬길 때 나아만은 옆에서 그에게 수종드는 직무를 담당해 왔다. 이제 아람으로 돌아가면 그와 같은 일을 하게 될 터인데 여호와 하나님께서 용서해 주시기를 원한다고 말했다. 이는 나아만 자신이 앞으로도 그 전처럼 림몬을 섬기겠다고 말한 것은 아니다. 아람 왕국에서 자신이 처한 정치적 위치에 대한 고충을 말했던 것이다. 엘리사는 그런 고민을 말하는 나아만에게 '평안히 가라'(왕하 5:19)고 말했다.

이는 나아만에게 본질적으로 소중한 것이 무엇인지 말해주고 있는 것으로 보인다. 우리가 여기서 유념해야 할 바는 자칫 잘못하면 이를 타협의 빌미로 삼을 우려가 있다는 사실이다. 하지만 나아만 장군이 속한 아람 왕국이 고대의 세속적 신정국가였다는 사실을 염두에 두고 이를 이해해야 한다.

5. 게하시의 탐심과 엘리사의 진노와 저주

엘리사의 사환 게하시는 나아만이 주고자 했던 값진 예물을 일언지하에 거절한 주인을 이해할 수 없었다. 그는 나아만의 예물을 받는 것이 부당한 것이 아니라 정당한 것이라 생각했다. 어쩌면 적대관계에 있는 아람 왕국의 고위관리가 주는 예물이라면 받는 것이 이스라엘 왕국의 입장에서도 유익이 되리라 생각했을지도 모른다. 그가 그 일을 위해 살아계신 여호와께 맹세하고 있다는 사실(왕하 5:20)에서 그 점을 어느 정도 유추할 수 있다.

나아만 장군이 주고자 한 예물을 받아내야겠다고 결심한 게하시는 즉시 실행에 옮겼다. 그가 나아만이 탄 수레를 뒤좇아 가까이 이르자 나아만 장군은 그를 반갑게 맞았다. 게하시는 그에게 자기의 주인 엘리사 핑계를 대며 거짓말을 했다. 지금 선지자의 제자들 가운데 두 청년이 에브라임 산지에서 내려왔는데 그들을 위해 은 한 달란트와 옷 두 벌을 달라고 한다는 것이었다.

게하시의 말을 들은 나아만은 엘리사가 요구했다는 것보다 많은 은 두 달란트와 옷 두벌을 그에게 주었다. 게하시는 그 돈과 물건들을 자기 집에 가져가 감추어두었다. 그는 나름대로 자신의 행동을 합리화하며 잘 한 일이라 생각했을 것이 분명하다. 이왕에 나아만이 엘리사에게 주려했던 것을 그가 받지 않아 자기가 대신 받은 것은 정당한 일이라 판단했던 것이다. 그것은 주인의 물건을 훔친 것도 아니며, 이미 예물로 주기 위해 작정된 것이므로 자기가 받는다고 해서 나아만 장군이 손해 볼 것도 없다고 생각하며 스스로 위안 삼았을 것이 틀림없다.

게하시는 그런 행동을 했음에도 불구하고 자기가 나아만으로부터 예물을 받은 그 사실을 아무도 모르리라 생각했다. 자기의 주인 엘리사가 그에 대해 알지 못하는 것은 자연스럽다. 그러므로 그는 그전처럼 태연하게 주인 앞으로 나아갔다. 그러나 그에 관한 모든 사실을 이미 알고 있던 엘리사는 게하시에게 어디서 오느냐고 물었다. 게하시는 평상시와 다르지 않다고 대답하며 얼렁뚱땅 넘어가려 했다.

하지만 엘리사는 그가 행한 모든 행동을 이미 알고 있음을 말했다. 그는 게하시에게 악행을 저지를 때 선생인 자신이 마음에 걸리지 않더냐고 물었다. 그러면서 지금이 어찌 은을 받고 옷을 받으며 남의 감람원과 포도원, 양과 소, 남종과 여종을 탐하며 그것들을 받을 때냐고 강하게 책망했다. 이러한 언급은 단순히 이스라엘 왕국의 위기에 대해 말하고 있는 것이 아니다. 이는 도리어 이스라엘 왕국이 메시아를 기다릴 때임을 강조하고 있는 것이다.

즉 이스라엘 왕국과 그에 속한 백성들은 하나님께서 약속하신 메시아를 기다리는 것이 유일한 소망이었다. 하물며 선지자 엘리사에게 수종드는 사환으로서 게하시는 그에 대해 더욱 분명한 의식을 하고 있어야 했다. 따라서 엘리사는 게하시에게 나아만 장군이 걸렸던 것과 동일한 나병이 걸리도록 게하시를 저주했다.

> "그러므로 나아만의 나병이 네게 들어 네 자손에게 미쳐 영원토록 이르리라 하니 게하시가 그 앞에서 물러나오매 나병이 발하여 눈같이 되었더라"(왕하 5:27)

게하시는 나아만의 예물을 탐내다가 엄청난 저주를 받게 되었다. 우리가 여기서 생각해 볼 수 있는 것은 엘리사가 그를 훈계하고 용서할 수는 없었을까 하는 점이다. 그는 오랫동안 고생하며 자기에게 수종들던 사환이었다. 우리가 생각하기에 그가 일시적인 실수를 했다고 할지라도 엄히 책망하고 용서할 수 있었으리라 생각할 수 있는 것이다.

그러나 선지자 엘리사는 매우 단호했다. 왜 그렇게 단호했을까? 게하시는 그동안 엘리사를 따라 다니면서 하나님의 역사하심을 숱하게 많이 보아왔다. 그는 다른 일반 사람들과 달리 하나님의 놀라운 능력을 항상 가까이 보아 왔으므로 여호와 하나님을 더욱 경외해야 했다. 마땅히 그러해야만 할 게하시가 하나님의 종이자 자기의 주인인 선지자 엘리사를 속이고 악행을 저질렀으므로 무서운 저주의 징계를 받을 수밖에 없었다.

그리고 그 가운데는 전체 이스라엘 백성들을 위한 교훈적인 측면이 들어있다. 즉 엘리사와 항상 함께 다니던 게하시가 그런 엄한 저주의 징계를 받는 것을 보는 사람들은 하나님에 대한 두려움을 더욱 분명히 가져야만 했다. 그럼에도 불구하고 참 성도들이 아닌 배도한 이스라엘 백성들은 그 메시지를 제대로 받아들이지 못했다.

6. 나아만과 게하시

나아만 장군은 이스라엘 왕국의 적대세력인 아람 왕국의 최 고위직에 있는 군사령관이었다. 즉 이스라엘 백성이 가장 경계해야 할 위험한 인물이었던 것이다. 이에 반해 게하시는 이스라엘 왕국의 최고의 영적인 권위자인 선지자 엘리사에게 수종드는 사환이었다. 그는 이스라엘 왕국 가운데 가장 중요한 위치에 있는 인물들 가운데 한 사람이었다 해도 과언이 아니다.

그동안 나아만 장군은 이스라엘에 대항해 전쟁을 일으키고 백성들을 괴롭히는 일에 전념해왔다. 즉 그는 하나님을 알지 못하는 불신자로서 이스라엘의 여호와 하나님에 대한 경외감이 전혀 없었다. 이에 반해 게하시는 엘리사를 따라다니며 수많은 이적들을 보아왔다. 그는 살아계신 여호와 하나님의 능력을 직접 목격하며 체험했던 인물이었다. 당시 많은 이스라엘 백성들은 게하시를 믿음이 투철한 사람으로 보았을 것이 분명하다. 물론 본인도 다른 사람들 앞에서 그렇게 행동했을 것이다.

그런데 그와 같은 상황이 완전히 반전되었다. 이스라엘 왕국을 괴롭히던 이방 왕국의 군사령관이었던 문둥병자 나아만은 여호와 하나님의 놀라운 은혜를 입었다. 그는 하나님의 말씀은 물론 성경이 말하는 믿음이 무엇인지 전혀 모르는 사람이었다. 하지만 하나님께서는 그에게 특별한 은혜를 베푸셨다.

후일 예수께서는 회당에서 배도한 유대인들을 향해 그점을 언급하셨다. 엘리사 시대에 이스라엘 민족 가운데 수많은 문둥병자들이 있었지만 하나님은 그들 가운데 아무도 치유해 주시지 않았다. 그러나 이방 족속에 속한 나아만의 질병만을 치유해 주셨다.

> "또 선지자 엘리사 때에 이스라엘에 많은 문둥이가 있었으되 그 중에 한 사람도 깨끗함을 얻지 못하고 오직 수리아 사람 나아만뿐이니라"(눅 4:27)

예수님의 말씀을 들은 유대인들은 그를 동네 밖으로 끌고나가 해치려

했다. 이는 그들의 자존심이 완전히 짓밟혔기 때문이다. 예수께서는 유대인들이 더럽고 천박하게 여기는 이방인이자 부정한 문둥병에 걸린 나아만이 치유 받은 사실을 언급하시면서 차라리 그런 사람이 유대인들보다 낫다고 말씀하셨던 것이다.

유대인들이 볼 때 문둥병자 나아만은 이중二重으로 부정한 자였다. 그는 이방인으로서 존재 자체가 더러운 자였다. 그리고 그가 문둥병에 걸렸다는 사실은 저주받은 자로서 상종할 가치가 없음을 말해주고 있다. 그런데 그는 하나님으로 말미암아 완전히 치유 받았다. 예수님은 그러한 나아만을 언급하며 스스로 선민이라며 자존심을 가지고 있던 유대인들의 본성을 드러내셨던 것이다.

한편 유대인으로서 선지자 엘리사를 따라다니며 믿음의 사람으로 행세하던 게하시는 무서운 저주를 받게 되었다. 유대인으로서 아브라함의 후손이라 여기던 게하시는 저주를 받고 부정한 이방인 출신 나환자였던 나아만은 하나님의 은혜를 입었다. 즉 이방인 나아만은 하나님에 의해 나병을 치유 받은데 반해 유대인 게하시는 나병에 걸린 사건을 통해 분명한 상황의 전환이 발생하게 되었다.

오늘날 우리는 이 사건을 예수님 당시의 유대인들의 입장과 더불어 신중하게 생각해 보아야 한다. 하나님의 백성인 성도들은 선지자들과 사도들의 가르침을 따르는 제자들이다. 여기서 우리는 평생 엘리사를 따라다니며 수종들던 게하시를 생각하지 않을 수 없다. 우리에게 진정으로 하나님을 경외하는 온전한 신앙의 자세가 없다면 게하시와 같은 처지에 놓이게 될지 모른다.

우리는 믿음이 없었으나 하나님의 놀라운 은혜를 입은 나아만을 기억하며 우리 역시 그와 같은 자리에 있다는 사실을 잊어서는 안 된다. 나아만이 선지자 엘리사로부터 특별히 받은 이스라엘의 흙을 아람으로 가져가며 그 가운데 살고자 하는 자세를 기억해야 하는 것이다.

현대에 살고 있는 우리도 나아만이 그리했던 것처럼 '이스라엘의 흙'이 가진 의미 가운데 살면서 엘리사의 하나님을 섬기고 있다. 물론 예수님의 십자가 사역 이후의 성도들의 몸은 이 세상에 살고 있지만 본질은 영적인 '이스라엘의 흙' 곧 '메시아 왕국의 영역'에서 구약의 선지자들과 신약의 사도들이 섬기던 그 하나님을 섬기며 살아간다. 나아만 장군이 이스라엘의 여호와 하나님을 알게 된 사실은 그의 육신의 질병을 치유 받은 사건과 도저히 비교될 수 없는 큰 은혜였음을 마음깊이 새기지 않으면 안 된다.

제4장
엘리사와 이스라엘 왕국의 극심한 기근

(왕하 6:1-7:20)

1. 선지자들의 공동가옥 건축과 쇠도끼 사건

선지자의 생도들이 함께 모여 생활하는 장소가 협소하여 좀더 넓은 장소를 찾아야만 했다. 그들은 요단Jordan 지역을 새로운 거주지로 정하고 집을 건축하고자 계획했으며 엘리사는 저들의 견해를 받아들였다. 당시 그들이 거처를 옮기는 것을 보아 안정된 생활을 누리지 못했던 것으로 보인다.

엘리사는 제자들과 함께 요단으로 내려갔다. 낯선 터에 새로운 집을 짓기 위해서는 많은 재목이 필요했다. 아마 함께 하는 모든 사람들이 분주하게 일했을 것이 분명하다. 그러던 중 전혀 예기치 못했던 사건이 발생하게 되었다. 생도들 가운데 한 사람이 나무를 베다가 쇠도끼를 물에 떨어뜨렸던 것이다.

그는 남으로부터 빌려온 도끼를 물에 빠뜨리고 일순간 매우 당황했다. 다른 사람의 귀중한 도구를 잃어버린 그 사람은 쇠도끼를 물에 빠뜨렸다고 크게 고함을 질렀다. 그때 마침 엘리사가 그 근처에 있었다. 엘리사는 도끼가 빠진 위치를 확인하고 나뭇가지를 베어 물 위에 던지자 쇠도끼가 물 위로 떠올랐다(왕하 6:6). 엘리사가 그것을 빠뜨린 생도에게 가져가라고 하자 그는 도끼를 되찾게 되었다.

우리는 여기서 몇 가지 생각을 해 보아야 한다. 나무를 베다가 도끼를 물에 떨어뜨렸으면 그냥 들어가 건져내면 될 것 아닌가? 요단강 줄기에는 물 속에 빠진 도끼를 찾지 못할 만큼 수심이 깊은 곳이 있었던 것 같지 않다. 갈릴리 바다나 사해바다 등의 웬만큼 깊은 곳이 아니라면 물 속으로 들어가 찾아내면 된다. 그런데 쇠도끼를 물 속에 떨어뜨린 생도는 큰일났다며 소리질러 외쳤다. 그렇다면 그것은 그 생도의 호들갑이었던가?

사실 그의 태도는 그렇게 중요하지 않다. 우리가 주의 깊게 관심을 기울일 것은 일단 그런 일이 발생했다는 사실과 그가 큰 소리로 외침으로 인해 많은 사람들의 이목을 한 곳으로 집중시켰다는 점이다. 그리고 엘리사가 그 옆에 있으면서 물에 빠진 쇠도끼를 기적적인 방법으로 물 위로 떠오르게 했다는 사실이다.

우리는 여기서 엘리사를 통해 선지자들의 생도들에게 놀라운 사실을 보여주고자 했던 하나님의 뜻을 기억해야 한다. 그 놀라운 기적을 본 모든 생도들은 그 사건을 통해 하나님의 임재를 더욱 분명히 깨달을 수 있었다. 나아가 그에 대한 소문은 곧 온 이스라엘에 퍼져나갔을 것이 틀림없다. 이는 오랜 역사를 거쳐 오늘날 우리에게도 그대로 전해지고 있다.

우리는 엘리사가 쇠도끼를 물에서 떠오르게 한 사건이 '메시아 사역에 연관된 사건'이라는 사실을 깨달아야 한다. 예수께서는 제자들이 보는 앞에서 갈릴리 바다 위를 걸어가신 적이 있다(마 14:25,26). 그는 자연의 법칙도 다스리셨다. 하나님을 알지 못하는 자들은 자연법칙이 불변의 진리라 생각하며 예수께서 물 위를 걸어가신 사건을 받아들이지 않는다.

하나님께서는 엘리사를 통해 구약시대에 이미 물과 연관된 자연법칙에 반하는 관여를 하셨다. 물에 빠진 쇠도끼가 물 위로 떠오르게 한 것은 자연의 법칙을 거스른 것이다. 그 자리에 함께 있던 생도들은 그 사건을 두 눈으로 보며 놀라지 않을 수 없었다.

예수께서 물 위를 걷는 모습을 본 제자들은 처음에 매우 놀랐을 것이 분명하다. 그러나 그들은 점차 엘리사의 기적을 머리에 떠올렸을 것이다. 우리가 깨달아야 할 점은 물에 빠진 쇠도끼가 떠오르게 한 엘리사의 이적이 단순한 기적이 아니라 메시아 사역에 대한 예표적인 기능을 하고 있다는 사실이다.

2. 아람 군대의 공격과 엘리사

엘리사를 비롯한 생도들에게 환경의 변화와 더불어 놀라운 일들이 발생하고 있을 무렵 아람 왕은 이스라엘을 공격하기 위해 준비하고 있었다(왕하 6:8). 그는 전략을 세워 여러 군데 비밀 진지를 구축함으로써 만반의 준비를 갖추었다. 이스라엘 군대는 그것을 구체적으로 알지 못했으므로 섣불리 행동하다가는 낭패를 당할 수 있었다.

그러나 하나님의 사람 엘리사는 적의 동태를 소상하게 알고 있었다. 엘리사가 그에 관한 모든 정보를 이스라엘의 왕에게 전해주자 그에 따라 대응하게 되었다. 이스라엘 군대가 지속적으로 아람의 진지와 전략을 정확하게 파악하는 것을 본 아람 왕은 내부에 이스라엘과 내통하는 첩자가 있는 것으로 여겼다.

따라서 아람 왕은 부하들에게 내부에 적의 첩자가 있을지 모르니 샅샅이 조사하도록 엄히 명령했다. 그러자 그들 가운데 한 사람이 아람 군대 내부에 첩자가 있는 것이 아니라 이스라엘의 선지자 엘리사가 문제라는 점을 보고했다. 그가 아람 왕국의 모든 진지와 전략을 훤하게 알고 있다는 것이었다.

전쟁에 승리할 수 없는 원인이 선지자 엘리사에게 있다는 사실을 알게 된 아람 왕은 그를 체포하기 위해 밤중에 대군을 보내 그가 있는 도단Dothan 성을 완전히 포위했다. 아침에 엘리사의 사환이 일어나 아람 군대가 주인을 체포하기 위해 성 전체를 에워싸고 있는 것을 보고 불안한 마음으로 엘리사에게 보고했다.

그러자 엘리사는 그에게 두려워하지 말라고 했다. 육안으로 볼 수 없으나 자기와 함께하는 하나님의 군대가 눈앞에 있는 아람 왕의 군대보다 훨씬 막강하다는 것이었다. 그러면서 엘리사는 여호와 하나님께 간구하며 자기 사환으로 하여금 천군 천사의 실체를 보게 해주었다. 인간들의 육안으로는 볼 수 없었으나 실상은 엘리사의 주변에 불 말과 불 전차가 가득했던 것이다.

> "기도하여 이르되 여호와여 원하건대 그의 눈을 열어서 보게 하옵소서 하니 여호와께서 그 청년의 눈을 여시매 그가 보니 불말과 불병거가 산에 가득하여 엘리사를 둘렀더라"(왕하 6:17)

엘리사는 자기 사환의 눈을 뜨게 해 실체를 보게 한 후, 자기를 체포하기 위해 오는 아람 군인들의 눈을 어둡게 했다. 앞을 보지 못하게 된 아람 군대는 엘리사의 정체를 알지 못한 채 그에게 이끌려 사마리아 성 안으로 들어가게 되었다. 그들이 성으로 들어갈 때 하나님께서 저들의 눈을 여셨다. 이는 그들의 목숨은 죽은 목숨이 되었음을 말해주고 있다.

아람 군대의 모습을 본 이스라엘 왕은 엘리사에게 그들을 쳐서 전멸시켜야 할지 물었다. 그러나 엘리사는 이미 포로로 잡혀 있는 형국이 된 그들을 죽이지 말고 도리어 그들에게 음식과 물을 주어 기력을 회복시켜 아람 지역으로 돌려보내도록 말했다. 엘리사의 지시대로 했을 때 전쟁이 그치고 당분간 양국 사이가 일시적으로 조용하게 되었다.

본문 말씀 가운데 등장하는 엘리사는 마치 전쟁에서 지혜를 가지고 조언하는 책사策士와 같은 모습을 보인다. 우리는 여기서 전쟁의 승패는 이스라엘 왕국의 군대에 달려 있는 것이 아니라 하나님의 선지자 엘리사에게 달려 있음을 알게 된다. 아무리 훈련을 많이 하고 정신무장이 잘되어 있다 할지라도 하나님의 도우심이 없다면 패배할 수밖에 없다.

우리는 엘리사의 주변에 하나님의 불 말과 병거가 있었다는 사실을 알게 되었다. 그것은 인간들이 육안으로 확인했기 때문이 아니라 실제적인 형편을 말해주고 있다. 즉 엘리사의 사환이 눈으로 확인한 사실이 중요한 것이 아니라 그 현실 자체가 중요한 것이다.

설령 엘리사의 사환이 그것을 눈으로 보지 못했다할지라도 여전히 하나님의 군대는 엘리사와 함께 있었다. 사실 그 사환 이외에는 그 상황을 직접 눈으로 본 사람이 없다. 그러나 오늘날 우리는 엘리사가 특별히 허락했던 그의 눈을 통해 여전히 하나님의 백성들과 함께 있는 여호와 하나님의 군대의 존재를 알게 된다.

예수님의 십자가 사역을 앞두고 그를 체포하기 위한 무장 군인들이 몰려왔다. 그 광경을 지켜본 제자들은 당황하며 두려움에 빠졌다. 예수께서는 그들을 향해 마음만 먹으면 당장 열두 군단도 더되는 천군 천사들을 동원해 저들을 심판하실 수 있음을 말씀하셨다.

> "너는 내가 내 아버지께 구하여 지금 열두 군단 더 되는 천사를 보내시게 할 수 없는 줄로 아느냐"(마 26:53)

예수께서는 하나님의 군대가 자기와 함께 있다는 사실을 분명히 알고 계셨다. 보통 사람들은 육안으로 볼 수 없었지만 천군 천사들이 항상 예수님과 함께 있었다. 이스라엘 백성들이 전쟁 중일 때 엘리사와 함께 있던 하나님의 군대는 지상의 예수님과 항상 함께 있었던 것이다.

우리가 여기서 분명히 기억해야 할 사실은 예수께서는 천군 천사들이 항상 자기와 함께 있음에도 불구하고 지상의 모든 고통을 스스로 감내

하셨다는 사실이다. 예수께서 그렇게 하셨던 것은 구약성경에 기록된 언약의 말씀을 이룩하시기 위해서였다(마 26:54). 우리는 이를 통해 자기 백성들을 위한 하나님 놀라운 사랑을 깊이 깨닫게 된다.

3. 포위된 사마리아성의 처참한 기근

세월이 흐른 후 아람 왕 벤하닷이 다시금 군대를 이끌고 이스라엘 왕국을 공격해 사마리아 성을 포위했다(왕하 6:24). 그렇게 되자 성 안팎의 상인들의 왕래가 끊어지고 물가가 폭등하게 되었다. 음식이 절대 부족해 나귀 머리 하나에 은 팔십 세겔을 하고 '비둘기 똥' 사분의 일(1/4) 갑에 은 다섯 세겔을 했다(왕하 6:25).[32]

나귀 머리는 뼈가 많아 가장 먹을 것이 없을 뿐 아니라 평상시에는 잘 먹지도 않는 부위였다. 그리고 '비둘기 똥'[33]을 양식으로 삼아야 할 만큼 굶주림이 심했다. 평상시라면 먹지도 않고 먹을 만한 음식이 되지도 않는 그런 것들마저 엄청나게 비쌌던 것이다.

그런 하잘것없는 음식들이 그렇게 비싸다면 가난한 서민들은 도저히 살아갈 수 없을 정도로 딱한 형편에 놓일 수밖에 없다. 먹을 만한 모든 것들은 씨가 마를 지경이었다. 그러자 사람들 가운데는 굶주림을 견디지 못해 인육人肉을 먹는 일까지 발생했다.

---

32) 현대의 화폐로 환산을 해보면, 은 한 세겔이란 약 2달러(US$) 정도 된다고 한다. 그렇다면 나귀 머리 하나에 180달러를 하며 비둘기 똥 사 분의 일 갑에 10달러 정도 한다는 계산이 나온다. 이는 엄청나게 비싼 가격이라 아니할 수 없다 (원용국, 열왕기하 주석 '6장 25절', 서울: 호석출판사, 2001, p.199. 참조).

33) 이는 실제 '비둘기의 똥'을 말하는 것이 아니라 특정 식물을 일컫는 것으로 보인다. 한글개역성경에 기록된 '합분태'는 '비둘기 똥'을 의미하지만 여기서 말하는 '비둘기 똥'이란 식물의 한 종류로서 오늘날 '베들레헴의 별'(Star of Bethlehem)로 여겨진다(정정숙, 성서식물, 서울: 크리스챤 뮤지엄, 2007, '합분태', 참조). 이는 마치 우리나라의 식물들 가운데 '애기똥풀' '소똥풀' '돼지똥풀' '쥐똥풀' 등 동물의 똥과 연관된 식물들이 많이 있는 것과 더불어 생각할 수 있다.

그러던 중 어느 날 이스라엘 왕이 성 위로 지나갈 때 한 여인이 왕을 불러 외쳤다. 이는 자기의 억울함을 호소하며 왕의 판단을 요구할 때 사용되는 방법이다. 하지만 백성들이 왕에게 음식에 관한 도움을 요청한다 해도 그가 할 수 있는 일은 아무 것도 없었다. 그래서 왕은 그 여인에게 여호와 하나님이 도우시지 않는다면 도와줄 만한 아무런 힘이 자기에게 없음을 말했다.

그러자 그 여인은 자신의 억울함과 신세를 한탄하는 말을 쏟아냈다. 내용인즉 이웃에 살고 있는 한 여인이 자기의 어린 아들을 먼저 삶아먹고 그 다음날은 그녀의 아들을 그렇게 하기로 약속했다는 것이다. 약속대로 그들은 자기의 아들을 먼저 삶아먹고 그 다음날은 그 이웃 여인의 아들을 삶아먹을 차례인데 그녀가 자기 아들을 숨겨버렸다는 것이었다.

> "또 이르되 무슨 일이냐 하니 여인이 대답하되 이 여인이 내게 이르기를 네 아들을 내 놓아라 우리가 오늘 먹고 내일은 내 아들을 먹자 하매 우리가 드디어 내 아들을 삶아 먹었더니 이튿날에 내가 그 여인에게 이르되 네 아들을 내 놓아라 우리가 먹으리라 하나 그가 그의 아들을 숨겼나이다 하는지라"(왕하 6:28,29)

이는 이스라엘 왕국이 극단적인 상황에 처했음을 보여주고 있다. 나아가 왕에게 자신의 억울함을 호소하는 그 여인은 제정신이라 할 수 없다. 아들을 죽여 배를 채운 자기의 범죄에 대해서는 아무런 감각도 없이 이웃 여인이 자기를 속였다는 사실에만 집착해 있다. 우리는 그 당시의 처절한 상황을 상상을 통해 짐작하게 된다.

이스라엘 민족의 비참함은 항상 이방 왕국 때문이 아니라 저들의 하나님에 대한 배도와 불순종으로 인해 발생한다. 하나님께서는 이스라엘이 배도한 결과로 말미암아 임하게 될 두려운 심판에 관해 말씀하셨다. 그 가운데는 상상을 초월하는 기근과 그로 말미암은 무서운 범죄에 대해 기록되어 있다.

> "내가 진노로 너희에게 대항하되 너희 죄를 인하여 칠 배나 더 징책
> 하리니 너희가 아들의 고기를 먹을 것이요 딸의 고기를 먹을 것이며"
> (레 26:28,29)

하나님께서는 죄의 결과로 인해 임하게 될 처참한 상황을 말씀하셨다. 따라서 엘리사 시대에 그런 끔직한 기근과 인육을 먹는 사건은 전혀 예기치 못한 일이 아니었다. 구약의 율법을 통해 성실한 신앙을 유지하던 자들은 그런 사태를 보며 모세의 율법을 기억했을 것이 분명하다.

당시 이스라엘 왕은 자신의 아기를 삶아먹은 그 여인의 말을 들은 후 입고 있던 자신의 옷을 찢고 굵은 배 옷을 입었다. 이스라엘 왕국에 그보다 더 처참한 일은 있을 수 없었다. 그런데 문제는 이스라엘의 왕이 그에 대한 모든 비참한 현실의 원인을 선지자 엘리사에게 돌리고 있었다는 사실이다. 왕은 엘리사가 이스라엘을 위해 좋게 기도하지 않고 하나님께 이스라엘의 죄를 고자질한 것으로 판단하고 있었다. 그러므로 그는 신하들에게 엘리사를 체포하도록 명령하여 즉시 처형하려고 했다.

> "왕이 이르되 사밧의 아들 엘리사의 머리가 오늘 그 몸에 붙어 있으
> 면 하나님이 내게 벌 위에 벌을 내리실지로다 하니라"(왕하 6:31)

이스라엘 왕은 엘리사를 체포하기 위해 사자를 앞서 보내고 자기도 그 뒤를 따랐다. 그러나 엘리사는 자기를 잡아죽이기 위해 오는 자를 자기의 집 안으로 들여보내지 않도록 장로들에게 당부했다. 엘리사와 장로들이 대화를 하고 있을 때 왕이 보낸 사람이 도착했다.

그 사람은 여호와 하나님께 저항하는 말부터 했다. 이스라엘 왕국 가운데 일어나는 그런 끔찍한 재앙이 여호와 하나님으로부터 왔는데 이제 더 이상 그의 도움을 기다릴 것이 뭐가 있느냐는 것이었다(왕하 6:33). 그러므로 왕이 엘리사를 죽이려 했던 것은 엘리사의 하나님 여호와에 대

한 반항이었다.

그의 말을 들은 엘리사는 그 다음날이 되면 물가가 완전히 폭락하게 되리라는 예언을 했다. 사마리아 성문에서 식량매매가 이루어지는데 불과 하루만에 가격이 급격히 떨어진다는 것이었다. 고운 밀가루 한 스아 seah에 한 세겔을 하고, 보리 두 스아에 한 세겔을 하게 된다고 했다.[34] 이는 앞에서 언급되었던 나귀 머리와 '비둘기 똥'의 가격과 비교해 볼 때 상상을 초월하는 것이었다.

이는 실상 도저히 믿을 수 없는 내용이었다. 엄청나게 폭등한 물가가 하루아침에 완전히 폭락한다는 것은 상식적으로 있을 수 없는 일이다. 그러므로 왕의 신하는 설령 여호와 하나님이 하늘에 창을 내어 식량을 쏟아 붓는다고 할지라도 그런 일이 발생하는 것은 불가능하다고 대꾸했다. 하지만 엘리사는 그가 다음날 그 사실을 보게 되겠지만 왕의 신하 자신은 그 값싼 음식을 배불리 먹지 못할 것이라 말했다.

4. 아람 군대의 갑작스런 퇴각과 물가 폭락

이스라엘 왕국에 속한 모든 백성들은 극히 소수의 지도자들을 제외하고는 굶주림에 의해 죽을 지경이었다. 그렇게 되자 민심은 흉흉해지고 고통의 연속이었다. 더구나 몸을 붙일 만한 아무런 연고가 없는 사람들은 죽지 못해 생명을 부지하고 있었을 따름이다.

그런 여건 가운데 성문 밖에 문둥병 환자 네 사람이 굶주리고 있었다 (왕하 7:3). 그들은 다른 일반 백성들에 비해 더욱 어려운 사람들이었다. 그들은 성 안으로 들어갈 수도 없었으며 다른 지역으로 갈 수 있는 형편

---

34) 현대의 용량과 비교한다면 한 스아(seah)는 에바의 3분의 1로서 36리터 정도로 약 두말 가까이 된다고 한다(원용국, 열왕기하 주석, 7장 1절, 서울: 호석출판사, 2001, p.209. 참조); 물론 우리는 현대의 도량형에 따라 그것을 정확하게 계산할 수 없다. 단지 대략적인 추정을 할 수 있을 따름이다.

이 되지도 못했다. 그래서 그들은 어차피 죽을 목숨이니 차라리 아람 군대에 가서 항복하자고 결의했다. 그들이 살려두면 살 것이지만 죽이면 죽을 각오를 하고 있었다. 이래죽으나 저래죽으나 마찬가지였던 것이다.

그들은 해가 질 무렵이 되어 아람 군대의 진영으로 갔는데 가서 보니 사람의 그림자도 얼씬거리지 않았다. 아람 왕국의 모든 병사들이 퇴각함으로 인해 적진이 텅 비어 있었던 것이다. 그 사실을 이스라엘 진영에서는 전혀 눈치채지 못하고 있었다. 이는 하나님께서 그렇게 간섭하셨기 때문이다.

> "이는 주께서 아람 군대로 병거 소리와 말 소리와 큰 군대의 소리를 듣게 하셨으므로 아람 사람이 서로 말하기를 이스라엘 왕이 우리를 치려하여 헷 사람의 왕들과 애굽 왕들에게 값을 주고 그들을 우리에게 오게 하였다 하고 해질 무렵에 일어나서 도망하되 그 장막과 말과 나귀를 버리고 진영을 그대로 두고 목숨을 위하여 도망하였음이라"(왕하 7:6,7)

하나님께서는 인간들이 할 수 없는 특별한 방법으로 아람 군대를 물리치셨다. 아람 군대를 향해 웅장한 전차소리와 말달리는 소리, 그리고 큰 군대의 소리가 들리게 함으로써 저들로 하여금 공포에 질리게 했다. 그 갑작스런 대군의 이동 소리를 들은 아람 왕은 이스라엘 왕국이 헷 Hittite 족속과 애굽의 지원을 받아 저들의 진영을 급습하는 것으로 착각하게 되었다. 그래서 그들은 혼비백산이 되어 모든 것을 그냥 두고 도망치게 되었던 것이다.

하나님께서는 과연 누구를 위해 그렇게 하셨는가? 물론 외형적으로 보아 그것은 이스라엘 왕국을 위한 것이었다. 하지만 우리는 그것이 배도한 이스라엘을 위해서가 아니라 엘리사와 그를 따르는 백성들을 위해 그렇게 하셨다는 사실을 기억해야 한다. 즉 하나님께서는 그 가운데서 엘리사를 비롯한 자기 백성을 지키고자 하셨다.

아무도 없는 아람 진영에 들어온 나환자들은 한 장막에 들어가 먹고 마시면서 은, 금, 의복 등 귀중품들을 저들을 위해 따로 챙겨 숨겼다. 그러던 중 '그 아름다운 소식'(왕하 7:9)을 저들만 알고 누릴 것이 아니라 속히 왕궁에 알려야 된다고 생각했다. 그렇게 하는 것이 마땅한 도리라고 여겼기 때문이다. 그 문둥병자들은 아람 군대가 알 수 없는 이유로 인해 퇴각한 사실을 관리를 통해 왕궁에 전달했다.

전혀 예상치 못했던 의외의 보고를 받은 왕은 그 사실을 쉽게 받아들일 수 없었다. 이스라엘의 왕은 그것이 아람 군대의 매복을 통한 유인작전일 것이라 판단했다. 아람의 진영이 텅 비어있는 것처럼 위장해서 이스라엘 군대가 성 밖으로 나오면 급히 역습하여 사마리아 성읍으로 침입하려는 것으로 여겼던 것이다.

그러자 신하들 가운데 한 사람이 성중에 남아있는 말 몇 마리에 정탐꾼을 태워 보내 적진을 찬찬히 살펴보도록 하자고 제안했다. 왕은 그 의견을 받아들여 정탐을 지시했으며 정탐꾼들이 가서 보니 아람 군인들이 도망을 가면서 내버려둔 의복과 병기들이 여기저기 널려있는 것을 확인할 수 있었다. 그들이 돌아와 왕에게 실상을 보고하자 이스라엘 백성들이 아람 진영으로 가서 노략했다.

그로 인해 엘리사가 예언한 대로 그 다음날 물가가 폭락하게 되어 고운 밀가루 한 스아에 한 세겔을 하고 보리 두 스아가 한 세겔이 되었다. 그럴 때 왕이 앞서 엘리사에게 보냈던 그 신하로 하여금 성문을 지키게 했는데 진노한 백성들이 그를 밟아 죽이게 되었다. 이 역시 엘리사가 말한 예언이 이루어지게 된 것이다.

우리는 여기서 하나님의 저주를 받은 자로 간주되어 가장 처참한 상태에 놓여있던 문둥병자들을 통해 아람 군대가 물러갔다는 '기쁜 소식'

이 전해진 사실에 관심을 기울일 필요가 있다. 그 소식은 이스라엘 왕국의 장군들이나 양민들의 입을 통해서 전해지지 않았다.

하나님의 선민이라 자처하며 성 안에 살던 백성들은 제 목숨을 부지하기 위해 안간힘을 썼으며 심지어는 자기 자식마저 삶아먹는 비참한 지경에 처했다. 그러나 문둥병에 걸린 환자들은 부정하여 저주받은 자로 인식되어 성 안으로 들어갈 수조차 없었다. 하나님께서는 최악의 막다른 골목에 처한 문둥병자들을 통해 그 기쁜 소식을 전하도록 하셨다.

물론 그 문둥병자들은 결코 이스라엘 왕국에 충성하려는 자들이 아니었다. 그들은 도리어 이스라엘을 버리고 적군인 아람 왕국에 항복하고자 했다. 즉 이스라엘 백성들 가운데 일어나는 여러 가지 정보들을 제공하고 자기의 생명을 부지하고자 했던 것이다. 이처럼 그들에게서는 어떠한 하나님의 의도 찾아볼 수 없었다.

그럼에도 불구하고 하나님께서는 저들을 통해 이스라엘 왕국에 '기쁜 소식'을 전했다. 하지만 그들이 그런 기쁜 소식을 전했음에도 불구하고 아무런 칭찬이나 상을 받지 못했을 것이 분명하다. 우리는 이를 통해 하나님 앞에서 의롭지 않으며 사람들로부터 아무런 상을 기대하지도 않고 받지도 못했지만 즐거운 소식을 전했던 그 문둥병자들을 기억하며 우리의 모습을 떠올리게 된다.

모세의 율법에서 문둥병은 매우 부정한 질병이었다. 하지만 구약 성경에는 그에 관한 매우 특이한 규례가 명시되어 있다. 그것은 환자의 문둥병 환부가 머리에서부터 발끝까지 전신에 퍼지게 되면 도리어 그를 정한 사람으로 간주하고 있는 것이다.

"제사장의 보기에 문둥병이 그 피부에 크게 발하였으되 그 환자의 머리부터 발까지 퍼졌거든 그가 진찰할 것이요 문둥병이 과연 그 전신에 퍼졌으면 그 환자를 정하다 할지니 다 희어진 자인즉 정하거니와"(레

13:12,13)

　물론 우리는 열왕기하 7장의 본문에 기록된 문둥병 환자들이 정하다고 말하고자 하는 것이 아니다. 그렇지만 언약의 백성들에게 기쁜 소식을 전하는 저들의 역할을 보면서, 스스로 정결하다고 주장하는 이스라엘의 지도자들과 일반 양민들보다 차라리 낫다는 점을 알 수 있다. 그런 차원에서 우리는 구약의 율법에 기록된 문둥병 조항을 기억하게 되는 것이다.

　인간들 가운데 흠이 없는 자는 아무도 없다. 모든 인간들은 마치 문둥병자와도 같다. 그렇다면 구약의 문둥병 규례를 되새겨볼 때 하나님을 알고 있는 우리는 머리부터 발끝까지 이르는 전신에 저주받을 질병이 걸린 온전한 문둥병자가 되어야 한다. 우리 자신에게서 어떤 의가 나타나는 것이 아니라 하나님으로부터 의로운 자로 인정받는 것이 중요하기 때문이다. 이렇게 하여 우리도 세상에서는 인정이나 칭찬을 비롯한 아무런 상을 받지 못한다 할지라도 영원한 기쁜 소식을 세상에 전파함으로써 하나님의 인정을 받을 수 있는 온전한 성도들이 되어야 하는 것이다.

제5장
배도한 이스라엘과 유다 왕국에 대한 징계:
엘리야 예언의 성취

(왕하 8:1-29)

1. 수넴 여인의 재판청원과 문둥병자 게하시

선지자 엘리사는 수넴Shunem 여인과 그의 가족에게 특별한 관심을 가지고 있었다. 이는 엘리사가 저들로부터 많은 도움을 받은 사실과도 연관되지만 죽었다가 살아난 그녀의 아들 때문이었다(왕하 4:17-37). 수넴 여인과 그의 아들에 관한 모든 과정에는 엘리사의 사환 게하시가 항상 함께 있었다.

이스라엘 지역에 칠 년 동안 심각한 기근이 임하게 되리라는 사실을 알고 있던 엘리사는 수넴 여인에게 잠시 동안 다른 곳으로 가서 거주하도록 권면했다. 그것은 저들로 하여금 기근의 고통스런 삶을 피해 육체적으로 평안한 삶을 누리도록 해주기 위한 단순한 배려 이상의 의미를 지닌다. 엘리사가 그렇게 요구했던 까닭은 그들이 하나님의 심판아래 있는 배도한 이스라엘 지경을 떠나 올바른 신앙을 유지하도록 하기 위해서였다.

수넴 여인의 온 가족은 이스라엘 왕국에 심한 기근이 있던 칠 년 동안 이방의 블레셋 지역에 가서 살았다. 여호와 하나님에 대한 신앙을 지키기 위해 애를 쓰던 그들은 배도하고 타락하여 하나님의 심판(왕하 8:1)을 받는 이스라엘 왕국이 아니라 이방 지역인 블레셋에 살면서 도리어 신앙을 온전히 지킬 수 있었다. 즉 엘리사는 수넴 여인과 그 가족에게 하나님의 심판을 피하도록 했던 것이다.

칠 년간의 심각한 기근이 끝난 후 수넴 여인은 이스라엘의 고향으로 되돌아왔다. 그런데 그동안 재산과 관련된 복잡한 문제가 발생해 있었다. 그녀의 집과 논밭을 다른 사람이 무단으로 점유하고 있었던 것이다. 그녀는 그에게 원주인인 자기에게 집과 땅을 되돌려줄 것을 요구했지만 돌려받을 수 없었다.

그렇게 되자 수넴 여인은 하는 수 없이 자신의 처지를 왕에게 고하고 재판을 받을 수밖에 없었다. 그때 마침 왕궁에는 엘리사의 사환이었던 게하시가 있었다. 우리는 앞에서 게하시가 선지자 엘리사를 속인 이유로 문둥병에 걸렸던 사실을 기억한다(왕하 5:27).

그런데 문둥병에 걸린 게하시가 어떻게 왕궁에 있게 되었을까? 게하시가 왕궁에 있었던 것은 그에게 왕으로부터 특별한 직책이 맡겨졌음을 말해주고 있다. 게하시는 문둥병에 걸린 환자였지만 이스라엘 왕은 자신의 정치적 목적을 위해 그를 필요로 했다.

우리는 칠 년 동안의 심한 기근이 하나님의 징계였다는 사실을 성경을 통해 잘 알고 있다. 하지만 이스라엘의 왕은 그 기근을 하나님의 심판으로 받아들이는 대신 이스라엘을 괴롭히는 엘리사 때문인 것으로 판단했다(왕하 7:31, 참조). 따라서 왕은 엘리사에 대한 정확한 정보를 가지고 있어야만 한다고 여겼다. 당시 게하시가 왕궁에 있었던 까닭은 엘리사의 사환이었던 그를 통해 이스라엘 왕국에 저주를 퍼붓고 있는 것으로 판단되는 그에 대한 정확한 정보를 가지기 원했던 왕의 정책으로 이해해야 한다.

수넴 여인이 자신의 재산을 되찾기 위해 왕에게 나아갔을 때 왕은 게하시와 대화를 나누고 있었다. 왕은 그에게 엘리사의 모든 행적들에 관해 물었다. 이스라엘의 왕은 게하시가 엘리사가 행한 모든 기적들을 직접 눈으로 본 생생한 증인이라는 사실을 잘 알고 있었다. 그 이적들 가운데는 게하시 이외에 어느 누구도 보지 못한 놀라운 기적들도 많았다.

예를 들어 수넴 여인의 죽은 아들이 다시 살아나게 된 사건은 게하시 이외에 직접 눈으로 확인한 사람이 아무도 없었다. 그러므로 왕은 그를 통해 엘리사의 모든 것을 알고자 했다. 이와 같이 이스라엘의 왕이 문둥병에 걸린 게하시를 왕궁에 두고 특별한 직책을 맡긴 것은 정치적 목적 때문이었다.

왕과 게하시가 그러한 대화를 나누던 중 수넴 여인이 재판을 받기 위해 왕에게 나아왔다. 게하시는 그 여인을 한 눈에 금방 알아볼 수 있었다. 따라서 게하시는 그 여인이 자기가 말했던 사람임을 왕에게 고했다. 엘리사가 그 여인의 죽은 아들을 기적을 통해 살려냈다는 것이다.

이스라엘 왕은 그동안 있었던 수넴 여인의 억울한 사연들을 다 들었다. 모든 내용을 들은 왕은 그 여인의 주장이 정당한 것으로 판단했다. 그리하여 자기의 신하에게 그녀가 과거에 소유했던 집과 모든 토지를 되찾아주도록 명령했다. 나아가 이제까지 그녀의 밭에서 난 소출까지 다 돌려주도록 했다.

우리는 여기서 이스라엘 왕의 나름대로 정의로운 태도의 일면을 보게 된다. 왕은 수넴 여인이 여전히 선지자 엘리사의 편에 서 있다는 사실을 잘 알고 있었을 것이 분명하다. 이는 게하시가 엘리사와 연관된 그녀의 삶에 대해 충분히 증거했기 때문이다. 왕의 입장에서 본다면 이스라엘에 저주가 임하도록 하나님께 간구하는 엘리사가 괘씸한 터에 그 여인의 요청을 외면할 수도 있지 않았을까?

그러나 왕은 그렇게 하지 않았다. 그는 게하시로부터 엘리사의 행적에 관한 모든 말을 듣고 그녀의 억울한 사연을 들었을 때 공평하게 판결했다. 이는 왕의 공평한 정치 윤리적 판단이 하나님의 말씀에 온전히 순종하는 것과 별개라는 사실을 보여주고 있다. 우리는 이를 통해 부분적으로 정의롭게 행하는 종교인이라 해서 반드시 신앙적으로 올바른 하나님의 사역자라 말할 수 없다는 점을 깨닫게 된다.

2. 질병에 걸린 아람 왕 벤하닷과 하사엘의 반란

(1) 엘리사의 다메섹 방문

선지자 엘리사는 이방지역인 다메섹Damascus을 방문했다(왕하 8:7). 그가 이방 아람 왕국의 수도를 방문한 구체적인 이유는 무엇이었을까? 이는 이미 오래 전에 시내산에 있는 엘리야에게 말씀하신 하나님의 예언을 이루기 위해서였다. 그것은 특별한 방법을 통해 하사엘을 아람의 왕으로 세우는 일이었다. 엘리야가 아합 왕과 이세벨의 위협을 피해 시내산에 거하고 있을 때 하나님께서 엘리야에게 말씀하셨다.

> "여호와께서 저에게 이르시되 너는 네 길을 돌이켜 광야로 말미암아 다메섹에 가서 이르거든 하사엘에게 기름을 부어 아람 왕이 되게 하고"
> (왕상 19:15)

우리는 여기서 매우 중요한 의미를 발견하게 된다. 그것은 엘리야에게 요구하신 하나님의 명령을 엘리야 자신이 아니라 그의 제자 엘리사가 행하게 되는데 그것을 엘리야의 사역으로 보고 있다는 사실이다.

하나님께서는 엘리야에게 하사엘의 머리에 기름을 부어 아람의 왕이 되게 하라고 말씀하셨지만 그의 제자 엘리사가 그것을 이행했다. 즉 하나님께서는 엘리야에게 다메섹으로 가서 하사엘에게 기름을 부어 아람 왕이 되게 하라고 하셨으나 실제로 그곳에 가서 하나님의 예언을 이룩한 자는 그의 제자 엘리사였던 것이다. 이는 엘리야와 엘리사가 하나로 연결된 하나님의 직분자였음을 말해주고 있다.

예언의 성취를 위해 엘리사가 다메섹에 도착했을 때 아람 왕 벤하닷은 중한 질병에 걸려 있었다. 그 와중에 이스라엘로부터 하나님의 선지자 엘리사가 다메섹에 왔다는 이야기가 왕의 귀에 들렸다. 아람 왕은 그동안 엘리사에 관해 많은 이야기를 들었을 것이 틀림없다. 앞서 자기의 신하 나아만 장군이 문둥병에 걸려 고생했을 때 그를 찾아가 고친 적이 있었다.

다메섹을 방문한 엘리사는 아마도 나아만 장군을 심방했을 것이다. 그는 비록 아람 왕국에 살고 있었지만 신앙적으로는 여호와 하나님을 믿는 이스라엘 사람이 된 인물이었다(왕하 5:17). 그는 문둥병이 낫게 되자 그에 대한 분명한 고백을 했었다. 문둥병에 걸려 이스라엘을 방문했던 나아만이 건강한 모습으로 되돌아왔을 때 아람 왕은 그의 질병이 낫게 된 경위에 대해 소상히 물어보았을 것이 틀림없다.

엘리사가 다메섹에 왔다는 소문을 들은 아람 왕은 신하 하사엘을 그에게 보냈다. 그의 손에 값진 예물을 들려 엘리사에게 보내며 자신의 질병에 대해 이스라엘의 하나님 여호와께 물어보도록 했다(왕하 8:8). 그가 엘리사의 하나님 여호와께 물어보려고 했던 것은 나아만 장군의 질병 치유의 과정을 잘 알고 있었기 때문이다.

하사엘은 왕의 명령에 따라 다메섹의 값진 예물들을 준비해 수십 마리의 낙타에 싣고 선지자 엘리사에게 갔다. 이스라엘 왕국에서 극히 위험한 인물로 지목되어 고난을 당하던 엘리사가 이방 왕국에서 도리어 국빈대우를 받게 되었다. 엘리사를 만난 하사엘은 자기가 찾아 온 이유를 자초지종 말했다. 아람 왕 벤하닷이 중한 질병에 걸려 고통당하고 있는데 그것이 낫게 되겠느냐는 것이었다.

하사엘의 질문을 들은 엘리사는 왕의 질병이 낫게 될 것이라 말했다. 그러나 그가 건강을 되찾는다 해도 오래 살지 못하고 곧 죽게 되리라는 예언을 했다. 그런데 그를 죽도록 내버려두시는 자는 '여호와 하나님'이라는 사실을 말했다(왕하 8:10). 이는 과연 무엇을 의미하는 것인가?

이 말은 배도한 이스라엘을 징계하는 도구로 사용하기 위해 하나님께서 친히 막강한 세력을 가지게 될 하사엘을 왕으로 세우는 일과 연관된다(왕하 10:32,33, 참조). 아람 왕 벤하닷은 질병치유를 위해 여호와 하나님의 능력에 의존하려 했지만, 하나님께서는 도리어 그를 죽음에 내어줌으로써 심판하시고자 했다. 이는 물론 아람 왕이 언약의 왕국인 이스라엘을 원수로 삼아 대적했던 것이 한 원인이다.

하지만 이에 대해서는 앞에서 언급한 대로 그 전에 이미 시내산에 피신해 있던 엘리야에게 예언한 하나님의 말씀에 직접 연관되어 있다. 즉 하나님께서는 배도한 이스라엘을 징계하기 위한 자신의 특별한 도구로서 하사엘을 아람의 왕으로 세우고자 하셨다. 엘리사는 그 하나님의 예언을 염두에 두고 아람 왕의 질병치유와 그의 죽음에 대해 하사엘에게 말했던 것이다.

(2) 하사엘의 반역

엘리사는 아람 왕 벤하닷의 질병치유와 죽음에 대한 언급을 하면서 민망스러우리만큼 하사엘의 얼굴을 뚫어지게 주시했다(왕하 8:11). 그러다가 갑자기 눈물을 흘렸다. 당황스런 분위기에 처한 하사엘은 왜 그러느냐고 엘리사에게 물었다. 그러자 엘리사는 앞으로 하사엘이 이스라엘 자손에게 행할 모든 악행을 알고 있기 때문이라 말했다.

아람 왕의 신하 하사엘은 조만간 주인인 왕을 살해하고 왕위를 탈취

할 인물이었다. 이는 그가 국가에 대한 반역자가 된다는 사실을 의미하고 있다. 그러나 엘리사가 눈물을 흘린 것은 하사엘이 아람 왕을 살해하게 될 악행 때문이 아니었다. 도리어 그가 눈물을 흘렸던 것은 왕위를 찬탈한 하사엘이 이스라엘 민족에게 도모하게 될 모진 악행을 알고 있었기 때문이다.

> "하사엘이 이르되 내 주여 어찌하여 우시나이까 하는지라 대답하되 네가 이스라엘 자손에게 행할 모든 악을 내가 앎이라 네가 그들의 성에 불을 지르며 장정을 칼로 죽이며 어린 아이를 메치며 아이 밴 부녀를 가르리라 하니"(왕하 8:12)

선지자 엘리사의 예언을 들은 하사엘은 그 말을 쉽게 받아들일 수 없었다. 자기가 그런 끔찍한 악행을 저지르게 된다는 것도 그렇지만 자신은 그럴 만한 인물이 되지 못한다고 생각하고 있었기 때문이다. 그러므로 하사엘은 엘리사에게 자기는 개같이 미천한 존재로서 그럴 정도의 대단한 인물이 되지 못한다고 말했다(왕하 8:13).

그러나 엘리사는 그때 매우 중요한 말을 했다. 그가 아람 왕이 될 것을 여호와 하나님께서 미리 알려주셨다고 말했다. 그것은 사실 하나님께서 엘리사 자신에게 말씀하셨던 것이 아니라 자기의 스승 엘리야에게 시내산에서 계시하셨던 말씀이다.

엘리사의 예언을 들은 하사엘은 병중에 있는 왕에게 돌아왔다. 아람 왕 벤하닷은 그에게 엘리사가 자기의 질병에 대해 무슨 말을 했는지 물었다. 하사엘은 왕의 질병이 곧 치유되어 자리에서 일어나게 되리라고 예언한 엘리사의 말을 전했다. 이는 그가 질병으로 인해 죽지는 않을 것이라는 사실을 말해주고 있다.

하사엘은 이스라엘의 선지자 엘리사가 자기에게 예언한 내용들 가운데 왕에게 불길한 말은 하나도 전하지 않았다. 물론 하사엘이 그런 말을 할 리 없었다. 만일 그가 엘리사의 예언 곧 자기가 아람의 왕이 될 것이란 예언을 누설하게 되면 목숨이 부지될 수 없었다. 그러므로 괜히 그런 말을 해서 상황을 복잡하게 만들어갈 필요가 없었던 것이다. 하지만 그의 머리가 매우 어지러웠을 것은 분명하다.

결국 아람 왕국의 신하 하사엘은 자기가 모시던 왕을 살해하기로 결심하고 이튿날 실행에 옮기게 된다. 그는 왕이 침대에 누워 있을 때 이불에 물을 듬뿍 적셔 그의 얼굴에 뒤집어 씌워 숨을 쉬지 못하게 함으로써 살해했다(왕하 8:15). 물을 잔뜩 먹은 이불로 인해 숨을 쉴 수 없는 왕은 죽을 수밖에 없었다. 그러나 아람 왕국의 대다수 백성들은 왕이 질병으로 인해 죽었을 뿐 하사엘에 의해 피살된 사실을 몰랐을 것이다.

벤하닷이 죽자 하사엘은 아람 왕국의 왕위를 강탈했다. 그는 보잘것없는 한 사람의 신하에서 아람의 왕위에 오르게 되었다. 이는 하나님께서 엘리야에게 말씀하셨던 예언이 엘리사를 통해 이루어진 것이다(왕상 19:15). 우리는 이를 두고 엘리야가 하사엘에게 기름을 부어 왕으로 세운 것으로 이해하게 된다.

아람 왕국의 왕이 된 하사엘은 나중 이스라엘 왕국을 공격해 수많은 양민들을 무자비하게 죽이는 잔인한 행동을 한다. 이것은 하나님께서 친히 하사엘에게 기름부어 아람의 왕으로 세우시게 된 궁극적인 목적이다. 그가 부지중 하나님의 심판의 도구가 되어 배도한 이스라엘을 공격해 심판했던 것이다.

3. 유다 왕 여호람과 아하시야

(1) 여호람 왕(대하 21:1-20)

그 무렵 유다 왕 여호사밧에게는 많은 자식들이 있었다. 장남 여호람

이외에 아사랴, 여히엘, 스가랴, 아사랴, 미가엘, 스바댜 등 여러 아들들을 두었던 것이다. 여호사밧은 죽기 전에 모든 자식들에게 땅과 재산을 골고루 상속하고 장남인 여호람에게 왕위를 계승했다.

그러나 북쪽 이스라엘 왕국의 아합 왕의 딸을 아내로 맞은 여호람은 하나님 보시기에 더러운 악을 저질렀다. 나아가 왕위에 오른 여호람은 급기야 자신의 모든 동생들과 부왕父王이었던 여호사밧의 충신들 가운데 몇 사람을 사형에 처했다(대하 21:4). 그는 자기가 추구하는 일에 걸림이 된다고 판단되는 모든 인사들을 정적政敵으로 간주하여 숙청했던 것이다. 그럼에도 불구하고 하나님께서는 다윗에게 한 약속으로 인해 이스라엘을 멸망시키지 않으셨다.

> "여호와께서 다윗의 집을 멸하기를 즐겨하지 아니하셨음은 이전에 다윗으로 더불어 언약을 세우시고 또 다윗과 그 자손에게 항상 등불을 주겠다고 허 하셨음이더라"(대하 21:7; 왕하 8:19)

하나님께서는 언약의 왕국을 세우시면서 다윗과 특별한 언약을 맺으셨다. 그것은 이땅에 메시아를 보내시고자 하는 언약이었다. 하나님께서 다윗과 그의 자손들에게 항상 등불을 주겠다고 약속하신 것은 곧 메시아 언약인 것이다.

그러나 유다 왕 여호람은 자신의 종교 정치적 욕망을 추구함으로써 여호와 하나님을 버리게 되었다(대하 21:10). 그 결과 왕국을 강화했던 것이 아니라 도리어 약화시켰을 따름이다. 그런 와중에 에돔 왕국이 배반하여 괴롭히는 가시가 되었다.

결국 여호람 왕은 8년간의 통치 기간 중 유다 여러 지역에 '산당'들을 세워 백성들을 미혹하여 그들로 하여금 음란하게 우상을 섬기도록 했다. 그에 대해서는 엘리야가 강하게 책망한 적이 있다. 그가 유다 왕국의 왕이면서 하나님을 두려워하는 여호사밧과 아사 왕의 길을 떠나 도리어 배도한 이스라엘 왕국의 아합 왕의 길과 타락한 북쪽의 여러 왕들의 길을 따르고 있음을 경고했던 것이다.

하나님께서는 여호람에게 무서운 재앙을 내리셨다. 그는 창자가 빠져나오는 중병에 걸리게 되었으며, 설상가상으로 블레셋과 아랍인들 등 주변의 이방 왕국들이 공격해 왔다(대하 21:15,16). 여호람은 죽어서도 백성들로부터 악한 왕으로 기억되었으며 유다 왕들이 묻힌 묘지에 묻히지 못했다(대하 21:20, 참조).

그럼에도 불구하고 하나님께서는 여전히 큰 은혜를 베풀고 계셨다. 하나님은 친히 세우신 언약의 백성들을 완전히 멸망시키지 않으셨다. 이는 백성들을 위해서가 아니라 메시아를 기억하셨기 때문이다.

(2) 아하시야 왕(대하 22:1-6)

하나님을 배도한 여호람 왕이 죽은 후 그의 아들 아하시야가 왕위를 계승하게 되었다. 그의 모친은 아달랴였다. 그 여인은 북 이스라엘 왕국의 오므리의 손녀이자 아합 왕과 이세벨 사이에서 태어난 딸이었다. 그녀는 부모를 통해 배도한 종교생활을 배워 타락한 삶에 익숙해져 있었다. 아하시야는 하나님을 떠난 부친 여호람 왕과 이스라엘 왕국의 아합 왕가 출신의 모친 아달랴로부터 깊은 영향을 받았다.

나아가 아하시야는 부왕 여호람과 마찬가지로 북쪽 이스라엘 왕국의 타락한 아합 집안의 딸들 가운데서 아내를 취했다. 그는 유다 왕국의 왕이면서 하나님을 경외하는 유다 왕들의 본을 받지 않았다. 대신 처가妻家인 북쪽 이스라엘의 여로보암과 아합의 집이 행하던 길을 따르며 여호와 보시기에 악을 행했다(왕하 8:27).

아하시야 왕은 북 이스라엘 왕국의 왕인 아합의 아들이자 자신의 처남인 요람과 함께 길르앗 라못으로 가서 아람 왕 하사엘과 전투를 벌이게 되었는데 그때 요람이 심한 부상을 입게 되었다. 요람은 즉시 왕궁으로 후송되었으며 아하시야는 가까운 인척이 된 그를 문병하기 위해 직접 이스르엘을 방문했다(왕하 8:29). 그에게는 그것이 자신의 생명이 끝나는 마지막 길이 되었다.

4. 엘리야를 통해 말씀하신 하나님의 예언 성취

우리는 열왕기하 8장에서 이스라엘 민족에게 내리시는 하나님의 심판과 더불어 그의 구원 계획을 보게 된다. 아람 왕 벤하닷을 살해하고 하사엘이 대신 왕위에 오르게 된 것은 하나님의 예언이 성취된 것을 보여준다. 그가 왕위에 오른 것은 시내산에서 엘리야에게 주어졌던 예언의 성취를 말해주고 있다.

하나님께서는 오래 전 아합과 이세벨의 칼을 피해 시내산으로 피신한 엘리야에게 배도한 이스라엘과 유다 왕국에 대한 징계를 예언하셨다. 그것은 아람 왕국의 하사엘과 이스라엘 왕국의 예후를 왕위에 앉혀 시행하시게 될 심판에 연관되는 것이었다.

하나님께서 배도한 남북 이스라엘 왕국을 징계하시기 위한 도구로 아람 왕국과 그 나라의 왕위에 오를 자로 하사엘을 지목하신 예언이 엘리야의 제자 엘리사를 통해 성취되었다. 하사엘은 스스로 아람의 왕이 될 것이라는 큰 야망을 가지고 준비해 왔던 것이 아니라 엘리사의 예언을 듣고 급작스런 반역을 통해 왕위를 찬탈하게 되었다.

하나님께서는 특별히 세우신 아람 왕국의 하사엘을 통해 배도한 이스라엘 왕국을 징계하셨다. 하나님께서 엘리야에게 하사엘로 하여금 왕위에 앉게 하도록 예언하시고 그를 통해 배도한 이스라엘 왕국을 심판하셨던 것이다. 이는 또한 이스라엘 왕국에서 예후가 일어나 반역하게 되는 사건과 연관되어 있다.

우리는 그 모든 과정에서 배도한 이스라엘 백성들을 심판하시고 이땅에 메시아를 보내시고자 하는 하나님의 놀라운 뜻을 보게 된다. 그것은 이스라엘 민족에 대한 단순한 하나님의 징계일 뿐 아니라 자기 백성을 위한 구원 계획에 속하는 것이다.

제6장
예후를 통한 하나님의 심판

(왕하 9:1-37)

1. 예후의 반란과 이스라엘 왕위 쟁취

이스라엘 왕국의 장군 예후가 아합 왕가에 반란을 일으키게 되었다. 그런데 문제는 그의 반란이 순수한 개인적인 판단에 의한 것이 아니라 타의에 의해 이루어졌다는 사실이다. 즉 예후는 원래 스스로 반란을 일으키고자 하는 반역 의지를 가지고 있지 않았다. 그는 자기가 이스라엘의 왕이 되리라는 사실을 상상조차 하지 못하고 있었다.

그러나 자기도 알지 못하는 사이에 예후는 이미 이스라엘 왕국의 왕위에 오르도록 정해져 있었다. 하나님께서 오래 전 이스라엘의 아합 왕과 이세벨의 칼날을 피해 시내산으로 피신한 엘리야에게 예언하시면서, 그로 하여금 예후에게 기름을 부어 왕으로 세우도록 명령하셨기 때문이다.

> "너는 또 님시의 아들 예후에게 기름을 부어 이스라엘 왕이 되게 하고"(왕상 19:16)

선지자 엘리야는 이 예언의 말씀으로 인해 예후가 이스라엘 왕국의 왕위에 오르게 되리라는 사실을 분명히 알고 있었다. 그는 나중 자기의 제자 엘리사에게 그에 관한 하나님의 말씀을 전달했을 것이 틀림없다.

우리가 여기서 관심있게 이해해야 할 바는 엘리야에게 명령한 하나님의 뜻을 엘리야가 아니라 그의 제자 엘리사가 시행했다는 사실이다. 나아가 예후에게 기름을 부어 왕으로 세우는 일을 실행한 자는 엘리야는 물론 엘리사도 아닌 엘리사의 제자 중 한 사람이었다.

이에 대해서는 아람 왕 벤하닷을 살해하고 대신 왕위를 쟁취한 하사엘의 경우도 마찬가지였다(왕상 19:15; 왕하 8:14,15). 이처럼 하나님께서 엘리야에게 명령한 내용을 엘리사와 그의 제자에 의해 행해진 것은 역사상의 모든 하나님의 선지자들의 사역이 전부 연결되어 있다는 사실을 보여주고 있다.

엘리사는 예후를 왕으로 세울 때가 이르자 자신의 제자를 불러 준비한 기름병을 주며 복장을 단단히 하고 길르앗 라못으로 가도록 했다. 그곳은 사마리아의 왕궁으로부터 멀리 떨어진 지역으로서 장군 예후가 변방을 지키고 있었다. 선지자가 그곳으로 간 것은 순전히 예후에게 기름을 부어 이스라엘의 왕으로 세우기 위해서였다.

엘리사는 자신의 제자에게 그가 길르앗 라못으로 가서 행해야 할 일을 구체적으로 일러주었다. 그것은 예후를 아무도 없는 골방으로 데리고 가 머리에 기름을 붓고 "여호와의 말씀이 내가 네게 기름을 부어 이스라엘 왕으로 삼노라"(왕하 9:4)고 말한 후 지체하지 말고 문을 열고 도망하라는 것이었다.

그 선지자는 엘리사의 명령에 따라 길르앗 라못으로 가서 예후를 만났다. 여러 군대 장관들과 한자리에 앉아있는 예후를 보고 그가 특별한 면담을 요청했다. 거기에 있던 군인들은 그 선지자가 엘리사의 제자란 사실을 알게 되었다. 예후는 선지자의 요청에 따라 그를 따라 나갔다. 그는 아무도 없는 집 안에 들어가 엘리사가 자기에게 명한 대로 예후에게 기름을 붓고 하나님의 말씀을 전했다.

"예후가 일어나 집으로 들어가니 소년이 그 머리에 기름을 부으며 이르되 이스라엘 하나님 여호와의 말씀이 내가 네게 기름을 부어 여호와의 백성 곧 이스라엘의 왕을 삼노니 너는 네 주 아합의 집을 치라 내가 나의 종 곧 선지자들의 피와 여호와의 종들의 피를 이세벨에게 갚아주리라 아합의 온 집이 멸망하리니 이스라엘 중에 매인 자나 놓인 자나 아합에게 속한 모든 남자는 내가 다 멸절하되 아합의 집을 느밧의 아들 여로보암의 집과 같게 하며 또 아히야의 아들 바아사의 집과 같게 할지라 이스르엘 지방에서 개들이 이세벨을 먹으리니 저를 장사할 사람이 없으리라 하셨느니라 하고 곧 문을 열고 도망하니라"(왕하 9:6-10)

선지자가 엘리사로부터 받은 기름을 예후에게 부어 왕으로 세운 이 사건은 매우 중요한 의미를 지닌다. 엘리사의 제자가 행한 그 일은 하나님께서 시내산에 피신해 있던 엘리야에게 명령한 것이었다. 본문에서 말씀하고 있는 것처럼 예후를 이스라엘의 왕으로 세우신 분은 여호와 하나님이시다.

우리가 기억해야 할 점은 하나님께서 예후를 이스라엘의 왕으로 세우신 목적이 분명하다는 사실이다. 그것은 아합 왕가와 그에 속한 자들 그리고 남북 이스라엘 왕국의 지도자들을 심판하시기 위해서였다.[35] 즉 하나님께서는 배도한 이스라엘 백성을 심판하시기 위한 도구로써 예후를 불러 왕으로 세우셨으며 그에게 징계의 칼을 주셨다. 그러므로 예후는 왕위에 올라 이스라엘의 배도자들을 철저하게 심판하게 되었다.

예후에게 기름을 붓고 그에게 하나님의 말씀을 전한 선지자는 임무를 끝내자마자 엘리사의 요구대로 문을 열고 황급히 도망했다. 그가 급히 도망쳤던 까닭은 예후가 그를 반역자로 보고 현장에서 체포할 우려와 더불어 자신을 반역자의 자리에 앉게 하려는 그 선지자를 무사히 보내

---

35) 열왕기하 9장 7,8절에서 '아합의 집'을 말할 때 거기에는 당시 유다 왕국의 아하시야 왕가를 포함하는 것으로 이해된다. 이는 그가 아합 왕과 이세벨의 딸을 아내로 삼음으로써 그들의 사위가 되어 있었기 때문이다.

주지 않을지도 몰랐기 때문이었던 것으로 보인다.

아무도 보지 않는 비밀 장소에서 기름부음을 당한 예후가 동료들이 있는 곳으로 되돌아왔을 때 저들은 엘리사가 보낸 사람이 무슨 말을 하더냐고 물었다. 예후는 자기에게 일어난 그 사실을 있는 그대로 말하는 것이 여간 부담스럽지 않았을 것이 분명하다. 그것은 이스라엘 왕국에 대한 반역을 의미하기 때문이다.

그러나 예후는 동료들의 강력한 요청에 의해 자기에게 일어난 모든 사실을 이야기했다. 그는 그것이 자신의 의사가 아님을 다른 동료들이 잘 알고 있으므로 그 말로 인해 현장에서 반역자로 몰리지는 않을 것이라 판단했을 것이다. 또한 당시 거기 있던 장교들은 엘리사와 그의 제자를 결코 고운 시선으로 보지 않고 있었다. 그들은 예후를 불러갔던 그 선지자를 '미친 사람' madman으로 간주했다(왕하 9:11). 이런 이유로 인해 예후가 자기와 연관된 사실을 저들에게 말할 수 있었다.

그런데 예후가 자기에게 일어난 모든 사실을 이야기했을 때 예기치 못한 의외의 일이 발생했다. 그 자리에 있던 자들이 예후의 말에 강하게 저항하거나 문제를 삼은 것이 아니라 오히려 적극적으로 동조했던 것이다. 그리고 거기 있던 군인들이 예후의 말을 들었을 때 입고 있던 겉옷을 벗어 그의 앞에 깔고 나팔을 불며 예후가 이스라엘의 새로운 왕이 되었음을 선포했다(왕하 9:13).

예후와 함께 있던 동료들이 즉시 그렇게 반응하게 된 데는 몇 가지 중요한 배경이 있다. 우선 그것은 하나님의 섭리와 구체적인 간섭에 의한 것이었다. 그리고 당시 변방에서 국방을 지키며 적군과 대치하고 있던 군인들에게는 아합 왕가에 대한 불만이 심했다는 사실이다. 그러므로 엘리사의 제자인 선지자가 여호와의 이름으로 기름을 붓고 왕이 될 것이라 예언한 내용을 들었을 때 긍정적으로 반응했던 것이다.

그런데 우리가 여기서 특별히 관심을 기울여야 할 점이 있다. 그것은 배도한 이스라엘 왕국 가운데서도 여호와 하나님의 이름으로 기름 붓는 사건에 대한 효력에 대해 깊은 인식을 하고 있었다는 사실이다. 따라서 그들은 아합 왕가에 대한 반감이 강하던 터에 예후가 여호와의 이름으로 기름 부음을 받고 이스라엘의 왕으로 선포된 사실을 그대로 받아들일 수 있었던 것이다.

2. 이스라엘 왕국의 내전과 남북 왕들의 죽음

(1) 이스라엘 왕국의 요람 왕 살해

당시 북쪽 이스라엘 왕국의 왕은 아합의 아들 요람이었다. 그는 아람 군대와 전투하다가 심한 부상을 당해 치료를 받기 위해 이스르엘Jezreel로 후송되어 있었다. 그러므로 길르앗 라못에서 왕으로 선포한 예후는 그 사실이 요람 왕에게 알려지지 않도록 하기 위한 기밀 유지에 특별한 신경을 썼다. 대신 예후는 왕궁을 공격하기 위해 군대의 기수를 돌렸다. 그는 요람 왕을 치기 위해 직접 전차를 타고 병사들을 지휘하여 이스르엘로 진군했다. 그때는 마침 남쪽 유다 왕국의 아하시야 왕이 처남인 요람 왕을 문병하기 위해 그곳에 가있었다.

이스르엘 망대에서 보초를 서던 파수꾼 하나가 한 무리의 군대가 들어오고 있는 것을 보고 즉시 왕에게 보고했다. 요람은 사신을 보내 군대를 이끌고 있는 최고 지휘관에게 문안을 전하며 상황을 파악하도록 했다. 그러나 예후는 왕이 보낸 사신을 돌려보내지 않고 자기가 있는 곳에 억류시켰다. 처음 보낸 사신이 되돌아오지 않는다는 보고를 받은 요람 왕은 두 번째 사신을 보냈다. 하지만 그 사신 역시 되돌아가지 못했다.

보초를 서고 있는 초병은 왕이 보낸 사신들이 되돌아오지 않음을 보고하면서 군대를 이끌고 미친 듯이 말을 모는 지휘관의 모습이 마치 예후 같다는 사실을 보고했다.[36] 그 말을 들은 요람 왕은 즉시 함께 있던 유다의 아하시야 왕에게 급박한 상황을 설명했다. 그리고는 요람과 아하시야 두 왕은 각각 자기의 전차를 타고 예후가 있는 곳으로 나아갔다. 그들은 그전에 나봇의 포도원(왕상 21:1; 대하 22:7)이었던 곳에서 서로 만나게 되었다. 예후를 알아본 왕은 우선 그에게 평안한지 안부를 물었다.

그런데 예후는 요람 왕의 문안 인사를 듣고 나서 자기는 결코 평안할 수 없는 형편이라고 냉담하게 반응했다. 왕의 모친인 상왕비 이세벨의 음행과 술수로 인해 어떻게 평안할 수 있겠느냐고 말했던 것이다. 예후의 불경한 태도를 본 요람 왕은 그가 반역을 일으킨 줄 알아차렸다.

그리하여 요람 왕은 즉시 도망을 치면서 아하시야 왕에게도 그 사실을 전했다. 다급해져 도망치고 있는 요람의 염통을 향해 예후가 활을 쏘자 그 자리에서 죽게 되었다. 예후는 그의 신하 빗갈Bidcar에게 요람의 시체를 나봇의 포도원에 던져버리도록 명령했다. 이는 그 전에 이미 하나님의 말씀을 통해 예언되고 있던 바였다. 하나님께서는 나봇의 포도원을 빼앗고 악행을 저지른 아합 왕에 대해 그의 아들 대에 이르러 무서운 재앙을 내리겠다고 말씀하셨다(왕상 21:29). 이처럼 요람 왕이 예후에 의해 죽임을 당한 것은 하나님의 말씀대로 이루어진 것이다.

(2) 유다 왕국의 아하시야 왕 살해

예후가 요람 왕을 죽이는 것을 목격한 유다 왕 아하시야는 급히 도망

---

36) 한글 성경들은 열왕기하 9장 20절을 대개 예후가 '미친 듯이' 전차를 모는 것으로 번역하고 있다. 영어성경에서는 '미친 사람처럼'(like a madman, NIV) 전차를 모는 것으로 번역된 경우와 더불어 '맹렬하게'(furiously, KJV, NASB) 전차를 모는 것으로 번역하고 있다. 우리는 위의 본문을 예후가 자신감 있고 맹렬하게 전차를 모는 장면에 대한 묘사로 이해하는 것이 자연스럽다.

을 쳤다. 예후는 신하들에게 그를 놓치지 말고 반드시 잡아죽이도록 명령했다. 아하시야는 도망하던 중 이블르암 부근 구르Gur near Ibleam에서 심한 부상을 입게 되었다.

그는 부상을 당한 채 므깃도Megiddo까지 가까스로 도망을 갔으나 결국 거기서 죽고 말았다(왕하 9:27). 유다 왕국의 신하들은 아하시야 왕의 시체를 전차에 싣고 예루살렘으로 가서 다윗성에 있는 그의 조상의 묘실에 장사지냈다.

3. 이스라엘의 상왕비上王妃 이세벨 살해

예후는 북쪽과 남쪽의 왕들을 모두 죽인 후 왕궁이 있는 이스르엘로 진입해 들어갔다. 그 비극적 사실을 가장 민감하게 지켜보던 사람은 요람 왕의 모친이자 아합의 왕비였던 음녀 이세벨이었다. 그녀는 아무런 지조도 정조도 없이 욕망에 가득 찬 여인이었다. 즉 자신의 생명과 욕심을 위해서라면 무슨 일도 마다하지 않는 인물이었다.

예후가 이스르엘에 진입해 들어갈 때도 궁궐에 있던 이세벨은 음란한 궁리를 하고 있었다. 반역자 예후를 유혹해 받아들이려 했던 것이다. 그녀는 예후를 유혹하기 위해 눈을 그리고 머리를 꾸민 후 창밖을 바라보며 교태를 부렸다(왕하 9:30).

이세벨의 입장에서는 예후가 이스라엘 왕국에 반란을 일으킨 반역자였을 뿐 아니라 자신의 아들을 무참히 살해한 원수였다. 그녀는 사랑하는 아들이 비참하게 죽은 슬픔으로 인해 정신을 잃고 실신해도 모자랄 형편이다. 그런 이세벨이 예후를 보자 교태를 부리며 문안인사를 했던 것이다. 창밖을 내다보며 더러운 추태를 보이고 있는 이세벨을 보며 예후는 자기편으로 돌아올 자가 궁궐 안에 있는지 외쳤다.

그러자 그곳에 있던 내시 두세 명이 바깥을 내다보았다. 예후가 그들을 향해 음녀 이세벨을 창 밖으로 내던지라고 하자 그들은 예후의 명령대로 따라 행했다. 이세벨의 몸이 창 밖으로 내던져지자 그녀의 피가 담벽과 말에 튀겼으며 예후는 처참하게 된 그녀의 시체를 발로 밟고 지나갔다(왕하 9:33).

그후 예후는 곧바로 요람 왕이 직무를 수행하며 이세벨이 실권을 행사하던 궁궐 안으로 들어갔다. 그는 자신의 신하들과 함께 그 안에서 먹고 마시며 반란 성공을 자축했다. 그러면서 이세벨이 비록 저주받은 여인이긴 하지만 왕가의 사람이므로 시체를 찾아 장사 지내주도록 명령했다.

명실 공히 이스라엘 왕국의 왕위를 차지한 예후의 명령을 들은 신하들은 이세벨의 시체를 찾으려 했으나 다 찾지 못하고 두개골과 발과 손 등 신체의 일부만 찾을 수 있었을 따름이었다. 개들이 그녀의 시체를 뜯어 먹어버렸기 때문이다. 이는 하나님께서 엘리야를 통해 그전에 이미 예언하신 바가 이루어진 것이다(왕상 21:23).

4. 예후를 통한 이스라엘에 대한 심판의 의미

하나님께서는 예후가 이스라엘의 왕이 되기 전에 이미 그를 왕으로 세우시기로 작정하셨다. 그에 대해서 미리 짐작하거나 예측하고 있던 자는 한 사람도 없었다. 아무도 그 사실을 알지 못하고 있을 때 하나님께서는 직접 역사에 개입하셔서 예후를 이스라엘 왕국의 통치자로 삼고자 하셨던 것이다.

그 놀라운 하나님의 계획은 가장 먼저 시내산에 피신해 있던 선지자 엘리야에게 계시되었다. 아마 엘리야는 예후가 어떤 인물인지조차 알지 못했을 가능성이 크다. 물론, 자기를 이스라엘의 왕으로 세우고자 하시는 하나님의 뜻을 당사자인 예후 자신 역시 상상조차 할 수 없었다. 그럼에도 불구하고 하나님께서는 그 일을 계획하시고 이루시게 될 것을 선지자 엘리야를 통해 계시하셨다.

하나님께서 예후를 왕으로 세우신 것은 그를 정치적으로 성공시키기 위한 목적이 아니었다. 하나님께서는 그를 통해 배도에 빠져 있는 남북 이스라엘 왕국 전체를 심판하고자 하셨다. 즉 그로 말미암아 새로운 왕국을 만들고자 하는 의도보다는 배도한 자들을 심판하고자 하시는 그의 뜻이 훨씬 강했다.

우리가 여기서 눈여겨보아야 할 점은 일반 백성들이 아니라 기득권층의 지도자들이 하나님의 직접적인 심판의 대상이 되었다는 사실이다. 하나님께서는 특별한 목적을 위해 친히 조성하신 백성들을 기만하고 우롱하는 배도자들을 엄중히 심판하고자 하셨던 것이다.

한때 천하를 호령하며 온갖 권력을 누리던 자들도 하나님의 무서운 심판에서 벗어나지 못한다. 백성들 위에 군림하며 하나님을 욕되게 하던 교만한 자들을 하나님께서 그냥 두시지 않는다. 하나님께서는 도리어 그런 자들을 일반 백성들에 비해 훨씬 더 엄격한 심판의 대상으로 삼으신다.

하나님께서 이스라엘 민족의 기득권층 지도자들을 심판하신 것은 작정하신 자신의 언약을 이루어가기 위해서였다. 하나님의 참된 백성들은 구체적인 심판을 통해 하나님에 대한 경외감을 가지게 되며, 인간들의 완악함과 이땅에 메시아를 보내시고자 하는 하나님의 놀라운 뜻을 더욱 분명히 기억하게 되는 것이다.

그러므로 우리는 예후를 통한 이스라엘 민족의 배도자들에 대한 심판을 하나님의 사랑과 은혜로 이해해야 한다. 만일 그들이 지속적으로 배도하고 있는데도 하나님께서 아무런 징계를 하시지 않는다면 그것은 더욱 두려운 심판이 될 것이기 때문이다.

이에 대해서는 오늘날 우리에게 있어서도 마찬가지다. 만일 현대 기독교가 배도하거나 지속적인 타락에 **빠져** 있다면 우선 하나님의 뜻과 죄에 대한 깨달음을 가질 수 있도록 간구해야 한다. 그러나 교인들의 신앙이 그에 미치지 못한다면 차라리 하나님께 무서운 징계를 내려주시도록 간구해야 한다. 그것이 진정한 하나님의 은혜이기 때문이다.

제7장
예후가 행한 세 가지 개혁

(왕하 10:1-36)

1. 북 이스라엘 왕국 아합 왕의 아들 칠십 명 살해

예후는 하나님의 도구로서 배도한 이스라엘을 심판하기 위해 세워진 특별한 왕이었다. 그는 북쪽 이스라엘 왕국의 요람을 죽이고 왕위를 쟁취했으나 그것으로 만족하지 않았다. 그가 원했던 것은 아합 왕가에 속한 모든 악을 심판하는 것이었다.

예후가 왕위를 쟁탈했을 당시 이스라엘 왕국의 사마리아 성에는 아합의 아들 칠십 명이 생존해 있었다. 예후는 그들을 한꺼번에 죽이기로 결심했다. 그는 우선 왕자들을 교육하며 보호하고 있던 관리들과 장로들에게 편지를 써 보냈다. 그 내용은 자신이 요람 왕에 대해 반란을 일으켰으니 아합의 아들들 가운데 가장 어질고 정직한 자를 왕으로 뽑아 승부를 가리자는 것이었다. 그것은 실제로 그렇게 하라는 요구라기보다 자기의 말을 듣지 않는 자들에 대해서는 결코 좌시하지 않겠다는 엄포의 의미를 지니고 있었다.

예후로부터 편지를 받은 사마리아 성의 궁내대신을 비롯한 모든 정치 지도자들은 심한 불안감에 휩싸이지 않을 수 없었다. 막강한 세력과 권력을 가지고 있던 남북 이스라엘의 두 왕들, 즉 요람과 아하시야가 무참히 살해된 마당에 저들이 예후의 힘을 감당하기란 불가능했다. 따라서 왕궁을 책임지고 있던 이스라엘의 지도자들은 아합의 아들들 가운데서 왕을 세우지 않겠노라는 의사를 전했다. 예후가 원하는 대로 모든 것을 따르겠다는 항복의 답신을 보냈던 것이다.

예후는 그들의 응답을 들은 후 정말 그렇게 하여 자신의 편이 되고자 한다면 다음날 그 시각까지 아합 왕의 모든 아들들의 머리를 베어 자기에게 가져오도록 했다. 그것은 그들에게 아합 왕가에 대해 궁내 반란을 일으키라는 요청이었다. 이는 왕궁에서 근무하던 관리들에게 최악의 상황이 닥쳤음을 말해주고 있다.

그에 관한 예후의 편지가 사마리아에 도착했을 때 왕궁에는 아합의 왕자 칠십 명이 있었다. 예후의 위압威壓에 눌린 이스라엘 왕국의 관리들은 그 편지의 내용을 거절할 수 없었다. 만일 거절한다면 저들의 생명이 위태롭게 된다. 결국 그들은 그 자리에서 왕자 칠십 명의 목을 베어 광주리에 담아 이스르엘에 있는 예후에게 보냈다.

부하들로부터 그 사실을 보고받은 예후는 잘린 왕자들의 머리를 두 무더기로 나누도록 했다. 그리고 그것들을 다음날 아침까지 성문 어귀에 두도록 명령했다. 이는 성문을 드나드는 모든 백성들이 그 비참한 광경을 목격하게 하기 위해서였다. 그것을 본 일반 백성들은 하나님을 배도한 아합 왕가의 악정惡政에 관한 기억과 더불어 예후에 대한 두려운 마음을 가지게 되었을 것이 틀림없다. 나아가 그 사건은 삽시간에 전국으로 퍼져나가지 않을 수 없었다.

아합의 왕자들이 무참한 죽임을 당하고 그에 대한 공포 분위기가 무르익고 있던 그 이튿날 예후는 온 백성들을 그곳으로 모았다. 그리고는 그러한 끔찍한 일이 일어난 것은 이스라엘 백성들 때문이 아니라 아합 왕가의 배도 때문이라는 사실을 분명한 어조로 언급했다. 하나님을 떠난 아합의 집안이 그렇게 되리라는 사실은 선지자 엘리야를 통해 이미 예언된 바라는 것이었다.

예후는 그 말을 통해 아합 왕가에 대한 자신의 행위가 엘리야에게 말씀하신 하나님의 예언이 그대로 이루어진 사건임을 강조했다(왕하 10:10). 그는 모든 일들이 하나님으로 말미암은 정당한 행위라는 점을 백성들 앞에서 강변했다. 즉 자기가 이스라엘의 왕이 된 것은 하나님의 뜻에 의한 것임을 선포했다.

2. 남쪽 아하시야 왕의 형제들 살해

예후는 아합 왕가에 속해 권력을 누리던 기득권자들을 철저히 징계했다. 나아가 그는 북쪽 이스라엘 왕국뿐 아니라 남쪽 유다 왕국에 대해서도 심판의 칼이 임해야 하는 것으로 판단하고 있었다. 즉 그가 유다의 아하시야 왕을 죽였지만 거기서 모든 것이 끝난 것이 아니라 생각했던 것이다. 그렇지만 예후는 남쪽의 유다 왕국에 대해서 어떻게 할 도리가 없었다. 그 나라는 자기의 통치 영역에 속한 왕국이 아니었기 때문이다. 그러던 중 그는 신하들과 함께 사마리아 성으로 올라가게 되었다.

그가 사마리아로 가던 중 목자들이 양털을 깎는 집인 '벳-에켓-하로임' Beth Eked of the Shepherds에서 한 무리의 사람들을 만나게 되었다(왕하 10:12). 그들은 유다 왕국 아하시야 왕의 형제들이었다. 예후는 처음 그들을 만났을 때 길을 지나가는 그들의 신분에 대해서 아무 것도 알지 못했다. 그래서 예후는 그들에게 어디로 가는 누구냐고 물었다.

새로 이스라엘 왕국의 왕이 된 그가 범상치 않은 사람들의 행차를 보며 궁금했을 것은 당연했다. 예후의 질문을 받은 그들은 사마리아에 있는 아합 왕의 왕자들과 왕가에 문안하기 위해 가는 길이라 말했다. 그들은 아직 사마리아 성에서 어떤 처참한 일이 발생했었는지에 대해 잘 모르고 있었던 것으로 보인다. 아마 요람 왕이 예후의 칼에 의해 죽었으니 그것을 슬퍼하고 있을 왕가에 위로하기 위해 가고 있었을 것이다. 그 사람들은 저들에게 묻고 있는 사람이 이스라엘의 왕위를 쟁탈한 예후라는 사실을 까맣게 몰랐던 것이 분명하다.

그들이 만일 자기들에게 질문하고 있는 사람이 예후라는 사실을 알았다면 그렇게 쉽게 심중을 드러내지 않았을 것이다. 하지만 정황 파악이 전혀 안 된 상태에서 나온 그들의 답변 가운데는 아합 왕가에 대한 연민과 예후에 대한 반감이 내포되어 있었다. 그들이 예후에 대해 반감을 가지고 있었던 것은 지극히 당연한 일이었다. 당시 저들은 형제인 아하시야 왕을 예후의 칼에 의해 잃어버린 슬픔을 지니고 있었기 때문이다.

그러나 그들의 말을 듣고 신분을 파악한 예후는 저들을 그냥 살려 보내지 않았다. 그는 마흔 두 명이나 되는 그 사람들을 하나도 남기지 않고 사로잡아 집의 웅덩이 옆에서 살해했다. 이렇게 하여 북 이스라엘 왕국의 많은 왕자들이 죽은 것처럼 남 유다 왕국에 속한 왕족들도 비참하게 죽임을 당하게 되었다. 이는 예후를 통해 배도한 남북 이스라엘 민족의 지도자들에게 내리신 하나님의 징계로 이해해야 한다.

3. 예후가 아합 왕의 남은 세력과 바알 선지자들 진멸

아합의 왕후였던 이세벨과 그의 모든 아들들을 무참한 죽음에 내어준 예후는 이제 아합 왕가의 남은 세력들을 심판하고자 했다. 그것을 위해 예후는 여호나답Jehonadab과 손을 잡고 우호 관계를 맺었다. 그와 더불어 사마리아에 남아 있는 아합에게 속한 모든 권력자들과 바알신에 연관된 모든 종교인들을 진멸하려 했던 것이다.

이는 하나님께서 엘리야에게 말씀하신 예언의 성취였다. 엘리야는 그 전에 이미 아합 왕과 대치하며 말하는 가운데 그에 대한 예언을 전한 바

있었다. 하나님을 버리고 배도에 빠져 악을 행하는 아합 왕과 그의 모든 추종자들에게 하나님께서 무서운 재앙을 내리시리라고 말씀하신 사실을 전했던 것이다.

> "아합이 엘리야에게 이르되 나의 대적이여 네가 나를 찾았느냐 대답하되 내가 찾았노라 네가 스스로 팔려 여호와 보시기에 악을 행하였으므로 여호와의 말씀이 내가 재앙을 네게 내려 너를 쓸어버리되 네게 속한 남자는 이스라엘 가운데 매인 자나 놓인 자를 다 멸할 것이요 또 네 집으로 느밧의 아들 여로보암의 집처럼 되게 하고 아히야의 아들 바아사의 집처럼 되게 하리니 이는 네가 나의 노를 격동하고 이스라엘로 범죄케 한 까닭이니라"(왕상 21:20-22)

하나님께서 아합 왕가를 송두리째 심판하신 것은 그가 스스로 하나님께 배도했을 뿐 아니라 무지한 이스라엘 백성들을 죄 가운데로 인도했기 때문이다. 그렇게 해서 아합은 여호와 하나님의 노를 크게 격동케 했다. 때문에 하나님께서는 무서운 재앙을 내려 그에 속한 모든 것들을 쓸어버리려 작정하셨다. 엘리야를 통해 예언하신 하나님은 그 일을 이룩하기 위해 예후를 심판의 도구로 사용하셨던 것이다.

왕이 된 예후는 아합의 아들 요람 왕을 죽이고 아합의 아내인 음녀 이세벨을 처참하게 죽였으며 그의 아들 칠십 명을 처형했다. 그리고 그의 권력에 빌붙어 영화를 누리던 자들을 완전히 진멸해야만 했다.

하나님의 백성들은 엘리야를 통해 예언된 말씀이 예후에 의해 이루어지는 것을 보며 두렵고 떨림으로 회개하면서 더러운 죄로부터 돌이켜야 했다. 그것을 통해 질투하시는 하나님을 깨달을 수 있어야 했던 것이다. 그러나 어리석은 백성들은 그에 대한 정확한 의미를 깨닫지 못했다. 따라서 하나님의 선지자들은 그것을 통해 백성들을 일깨우기 위해 온갖 힘을 다하지 않으면 안 되었다.

그런 민감하고도 어수선한 분위기 가운데서 이스라엘의 왕위에 오른 예후는 아합 왕과 이세벨의 권력을 등에 업고 백성들을 향해 바알 신앙을 장려해 왔던 거짓 선지자들을 처형하고자 했다. 하지만 그것은 그리 간단한 일이 아니었다. 혼합적인 종교사상을 가진 바알 선지자들이 이스라엘 전역에 흩어져 있었기 때문이다.

때문에 예후는 바알 사상에 물든 거짓 선지자들을 한자리에 모으기 위한 계략을 세웠다(왕하 10:19). 그는 온 백성들을 불러모은 후 자신의 심경을 거짓으로 꾸며 저들에게 말했다. 과거 아합 왕은 바알신을 조금 섬겼지만 이제부터 자기는 더욱 적극적으로 그 신을 섬기리라는 것이었다. 그것을 핑계삼아 바알신에 연관된 모든 선지자들과 제사장들을 비롯한 추종자들이 모이는 '특별 집회'를 열겠노라고 선포했다. 그 집회는 매우 중요한 의미를 지니고 있는 만큼 불참하는 자들에 대해서는 엄벌을 내리겠노라고 경고했다.

이렇게 하여 이스라엘의 새로운 왕이 된 예후는 '바알을 경배하는 큰 집회'를 열도록 공식적으로 선포했다(왕하 10:20). 예후는 그 사실을 흩어져 있는 모든 바알 선지자들에게 즉시 알리도록 명령했다. 왕의 명령을 받은 사신들은 이스라엘 전역으로 달려가서 왕이 바알을 위한 집회를 열고자 한다는 국가행사 계획을 전했다.

그로 인해 전국에 흩어져 있던 바알 선지자들과 제사장들이 속속 사마리아로 모여들었다. 그들은 모두 바알 신당으로 들어가 바알을 경배하기 위한 종교행사를 준비했다. 그때 예후는 신당에 가득 모인 바알 추종자들에게 예복을 나누어주어 입히도록 명령했다. 이는 그들을 선명하게 구별하기 위해서였다.

그후 예후는 여호나답과 함께 직접 바알 신당으로 들어갔다. 그리고는 그 자리에 바알을 추종하는 자들 이외에는 아무도 있지 못하게 했다. 즉 여호와 하나님을 섬기며 따르는 자들은 한 사람도 그곳에 남지 못하도록 명령했던 것이다(왕하 10:23). 그런 가운데 바알 선지자들과 제사장들은 번제를 비롯한 다양한 제사를 지내기 위한 만반의 준비를 갖추었다.

그때 예후는 신당 바깥에 팔십 명의 병사들을 대기시켰다. 이제 신당 안에서 저들에 대한 살해를 시작하게 되면 그곳에서 도망치는 바알 선지자가 있을지 모르기 때문이었다. 이것은 바알의 추종자들 가운데 단 한 사람도 도망치지 못하게 하여 죽이라는 것이었다. 만일 한 사람이라도 살려주는 자가 있다면 그의 생명을 요구하겠다고 말했다.

예후는 신당 바깥의 병사들에게 단단히 주의를 주어 대기시킨 후 바알 선지자들이 번제를 끝내자 호위병과 지휘관들에게 신당 안으로 들어가 모든 것들을 파괴하고 한 사람도 남김없이 죽이도록 명령했다. 예후의 병사들은 칼로 바알 선지자들을 죽이고 신당 안에 있는 목상木像들을 파괴하며 꺼내 불태웠다. 그리고 바알 신당을 헐고 그곳에 더러운 변소를 만들었다(왕하 10:27).

4. 예후의 미진한 개혁과 그의 죽음

하나님의 심판을 위한 도구가 된 예후는 이렇게 하여 아합 왕가와 그의 권력에 빌붙어 있던 모든 세력을 심판했다. 그리고 이스라엘 왕국 내에서 어리석은 백성들을 미혹하여 죄에 빠뜨리던 바알 선지자들을 멸절시켰다. 그 과정에서 엄청난 양의 피를 흘리지 않을 수 없었다.

이것이 성경에서 말하고 있는 예후의 개혁이었다. 물론 그것은 근본적으로 하나님으로 말미암는 심판으로서 배도한 이스라엘 백성에 대한 하나님의 재앙이었다. 하나님께서는 그것을 통해 배도한 이스라엘 민족을 원래 하나님의 계획을 이루어가는 백성으로 회복시키고자 하셨다.

그러나 예후의 개혁은 전체가 아니라 부분적인 면에 머물고 말았다. 즉 그는 근본적으로 철저한 개혁을 단행하지 못했다. 이는 그가 이스라엘 민족으로 하여금 범죄케 한 여로보암의 죄를 떠나지 않았기 때문이다. 예후는 바알 신상을 받아들이고 그것을 추종하는 자들에 대해서는 철저한 개혁을 단행했지만 여로보암이 벧엘과 단에 세워 금송아지를 섬기게 했던 죄에서 떠나지 않았다(왕하 10:29).

그럼에도 불구하고 하나님께서는 예후가 나름대로 이스라엘을 심판하는 도구로서 역할을 잘 감당했음을 인정하셨다. 그러므로 앞으로 사대四代 동안 이스라엘 왕국의 왕위를 잇게 될 것이라 말씀하셨다. 하지만 하나님께서는 그가 전심으로 여호와 하나님의 율법을 지켜 행하지 않았음을 강하게 질책하셨다. 예후가 이스라엘 백성으로 하여금 범죄케 한 여로보암의 죄에서 떠나지 않았음을 지적하셨던 것이다. 이는 그가 하나님을 배도하는 무리를 용인했음을 말하고 있을 뿐 아니라 자기도 그 가운데 살아가고 있음을 말해주고 있다.

하나님께서는 예후가 이스라엘 백성을 미혹한 여로보암의 악을 용납하는 것으로 인해 이스라엘 왕국의 땅을 다른 나라들에 떼어주기 시작하셨다(왕하 10:32). 이는 예후가 통치하는 이스라엘 왕국에 대한 하나님의 심판이었다. 엘리야의 예언에 따라 아람 왕국의 왕이 된 하사엘은 그때 이스라엘을 공격했다. 그는 요단강 동쪽 갓 지파와 르우벤 지파와 므낫세 지파가 차지하고 있던 이스라엘 왕국의 길르앗 지역과 바산 지역을 정복했다.

이렇게 하여 이스라엘 왕국의 국력은 점차 약화되어 갔다. 그와 같은 정치, 종교적 상황 가운데 예후는 이십팔 년간 이스라엘의 왕으로 통치를 하다가 죽어 사마리아에 장사되었다. 예후가 죽은 후에는 그의 아들 여호아하스Jehoahaz가 그의 왕위를 잇게 되었다. 이는 예후의 자손들이 4대에 이르기까지 왕위를 잇게 되리라는 하나님의 말씀에 의한 것이었다.

5. 심판의 도구로써 예후와 우리의 형편

예후는 스스로 원해서 이스라엘의 왕이 된 인물이 아니었다. 그가 반란을 일으켜 왕위를 쟁취했지만 그것은 순수한 자의自意가 아니라 하나님의 뜻에 따른 것이었다. 이는 그가 이스라엘 민족 가운데 행해야 할 분명한 사명이 있었음을 의미하고 있다.

예후는 엘리사의 제자인 선지자로부터 기름부음을 받아 왕으로 선포되었을 때부터 그점을 잘 알고 있었다. 그는 자기가 이스라엘 민족에 대한 심판의 도구로 세워진 사실을 알았던 것이다. 그 심판에 대한 주된 대상은 아합 왕가와 그를 중심으로 하여 형성된 악한 세력들이었다.

때문에 예후는 왕위에 오른 후 아합 왕가에 연관된 많은 사람들을 죽였다. 그는 우선 남북 이스라엘의 왕들을 살해했으며 아합의 아내였던 이세벨을 죽였다. 북쪽 이스라엘 왕은 아합의 아들이었고, 남쪽 유다 왕은 아합의 사위였으며, 이세벨은 아합의 아내였다. 그리고 아합 왕의 모든 아들들을 한꺼번에 죽였다. 나아가 아합 왕에게 충성을 다하던 모든 인물들을 죽였으며 그 세력을 철저히 숙청했다.

우리가 결코 잊지 말아야 할 점은 예후가 행했던 하나님의 심판 중심에는 바알 사상을 받아들인 거짓 선지자들이 있었다는 사실이다. 즉 하나님께서 궁극적으로 척결하고자 했던 대상은 바알 선지자들과 제사장들이었다. 이로써 하나님께서는 예후를 통해 배도에 빠진 이스라엘 민족을 회복하시고자 했다. 그것을 위해 더러운 바알 신앙을 근절시키지 않으면 안 되었다. 예후 역시 하나님께서 근본적으로 원하시는 것이 바로 그 점이라는 사실을 분명히 깨닫고 있었다.

하지만 예후는 여로보암이 벧엘과 단에 세운 금송아지에 대해서는 철저한 대응을 하지 못했다. 그는 하나님께서 원하시는 것이 바알 선지자들에 대한 심판이라는 사실만 기억했던 것이다. 예후가 단과 벧엘의 금송아지 신앙 사상을 척결하지 못했던 이유는 그것이 외부에서 들어온 이방신 사상이 아니라 이스라엘 내부에서 발생한 종교사상으로 여겼기 때문인 것으로 생각된다.

바알 사상에 대해 매우 냉엄한 태도를 보였던 예후가 금송아지를 섬기는 일에 대해서 상당히 관대했던 것은 이스라엘 민족의 조상들이 가졌던 종교적 태도와 연관된다. 물론 그것은 이방인들로부터 영향을 받은 잘못된 종교사상이다.

이스라엘 민족은 출애굽 한 후 시내산 아래서 금송아지를 만들어 섬긴 적이 있었다. 그들은 우상을 섬기면서도 우상숭배를 한다고 생각지 않았다. 그들은 금송아지를 만들어 놓고 그 앞에서 번제와 화목제를 드리면서 '여호와의 이름' 을 부르며 여호와 하나님을 위한 잔치를 벌였던 것이다.

> "아론이 그들의 손에서 그 고리를 받아 부어서 각도로 새겨 송아지 형상을 만드니 그들이 말하되 이스라엘아 이는 너희를 애굽 땅에서 인도하여 낸 너희 신이로다 하는지라 아론이 보고 그 앞에 단을 쌓고 이에 공포하여 가로되 내일은 여호와의 절일이니라 하니 이튿날에 그들이 일찌기 일어나 번제를 드리며 화목제를 드리고 앉아서 먹고 마시며 일어나서 뛰놀더라"(출 32:5,6)

여기서 우리가 특별히 관심을 기울여야 할 점은 이스라엘 백성들이 금송아지를 만들어 놓고 그것에게 경배하면서도 그것을 우상숭배라 여기지 않았다는 사실이다. 도리어 그들은 그것을 통해 여호와 하나님을 섬기며 경배하고 있는 것으로 믿고 있었다. 때문에 그들은 여호와의 이름을 부르며 즐겁게 종교적 잔치를 벌일 수 있었다.

이와 마찬가지로 북 이스라엘 왕국에 속한 많은 사람들은 단과 벧엘
에 있는 송아지를 섬기면서도 입술과 생각으로는 여호와의 이름을 부르
며 이스라엘의 하나님을 생각했다. 그들은 우상숭배를 하면서도 여호와
를 섬기는 것으로 착각하고 있었던 것이다.

예후가 이방으로부터 들어온 바알 사상과 그를 추종하는 자들을 철저
히 척결하면서도 단과 벧엘에 있는 여로보암의 금송아지에 관대했던 것
은 바로 그런 이유 때문이었다. 그는 시내산에서 금송아지를 파괴하던
모세의 진정한 개혁에 다다르지 못했다.

오늘날 우리 시대는 과연 어떤가? 우리는 예후로부터 분명히 배워야
할 점이 있다. 그는 피를 흘리기를 두려워하지 않았다. 예후는 하나님을
욕되게 하고 배도에 빠져 있으면서도 어리석은 백성들을 미혹하여 죄에
빠뜨리는 자들에 대해 철저하게 심판했다.

현대 기독교의 타락한 모습을 보며 우리는 어떻게 해야 할 것인가?
우리 시대에 있어서 교회를 허무는 가장 위험하고 잘못된 사상은 기독
교의 왜곡된 관용과 사랑이다. 오늘날 기독교가 혼합주의적 양상을 보
이는 것은 바로 그점 때문이다. 교회는 항상 철저한 개혁을 단행하고자
하는 자세를 유지해야 한다. 예후가 그랬던 것처럼 바알 사상을 가진 자
들에 대해서는 피 흘리기를 두려워하지 않는 자세를 가져야 한다.

그리고 우리는 예후가 간과했던 이스라엘 왕국 내부에서 용인되었던
'금송아지'를 철저히 척결해야 한다. '금송아지'를 섬기는 자들은 항상
입술과 생각으로는 여호와 하나님의 이름을 들먹인다. 우리 시대에도
여호와 하나님의 이름과 예수 그리스도의 이름을 항상 들먹이지만 실상
은 '금송아지'를 숭배하는 자들이 많이 있다. 성숙한 교회는 그들의 위
험한 '금송아지 숭배사상'을 용납하지 말아야 한다. 교회는 항상 '바알
사상'과 '금송아지 사상'을 민감한 자세로 경계하지 않으면 안 된다.

제8장
남쪽 유다 왕국의 아달랴와 요아스 왕

(왕하 11:1-12:21)

1. 아하시야 왕의 모친 아달랴의 궁내 반란과 요아스

열왕기하 11장과 12장에는 전체적으로 아하시야 왕의 아들 요아스 Joash에 관한 기록이 나타나고 있다. 그의 어린 시절부터 왕위에 올랐다 가 죽기까지 있었던 일들에 관한 내용이다. 그는 출생한 후 오래지 않아 부왕父王 아하시야 왕을 잃게 되었으며, 조모祖母 아달랴의 '왕자 살해 사 건'이 뒤이어 발생했다.

일반적인 관점에서 본다면 요아스는 태어나면서부터 불행한 인생을 출발하게 되었다. 아달랴의 궁중 모반으로 인한 죽음의 고비를 간신히 넘긴 그는 후일 유다 왕국의 왕이 되어 다윗 왕조를 이어가게 된다. 거 기에는 하나님의 놀라운 경륜이 들어 있었다.

요아스의 부친 유다 왕 아하시야는 통상적인 죽음을 맞은 것이 아니 었다. 그는 요아스가 갓 태어나 아직 어릴 때 북 이스라엘 왕국의 예후 에 의해 살해당했다. 아하시야 왕이 사망하게 되자 그의 모친 아달랴가 정권에 대한 야욕을 품고 모든 왕자들을 살해하는 역모를 일으켰다. 그 녀는 정권을 쟁취하기 위한 목적으로 왕의 씨를 진멸하려 했다(왕하 11:1). 아달랴는 자기의 손자들이라 할 수 있는 모든 왕자들을 한꺼번에 살해하려는 무자비한 행동을 감행했다. 그가 유다 왕국의 모든 왕자들을 죽이고자 했던 행동은 단순한 반란 이상의 의미를 지닌다. 그것은 다윗 왕조를 근본적으로 뒤엎어 파괴하려는 행동이기 때문이다. 다윗 왕조를 무너뜨린다는 의미는 하나님께서 계획하신 구속사의 맥을 끊으려는 악행과도 같다.

하나님께서는 자신의 약속에 따라 이스라엘 민족의 유다 지파 가운데 다윗 왕조를 특별히 선택해 세우셨다. 그 왕조를 통해 타락한 세상을 심판하는 언약의 왕국에 대한 자신의 뜻을 보여주셨으며, 다윗의 핏줄을 통해 이땅에 메시아를 보내시고자 계획하고 계셨다.

그런 형편 가운데 아달랴가 유다 왕국의 모든 왕자들을 죽이려 한 것은 하나님에 대한 강력한 저항이 아닐 수 없었다. 이는 그녀가 하나님을 욕되게 하는 사탄의 편에 서 있었음을 말해주고 있다. 아달랴는 부지중 과거에 가인이 아벨을 죽인 사건과 사울이 다윗을 죽이려 했던 것과 동일한 악행을 저질렀다. 즉 그들처럼 이땅에 메시아가 출생하게 되는 통로를 차단하고자 하는 일에 적극적으로 가담했던 것이다.

자기 아들 아하시야 왕의 혈통인 왕자들을 살해하고 권력을 찬탈한 아달랴는 예루살렘에서 육 년 동안 통치권을 행사하게 된다. 그녀는 자신의 더러운 야욕을 위해 권력을 쟁취한 여인이었으므로 특별히 선택된 이스라엘 민족이 여호와 하나님을 위해 존재한다는 사실을 염두에 두었을 리 만무하다. 그 여인은 하나님께서 세우신 언약의 왕국을 단지 자신의 정치적 욕망을 채우기 위해 다스렸을 따름이다.

2. 왕자 요아스와 제사장 여호야다

아달랴가 모든 왕자들을 죽이는 악을 자행할 때 요람 왕의 딸이자 아하시야의 누이였던 여호세바Jehosheba가 갓 태어난 조카인 왕자 요아스를 그 위기에서 구출해냈다. 그녀는 아달랴가 모든 왕자들을 무참히 죽일 때 요아스를 몰래 빼내어 유모와 함께 급히 침실에 숨겼다(왕하 11:1). 그것은 위험천만한 일이었지만 어린 왕자 요아스는 그로 인해 다행히 목숨을 구할 수 있었다.

요아스가 생명을 건졌다는 사실은 구속사적으로 매우 중요한 의미를 담고 있다. 이는 그를 통해 다윗의 혈통이 끊이지 않고 이어지며 이로써 다윗 왕조가 계승됨을 말해주고 있기 때문이다. 즉 요아스가 살아남게 됨으로써 하나님께서 세우신 다윗 왕조가 풍전등화風前燈火의 위기를 벗어나 계승될 수 있었던 것이다.

정치적 욕망에 사로잡혀 권력을 장악한 아달랴는 자신의 칼날에 의해 모든 왕자들이 죽은 것으로 판단하고 있었던 것이 틀림없다. 만일 왕자들 가운데 하나가 살아서 예루살렘 성 어디엔가 숨어 있을 것이라는 사실을 짐작이라도 했더라면 아달랴가 결코 가만히 있지 않았을 것이다. 그녀에게 있어서 왕자들 가운데 한 사람이 살아남아 있다는 사실만큼 자신을 위협하는 것은 없었기 때문이다.

우리는 여기서 동일한 왕궁에 살고 있는 특별한 모녀母女지간이었지만 전혀 다른 역할을 하는 두 여인을 보게 된다. 권력욕에 눈이 먼 아달랴는 다윗 왕조를 무너뜨리고 하나님의 구속사를 가로막으려 했다. 그러나 여호세바는 위기에 빠진 어린 왕자를 극적으로 살려냄으로써 다윗 왕조를 유지하고 이땅에 하나님의 뜻이 이루어지게 하는 데 참여하게 되었다.

여호세바에게 있어서 그 일은 위험하기 짝이 없는 행동이었음이 분명하다. 만일 그것이 발각되는 날이면 자신의 목숨도 결코 안전할 수 없었다. 그렇지만 여호세바가 극도로 위험한 그 일을 감당했던 것은 제사장의 아내(대하 22:11)였던 그녀가 다윗 왕조에 관한 하나님의 뜻을 잘 알고 있었기 때문이었던 것으로 보인다.

여호세바는 훔쳐낸 왕자 요아스를 예루살렘 성전 내부에 있는 한 방 안에 몰래 숨겼다. 성전은 아무나 무단으로 출입할 수 없는 거룩한 영역이다. 그녀가 그렇게 할 수 있었던 것은 제사장 여호야다가 자기의 남편이었기 때문에 가능한 일이었다. 예루살렘 성전의 여러 제사장들은 성전 안에 왕자 요아스가 숨어 있다는 사실을 알고 있었을 것이 분명하다.

그럼에도 불구하고 그 위험한 비밀이 육 년이라는 짧지 않은 기간 동안 끝까지 지켜질 수 있었던 것은 제사장들의 맹세 때문이 아니었을까 여겨진다. 당시 이스라엘 백성들은 아달랴의 반란이 하나님의 뜻에 역행하는 악한 행동이었음을 잘 알고 있었다. 따라서 성전에서 종사하는 제사장들과 레위인들은 그에 대한 더욱 분명한 깨달음을 가지고 있었을 것이다.

이처럼 요아스가 성전 안에 숨겨져 있는 동안 비밀을 유지하는 일에 대해서는 하나님 앞에서의 맹세가 아니었다면 불가능했을 것으로 보인다. 하나님 앞에서 맹세를 한 이상 그것은 철저한 비밀에 부쳐질 수밖에 없다. 맹세를 어긴다는 것은 곧 하나님으로부터 무서운 저주가 임한다는 사실을 말해주고 있기 때문이다. 그렇게 하여 요아스는 아달랴가 통치하는 육 년 동안 예루살렘 성전 안에 숨어 지내게 되었다.

3. 요아스의 왕위 선포와 아달랴의 패망

요아스는 육 년 동안 예루살렘 성전 안에 숨어 지내면서 상당히 성장했다. 그렇다고 해서 그가 모든 사리를 분명히 판단할 만한 연령에 이르렀던 것은 아니었다. 하지만 하나님의 언약으로 세워진 유다 왕국에 다윗의 혈통을 지닌 정상적인 왕이 옹립되어야 하는 것은 절박한 문제였다. 아달랴가 불법으로 왕국을 통치하며 급박하게 정국이 돌아가고 있는 가운데 어떤 변수가 작용할지 예측할 수 없기 때문이다.

어린 왕자 요아스의 나이가 일곱 살 되었을 때 제사장 여호야다는 이 제 그를 유다 왕국의 왕위에 오르게 해야 한다고 판단했다. 사실 어린 요아스는 그동안 예루살렘 성전 바깥을 구경조차 하지 못했다. 나아가 왕자로서의 교육을 받지 못했음은 물론 폭넓은 인간 관계를 경험하지 못했을 것이다.

그렇지만 제사장 여호야다는 요아스가 일곱 살이 되는 것을 보며 그를 왕위에 오르게 하려는 준비를 갖추었다. 여호야다는 그 일을 성사시키기 위해 군인들인 가리 사람들Carites의 백부장들과 호위병의 백부장들을 불러 성전 안으로 데리고 들어갔다. 제사장 여호야다는 그들로 하여금 그 자리에서 언약을 맺게 하고 여호와 하나님 앞에서 맹세한 후 아달랴의 학살에서 살아남은 왕자 요아스를 그들에게 보여주었다.

그리고는 그들에게 엄중한 명령을 내렸다. 다가오는 안식일 날 왕자 요아스를 다윗의 계보를 잇는 유다의 왕으로 옹립하기 위한 목적 때문이었다. 제사장 여호야다는 백부장들에게 안식일 날 근무하는 병사들을 세 부대로 나누어 제각각 왕궁과 수르 문Sur Gate과 호위대 뒷문을 철저히 지키도록 명령했다(왕하 11:6). 왕궁에 있는 아달랴의 세력이 왕자 요아스를 왕으로 옹립하는 일을 사전에 방해하지 못하도록 하기 위해서였다.

또한 안식일 날 근무하지 않는 두 부대는 요아스 왕자가 있는 성전을 지키며 왕이 될 그를 특별히 보호하도록 했다. 모든 병사들은 무장한 채 왕을 지켜야 했으며, 그들에게 함부로 접근하는 외부인에 대해서는 누구든 가차없이 죽이고 어린 왕을 철저히 보위해야만 했다. 백부장들은 제사장 여호야다의 명령에 따랐으며, 제사장은 백부장을 통해 성전 창고에 보관되어 있던 다윗의 창과 방패를 모든 병사들에게 나누어주었다. 제사장으로부터 성전의 무기를 받아든 병사들은 왕자를 호위하기 위해 예루살렘 성전 주변을 빈틈없이 지켰다.

그때 제사장 여호야다가 아달랴의 학살을 피해 극적으로 살아남은 왕자 요아스를 백성 앞으로 인도하여 나왔다. 그는 요아스에게 왕관을 씌우고 그에게 하나님의 율법책을 주었다. 그리고는 그에게 기름을 부어 왕으로 세웠다. 그러자 거기 모여 있던 모든 백성들이 목청을 높여 환호하며 왕을 위한 만세를 불렀다.

> "여호야다가 왕자를 인도하여 내어 면류관을 씌우며 율법책을 주고 기름을 부어 왕을 삼으매 무리가 박수하며 왕의 만세를 부르니라"(왕하 11:12)

우리가 여기서 특별히 관심을 기울이게 되는 것은 제사장 여호야다가 요아스를 왕으로 세우면서 율법책을 그에게 주었다는 사실이다. 제사장에 의해 왕위가 주어지는 국가적인 행사에 율법책이 그 중심에 있었다는 것은 이스라엘 민족 왕의 직무에 대한 본질적인 의미를 보여주고 있다. 거기에는 이스라엘 민족 전체가 가져야 할 분명한 정체성이 드러나고 있다.

왕궁에 있던 아달랴는 성전에서 나는 백성들의 떠들썩한 소리를 듣고 무슨 일인가 하여 성전이 있는 쪽으로 갔다. 가까이 가서 보니 왕위에 오른 어린 요아스가 규례에 따라 단 위에 서있었으며, 여러 명의 장관들과 나팔수가 왕의 곁에 서 있었다. 그리고 온 백성들이 즐거워하며 새로운 왕에 대한 만세를 부르며 환호하고 있었다.

전혀 예기치 못했던 뜻밖의 그 광경을 본 아달랴는 옷을 찢으며 반란이 일어났다고 외쳤다. 그러자 제사장 여호야다는 군대를 거느린 백부장들에게 요아스 왕을 거부하는 자들을 성전 밖으로 몰아내고 아달랴를 추종하는 자들을 전부 죽이라고 명령했다. 그리고 성전 안에서 피를 흘림으로써 하나님의 거룩한 전을 더럽히지 않도록 각별한 주의를 주었다.

아달랴를 추종하던 세력이 후퇴하는 동안 요아스 왕을 따르는 병사들이 그들의 뒤를 쫓아가 섬멸했다. 그후 제사장 여호야다는 백성들에게 특별한 언약을 맺도록 요구했다. 그는 왕과 백성들이 여호와 하나님과 더불어 언약을 맺음으로써 여호와의 백성이 되게 했으며, 왕과 백성들 사이에도 언약을 세우게 했다(왕하 11:17).

하나님 앞에서 언약을 맺은 온 백성들은 바알 신당으로 가서 그것을 파괴하고, 그 안에 있는 단들과 모든 우상들을 훼파했다. 또한 바알을 섬기는 제사장들을 가차 없이 죽였다. 우리가 여기서 분명히 기억해야 할 점은 그 동안 북쪽 이스라엘 왕국의 더러운 바알 사상이 남쪽 유다 왕국에 그대로 들어와 있었다는 사실이다. 이스라엘 왕국의 아합 왕과 이세벨 집안의 딸인 아달랴를 아내로 맞아들여 그들의 사위가 된 아하시야가 그 이방신을 적극적으로 끌어들여 왔던 것이다.

북쪽의 예후에 의해 아하시야 왕이 살해당하게 되자 권력을 탐하여 통치권을 불법으로 장악한 아달랴는 손자들인 왕자들을 학살한 후 바알 신당을 그대로 두었다. 그녀에게는 여호와 하나님을 경외하는 마음이 전혀 없었다. 그로 말미암아 예루살렘 부근에는 더러운 혼합주의 종교 사상이 더욱 기승을 부리게 되었다.

제사장 여호야다가 요아스를 유다 왕국의 왕으로 옹립하면서 그에게 율법책을 준 것은 그 율법을 기준으로 하여 언약의 왕국을 다시금 확립하라는 의미를 담고 있었다. 따라서 백성들은 바알 신당을 파괴하고 그 제사장을 죽이게 되었던 것이다.

아달랴가 유다 왕국을 통치하는 동안 예루살렘 성전은 소홀하게 관리되었을 것이 틀림없다. 정치적 권력을 장악한 왕궁의 불의한 세력들이 하나님의 성전과 제사장들에 대한 충분한 배려를 하지 않았기 때문이다. 그러므로 제사장 여호야다는 이제 새로운 관리들을 세워 성전을 맡아서 지키도록 명령했다. 그리고 새로 유다 왕국의 왕위에 오른 요아스를 병사들의 호위와 더불어 왕궁으로 인도하여 왕의 보좌에 앉도록 했다.

온 백성들은 다윗의 혈통을 지닌 아하시야의 아들 요아스가 유다 왕국의 왕위에 오른 것을 보고 크게 기뻐하며 즐거워했다. 그때는 이미 아달랴의 세력이 급격히 소멸된 상태였으므로 더 이상 긴장 분위기가 지속되지는 않았다. 이렇게 하여 나이가 겨우 일곱 살인 어린 요아스는 유다 왕국의 왕위에 오르게 되었으며, 권력을 찬탈했던 아달랴는 백성들에 의해 왕궁에서 처형당하게 되었다.

4. 요아스 왕의 통치

(1) 요아스의 잘못된 관용과 제사장들의 갈등

요아스는 북 이스라엘 왕국의 예후가 왕위에 오른 지 칠 년이 되던 해 일곱 살의 어린 나이로 유다 왕국의 왕이 되었다. 그는 그후 사십 년간 예루살렘에서 백성들을 다스렸다(왕하 12:1). 요아스는 어려서부터 예루살렘 성전 안에 숨어살면서 율법을 익혔으며, 제사장 여호야다에 의해 기름부음을 받아 왕위에 올랐으므로 그의 교훈을 마음 깊이 받아들였다.

율법을 깨달아 알고 있던 요아스 왕은 여호와 하나님 보시기에 정직하게 행하려고 많은 애를 썼다. 그러나 유다 왕국 안에 있던 산당山堂을 완전히 제거하지는 못했다. 이는 백성들에게 산당 제사를 허용하는 나쁜 결과를 낳게 되었다. 그로 말미암아 일반 백성들 가운데는 산당으로 가서 제사를 지내며 분향하는 자들이 많이 있었다.

세월이 흐르면서 점차 나이 어린 요아스 왕과 성전의 제사장들 사이에 상당한 갈등이 생겨나게 되었다. 제사장들이 어린 왕의 요구를 잘 수용하지 않았던 것이다. 이는 요아스가 산당을 제거하지 않음으로 인해 발생한 문제가 아니었을까 짐작해 볼 수 있다.

요아스 왕은 즉위한 후 제사장들에게 예루살렘 성전의 퇴락한 부분들에 대한 수리를 요구했었다. 그는 오랜 기간동안 성전 안에 살면서 그것을 가까이 지켜 보아왔다. 그러므로 여호와의 전에 드려지는 돈들을 성전의 퇴락한 곳을 위한 수리비로 사용하도록 했다. 즉 백성들이 거룩한 제물로서 성전에 바치는 돈, 세금으로 바치는 돈, 그리고 개인적인 서원으로 인해 바치는 돈, 자진해서 성전에 가져온 돈 등을 제사장들이 받아서 성전 보수를 위해 사용하도록 명령했다(왕하 12:4).

하지만 제사장들은 이십 년이 넘도록 그 명령을 실행하지 않았다. 요아스가 왕위에 오른 지 이십삼 년이 지나도록 제사장들이 왕의 말을 듣지 않자 왕은 대제사장 여호야다를 비롯한 여러 제사장들을 불러모았다. 왕은 우선 자신의 명령에도 불구하고 성전의 퇴락한 곳을 수리하지 않는 제사장들을 강하게 책망했다. 그리고 이제부터는 제사장들이 백성들로부터 돈money을 받아 자신들을 위해 관리하지 말고, 성전의 퇴락한 곳을 수리하는 목적을 위해 백성들이 헌금하도록 하라는 명령을 내렸다.

(2) 여호야다를 중심으로 한 제사장들의 순종

① 성전수리를 위한 헌금

성전 제사장들은 요아스 왕의 말을 듣고 앞으로는 백성들로부터 받은 헌금을 성전 수리를 위해 사용하는 문제에 대해 동의했다. 퇴락한 성전을 수리하라는 왕의 명령을 받은 후 대제사장 여호야다는 성전 문 앞 제단 옆의 한 모퉁이에 돈을 넣을 수 있는 헌금 궤를 만들어 놓아두었다(왕하 12:9). 그리하여 성전 문을 지키는 제사장들은 백성들이 여호와의 전에 가져오는 돈을 받아 그 궤에 넣었다. 헌금 궤에 돈이 가득 차게 되면 왕의 신하와 대제사장이 올라와서 모여진 돈을 계산하여 성전으로 가져가 보관했다.

제사장들은 성전을 관리하는 감독관들에게 그 돈을 주었으며, 그들이 성전을 수리하는 목수들과 건축자들에게 지급했다. 그리고 미장공과 석수들에게 돈을 주어 성전 수리에 필요한 재목과 석재 및 모든 물건들을 구입하도록 했다.

제사장들은 백성들로부터 특별히 모금된 그 돈을 평상시 성전에서 필요로 하는 은 대야나 불집게, 물 대접, 나팔, 금은 그릇 등을 위해 쓰지 않았다. 그 돈은 오직 퇴락한 성전 수리를 위해서만 사용되도록 했다(왕하 12:13,14). 제사장들은 또한 그 과정에서, 돈을 받아 사용하는 자들의 재정사용에 대한 회계감사를 하지 않았다. 이는 그들이 신뢰할 만한 자들로서 매우 정직하고 성실하게 일했기 때문이다(왕하 12:15).

② 제사장들을 위한 헌금

퇴락한 성전을 수리하기 위해 모금을 한 돈이 아닌 경우에는 제사장들이 평상시처럼 사용했다. 나아가 백성들이 속건제guilt offerings와 속죄제sin offerings를 위해 바친 돈은 성전에 드리지 않고 바로 제사장들에게 돌렸다(왕하 12:16).

이 사실은 성전을 수리하는 동안에도 일상적인 제사가 끊임없이 진행되었음을 말해주고 있다. 동시에 제사장들이 수령해야 할 것들은 여전히 주어졌다. 이는 또한 퇴락한 성전을 수리하는 일이 여호와 하나님께 드려지는 올바른 제사를 위한 것임을 말해주고 있다. 즉 성전 건축물을 화려하게 보수하려는 것 자체가 그 목적이 아님을 보여주고 있는 것이다.

5. 아람 왕 하사엘의 공격과 요아스 왕의 죽음

유다 왕국이 그와 같은 형편에 처해 있을 때 아람 왕국의 하사엘 왕이 군대를 이끌고 진격해 들어왔다. 하사엘은 삽시간에 가드Gath를 점령하고 곧이어 예루살렘 성을 공격하고자 했다(왕하 12:17). 유다 왕국의 입장에서는 비상이 걸린 것이다.

하지만 요아스 왕은 아람 왕국에 맞서 싸울 만한 전력戰力을 갖추고 있지 못했다. 그래서 그는 다른 방법을 사용해 아람의 공격을 막으려 했다. 그것은 아마도 예루살렘 성전을 보호하고자 하는 그의 마음 때문이었을 것으로 여겨진다.

요아스 왕은 전쟁을 피하기 위해 아람 왕 하사엘에게 뇌물을 바치고자 마음먹었다. 그것을 통해 전쟁을 중단하고자 하는 심정 때문이었다. 그래서 그는 예루살렘 성전의 창고에 보관되어 있던 성물聖物들을 그에게 주고자 했다. 그 물건들은 과거 유다 왕국을 통치했던 여호사밧과 여호람과 아하시야 등 여러 왕들이 특별히 구별하여 드린 것들이며, 그 가운데는 자신이 구별하여 드린 성물들도 있었다.

요아스는 결국 예루살렘 성전과 왕궁에 보관되어 있던 모든 금들을 취하여 아람 왕 하사엘에게 뇌물로 보냈다. 그러자 하사엘은 요아스 왕으로부터 그것들을 받고 나서 퇴각하여 예루살렘 성을 공격하지 않았다. 우리는 요아스가 무슨 마음으로 그렇게 했는지 그의 속마음을 정확하게 알 수 있는 것은 아니지만 그로 말미암아 국론이 분열되었던 것은 분명하다.

요아스 왕의 그런 행동을 목격하고 결코 그와 같은 일이 있을 수 없다고 못마땅하게 판단한 그의 신복들 가운데 일부가 왕을 불신하여 역모를 꾸미게 되었다. 요사갈Jozacar과 여호사바드Jehozabad 등이 그 역모를 주도한 인물들이었다. 그들은 기회를 엿보다가 왕이 실라Silla로 내려가는 길에 있을 때 밀로의 집the house of Millo에서 그를 살해하기에 이르렀다.

그동안 힘을 다해 요아스 왕을 따르던 신하들이 도리어 왕을 죽이는 반역을 자행했던 것은 정권 쟁탈과 상관이 없는 것이었다. 그들은 유다 왕국의 왕이 하나님의 성전과 왕궁에 보관된 거룩한 물건들을 더러운 이방 왕국의 왕에게 뇌물로 준 것을 용납할 수 없었던 것이다. 즉 그들의 입장에서 본다면 그것이 나름대로 정의감의 표현이라 판단했을지도 모를 일이다.

우리가 여기서 생각해 볼 수 있는 점은 그와 연관된 모든 사건들이 하나님의 심판과 연관된다는 사실이다. 앞에서도 언급한 것처럼 아람 왕 하사엘은 이스라엘을 심판하는 도구로써 하나님에 의해 특별히 세워진 인물이었다. 하나님께서는 그 사실을 시내산에 피신해 있던 엘리야에게 예언했으며, 그의 제자 엘리사가 그에게 기름을 부음으로써 그가 아람 왕국의 왕위에 오르게 되었던 것이다(왕하 8:13-15).

그러므로 아람 왕 하사엘이 유다 왕국을 공격한 것은 하나님의 준엄한 심판으로 이해해야 한다. 또한 요아스의 뇌물과 죽음에 관련된 모든 사건들도 그와 연관되어 있다. 이렇게 하여 출생하면서부터 파란만장한 인생을 살았던 요아스는 비참한 죽음을 맞았다. 그는 죽어서 열조들이 묻혀 있는 다윗성에 장사되었다. 요아스 왕이 죽은 후에는 그의 아들 아마샤Amaziah가 유다 왕국의 왕위를 계승하게 되었다.

제2부
북 이스라엘 왕국의 영적인 쇠퇴와 패망

제9장
아람 왕국의 이스라엘 침공과 엘리사의 죽음

(왕하 13:1-25)

1. 선지자 엘리사 말기의 이스라엘 왕국

솔로몬 왕 이후 다윗 왕조의 단일 이스라엘 왕국에 대한 분열을 주도한 북 이스라엘 왕국은 초기부터 안정되지 못한 불안한 나라였다. 북 이스라엘 왕국의 초대 왕 여로보암은 처음부터 백성들로 하여금 하나님을 떠나 배도의 길을 걷도록 유도한 인물이었다.

그후 여로보암의 뒤를 이어 왕국의 통치권을 계승한 모든 왕들은 한결같이 하나님 보시기에 악을 행하는 그의 길을 뒤따랐다. 그들은 이스라엘을 범죄케 한 여로보암의 죄를 마치 상속이라도 하듯 악한 전통을 이어갔다(왕상 16:26; 왕하 13:2,6,11).

그중에서도 아합 왕과 이세벨의 시대에는 배도의 극치를 이루었다. 그들은 이방 족속의 바알 신과 아세라 신을 이스라엘 가운데 적극적으로 도입했으며 백성들 중에 이방신 사상을 편만케 했다. 그들은 또한 그것을 책망하는 하나님의 선지자들을 무자비하게 박해하며 죽이려 했던 적이 한두 번이 아니었다.

결국 하나님께서는 배도한 이스라엘을 징책하기로 작정하시고 새롭게 세우신 예후를 심판의 도구로 이용해 아합 왕가를 패망시켰다. 예후는 아합 왕가를 멸망시킴으로써 왕위에 올라 하나님을 위한 심판의 도구가 되었지만 그 역시 하나님의 말씀에 온전히 순종하지 않았다. 그는 하나님을 배도한 아합 왕가의 세력에 대해 무서운 징계를 행하면서도 자신은 그 자리를 완전히 떠나지 않았던 것이다.

그리하여 하나님께서는 예후 왕가를 이스라엘 왕국 가운데 오래 동안 유지되도록 허락하지 않으시리라고 말씀하셨다. 예후가 죽은 후 그의 자손들이 왕위를 이어받아 왕국을 통치하던 시대가 이르자 아람 왕국의 하사엘이 또 다시 이스라엘을 징계하는 도구가 되었다. 하사엘은 하나님의 섭리에 의해 아람 왕국의 왕으로 특별히 세워진 인물이었다. 그러므로 하나님의 심판 아래 놓여있던 이스라엘 왕국에게는 아람 왕국의 공격을 효과적으로 방어할 수 있는 자체적인 아무런 능력이 없었다.

그런 와중에 선지자 엘리사가 심각한 질병에 걸려 죽음을 눈앞에 두게 되었다. 그 시점에서 이스라엘은 엄청난 혼란기를 맞이하게 된다. 그 전에도 이스라엘 왕국은 역사적 시기에 따라 국력에 많은 변화가 있었지만 엘리사의 죽음을 앞두고 아람 왕국의 공격으로 인해 심한 혼란기가 닥쳐왔던 것이다.

2. 이스라엘 왕국의 여호아하스 왕과 요아스 왕

(1) 여호아하스 시대 이스라엘 왕국의 쇠퇴

예후 왕가를 계승한 이스라엘 왕국의 여호아하스 왕은 여로보암의 죄를 본받아 여호와 보시기에 악을 행하기를 게을리 하지 않았다. 그는 유다 왕 요아스가 예루살렘에서 통치할 때 사마리아에서 십칠 년간 백성들을 다스리며 통치했다. 그동안 그는 여로보암의 악한 길을 떠나지 않고 백성들로 하여금 하나님을 배도하여 범죄의 길을 가도록 했다.

그러므로 하나님께서는 아람 왕 하사엘을 통해 이스라엘 왕국을 징벌하고자 하셨다. 그렇게 되자 이스라엘 백성들은 아람 왕국에 의해 끊임없는 시달림을 당할 수밖에 없었다. 그들은 감히 하나님으로 인해 내려지는 징계를 피할 수 없었던 것이다.

결국 배도한 이스라엘 왕국에 대해 진노하신 하나님께서 그들을 아람 왕국의 하사엘과 그의 아들 벤하닷의 손에 붙이셨다. 아람 왕국이 이스라엘을 강하게 위협하자 여호아하스 왕은 여호와 하나님의 도움을 간청했다(왕하 13:4). 이는 그가 지식적으로 하나님을 알고 있었음을 분명히 말해주고 있다. 하지만 그는 일시적인 위기를 피하고자 하여 그렇게 했을 뿐 진정으로 하나님께 의지하고자 하는 마음을 가지고 있었던 것은 아니다.

그럼에도 불구하고 하나님은 그의 간구를 들어주셨다. 여호아하스 왕의 간곡한 구원 요청을 들은 하나님께서 그 간구에 응답하셨던 것이다. 하나님께서는 아람 왕국에 의해 심각한 위기에 빠진 이스라엘 왕국을 구원할 만한 걸출한 인물을 저들에게 허락하셨다. 그렇게 하여 이스라엘 백성들은 일시동안 평상시와 같은 평화의 때를 회복할 수 있었다. 이는 이스라엘에 대한 하나님의 언약으로 말미암은 것이었다(왕하 13:23).

멸망의 위기에 빠진 저들을 위해 구원으로 응답하신 하나님에 대한 기본적인 깨달음을 이스라엘 백성들이 가지고 있었다면 그후부터라도 그들은 하나님을 경외하며 그의 말씀에 순종하는 자세를 가져야 했다. 그것이 하나님을 경외하는 자들이 마땅히 취해야 할 자세이다. 그러나 여호아하스 왕을 비롯한 이스라엘 왕국의 지도자들의 태도는 전혀 그렇지 못했다.

전쟁의 위기가 사라지고 평화의 때가 이르게 되자 이스라엘의 지도자들은 국가가 위기에 처해 있을 때 간곡히 부르짖으며 도움을 요구할 때와는 달리 하나님 앞에서 교만한 태도를 그대로 드러냈다. 그들은 여전히 이스라엘로 하여금 범죄하게 한 여로보암의 죄에서 떠나지 않는 가운데 우상숭배를 지속하며 사마리아에는 아세라 목상을 그대로 두었다(왕하 13:6).

그러자 하나님께서는 다시금 아람 왕국의 군대를 보내 그들을 응징하셨다. 하나님께서는 긍휼을 베푸셨지만 이스라엘 왕국이 배도의 길을 거두어들이지 않았기 때문이다. 그 결과 이스라엘 왕국의 국력은 급속도로 쇠퇴하게 되었다. 다른 모든 분야에서도 그러했지만 이스라엘의 군사력이 급감하게 된 사실은 괄목할 만하다.

> "아람 왕이 여호아하스의 백성을 멸절하여 타작 마당의 티끌 같이 되게 하고 마병 오십 명과 병거 열 대와 보병 만 명 외에는 여호아하스에게 남겨 두지 아니하였더라"(왕하 13:7)

이는 사실 이스라엘 왕국에 있어서 엄청난 문제가 아닐 수 없었다. 아람 왕이 이스라엘 왕국을 공격해 완전히 초토화시켰던 것이다. 이스라엘은 전쟁에서 대패함으로써 엄청난 병력을 상실하게 되어 마병 오십 명과 병거 열대, 그리고 보병 일만 명만 간신히 남겨두게 되었다. 이 숫자는 그 전의 솔로몬 왕이 통치하던 통일왕국 시대와 비교해 보면 얼마나 큰 차이가 나는지 금방 알 수 있다.

솔로몬 왕 시대 이스라엘 왕국의 군사력은 대단했다. 이는 당시의 막강한 정치 외교력과 경제력에 연결되어 있었다. 당시 통일 이스라엘 왕국에는 병거가 일천사백 대였으며, 마병이 일만 이천 명이나 되었다. 그리고 일반 보병은 이루 셀 수 없이 많았다.

> "솔로몬의 병거의 말의 외양간이 사만이요 마병이 일만 이천이며"(왕상 4:26); "솔로몬이 병거와 마병을 모으매 병거가 일천 사백이요 마병이 일만 이천이라 병거성에도 두고 예루살렘 왕에게도 두었으며"(왕상 10:26)

이스라엘 왕국의 여호아하스 왕 시대와 그 전 통일왕국의 솔로몬 왕 시대의 병력을 비교해 보면 엄청난 차이에 놀라움을 금할 수 없다. 솔로몬 왕 시대에 병거 일천사백 대였던 것이 여호아하스 왕 시대에는 불과 열대만 남았다. 그리고 솔로몬 왕 시대의 마병이 일만 이천 명이었던데 반해 여호아하스 왕 시대에는 겨우 오십 명만 남게 되었다. 수치를 통해 직접비교를 해본다면 병거는 1,400대 10이고 마병은 12,000대 50이 된다. 나라가 더 이상 지탱되기 어려울 만큼 큰 위기에 빠진 것이라 아니 할 수 없다.

이렇게 하여 여호아하스 왕의 시대에 이스라엘 왕국은 급격한 쇠퇴기에 접어들었으며 왕 자신은 세월이 흘러 인생을 마감했다. 여호아하스는 죽어 이스라엘의 역대 왕들이 묻혀 있는 사마리아에 장사되었다. 그가 죽게 되자 그의 아들 요아스가 예후 왕가를 계승해 이스라엘 왕국의 왕위에 올랐다.

(2) 요아스 왕

여호아하스 왕이 죽은 후 그의 아들 요아스가 통치권을 이어받았다. 그때 남쪽 유다 왕국에는 동일한 이름을 가진 요아스 왕이 통치하고 있던 시기였다. 북 이스라엘 왕국의 요아스 왕은 남 유다 왕국의 요아스 왕이 통치를 시작한 지 삼십칠 년이 되던 해 사마리아에서 등극해 십 육 년간을 다스렸다.

그는 여호와 하나님 보시기에 악을 행하여 이스라엘로 하여금 범죄케 한 여로보암을 그대로 따라했다. 이스라엘 왕국이 극도의 위기에 빠져 있는 데도 요아스는 하나님을 경외하지 않고 악행을 저지르기를 게을리 하지 않았다.

그럼에도 불구하고 이스라엘 왕국의 요아스 왕은 국가적인 어려움을 당했을 때 선지자 엘리사를 찾았다. 엘리사가 죽을 질병에 걸려 심한 고통을 당하는 중에도 그를 찾아가 민족을 구해달라고 애걸했던 것이다(왕하 13:14). 그것은 개인의 생명을 위한 것이 아니라 이스라엘 왕국의 절박한 상황에 관한 문제였다. 스스로 해결할 수 없는 어려운 문제를 당한 요아스 왕은 체면 불구하고 엘리사에게 매어 달릴 수밖에 없는 형편이었다.

우리가 여기서 생각해 보아야 할 점은 요아스 왕의 자연스럽지 못한 태도에 관해서이다. 그는 하나님을 배도한 악한 왕이었지만 여호와 하나님께 이스라엘의 모든 운명이 걸려 있다는 사실을 어느 정도 인식하고 있었다. 그리고 엘리야와 마찬가지로 엘리사가 하나님의 선지자라는 사실을 분명히 알고 있었다. 때문에 요아스는 엘리사의 죽음에 대해 매우 민감하지 않을 수 없었던 것이다.

요아스의 판단은 엘리사가 죽지 않고 살아있을 때 이스라엘 왕국이 처한 극심한 위기를 해결해야 한다는 것이었다. 엘리야와 엘리사는 그 후의 다른 여러 선지자들과는 달리 이스라엘 왕국의 종교적인 문제뿐 아니라 정치 외교 문제에까지 직접 관여하는 매우 특별한 위치에 있었다. 그러므로 요아스 왕은 선지자 엘리사가 살아있을 동안에 그에게 애걸하는 것이 최선의 방법이라 판단했던 것이다.

그러자 요아스 왕은 죽을 병에 걸린 엘리사를 직접 찾아가 눈물을 흘리며 아람 왕국의 군사적 위협으로 인해 패망의 위기에 놓인 이스라엘을 구해 달라며 간곡히 당부했다. 그는 병상에 누워있는 엘리사를 향해 '내 아버지여 내 아버지여, 이스라엘의 병거와 마병이여' ; 'My father! My father! The chariots and horsemen of Israel!' (왕하 13:14)라고 외치며 읍소泣訴했다.

요아스 왕이 엘리사를 '아버지'라 부르면서 이스라엘 왕국의 '병거들'과 말 타는 '마병들'에 대해 언급한 것은 선지자 엘리사에게 전쟁의 승패가 달려 있음을 말하는 것과 같다. 이는 이스라엘이 전투력을 거의 상실했지만 전쟁의 승리는 그런 것에 달려 있는 것이 아니라 하나님의 선지자에게 달려 있음을 고백하고 있는 것이다.

요아스 왕의 눈물의 호소를 들은 엘리사는 그에게 예언했다. 그는 말로 예언한 것이 아니라 행동을 통한 예언을 하기 위해 활과 화살들을 가져오도록 했다. 그것들을 가져오자 엘리사가 왕에게 손으로 활을 잡으라고 요구했으며 그는 시키는 대로 따라했다. 엘리사는 활을 잡은 요아스 왕의 손 위에 자기의 손을 얹어 안찰했다.

그리고는 동쪽으로 나있는 창문을 열고 활을 쏘도록 했다. 왕이 활을 쏠 때 엘리사는 그 화살이 '승리를 위한 여호와의 화살'(왕하 13:17)이므로 아람 군대를 공격하여 크게 승리하리라고 말했다. 그 다음 엘리사는 왕에게 화살들을 손으로 집어 땅을 치라고 요구했다. 그러자 요아스 왕은 그의 말을 듣고 손에 잡은 화살들로 땅을 세 번 쳤다.

그 광경을 지켜본 엘리사는 왕이 화살들로 땅을 대여섯 번 쳤더라면 아람 왕국에 대해 더 크게 승리할 수 있었을 텐데 땅을 단지 세 번만 쳤기 때문에 아람 왕국을 세 번만 이기게 되리라고 말했다. 엘리사는 그에 대해 심히 안타까워하면서 왕에 대한 격노를 표현했다. 나중 그 일은 엘리사의 예언처럼 그대로 이루어졌다(왕하 13:25).

요아스 왕은 죽은 후에 이스라엘의 앞선 왕들이 묻혀있는 사마리아에 장사되었다. 그후에는 그의 아들 여로보암이 왕위를 계승했다. 이 사람은 우리에게 여로보암 2세로 알려져 있으며 그의 치하에서 이스라엘 왕국은 새로운 전성기를 맞게 되었다. 그가 앗수르의 침략으로 인해 아람 왕국이 쇠약해진 틈을 타서 영토를 확장하게 되었던 것이다.

하지만 심각한 위기를 넘기고 세력을 확보하게 된 이스라엘 왕국은 또 다시 더욱 부패하여 하나님을 떠나 배도하게 되었다. 정치 종교지도자들은 우상숭배를 일반화하고 사치와 방탕에 깊이 물들었다. 또한 종교적인 측면에서 뿐 아니라 일반 윤리적으로도 심히 부패하여 아무런 소망이 없는 듯이 보였다.

그때 하나님께서 이스라엘 왕국에 여러 선지자들을 보내시게 된다. 아모스, 호세아, 요나 등이 곧 그들이다. 그 선지자들은 엘리야와 엘리사의 뒤를 잇는 하나님의 종들이었다. 하나님께서는 여러 선지자들을 통해 타락한 이스라엘 백성들에게 경고하시면서 그들의 존재 이유에 관해 예언하셨던 것이다.

3. 엘리사의 죽음

선지자 엘리사는 엘리야의 제자로서 배도한 이스라엘 왕국에 대한 하나님의 심판에 연관된 예언을 했었다. 엘리사는 한 평생 이스라엘 민족 가운데서 수많은 예언을 했지만 노년에 이르러서는 죽을 병에 걸리게 되었다(왕하 13:14). 하나님을 진정으로 경외하며 순종하는 그에게 무서운 질병이 임했던 것이다.

우리는 여기서 선지자들의 생애 마지막 모습들을 통해 죽음에 관한 문제를 생각해 보게 된다. 엘리야와 엘리사는 모두 하나님의 신실한 선지자들이었지만 이땅에서의 생애를 마감하는 과정은 매우 대조적이다. 엘리야는 죽음을 맛보지 않고 산 채로 천상의 나라로 올라갔다. 사람들은 그것을 매우 영예로운 것으로 생각할 수도 있다. 하지만 우리는 그것 자체를 그렇게만 생각해서는 안 된다.

왜냐하면 그의 제자였던 선지자 엘리사는 인생 말년에 평범한 삶을 누렸던 것이 아니라 무서운 질병에 걸려 고통당하던 끝에 그것으로 말미암아 죽었기 때문이다. 엘리사는 대다수 보통 사람들이 겪는 일반적인 죽음을 맞지 못했다. 만일 누군가 산 채로 승천한 엘리야의 생애 마지막을 하나님께서 허락하신 복이나 인간들이 생각하는 영예와 연관지어 생각한다면 엘리사의 죽음에 대해서는 그와 반대로 해석해야 한다는 잘못된 논리에 빠지게 된다.

그러나 우리는 엘리야가 하나님의 말씀에 잘 순종했으므로 죽음을 맛보지 않고 산 채로 천상의 나라로 올라갔으며, 엘리사는 그렇지 못했기 때문에 고통스런 질병에 걸려 고생하다가 죽은 것으로 말할 수 없다.

우리는 사람의 건강과 죽음을 맞는 과정과 상태를 보면서 쉽게 하나님의 은혜와 징계여부를 논해서는 안 된다. 단지 이 세상의 모든 성도들은 영원한 천국에 소망을 두고 살아야 한다는 사실을 분명히 깨달아야 한다. 하나님의 말씀에 온전히 순종하던 모든 선지자들을 비롯한 성도들은 영원한 천국을 바라보는 가운데 살았으며 어떤 형태로든 다양한 죽음을 통해 이땅을 떠나 그곳으로 인도되었던 것이다.

이스라엘 왕국에 복잡한 상황이 전개되던 시기에 엘리사는 질병에 걸려 죽어 장사되었다. 그런데 해가 바뀌어 놀라운 이적이 발생했다. 엘리사가 죽은 이듬해 모압의 도적떼가 이스라엘 지역을 공격해 왔다. 그때 마침 어떤 이스라엘 사람들이 죽은 사람을 장사지내다가 모압인들이 몰려오는 것을 보고 급히 그 시체를 엘리사의 묘실에 던져버렸다. 그러자 그 죽은 사람이 엘리사의 유골에 닿자마자 회생하여 일어서게 되는 기적이 일어났다.

우리는 엘리사의 유골에 죽은 사람이 닿았을 때 그가 되살아난 것을 두고 일반화시켜서 이해하려 해서는 안 된다. 즉 죽은 엘리사의 유골에 어떤 특별한 효력이 있어서 누구든지 죽은 시체를 그의 유골에 닿도록 하면 살아날 수 있는 것은 아니었다. 그것은 엘리사의 시체와 관련하여 발생한 유일한 기적이었다. 따라서 그후에 다른 죽은 사람의 시체를 엘리사의 유골에 닿게 한다고 해도 그가 다시 살아나지 않는 것이다.

우리는 이 놀라운 기록을 보며 어떤 교훈을 배워야 하는가? 이는 일반적인 상황에서는 결코 일어날 수 없는 매우 특별한 사건이다. 하나님을 알지 못하는 자들은 결코 이 기적을 납득하거나 받아들일 수 없다. 그러나 하나님께서는 이를 통해 단순히 자신의 능력을 보여주시고자 하는 것이 아니라 이스라엘 민족에게 중요한 메시지를 주고 계신다.

나아가 그 사건은 당시 이스라엘 백성들뿐 아니라 오늘날 우리에게도 동일한 교훈을 주고 있다. 당시 묘실에 장사되어 썩은 엘리사의 유골에 닿은 이스라엘 사람의 시체가 회생하게 된 사실을 직접 눈으로 목격한 사람은 불과 몇 명에 지나지 않았다. 그럼에도 불구하고 그에 대한 소문은 온 이스라엘 백성들에게 급속히 퍼져나갔을 것이 분명하다. 어떤 사람들은 그 이적의 소문을 그대로 받아들였을 것이며 다른 어떤 사람들은 그것을 믿지 않았을 것이다. 그에 대해서는 오늘날도 마찬가지다.

현명한 하나님의 백성들은 그 이적을 통해 이스라엘 민족에게 주신 하나님의 분명한 메시지를 들을 수 있어야만 했다. 그것은 산 사람들에게 생명이 있는 것이 아니라 죽은 선지자에게 진정한 생명이 있음을 보여주고 있다. 즉 모압의 도적떼나 아람 군대에 맞서 싸워 승리할 수 있는 것은 이스라엘 왕국의 능력과 전투력에 달려 있는 것이 아니라 죽은 엘리사의 예언에 달려 있었던 것이다.

당시 배도한 이스라엘 왕국은 이미 죽은 시체와 다름없는 상태였다. 하나님의 은혜가 아니면 도저히 회생할 수 없었다. 하나님께서는 이스라엘 백성들에게 그 사실을 전하시기 위해 죽은 사람의 사체가 죽은 엘리사의 유골에 닿을 때 살아나게 하셨다. 오늘날 우리가 얻어야 할 교훈도 이와 동일하다. 우리는 이 세상에서 죽은 자와 같지만 예수 그리스도에 대한 선지자들의 예언을 통해 새 생명을 공급받게 된 것이다.

4. 이스라엘과 아람의 전쟁

여호아하스 왕이 이스라엘 왕국을 통치하던 시기에는 항상 아람 왕

하사엘의 위협을 받고 있었다. 그러나 하나님께서는 배도한 이스라엘에 대해 한없이 인내하셨다. 그것은 아브라함과 이삭과 야곱과 더불어 세우신 언약 때문이었다(왕하 13:23). 하나님께서는 그들을 불쌍히 여겨 긍휼을 베푸셨으며 즉시 멸망시키기를 원하지 않으셨다.

그러나 이스라엘 백성들은 하나님의 구체적인 긍휼을 입고 있는 상태에서도 그 사실을 배격했다. 그들은 하나님께서 베푸신 은혜가 아니라 자신들의 능력과 욕망에 사로잡혀 있었다. 이스라엘의 지도자들은 심각한 위기에 빠져있을 때 하나님을 찾으면서도 평화롭고 배부를 때는 하나님을 멀리하는 이기적인 신앙을 가지고 있었다.

여호아하스 왕의 아들 요아스가 이스라엘 왕국의 왕위에 올랐을 때 아람 왕국에는 하사엘의 아들 벤하닷이 왕위에 올라 있었다. 요아스 왕은 엘리사의 예언대로 벤하닷을 공격하여 그 전에 부왕父王 여호아하스가 아람 왕국에 빼앗겼던 성읍들을 다시 회복했다. 그는 아람 왕국에 대해 세 번 공격을 해서 크게 무찌를 수 있었다. 이는 앞에서 엘리사가 요아스 왕에게 화살들로 땅을 치도록 했을 때 세 번 친 결과로서 그렇게 된 것이다(왕하 13:18,19).

이렇게 하여 여호아하스 왕 때 완전한 쇠퇴의 길에 놓이게 되었던 이스라엘 왕국이 그의 아들 요아스 대에 이르러 다시금 국력을 회복하게 되었다. 하나님께서는 아람 왕국을 통해 이스라엘을 징벌하시지만 그렇다고 해서 그가 아람 왕국의 편에 서 계셨던 것은 아니다. 이스라엘의 국력 회복은 하나님의 전적인 은혜와 경륜에 의한 것이며, 그 가운데 이 땅에 메시아를 보내시고자 하는 하나님의 놀라운 뜻이 나타나고 있다.

제10장
엘리사가 죽은 후
남북 이스라엘 왕국의 형편과 '선지자들'

(왕하 14:1-29)

1. 유다 왕 아마샤와 예루살렘성 피격

북 이스라엘 왕국의 요아스 왕 제2년에 남 유다 왕국에서는 아마샤가 이십오 세의 나이로 왕위에 오르게 되었다. 그는 이십구 년간 예루살렘에서 백성들을 통치하면서 나름대로 여호와 보시기에 정직하게 행하려고 상당한 애를 썼던 왕이었다. 그러나 그는 다윗 왕의 길을 온전히 따르지는 않았다.

그가 부왕父王이었던 유다의 요아스의 본을 받아(왕하 12:2) 산당들을 제거하지 않았으므로 백성들이 여전히 산당에서 제사를 지내며 분향하는 일을 지속했다. 예루살렘을 중심으로 한 유다 왕국 가운데는 여전히 혼합주의적인 종교사상들과 행태들이 난무했던 것이다.

그렇지만 정치적으로는 점차 안정을 되찾아 굳건하게 되어갔다. 그는 부왕 요아스를 죽인 세력들을 철저히 척결했다(왕하 12:20,21, 참조). 그러나 그들의 집안 모든 식구들을 멸족시키지는 않았다. 즉 반역자들의 자녀들은 죽이지 않았던 것이다. 이는 모세의 율법에 부모의 죄로 인해 자식을 죽이지 말고 각 사람은 자신의 죄로 말미암아 벌을 받아야 한다는 조항이 있기 때문이었다(신 24:16).

아마샤 왕은 전쟁에 능한 왕이었다. 구약성경 '역대기'에는 그에 관해 더욱 소상한 기록이 나타난다. 그는 에돔과 싸우기 위해 군대 체제를 정비하고 북 이스라엘 왕국으로부터 은 일백 달란트를 주고 십만 명의 용병을 구했다(대하 25:5,6). 그러자 어떤 사람이 아마샤 왕에게 나아와 이스라엘 군사들을 용병으로 데려가 함께 싸우는 것을 그만두도록 만류했다. 그것은 하나님께서 원하시는 바가 아니라는 것이었다.

아마샤 왕은 그의 말을 듣고 이스라엘 군사들을 위해 지불한 은 일백 달란트를 포기하고 그들을 전투 현장으로 데려가지 않았다. 하지만 단독 전투에 나선 그는 '소금 계곡'Valley of Salt에서 에돔 군대를 맞아 일만 명의 병사를 죽이고 대승을 거두었으며, 셀라Selah를 점령하여 욕드엘Joktheel이라 칭했다.

그러나 그 사이 유다 왕국에는 전혀 예기치 못한 일이 발생하게 되었다. 그것은 이스라엘 군사들을 용병으로 데려가기로 약속해놓고 그들을 전장으로 데려가지 않은데 대해 불만을 품은 자들이 도리어 유다 지역을 공격했기 때문이다. 이스라엘 왕국에서는 유다 왕국의 아마샤 왕의 그러한 처신이 양국간의 동맹관계를 파기하는 것으로 여겼던 것이다. 때문에 이스라엘 병사들은 수많은 유다 사람들을 죽였으며 재산을 박탈해 갔다.

유다 왕국에서 그런 군사적인 사건이 발생하고 있는데도 아마샤 왕은 그 사실을 모르고 에돔 군에 대한 승리에 도취해 우상신을 섬기는 악행을 저지르고 있었다. 그는 세일 자손들의 우상을 섬기며 그 앞에서 경배하고 분향하면서 거룩하신 여호와 하나님을 배도하는 자리에 머물러 있었던 것이다(대하 25:14).

그러자 그 악행에 대해 진노하신 하나님께서 아마샤에게 자신의 선지자를 보내 강하게 책망하셨다. 하지만 그는 여호와 하나님의 책망을 받아들이지 않고 도리어 그 선지자를 모독했다. 아마샤 왕은 그를 자신의 스승으로 삼은 적이 없는데 왜 자기를 가르치며 훈계하려고 하느냐며 불쾌하게 생각했던 것이다(대하 25:15,16).

결국 그것으로 인해 하나님께서는 아마샤 왕을 심판하시고자 하셨다. 왕이 에돔과의 전쟁에서 승리한 후 돌아와 보니 북 이스라엘 왕국의 군대가 유다 왕국을 공격해 엉망으로 만들어놓은 사실을 알게 되었다. 따라서 그는 북 이스라엘 왕국을 향해 전쟁을 통해 승부를 가리고자 마음 먹었다. 그리하여 북 왕국의 요아스 왕에게 사자를 보내 선전포고를 하고자 했다.

이스라엘 왕국의 요아스 왕은 남쪽 유다 왕국으로부터 선전포고에 관한 전갈을 받고 코웃음을 쳤다. 그는 아마샤 왕에게 신하를 보내 자기와는 결코 상대가 될 수 없으니 조용히 가만히 있으라고 했다. 요아스는 그에게 레바논의 나무와 연관지어 예화를 전했다. 레바논의 천박한 가시나무가 고상한 백향목 나무에게 딸을 자기 아들에게 주어 혼사를 맺자고 하니, 지나가는 들짐승이 말도 안 되는 소리를 지껄이고 있는 가시나무를 짓밟았다는 내용이었다(왕하 14:9).

북 이스라엘 왕국의 요아스 왕은 그렇게 하여 유다 왕국의 아마샤 왕이 말도 안 되는 허세를 부리고 있음을 지적하며 점잖게 타일렀다. 에돔 군대에 승리하게 되니 교만하게 되어 눈에 보이는 것이 없느냐는 것이었다. 따라서 아마샤의 마음이 극도로 교만해져 있으니 그냥 예루살렘의 왕궁이나 지키며 스스로 자랑하지 말고 날뛰지 말라고 했다. 괜히 화를 자초하여 유다 왕국의 멸망을 재촉하지 않도록 하라며 경고했던 것이다.

그러나 이미 전의戰意를 불태우고 있던 남 유다의 아마샤 왕은 북 이스라엘의 요아스 왕의 말을 귀담아 들을리 만무했다. 그러자 이스라엘 왕국의 요아스는 군대를 이끌고 남쪽으로 내려왔고 유다의 아마샤 왕은 북쪽으로 올라갔다. 양편의 군대는 유다 지역에 있는 벧세메스Beth

Shemesh에서 격돌했다. 그 전투에서 유다 왕국이 대패하여 병사들은 제각각 도망했으며 아마샤 왕은 북쪽의 포로로 사로잡히게 되었다.

이스라엘 왕 요아스는 포로가 된 아마샤 왕을 앞세워 예루살렘으로 진격해 들어갔다. 북 이스라엘 왕국의 군대는 에브라임 문으로부터 성 모퉁이에 있는 문에 이르기까지 사백 규빗(사백 척: 공동번역; 육백 피트: NIV)나 되는 예루살렘 성벽을 허물어 버렸다(왕하 14:13). 그리고 예루살렘 성전과 왕궁의 창고에 보관되어 있던 금과 은을 비롯한 기물들을 탈취했으며 많은 사람들을 볼모로 잡아 사마리아로 돌아갔다.

북 이스라엘 왕국의 요아스 왕은 예루살렘 성을 파괴하고 거룩한 하나님의 성전을 모독하면서도 그것이 의미하는 바 두려운 악행을 제대로 깨닫지 못하고 있었다. 요아스는 자기가 이스라엘 왕국에 대단한 승리를 안겨준 훌륭한 통치자인 양 착각했다. 그후 요아스 왕은 죽어 사마리아에 장사되었다. 요아스가 죽은 후에는 그의 아들 여로보암이 왕위를 계승하게 되었다.

2. 유다 왕국의 반란 사건

유다 왕 아마샤는 초기에 여호와 하나님을 경외했으나 후에는 배도하여 그의 뜻을 저버린 왕이었다(대하 25:27). 그는 자기의 정치적인 욕망을 추구하느라 예루살렘과 거룩한 하나님의 성전을 욕되게 한 인물이었다. 그는 예루살렘에서의 치세기간 동안 백성들을 위한 온전한 정치를 하지 못했다.

아마샤 왕은 북 이스라엘 왕국의 요아스 왕이 죽은 후에도 십오 년간이나 남 유다 왕국을 통치하며 왕위를 누렸다. 그러던 중 예루살렘에서는 배도에 빠진 그에게 저항하는 반란이 일어났다. 그것은 단순한 정치적인 문제라기보다 아마샤의 악행에 대한 하나님의 심판의 성격을 띠고 있는 것으로 이해해야 한다.

예루살렘에서 반란이 일어나자 아마샤 왕은 그 세력을 진압하지 못하고 라기스Lachish로 도망치게 되었다. 그러나 반란군은 그곳까지 따라가 왕을 살해했다. 백성들은 비참하게 피살된 그의 시체를 말에 실어 예루살렘으로 옮겨 조상들이 묻혀있는 다윗성에 장사지냈다.

아마샤가 죽은 후에는 열여섯 살 된 그의 아들 아사랴(웃시야)37)가 유다 왕국의 왕위를 계승하게 되었다. 그는 무려 오십일 년 동안이나 왕위에 앉아 있었던 장수한 왕으로서 유다 왕국의 가장 유능한 왕들 가운데 한 사람이었다. 아사랴는 왕위에 올라 엘랏Elath을 재건축하여 회복함으로써 유다 왕국이 상당한 국력을 가지게 되었다.

3. 북 이스라엘 왕국의 여로보암 2세

남쪽 유다 왕국이 아마샤 왕으로 인해 심한 혼란을 겪고 있을 때 북쪽 이스라엘 왕국에서는 요아스 왕의 아들 여로보암이 왕위에 올랐다. 우리에게 여로보암 2세로 알려진 그는 사마리아에서 사십일 년간 나라를 통치했다. 그의 시대에는 아람 왕국의 다메섹을 정복하는 등(왕하 14:28) 이스라엘 왕국이 국력을 상당히 회복하는 듯이 보였다.38)

여로보암 2세 왕은 이스라엘 왕국의 초대 왕이었던 여로보암의 악한

---

37) 아사랴 왕은 웃시야라는 다른 이름을 가지고 있었다. 이는 마치 아브람이 아브라함이라는 이름을 가지고 야곱이 이스라엘이라는 이름을 가진 것과 유사하다. 신약시대에도 베드로는 시몬, 게바라는 이름을 동시에 가지고 있었으며 바울도 사울이라는 이름을 가지고 있었다. 이처럼 동일한 인물이 다른 이름들을 가지고 있었던 예는 성경에 종종 나타난다.

38) 북 이스라엘 왕국의 여로보암 2세가 다메섹을 정복함으로써 아람 왕국의 국력은 기울어지게 된다. 그것을 틈타 앗수르 제국의 국력이 급격히 성장했으며, 결국 북 이스라엘 왕국을 패망시켰을 뿐 아니라 남 유다 왕국을 강하게 위협하게 되었다.

행위를 따라 이스라엘 백성으로 하여금 범죄케 하는 일에 앞장섰다. 그는 백성들이 남쪽에 있는 예루살렘 성전을 방문하는 것을 금지했으며 단과 벧엘에 있는 금송아지를 숭배하게 했다(왕상 12:28-30). 그는 자신의 정치적 목적을 위해 백성들로 하여금 하나님을 배도케 했던 것이다.

여로보암 2세는 하나님께서 선지자 요나Jonah를 통해 예언하신 것처럼 잃어버린 영토를 회복했다. 하맛 어귀Lebo Hamath에서 아라바 바다 Sea of Arabah에 이르기까지 넓은 땅을 회복하게 되었던 것이다. 이렇게 하여 이스라엘 왕국은 패망의 위기까지 갔으나 나름대로 새로운 전성기를 맞이했다. 그러나 이는 여로보암 2세가 유능한 군주였기 때문이 아니라 전적인 여호와 하나님의 은혜로 말미암은 것이었다.

> "이스라엘의 하나님 여호와께서 그의 종 가드헤벨 아밋대의 아들 선지자 요나를 통하여 하신 말씀과 같이 여로보암이 이스라엘 영토를 회복하되 하맛 어귀에서부터 아라바 바다까지 하였으니 이는 여호와께서 이스라엘의 고난이 심하여 매인 자도 없고 놓인 자도 없고 이스라엘을 도울 자도 없음을 보셨고 여호와께서 또 이스라엘의 이름을 천하에서 없이 하겠다고도 아니하셨으므로 요아스의 아들 여로보암의 손으로 구원하심이었더라"(왕하 14:25-27)

성경은 이스라엘 민족에 대한 하나님의 지속적인 사랑과 은혜에 관해 분명히 언급하고 있다. 하나님께서 그들에게 긍휼을 베푸심으로 말미암아 국력을 어느 정도 회복하게 되었다. 하나님께서는 그것이 자신의 은혜라는 사실을 백성들에게 분명히 알려주시기 위해 선지자 요나를 미리 보내 예언하게 하셨던 것이다.

그러나 여로보암 2세 왕은 그것이 전적인 하나님의 은혜라는 사실을 염두에 두지 않았다. 그는 이스라엘 왕국이 국력을 회복한 것이 마치 자신의 유능한 통치력에 의해 이루어진 것처럼 여겼다. 때문에 여로보암은 하나님을 경외했던 것이 아니라 도리어 심한 배도의 길을 걸으며 이스라엘 백성들로 하여금 범죄케 했다. 사십일 년이라는 긴 그의 통치기간이 끝나고 죽은 후에는 그의 아들 스가랴가 이스라엘 왕국의 왕위를 물려받았다. 하지만 이스라엘 왕국은 그때부터 점차 멸망의 길을 치닫게 되었다.

4. 당시 하나님의 말씀을 예언하던 선지자들

남 유다 왕국의 아마샤와 북 이스라엘 왕국의 여로보암 2세가 통치하던 시대는 남북 이스라엘 왕국 사이의 관계가 극도로 혼란하던 시기였다. 여로보암 2세 이후의 왕들이 통치하던 시기는 북 이스라엘 왕국이 멸망을 향해 달음박질치던 때였다. 여로보암 2세가 죽은 후(BC 753) 삼십 년이 지나게 되면 사마리아가 앗수르 제국에 의해 함락당해 이스라엘 왕국이 멸망하게 된다(BC 722). 즉 여로보암이 사십일 년간 통치한 후, 삼십 년이 지나 북 이스라엘 왕국은 완전히 패망하게 되는 것이다.

하나님께서는 엘리야와 엘리사의 뒤를 이어 이스라엘 왕국에 여러 선지자들을 보내셨다. 이스라엘과 유다 왕국에 여로보암 2세와 웃시야(아사랴), 요담, 아하스, 히스기야 등이 통치할 때 하나님께서 아모스, 호세아, 요나, 이사야, 미가 선지자 등을 보내 예언하게 하셨다. 그 선지자들은 개인적인 판단에 따라 자의적으로 백성들에게 말한 것이 아니라 하나님께서 저들에게 계시하신 대로 예언했다.

그들의 예언은 역사적으로 보아 엘리야와 엘리사와 동일한 성격을 띠고 있었다. 그리고 당시 남북 이스라엘 왕국에 존재하는 모든 건전한 선지자들과 동일한 하나님의 관점에서 예언을 했다. 즉 아모스, 호세아, 요나, 그리고 이사야, 미가 등의 예언이 서로 상충되지 않고 완벽하게 하나님의 뜻을 나타내고 있었던 것이다.

물론 각 선지자들의 예언 가운데는 하나님께서 요구하신 각각의 나름대로의 선명한 시대적 특성을 띠고 있다. 우리가 주의 깊게 기억해야 할 바는 당시의 선지자들은 기록계시뿐 아니라 메시지를 통한 예언을 했었다는 사실이다. 특히 여로보암 2세 때는 아모스, 호세아, 요나 같은 선지자가 하나님의 보내심을 받아 말씀을 예언했다. 우리는 그 선지자들이 예언한 내용을 그들이 기록한 성경계시를 통해 간략하게 살펴볼 수 있다.

(1) 아모스

아모스 선지자는 유다 왕 웃시야(아사랴)가 남 유다 왕국을 통치하고, 북 이스라엘 왕국의 여로보암 2세가 통치하던 시대의 선지자였다. 그 점에 대해서는 아모스서에서 분명히 언급되어 있다: "유다 왕 웃시야의 시대 곧 이스라엘 왕 요아스의 아들 여로보암의 시대 지진 전 이년에 드고아 목자 중 아모스가 이스라엘에 대하여 이상으로 받은 말씀이라"(암 1:1).

아모스는 남 유다 왕국 지역의 농부 출신으로서 사마리아 성이 앗수르 제국에 의해 함락당하기 전에 북 이스라엘 왕국을 향해 하나님의 예언을 전했다. 당시 북쪽 이스라엘은 여로보암 2세가 아람 왕국을 정복하면서 백성들이 상당한 번영을 누리고 있던 시기였다.

그것으로 인해 이스라엘의 지도자들 가운데는 사치와 방탕한 분위기가 조장되었다. 그렇게 됨으로써 백성들은 하나님을 떠나 배도의 길을 걸었다. 당시에는 초대 왕 여로보암 1세가 단과 벧엘에 만들어 둔 금송아지 형상을 배경으로 한 혼합종교와 그후 여러 왕들이 들여온 풍요를 상징하는 바알 숭배사상이 만연했었다. 하나님의 이름을 빙자한 제사장들은 이기적인 종교 활동을 하기에 급급했으며 백성들은 여호와 하나님을 멀리하고 있었던 것이다.

그러자 하나님으로부터 특별한 부름을 받은 아모스 선지자는 배도한 이스라엘 백성들에게 회개를 촉구했다. 그는 금송아지 숭배의 본산이라 할 수 있는 벧엘로 가서 부정과 탐욕을 일삼으며 술에 취하고 간음에 빠져 있는 지도자들의 더러운 죄를 분명하게 지적했다.

아모스 선지자는 이스라엘 백성들이 죄를 회개함으로써 하나님께로 돌아서지 않으면 무서운 심판이 임할 것이라는 강력한 경고를 했다. 진정으로 회개하지 않는다면 저들에게 하나님의 두려운 심판이 임해 이스라엘 백성들이 이방 왕국의 포로로 사로잡혀 가게 되리라는 사실을 선포했던 것이다. 물론 그는 메시아 왕국에 관한 궁극적인 약속을 상기시키며 경건한 백성들에게는 진정한 위로와 소망의 말씀을 동시에 전했다.

(2) 호세아

호세아 선지자는 남 유다 왕국에서 웃시야(아샤랴), 요담, 아하스, 히스기야 왕이 통치하던 시대이자 북 이스라엘 왕국의 여로보암 2세가 통치하던 시대에 예언하던 선지자였다: "웃시야와 요담과 아하스와 히스기야가 이어 유다 왕이 된 시대 곧 요아스의 아들 여로보암이 이스라엘 왕이 된 시대에 브에리의 아들 호세아에게 임한 여호와의 말씀이라"(호 1:1).

북 이스라엘 왕국에 속한 예언자인 호세아 선지자는 배도에 빠진 백성들을 강하게 책망했다. 그리고 하나님께서 이스라엘을 심판하신 후 그의 신실한 언약을 이루게 될 것을 선포했다. 그것은 택한 자기 백성들에게 놀라운 은혜를 베푸시는 하나님을 보여주는 것이다.

호세아서 본문 가운데는 더러운 정부情夫와 음행하기 위한 목적으로 신실한 남편인 호세아를 버린 악한 아내 고멜을 통해 거룩한 하나님을 버린 이스라엘 백성들의 추악한 죄악을 드러내고 있다. 호세아 선지자는 자신의 실제적인 혼인 생활을 이스라엘 민족의 죄에 연관하여 비유적인 표현을 하며 예언하고 있다.

호세아 선지자는 하나님의 신실한 자녀였음에도 불구하고 인간적인 측면에서 본다면 행복하지 못한 결혼 생활을 하게 된다. 그러나 그것은 이스라엘 민족에게 교훈을 주시기 위한 하나님의 특별한 섭리에 의한 것이었다. 하나님을 진심으로 경외하는 호세아는 고멜이라는 여인과 혼인을 하게 되지만 그녀의 음란한 행동으로 인해 수용하기 힘든 형편에 놓이게 된다. 그러나 호세아의 진실한 사랑은 다시금 그녀를 아내로 받아들이도록 한다.

이스라엘 백성들은 그 사실을 통해 하나님과 이스라엘 민족에 관한 형편을 깨달아야만 했다. 이스라엘 민족은 끊임없이 하나님을 배도함으로써 더러운 우상을 숭배하며 음행을 일삼았다. 그러나 하나님께서는 악한 그들을 완전히 버리시지 않고 메시아 언약과 함께 궁극적인 복을 허락하시게 될 것을 말씀하셨다. 호세아 선지자는 배도에 빠진 이스라엘 백성이 거룩한 하나님의 품으로 돌아와야 한다는 사실을 강변했던 것이다.

(3) 요나

요나 선지자는 이스라엘 왕국의 여로보암 2세가 통치하던 시대에 하나님의 말씀을 예언한 인물이었다: "이스라엘 하나님 여호와께서 그 종 가드헤벨 아밋대의 아들 선지자 요나로 하신 말씀과 같이 여로보암이 이스라엘 지경을 회복하되 하맛 어귀에서부터 아라바 바다까지 하였으니"(왕하 14:15).

하나님께서는 여로보암 2세가 이스라엘 왕국을 통치하던 시기에 요나를 실제적인 행동과 사건을 통해 강권적으로 불러 자신의 말씀을 계시하셨다. 이스라엘 백성들은 물고기 뱃속에 들어갔다가 기적적으로 살아 나온 요나의 표적을 통해 하나님의 구원에 대한 보편적인 의미와 메시지를 깨달아야만 했다.

요나는 하나님으로부터 당시 이스라엘 민족에게 위협이 되고 있던 앗수르 제국의 가장 중요한 도시였던 니느웨로 가서 하나님의 심판을 선포하라는 명령을 받았다. 그러나 그는 하나님의 말씀에 순종치 않고 다시스로 도망치려 했다. 그는 하나님의 명령을 피해 욥바로 가서 다시스로 가는 배에 올라탔지만 심한 풍랑으로 인해 항해를 지속할 수 없었다.

그러자 해결할 수 없는 힘든 상황에 처한 선장은 요나에게 와서 그의 신에게 기도하라고 당부했다. 아마 선장은 그가 이스라엘 민족이 믿고 있는 하나님의 선지자라는 사실을 알고 있었을 것이다. 그럼에도 불구하고 풍랑이 줄어들 기미가 전혀 보이지 않자 어떤 사람이 그것은 하나님께서 진노하신 까닭이라 말했다. 과연 누가 하나님을 진노하게 했는지 제비를 뽑자고 하여 그렇게 한 결과 요나가 바로 그 당사자인 것으로 뽑히게 되었다.

그로 인해 요나는 풍랑이 심하게 이는 바다 한 가운데로 던져졌다. 그러나 하나님께서 예비하신 큰 물고기가 입을 벌려 그를 받아 삼킴으로써 요나는 물고기 뱃속에서 사흘 낮과 밤을 고통스런 흑암 가운데 지내게 되었다. 사흘이 지나자 물고기는 그를 육지에 토해냈다. 물고기 뱃속에서 나온 요나에게 하나님께서 다시금 니느웨로 가게 하자 그제야 그는 하나님의 말씀에 순종했다.

요나의 입을 통한 하나님의 경고를 들은 니느웨 사람들은 금식하며 회개했다. 그것으로써 그 도시는 멸망당하지 않았다. 하지만 이스라엘 왕국의 위기에도 불구하고 이방인들이 멸망당하지 않는 것을 보며 마음이 불편해진 요나는 하나님께서 자신의 생명을 취해 가시도록 간구했다.

그러자 하나님께서는 박 넝쿨을 사용하여 이방인의 도시라 할지라도 하나님 앞에서 회개하면 멸망을 피하게 된다는 사실을 그에게 가르쳐 주셨다. 물론 하나님께서는 그것을 통해 이스라엘 민족이 죄에서 돌이켜 회개하기를 원하셨다.

제11장
혼란기의 유다 왕국과 이스라엘 왕국의
여러 왕들

(왕하 15:1-16:20)

1. 남북 이스라엘 왕국이 처한 극도의 혼란기

여로보암 2세가 죽은 후 북 이스라엘 왕국에는 엄청난 혼란기가 도래했다. 그로부터 삼십년 동안은 이스라엘 왕국이 앗수르 제국에 의한 패망을 앞두고 있던 위태로운 시기였다. 그와 동시대의 남 유다 왕국 역시, 아사랴(웃시야) 왕이 죽은 후 요담 왕을 이은 아하스 왕 때 극도로 배도하는 시대가 이르게 된다.

앗수르에 의해 멸망당하기에 앞서 이스라엘 왕국에서는 여러 차례의 반란이 이어졌다. 왕권을 쟁탈하기 위한 욕망을 가진 정치 지도자들로 인해 위기와 혼란이 되풀이 되었다. 그러자 일반 백성들은 신앙에 관련된 문제뿐 아니라 일상적인 삶에 있어서 심한 불안감과 더불어 혼선을 빚을 수밖에 없었다.

북 이스라엘 왕국이 혼란을 거듭하던 시기에 남 유다 왕국의 정치적 상황도 결코 안전하지 못했다. 북 왕국과 마찬가지로 남 왕국도 앗수르에 의한 심각한 위협에 직면하게 되었다. 즉 이스라엘 왕국이 멸망을 향해 달음박질칠 때 남 유다 왕국 역시 풍전등화와 같은 시국에 놓여 있었다. 단지 유다 왕국은 하나님의 구속사적 경륜에 따라 국운이 좀더 오래 유지되었을 따름이다.

하나님께서는 그 시기에 북 이스라엘 왕국에 요나, 아모스, 호세아 등 여러 선지자들을 보내셨다. 그들은 하나님의 말씀을 전하며 회개를 촉구하는 예언을 했다. 하지만 이스라엘 왕국의 지도자들과 백성들은 선지자들의 예언을 듣지 않고 귀를 막았다.

결국 BC 722년, 북 이스라엘 왕국은 앗수르 제국에 의해 완전히 패망하게 되었으며 그것을 본 유다 왕국의 백성들의 마음이 심란했을 것이 틀림없다. 그럼에도 불구하고 남 유다 왕국의 지도자들은 하나님에 대한 온전한 믿음을 가지고 있지 못했다. 그들은 극도의 위기에 처해 있으면서 하나님을 의지하지 않고 도리어 이방 왕국의 세력을 의존하고자 했다. 그때 하나님께서는 유다 왕국에 이사야와 미가 선지자들을 보내 예언하게 하셨다.

2. 유다 왕 아사랴 (대하 26:1-23)

유다 왕국의 아사랴(웃시야) 왕은 북 이스라엘 왕국이 패망의 길을 향해 달음박질치고 있을 때 예루살렘에서 백성들을 통치했다. 그는 북 왕국의 여로보암 2세가 외형적으로 보아 한창 국력을 키우고 있을 때, 십육 세의 어린 나이로 남 왕국의 왕위를 계승하게 되었다. 그는 그후 무려 오십이 년 동안이나 왕위에 있으면서 왕국을 다스렸다.

아사랴 왕은 나름대로 하나님을 경외하며 여호와 보시기에 정직하게 행하려고 애쓰던 인물이었다. 하지만 유다 왕국 안에 있던 더러운 산당을 제거하지는 않았다. 또한 일반 백성들은 산당에서 제사를 지내며 분향하는 악한 일을 중단하지 않았다. 그러한 배도 행위는 하나님을 분노를 가져올 수밖에 없었다.

하나님께서는 유다 왕국이 극도의 위기 가운데 처해 있는데도 하나님을 온전히 의지하지 않는 아사랴 왕을 심판하여 문둥병이 걸리게 하셨다(왕하 15:5). 아사랴는 자기가 통치하는 유다 왕국이 강성해지자 교만하게 되었던 것이다. 그로 인해 아사랴는 제사장의 고유한 직무에 해당하는 성전제사를 대신하려다가 하나님의 심판을 받게 되었던 것이다. 역대기 하에는 아사랴(웃시야)가 문둥병에 걸리게 된 이유와 그 과정에 대해 소상히 기록하고 있다.

> "저가 강성하여지매 그 마음이 교만하여 악을 행하여 그 하나님 여호와께 범죄하되 곧 여호와의 전에 들어가서 향단에 분향하려 한지라 제사장 아사랴가 여호와의 제사장 용맹한 자 팔십 인을 데리고 그 뒤를 따라 들어가서 웃시야 왕을 막아 가로되 웃시야여 여호와께 분향하는 일이 왕의 할 바가 아니요 오직 분향하기 위하여 구별함을 받은 아론의 자손 제사장의 할 바니 성소에서 나가소서 왕이 범죄하였으니 하나님 여호와께 영광을 얻지 못하리이다 웃시야가 손으로 향로를 잡고 분향하려 하다가 노를 발하니 저가 제사장에게 노할 때에 여호와의 전 안 향단 곁 제사장 앞에서 그 이마에 문둥병이 발한지라 대제사장 아사랴와 모든 제사장이 왕의 이마에 문둥병이 발하였음을 보고 전에서 급히 쫓아내고 여호와께서 치시므로 왕도 속히 나가니라 웃시야 왕이 죽는 날까지 문둥이가 되었고 문둥이가 되매 여호와의 전에서 끊어졌고 별궁에 홀로 거하였으므로 그 아들 요담이 왕궁을 관리하며 국민을 치리하였더라"(대하 26:16-21)

웃시야(아사랴)가 하나님의 심판을 받아 문둥병에 걸리게 되자 그는 율법에 의해 따로 격리될 수밖에 없었다. 그러므로 그는 다른 사람들이 없는 별궁別宮에 홀로 거처하게 되었다. 그렇게 되자 부왕 아사랴를 대신해 왕자 요담이 유다 왕국을 다스리게 되었다. 그때 아사랴는 별궁에 있으면서도 섭정을 한 것으로 보인다. 즉 당시 요담이 형식적인 통치력을 행사했지만 아사랴가 여전히 국정에 관여했던 것이다.

열왕기하 15장 7절에 언급된 것처럼 아사랴가 죽은 후에 요담이 정식으로 왕위를 계승한 것에서 그에 대한 근거를 찾을 수 있다: "아사랴가 그 열조와 함께 자매 다윗성에 그 열조와 함께 장사되고 그 아들 요담이 대신하여 왕이 되니라." 이것을 보아 요담은 부왕 아사랴가 죽어 다윗성에 장사된 후에 정식으로 왕위에 올랐던 것으로 이해된다.

아사랴 왕과 요담 왕에 관련하여 좀더 구체적인 연대를 살펴본다면, 아사랴 왕(BC 790-739 사이에 통치)이 즉위한 지 40년 정도 되었을 때 요담(BC 750-731 사이에 통치)이 유다의 통치자가 되었다. 그리하여 십여 년이 지나 아사랴가 죽기까지 유다 왕국에는 두 명의 왕이 있으면서 백성들을 다스렸다. 물론 우리는 그것을 두고 부자지간에 권력적인 갈등이 있었던 것으로 볼 필요는 없다.

3. 여로보암 사후死後 반란 왕국이 된 북 이스라엘 왕국

(1) 이스라엘 왕 스가랴에 대한 살룸의 반란

한편 유다 왕국이 아사랴 왕에 의해 강성해져 갈 때 북 이스라엘 왕국에서는 여로보암 2세의 아들 스가랴Zechariah가 왕위를 계승했다. 그러나 그는 육 개월이라는 지극히 짧은 기간 동안 왕위에 앉아 백성들을 다스렸다. 그는 그동안 이스라엘 왕국의 초대 왕 여로보암의 불신앙적인 행위를 본받아 여호와 하나님 보시기에 더러운 악행을 저질렀다.

그가 오랜 기간 왕위에 있을 수 없었던 까닭은 그의 신하 중 야베스의 아들 살룸Shallum이 반란을 일으켰기 때문이다. 살룸은 반역을 일으켜 이제 갓 왕으로 즉위한 스가랴를 뭇 백성들이 보는 앞으로 끌어내 공개적으로 쳐죽였다(왕하 15:10). 그리고는 그가 이스라엘 왕국의 왕위를 찬탈하게 되었다.

그것이 살룸이 저지른 범죄 행위이기는 했지만 그전에 이미 예언된 대로 하나님의 경륜에 따라 발생한 일이었다. 하나님께서는 아합의 집안을 심판하는 도구가 된 예후가 단과 벧엘에 있는 금송아지를 섬기는 일을 계속하고 있을 때 그의 왕조가 사대四代만에 끝나게 될 것임을 말씀하셨다(왕하 10:29,30; 15:12).

(2) 반역자 살룸에 대한 므나헴의 역반란

살룸은 하나님의 예언과 역사적 경륜 가운데 예후 왕가를 무너뜨리고 이스라엘 왕국을 통치하는 왕이 되었다. 그는 왕위를 무력으로 찬탈했던 것이다. 당시 남쪽 유다 왕국에서는 아사랴(웃시야) 왕이 통치하고 있었다. 그러나 살룸은 왕위에 올라 불과 한 달 동안 나라를 통치하다가 막을 내리게 된다. 또 다른 반란자인 가디의 아들 므나헴Menahem이 사마리아를 습격해 예후 왕가에 대한 반역자인 살룸을 쳐죽였던 것이다. 므나헴은 살룸을 죽인 후 무력으로 왕위를 찬탈해 이스라엘 왕국을 다스리는 통치자가 되었다.

처음 므나헴이 군대를 이끌고 사마리아 성을 공격했을 때는 상당한 저항이 따랐다. 그의 군대가 올라왔을 때 살룸의 휘하에 있던 병사들이 각 성에서 문을 열어주지 않았기 때문이다. 그러자 므나헴의 군대는 극도로 잔인한 모습을 보여줌으로써 백성들이 쉽게 저항하지 못하도록 했다. 그 과정 중에는 강하게 반발하는 사람들을 모조리 죽였을 뿐 아니라 심지어 아기 밴 부녀의 배를 가르는 악행마저 저질렀다(왕하 15:16). 그렇게 하여 므나헴이 이스라엘의 왕위를 찬탈하게 되었던 것이다.

므나헴은 이스라엘 왕국의 왕위에 올라 십 년간 백성들을 다스렸다. 그는 하나님 보시기에 심한 악행을 저질렀다. 그 십 년 동안 므나헴은 왕의 신분을 유지하고 있으면서 평생토록 여로보암의 악한 죄를 떠나지 않았다.

므나헴이 이스라엘 왕국을 통치하는 동안 앗수르의 왕 불Pul이 사마리아를 침략하기 위해 올라왔다. 그러자 므나헴 왕은 그에게 은 일천 달란트를 주고 되돌려 보냄으로써 전쟁을 막고 자기의 왕권을 강화하고자 했다. 그는 이스라엘 왕국 가운데 부유한 자들로부터 은 오십 세겔씩을 거두어들여 그 문제를 해결할 수 있었다(왕하 15:20). 앗수르 왕을 돌려보내고 전쟁을 피하게 된 므나헴은 그것으로 인해 흔들리지 않는 왕권을 유지할 수 있었다.

(3) 므나헴의 아들 부가히야 왕에 대한 베가의 반란

반란을 통해 왕위를 차지했던 므나헴이 죽자 그의 아들 부가히야 Pekahiah가 이스라엘 왕국의 왕위를 계승하여 2년간 통치했다. 그 역시 여로보암과 이스라엘 모든 왕들이 저지른 악행을 그대로 따라 행했다.

그러던 중 왕의 신하 베가Pekah가 왕궁 안에서 부가히야를 비롯한 그의 여러 신복들과 왕을 호위하는 병사들을 죽이고 왕위에 올랐다. 그는 이스라엘 왕국의 통치자가 되어 사마리아에서 이십 년간 왕위에 앉아 있으면서 백성들을 다스렸다. 베가는 북 이스라엘 왕국의 모든 왕들처럼 여로보암의 죄를 그대로 따라 행함으로써 하나님을 진노케 했다.

베가가 이스라엘 왕국을 통치하던 시기에 앗수르 왕 디글랏 빌레셀 Tiglath-Pileser이 사마리아 성을 침략하게 되었다. 앗수르 군대는 이스라엘에 속한 하솔과 길르앗과 갈릴리와 납달리 등 많은 지역을 점령하고 그곳 백성들을 앗수르 왕국으로 사로잡아 갔다. 이는 이스라엘 왕국의 멸망이 눈앞에 다다랐음을 보여주고 있다.

(4) 베가에 저항한 호세아의 반란

이스라엘 왕국에 대한 앗수르의 침공과 이스라엘 백성들이 이방의 포로가 된 사건은 매우 중요한 일이었다. 그러던 중 남쪽 유다 왕국의 요담 왕 제 이십 년이 되던 해 북 이스라엘 왕국에서는 또 다시 반란이 일어났다. 엘라의 아들 호세아Hoshea가 베가 왕을 쳐죽이고 왕위를 찬탈했던 것이다. 끊임없는 반란이 되풀이되고 있는 동안 이스라엘 왕국에는 멸망의 그늘이 짙어져 가고 있었다.

4. 유다 왕 요담과 아하스

(1) 요담 왕

한편 남 유다 왕국에서 아사랴(웃시야)의 뒤를 이어 왕위를 계승한 요담은 하나님 보시기에 정직하게 행하는 왕이었다. 그는 성전 윗문을 건축했으며(왕하 15:35), 산중에 여러 성읍들을 세우고 견고한 요새와 망대들을 건축했다(대하 27:4). 나아가 요담은 암몬 족속들을 공격하여 그들로부터 조공을 받게 되어 나라가 점차 강성해졌다.

요담 왕이 유다 왕국을 통치하고 있을 때 북 이스라엘 왕국의 베가는 아람 왕 르신Rezin과 동맹을 맺고 연합군을 구축하여 유다를 공격하게 되었다. 그것은 하나님의 경륜에 따른 것이었다(왕하 15:37). 이는 요담이 유다 왕국에서 산당을 제거하지 않아 백성들로 하여금 그곳에서 제사를 지내며 분향하도록 했기 때문이다. 그것은 하나님께서 유다 왕국에 베푸신 심판임과 동시에 그들로 하여금 깨달음을 주시기 위해 허락하신 특별한 은총이었다.

그후 요담 왕은 죽어 조상들과 함께 다윗성에 장사되었다. 그가 죽은 뒤에는 나중 하나님 보시기에 가증스런 악행을 저지르는 왕자 아하스가 이십 세의 젊은 나이에 왕위를 계승하여 유다 왕국을 통치하게 되었다.

(2) 아하스 왕

요담 왕의 아들 아하스는 왕위에 올라 십육 년간 백성들을 다스리면서 하나님 보시기에 정직하지 않은 더러운 악행을 저질렀다. 그는 다윗 왕을 본받지 않았으며 유다 왕국의 정직했던 여러 왕들과 다른 행동을 했다. 아하스는 도리어 여로보암의 악행을 따르던 북 이스라엘 왕국의 여러 왕들의 길을 따랐다.

아하스 왕은 바알신의 우상을 만들었을 뿐 아니라 하나님께서 가증하게 여겨 바깥으로 쫓아내신 이방의 종교 행위들을 그대로 도입했다. 그는 또한 '힌놈의 아들 골짜기'Valley of Ben Hinnom와 산당들의 나무 아래서 제사를 지내며 분향했다(대하 28:2,3).

뿐만 아니라 종교적 목적을 위해 자기 아들을 불에 태워 제사지내는 끔찍한 악행을 저지르기도 했다(왕하 16:3): "He walked in the ways of the kings of Israel and even sacrificed his son in the fire, following the detestable ways of the nations the LORD had driven out before the Israelites"(2Kings 16:3, NIV). 이는 여호와 하나님을 아는 사람으로서는 결코 행할 수 없는 가증스러운 일이었다.

그런 가증한 일들이 발생하는 가운데 아람 왕 르신과 이스라엘 왕 베가가 동맹을 맺어 예루살렘을 침략했다. 하지만 아하스가 통치하는 유다 왕국을 완전히 굴복시키지는 못했다. 그럼에도 불구하고 아람 왕국은 엘랏Elath을 정복하여 그곳에 있는 유대인들을 사로잡아 갔으며, 이스라엘의 베가 왕은 하루 동안에 유대인 12만 명을 살해했다(대하 28:6).

그때 이스라엘 왕국은 유대지역으로부터 많은 사람들을 사로잡고 재물들을 노략해 사마리아로 돌아갔다. 그러자 하나님의 선지자 가운데 오뎃Oded이라는 사람이 예루살렘을 공격하고 형제인 유다 백성들을 사로잡아 노예로 삼고자 하는 그들을 강하게 책망했다(대하 28:9,10). 그러면서 여호와 하나님께서 매우 진노하셨으니 그들을 되돌려 보내도록 요구했다. 선지자의 말을 들은 사마리아의 이스라엘 병사들은 유다 왕국에서 포로로 잡아온 동족에게 도리어 좋게 예우하여 본 지역으로 되돌려 보냈다.

남 유다 왕국은 아람과 북 이스라엘 왕국의 연합군에 의해 크게 패한 형편이 되었다. 그렇게 되자 유다 왕국의 아하스 왕은 앗수르 왕국에 도움을 요청했다. 그는 앗수르 왕 디글랏 빌레셀에게 사신을 보내 성전과 왕궁 곳간에 있는 값진 은금과 보물들을 예물로 바치면서 군사지원을 요청했다.

이는 남북 이스라엘 왕국이 각각 주변의 외세外勢를 업고 상호 대치해 싸우는 형국을 보여주고 있다. 즉 북 이스라엘 왕국은 이방의 아람 왕국을 등에 업고 동족의 수도인 예루살렘을 공격하였다. 그러자 남 유다 왕국은 신흥 강국으로 떠오르고 있던 앗수르를 등에 업고자 했던 것이다. 유다 왕국의 아하스로부터 지원 요청을 받은 앗수르 왕은 군대를 이끌고 아람 왕국의 다메섹을 점령하고 르신 왕을 죽인 동시에 수많은 아람 백성들을 포로로 잡아갔다.

아하스 왕은 앗수르가 아람 왕국에 승리했다는 소식을 듣고 앗수르 왕을 만나기 위해 친히 다메섹으로 갔다. 그러나 앗수르 왕은 자기의 목적을 위해 다메섹을 공격했을 뿐 유다 왕국에 대한 호의 때문이 아니었음을 드러냈다(대하 28:20,21, 참조). 이는 아하스 왕에게 있어서 외교적 굴욕이었다. 그것은 한 나라의 왕으로서는 치욕적인 일이 아닐 수 없다. 그렇다고 해서 다메섹까지 와서 앗수르 왕에 의해 굴욕을 당한 채 빈손으로 그냥 돌아갈 수는 없었다.

그래서 그가 취한 것이 하나님을 욕되게 하는 종교적 선택이었다. 앗수르 왕의 반응으로 인해 실망한 아하스는 다메섹에 있는 여러 신들이 그동안 아람 왕국을 도와준 것으로 간주함으로써 앗수르 왕국에 대한 불만을 드러냈다. 그러므로 그는 다메섹의 이방신을 섬기는 제단을 보고 거기서 제사를 지냈다. 아하스는 그 이방신들에게 유다 왕국이 처한 어려운 국난을 해결해 주도록 간청했던 것이다.

아하스는 거기서 예루살렘에 있는 하나님의 성전을 버리기로 마음먹고 다메섹의 이방 제단을 예루살렘에 그대로 제작하기로 작정했다. 그리하여 아하스는 다메섹에 있는 이방 제단의 모든 구조와 제도의 양식을 그려서 신하를 통해 예루살렘에 있는 제사장 우리야에게 보냈다.

아하스 왕으로부터 다메섹에 있는 이방신 제단의 구조와 제도가 그려진 자료를 전달받은 제사장 우리야는 아하스 왕이 예루살렘에 도착하기 전에 다메섹 신전의 양식대로 제단 제작을 완성했다. 이는 모세의 율법에서 요구하고 있는 제사제도와 제단의 구조를 완전히 거부한 악한 행동이었다. 유다 왕국의 통치자인 왕과 성전의 제사장은 힘을 합쳐 하나님을 거부하며 욕되게 했던 것이다.

다메섹으로부터 예루살렘으로 돌아온 아하스 왕은 새로 만들어진 이방신의 제단 앞에 나아가 제사를 지냈다. 여기서 우리가 짐작해 볼 수 있는 것은 아하스 왕이 제사장처럼 제사를 지내보고 싶은 욕망을 가지고 있었을 것이란 사실이다. 구약의 율법에는 제사장이 아니면 하나님께 제사지내는 것이 금지되어 있었다. 나아가 아론의 반열에 속한 제사장이 아니라면 진정한 제사장으로 인정받을 수 없다.

그럼에도 불구하고 유다 왕국의 왕들 가운데는 예루살렘 성전에서 제사를 드리려는 욕망을 가진 자들이 있었다. 그 가운데 대표적인 인물은 웃시야(아사랴) 왕이었다. 그는 성전 제사를 주관하려다가 그 자리에서 하나님의 심판을 받아 문둥병이 걸리게 되었다(대하 26:16-19). 예루살렘 성전에서 제사를 드리려다 문둥병에 걸렸던 아사랴 왕은 아하스 왕의 할아버지였다. 그 사실을 잘 알고 있던 아하스는 예루살렘 성전이 아닌 자기가 만든 다른 이방신 제단에서 제사를 지내고자 했던 것이다.

아하스 왕은 새로 만들어진 이방신 제단 앞에서 번제물burnt offering 과 소제물meal offering을 불사르고 전제물drink offering을 붓고 수은제 peace offering로 짐승의 피를 제단에 뿌렸다. 예루살렘 성전의 제사장 들이 행하는 형식을 그대로 따라 했던 것이다. 그리고 성전 앞에 있던 놋 제단을 이방 신전을 모방한 새 제단과 하나님의 성전 사이로 옮겨 두었다. 그는 성전 기구들을 임의로 훼파하고 거룩한 성 예루살렘을 더럽혔다.

> "아하스가 하나님의 전의 기구들을 모아 훼파하고 또 여호와의 전문
> 들을 닫고 예루살렘 구석마다 단을 쌓고 유다 각 성읍에 산당을 세워 다
> 른 신에게 분향하여 그 열조의 하나님 여호와의 노를 격발케 하였더라"
> (대하 28:24,25)

아하스 왕은 이미 여호와 하나님을 떠난 자였다. 악한 욕망에 사로잡 힌 그는 제사장 우리야에게 앞으로 행하게 될 제사에 대해 명령했다. 아 침저녁의 번제물과 소제물을 비롯하여 왕과 백성들의 번제물, 소제물, 전제물을 이방 제단을 모형 삼아 만든 큰 제단 위에서 불사르고 동물의 피를 그 위에 뿌리도록 했다. 그는 하나님을 욕되게 하면서도 형식적 절 차에 있어서는 율법을 자의自意대로 따라 행했다(출 29:39-41).

그는 또한 왕이 특별히 하나님께 여쭐 것이 있을 때만 놋 재단을 사용 하도록 명령했다. 그뿐 아니라 성전 앞에 있던 물두멍과 놋 바다를 제자 리에서 다른 곳으로 옮겼다. 그리고 아하스는 성전 안에 지어진 안식일 에 이용하는 현관을 치워버렸으며 예루살렘 성전 바깥에 있는 왕의 출 입로를 없애 버렸다. 이는 앗수르 왕에게 경의를 표하기 위한 정치적인 목적 때문이었다(왕하 16:18).

우리는 여기서 유다 왕국의 연약한 상태와 아하스 왕의 배도한 태도
를 여실히 보게 된다. 아하스는 다메섹에 있는 이방신 제단을 예루살렘
으로 끌어 들여와 거기에 여호와 하나님께 제사드리는 양식을 첨가했
다. 그것은 극한 혼합주의 양상을 보여주고 있다. 그런 배도 행위는 이
스라엘 백성에게도 심각한 영향을 끼칠 수밖에 없었다. 그후 아하스는
죽어 열조들이 묻혀있는 다윗성에 장사되었다. 아하스 왕이 죽은 후에
는 그의 뒤를 이어 왕자 히스기야가 유다 왕국의 왕위에 올랐다.

5. 당시의 선지자들

(1) 이사야 선지자

이사야 선지자가 예언을 하던 당시는 이루 형언할 수 없을 만큼 참담
한 시대였다: "유다 왕 웃시야와 요담과 아하스와 히스기야 시대에 아모
스의 아들 이사야가 유다와 예루살렘에 대하여 본 이상이라"(사 1:1). 이
사야는 배도에 빠진 유다 왕국에 대한 하나님의 심판과 영원한 구원의
소망을 동시에 예언했다.

이사야 선지자는 북 이스라엘 왕국이 앗수르 제국에 의해 멸망당한
상태에서 겨우 명맥을 유지하고 있던 유다 왕국을 향해 하나님의 말씀
을 전했다. 북 이스라엘 왕국의 여로보암 2세가 죽은 후 패망을 앞 둔
약 삼십 년 동안 끊임없는 정변이 일어났다. 그런 와중에서도 백성들은
여호와 하나님을 의지하기는커녕 그에 대한 신앙을 완전히 떠나 우상을
섬기고 있었다.

한편 남 유다 왕국은 북 이스라엘 왕국에 대한 하나님의 준엄한 심판
을 보면서도 상상을 초월한 배도의 길을 걸었다. 아하스 왕의 극심한 악
행은 당시의 상황을 여실히 보여준다. 유다 왕국의 지도자들은 나라가

심각한 위기에 빠지게 되자 여호와 하나님께 의존했던 것이 아니라 이 방의 앗수르 제국을 향해 추파를 던지며 그들의 도움을 바라고 있었다.

그럴 때 이사야 선지자는 유다 왕국을 강하게 책망하며 예언을 했다. 유다 왕국의 왕들 가운데 두드러진 배도에 빠졌던 아하스가 죽은 후에 는 그의 아들 히스기야가 왕위에 올랐다. 그는 자기 아버지와는 달리 산 당들을 제거하고 백성들에게 하나님의 말씀에 대한 중요성을 일깨웠다.

이사야서에서는 범죄에 빠진 백성들에게 회개를 촉구하는 내용이 나 온다. 또한 유다 왕국도 이미 멸망당한 북 이스라엘 왕국과 마찬가지로 이방신을 섬기는 바벨론 제국에 의해 패망하게 되리라는 사실이 예언되 고 있다. 그럼에도 불구하고 언약에 신실하신 하나님께서 고난받는 종 의 형체를 띤 메시아를 이땅에 보내 새로운 왕국을 세우실 것이며, 그것 을 통해 하나님의 영광이 드러나게 되리라는 사실이 예언되고 있다.

(2) 미가 선지자

미가 선지자는 이사야와 중첩되는 시대에 하나님의 말씀을 예언했다: "유다 열왕 요담과 아하스와 히스기야 시대에 모레셋 사람 미가에게 임 한 여호와의 말씀 곧 사마리아와 예루살렘에 관한 묵시라"(미 1:1). 그의 예언의 대상은 유다 왕국의 예루살렘뿐 아니라 사마리아가 포함되어 있 었다. 그러나 유다 왕국이 예언의 주된 대상이었다.

그가 하나님의 말씀을 예언하던 시기에 앗수르 제국의 산헤립 왕은 유다 왕국을 습격하고 예루살렘을 포위했다. 그러나 예루살렘 성을 완 전히 함락시키지는 못했다. 당시 앗수르 제국은 막강한 세력을 가지고 있으면서 남방의 이집트를 제외한 근동 지역 대부분의 나라들을 지배하 여 속국으로 삼고 있었다. 유다 왕국이 그나마 버티고 있었던 것은 하나 님의 보호하심으로 인한 것이었다.

주변 왕국들의 국제 정세가 그러할 때 남북 이스라엘의 일반 백성들은 심한 시련을 당할 수밖에 없었다. 앗수르 제국의 병사들이 그 백성들을 노예로 삼기도 하며 온갖 횡포를 다 부렸기 때문이다. 그런 가운데서도 도덕성을 상실한 이스라엘 민족의 지도자들은 언약의 백성들이 당하는 고통을 철저히 외면했으며 도리어 이방 왕국과 내통하며 호의호식하고 있었다.

일반 백성들은 이방인들의 세력에 의해 시련을 당했을 뿐 아니라 자기 민족의 기득권자들로부터 엄청난 고통을 당하지 않을 수 없었다. 미가 선지자는 압제하는 기득권자들을 향해 하나님의 공의를 외쳤다. 동시에 그는 억압받는 백성들을 향해 하나님께서 메시아를 보내는 은혜를 베푸시게 되리라는 소망을 예언했다. 그러나 유다 왕국의 기득권자들은 그를 통해 말씀하시는 하나님의 음성에 대해 귀를 막았으며 선지자는 그에 대한 하나님의 예언을 끊임없이 선포했다.

제12장
이스라엘 왕국이 앗수르에 의해 멸망

(왕하 17:1-41)

1. 이스라엘 왕국의 멸망

남 유다 왕국에서 아하스 왕의 배도하는 행위가 이어질 때, 북 이스라엘 왕국에서는 엘라의 아들 호세아가 베가 왕에 저항해 반역을 일으킴으로써 왕위에 올랐다. 그는 9년 동안 사마리아에서 이스라엘 백성들을 다스려 통치했으나 여로보암이 세운 북 이스라엘 왕국의 마지막 왕이 되고 말았다.

호세아 왕은 불법으로 왕위를 찬탈해 왕이 된 후 여호와 하나님 보시기에 악행을 저질렀다. 그러나 그 앞의 이스라엘 왕국을 통치하던 여러 왕들처럼 하지는 않았다. 이는 호세아 왕이 북쪽의 이스라엘 백성들에게 단과 벧엘에 있는 금송아지 숭배와 바알신 숭배를 과거의 왕들처럼 강제하지 않았음을 말하는 것으로 보인다.

호세아 왕이 이스라엘 왕국을 통치하던 시기에 앗수르 왕 살만에셀 Shalmaneser이 군대를 이끌고 사마리아를 침략했다. 그때 이스라엘 왕국은 앗수르 군대의 세력 앞에서 자세를 낮추지 않을 수 없었다. 따라서 호세아는 앗수르 왕에게 조공을 바치기로 약조하고 급한 위기를 넘겼다. 하지만 호세아 왕은 그에 대한 불만이 매우 컸다.

결국 호세아는 앗수르 왕국을 배신하기로 작정하고 애굽의 편에 서기로 작정했다. 그는 애굽의 왕 소So에게 특별 사신을 보내 동맹관계를 요청했다. 그리고는 앗수르에 조공을 바치던 것을 중단해 버렸다. 그런데 문제는 호세아 왕의 기대와 달리 애굽이 앗수르의 압제를 당하고 있는 이스라엘 왕국을 위해 즉시 도움을 주는 행동을 취하지 않았다는 점이다.

이스라엘 왕국이 갑자기 애굽과 동맹관계를 구축하고자 하면서 조공을 중단하자 앗수르의 왕은 호세아 왕에게 분노하지 않을 수 없었다. 그것은 이스라엘이 앗수르를 배반하게 되었음을 의미했기 때문이다. 그렇게 되자 앗수르 왕은 자기를 배반한 이스라엘의 호세아 왕을 체포해 옥에 감금했다. 그리고는 이스라엘 왕국 전역을 유린하며 3년간 사마리아 성을 에워싸고 침략을 감행했다.

이로 말미암아 결국 호세아 왕 9년이던 BC 722년에, 살만에셀의 뒤를 이은 앗수르 왕 사르곤Sargon 2세는 사마리아를 점령하고 이스라엘 왕국을 완전히 멸망시키고 말았다. 그는 이스라엘 백성들을 사로잡아 앗수르 지역으로 강제로 끌고 갔다.

그때 포로로 잡혀간 이스라엘 백성들은 앗수르의 하볼 강가에 있는 고산Gozan on the Habor River과 할라Halah와 메데Medes 등 여러 성읍들에 강압적으로 정착당하게 되었다. 이렇게 하여 온갖 배도를 저지르면서도 아브라함의 자손이라고 교만해 있던 이스라엘 왕국은 완전히 멸망당하게 되었다.

2. 배도한 이스라엘 왕국에 대한 하나님의 심판

이스라엘 왕국이 멸망한 것은 백성들의 배도 행위로 인한 것이었다. 그들은 하나님께서 아브라함에게 주신 언약과 모세를 통해 말씀하신 바

애굽으로부터 이스라엘을 구원하신 뜻을 저버렸다. 하나님께서는 출애굽한 이스라엘 백성들을 가나안 땅으로 인도하시면서 그 땅에 있는 이방신을 섬기는 자들을 쫓아내도록 명하셨다. 하나님께서는 그들에게 어떠한 긍휼도 베풀지 못하도록 하셨다.

> "오직 네 하나님 여호와께서 네게 기업으로 주시는 이 민족들의 성읍에서는 호흡 있는 자를 하나도 살리지 말지니 곧 헷 족속과 아모리 족속과 가나안 족속과 브리스족속과 히위 족속과 여부스 족속을 네가 진멸하되 네 하나님 여호와께서 네게 명하신대로 하라 이는 그들이 그 신들에게 행하는 모든 가증한 일로 너희에게 가르쳐 본받게 하여 너희로 너희의 하나님 여호와께 범죄케 할까 함이니라"(신 20:16-18)

하나님께서 이스라엘 백성들이 시내광야 사십 년을 지나 가나안 땅으로 들어가기 전 모세를 통해 이 말씀을 하신 것은 그들이 이방인들의 가증한 종교적 규례를 따르지 못하도록 하기 위함이었다. 따라서 하나님의 언약 가운데 존재하는 모든 백성들은 항상 이 말씀을 기억하며 살아가야 했다.

하지만 이스라엘 왕국의 통치자들과 백성들은 이 말씀을 따르지 않았으며 도리어 이방 종교의 더러운 관습들을 받아들였다. 그들은 하나님께서 특별히 택하신 거룩한 땅 가나안을 더럽히기를 주저하지 않았다. 이스라엘 왕국은 불의를 행하며 모든 성읍들에 산당들을 세웠으며 곳곳에 바알과 아세라 신상을 세웠다.

이로 인하여 이스라엘 백성들은 산당에서 분향과 더불어 제사를 지내면서 이방 종교와 저들의 신들에 연관된 악한 관습들을 따라 행했다. 그것은 여호와 하나님의 명령을 어기고 배도하는 악행이었다. 많은 백성들이 하나님께서 금하신 일을 행하기를 주저하지 않았던 것이다. 그런 배도한 행동은 여호와 하나님을 격노케 할 수밖에 없었다.

그럴 때마다 하나님께서는 저들에게 여러 선지자들을 보내 자신의 뜻을 전하셨다. 그들이 하나님의 말씀을 듣고 악한 길로부터 돌이킴으로써 모세를 통해 계시된 율법과 그 전의 여러 선지자들을 통해 예언된 말씀을 들어 순종하도록 하기 위해서였다.

그러나 이스라엘 백성들은 목을 곧게 세운 채 하나님의 말씀에 귀를 기울이지 않았다. 그들은 하나님께서 경계하라고 명령하신 허망한 이방인들의 사상을 따랐으며 하나님의 언약을 버렸다. 그 백성들은 도리어 주변의 이방인들의 가르침을 따르기를 즐겨했다. 그들은 이방 지역에 있던 모든 악한 것들을 이스라엘 민족 가운데 끌어들였던 것이다. 그러므로 하나님께서는 배도에 빠진 이스라엘 왕국을 심판하시기로 작정하셨다.

> "그들의 하나님 여호와의 모든 명령을 버리고 자기들을 위하여 두 송아지 형상을 부어만들고 또 아세라 목상을 만들고 하늘의 일월성신을 경배하며 또 바알을 섬기고 또 자기 자녀를 불 가운데로 지나가게 하며 복술과 사술을 행하고 스스로 팔려 여호와 보시기에 악을 행하여 그를 격노하게 하였으므로 여호와께서 이스라엘에게 심히 노하사 그들을 그의 앞에서 제거하시니 오직 유다 지파 외에는 남은 자가 없으니라"(왕하 17:16-18)

하나님께서는 율법을 어김으로써 자신을 욕되게 한 이스라엘 민족을 이방인들을 도구로 삼아 엄중히 심판하셨다. 이에 대해서는 북 이스라엘 왕국뿐 아니라 남쪽의 유다 왕국도 마찬가지였다. 그들은 거룩한 하나님의 명령을 온전히 따르기보다 '이스라엘 사람들이 만든 관습'을 행하기를 좋아했다(왕하 17:19).

우리는 이 말의 의미를 깊은 주의를 기울여 생각해야 한다. 이는 그것이 '하나님의 말씀'과 '인간들이 만든 종교적 관습' 사이에서 발생하는 분명한 차이를 보여주고 있기 때문이다. 인간들은 항상 하나님의 말씀위에 저들의 취향을 더하려는 습관을 가지고 있다. 그것은 결국 하나님의 말씀을 왜곡시키는 역할을 하게 된다.

이러한 일은 구약시대와 신약시대를 막론하고 인간 역사 가운데 항상 있어왔던 일이다. 따라서 구약시대 이스라엘 백성들 중에서도 그와 동일한 문제가 발생했다. 하나님을 떠난 왕국의 지도자들에 의해 인위적으로 만들어지고 이방신들의 더러운 종교적 습성을 접목시킨 관행들이 저들에게 더욱 친밀하게 여겨졌다. 이스라엘 왕국의 지도자들은 백성들에게 그것을 선전하며 안일한 삶의 방식을 제공했던 것이다.

그러한 잘못된 관행은 이스라엘 왕국의 지도자들을 통해 일반 백성들에게 편만하게 퍼지게 되었다. 그러므로 하나님께서는 이방 왕국의 침략자들을 보내 저들을 심판하시고자 했다. 하나님께서는 선지자들의 입을 통해 예언하신 대로 끝내 그에 불순종하는 이스라엘 왕국을 심판하셨다. 그로 인해 사마리아 성은 완전히 함락이 되고 이스라엘 왕국은 패망하게 되었으며 수많은 이스라엘 백성들이 앗수르에 포로로 사로잡혀 가는 비참한 신세가 되었다.

3. 사마리아 지역으로 이주된 여러 이방 족속들

앗수르 왕국은 북 이스라엘 왕국을 정복한 후 곧이어 인구 이동 및 혼혈정책을 폈다. 앗수르 왕은 이스라엘과 사마리아에 있던 이스라엘 백성들을 포로로 사로잡아 앗수르 지역으로 강제 이주시켰다. 그리고 이방 지역의 바벨론과 스발와임 등지에 살고 있던 이방 백성들을 사마리아의 여러 성읍에 정착시킴으로써 그들로 하여금 이스라엘 민족의 가나안 땅을 차지하고 살도록 했다.

언약의 땅으로 이주해 온 이방인들은 여호와 하나님을 알지 못했으므로 그를 경외하지 않았다. 하나님께서는 약속의 땅에 들어온 그들의 방

자함으로 인해 사자들lions을 보내 그들 가운데 몇 사람의 생명을 박탈했다(왕하 17:25). 사람들 가운데는 그것이 여호와 하나님으로 말미암은 심판이라는 사실을 알고 있는 자들이 있었다.

이에 어떤 사람이 앗수르의 왕에게 그에 관한 사실을 보고했다. 사마리아의 여러 성읍에 이주시킨 이민족들이 이스라엘 하나님의 율법을 알지 못하기 때문에 무서운 심판을 받아 죽게 되었음을 말했던 것이다. 그것에 관한 보고를 받은 앗수르 왕은 지체하지 않고 즉각 그에 반응하여 대처하고자 했다.

앗수르의 왕은 패망한 이스라엘 왕국에서 포로로 사로잡아 온 제사장들 가운데 한 사람을 다시 사마리아 지역으로 돌려보냈다. 그로 하여금 그곳에 거주하며 이스라엘 땅의 신의 율법을 무리에게 가르치도록 했던 것이다. 왕의 명령에 따라 이스라엘의 제사장 중의 한 사람이 고토古土로 돌아가 벧엘에 거주하면서 백성들에게 율법을 가르쳤다.

> "이에 사마리아에서 사로잡혀 간 제사장 중 한 사람이 와서 벧엘에 살며 백성에게 어떻게 여호와 경외할지를 가르쳤더라"(왕하 17:28)

이는 율법에 관한 지식을 전달하는 것으로써 매우 특이한 경우이다. 그렇지만 하나님께서는 그것을 통해 언약의 땅을 보호하시고자 했다. 즉 이스라엘 백성들은 배도하고 타락한 결과 이방 왕국에 의해 멸망당했지만 아브라함에게 약속하신 땅은 메시아가 강림하실 때까지 보존하고자 하셨다.

그러나 이방 민족들은 그 사실을 전혀 알지 못했다. 그들은 자기 종족이 믿고 있는 이방 신상들을 만들어 배도한 이스라엘 백성들이 사마리아에 건축해 두었던 여러 산당들 안에 두었다. 그렇게 되자 온 이스라엘 천지가 우상들로 가득 차게 되었다. 그야말로 본격적인 혼합종교 시대가 이르게 된 것이다.

바벨론Babylon 사람들은 숙곳브놋Succoth Benoth을 만들었으며 굿 Cuthah 사람들은 네르갈Nergal을 만들었다. 그리고 하맛Hamath 사람들은 아시마Ashima를 만들었고 아와 사람들Avvites은 닙하스Nibhaz와 다르닥Tartak을 만들어 섬겼다. 그리고 스발와임Sepharvaim 사람들은 저들의 자녀를 불살라 그들의 신 아드람멜렉Adrammelech과 아남멜렉 Anammelech에게 바쳤다(왕하 17:30,31).

그러면서도 그들은 이스라엘 민족의 여호와 하나님을 심히 두려워했다. 따라서 자기 종족들의 신을 부지런히 섬기면서 동시에 여호와 하나님을 섬기는 혼합주의 종교사상을 가지게 되었다.[39] 물론 그들은 진정으로 여호와 하나님을 섬긴 것이 아니라 산당의 제사장을 택하여 여호와의 이름으로 산당 제사를 지냈다. 즉 그들은 본 종족의 신들과 이스라엘의 여호와 하나님을 동시에 섬겼던 것이다.

> "이와 같이 그들이 여호와도 경외하고 또한 어디서부터 옮겨왔든지 그 민족의 풍속대로 자기의 신들도 섬겼더라"(왕하 17:33)

언약의 땅인 가나안의 사마리아 지역으로 이주해온 이방인들은 옛날의 이방신들을 섬기던 종교적 풍속을 그대로 이어갔다. 그들은 또한 이주해 와서 살고 있는 땅의 원 주인인 이스라엘 민족의 하나님도 동시에 섬긴다고 했지만 실상은 하나님의 율례와 법도와 율법과 계명을 전혀

---

39) 우리 시대의 세속화된 기독교인들은 하나님과 다른 신들을 동시에 섬기는 자들이 많지 않다. 그러나 현대 기독교인들 가운데는 이방 종교에 연관된 사상을 교회 안으로 끌어들여 오기를 게을리하지 않는 자들이 많다. 그들은 직접 타종교의 신들을 섬기는 것이 아니라 '하나님'을 자기 취향에 따라 변형시키거나 조작하게 된다. 즉 그들은 성경에 계시된 참 하나님을 떠나 다른 이방 종교사상을 기독교의 신에 덧칠함으로써 자기의 느낌에 맞는 신으로 만들어 섬기게 되는 것이다.

준행하지 않았다.

우리가 여기서 중요하게 생각해야 할 점은 비록 이방인이라 할지라도 일단 하나님의 약속의 땅에 들어오게 되면 하나님의 율법을 따라 지켜야만 했다는 사실이다. 그렇게 행하는 것이 언약의 땅을 보존하시고자 하는 여호와 하나님의 뜻이었다. 하나님께서 아브라함에게 약속하시고 모세와 다윗을 통해 허락하신 땅은 그리스도가 오실 때까지 거룩하게 보존되어야만 했다. 따라서 가나안 땅에서는 어느 민족 누구든지 간에 하나님의 법도에 따라야만 했던 것이다. 거기에는 이스라엘 민족이든 이방 족속이든 마찬가지였다.

때문에 하나님께서는 가나안 땅 사마리아에 이주해온 이방인들에게도 모세의 율법이 그대로 적용되고 지켜져야 한다는 사실을 분명히 말씀하셨다(왕하 17:34-41, 참조). 하지만 그 땅에 이주해온 이방인들은 하나님을 진정으로 경외하지 않았으며 그의 율법을 지키지도 않았다. 그들은 이전에 가졌던 종교적 풍속대로 행했을 따름이었다. 여러 이방 족속들은 형식적으로는 여호와 하나님을 경외하면서도 우상을 섬기며 저들의 조상들로부터 물려받은 이방신 숭배를 지속하고 있었던 것이다.

4. 혼합주의의 대명사가 된 사마리아 지역과 사마리아인

예수님 당시 사마리아 지역은 천박하고 부정한 사람들이 사는 곳으로 인식되어 있었다. 따라서 유대인들은 누구도 그곳에 살기를 원하지 않았다. 소위 정통 유대인이라 일컬어지는 사람들은 그들과 상종조차 하지 않으려 했던 것이다. 유대인들은 사마리아인들을 부정한 자들로 판단하고 있었기 때문이다.

그리고 놀라운 점은 사마리아인들이 유대인들의 그런 태도를 비판 없이 그대로 수용하고 있었다는 사실이다. 그들은 정통 유대인들이 저들을 괄시하며 모멸한다고 해도 별다른 불만감을 가지지 않았다. 이는 사마리아인들 스스로 저들이 혈통적으로 순수하지 못하다는 사실을 인정하고 있었음을 말해주고 있는 것이다.

예수께서는 일반 유대인들이 지나가는 것조차 꺼리는 사마리아 지역을 제자들과 함께 방문하신 적이 있다. 우리는 사마리아 지역을 방문하신 예수님과 한 사마리아 여인과의 대화를 통해 그에 대한 형편을 잘 엿볼 수 있다. 그는 제자들이 자리를 비우고 없는 사이 우물가에 물을 길러 나온 한 여인을 만나 마실 물을 좀 달라고 했다.

> "사마리아 여자가 가로되 당신은 유대인으로서 어찌하여 사마리아 여자 나에게 물을 달라 하나이까 하니 이는 유대인이 사마리아인과 상종치 아니함이러라"(요 4:9)

우리는 여기서 매우 중요한 사실을 보게 된다. 당시 유대인들은 생각으로만 사마리아인들을 부정한 존재로 판단하고 있었던 것이 아니라 저들과 대화하는 것조차 꺼리는 듯한 분위기를 보여주고 있기 때문이다. 스스로 경건하다고 여기는 정통 유대인들과 사마리아인들 사이에는 일상적인 생활 관계조차 이루어지지 않았던 것이다.

예수께서 우물가에 있는 사마리아 여인을 만나 마실 물을 좀 달라는 부탁을 했을 때, 그녀는 처음 그를 메시아로 알아보았던 것이 아니라 일반적인 유대인 남성으로 알아보았다. 그래서 사마리아 여인은 매우 놀랐다. 유대인 남성이 천박한 사마리아 여인에게 말을 건네고 마실 물을 달라고 부탁한다는 사실 자체가 결코 평범한 일이 아니었다. 상식적인 유대인들은 사마리아인들과 상종하는 것 자체를 매우 부정하다고 여기고 있었기 때문이다.

그러나 예수께서는 전혀 그렇지 않았다. 그는 도리어 위선과 독선에 빠진 유대인들을 경멸했으며 사마리아인들처럼 자기를 비하하며 낮추는 소외된 사람들과 대화하기를 좋아하셨다. 이는 저들이 오히려 하나

님의 참 복음을 받아들일 만한 겸손한 자세를 가지고 있었음을 말해주
고 있다.

사마리아인들이 일반 유대인들부터 심한 멸시를 받게 된 것은 북 이
스라엘 왕국 때부터였다. 솔로몬 왕 이후 남북의 두 왕국으로 나뉘어졌
는데 그때부터 북 이스라엘 왕국은 남 유다 왕국과는 별도의 길을 걸었
다. 그들은 예루살렘 성전을 무시하고 단과 벧엘에 금송아지를 만들고
타락의 길을 걸었던 것이다. 그때부터 예루살렘을 중심으로 한 유다 왕
국의 백성들은 사마리아를 중심으로 한 이스라엘 왕국을 정상적으로 보
지 않았다.

그러다가 북 이스라엘 왕국이 앗수르 제국에 의해 멸망당한 후에는
그것이 더욱 노골화되었다. 이는 BC 722년, 북 이스라엘 왕국을 정복한
앗수르 제국이 이스라엘 백성들을 강제로 다른 이방지역으로 이주시켰
으며, 동시에 이방인들을 가나안 땅으로 이주하는 민족 이동정책과 혼
혈정책을 펼쳤기 때문이다. 이것이 사마리아 지역과 사마리아인들로 하
여금 이스라엘 민족 가운데서 특별한 위치에 놓이게 했던 중요한 원인
이 되었다.

제3부
패망을 향해 나아가는 유다 왕국

제13장
앗수르의 유다 왕국 위협과 하나님의 보호

(왕하 18:1-37)

1. 북 이스라엘 왕국이 멸망을 앞두고 있을 때
남 유다 왕국의 형편

북 이스라엘 왕국이 앗수르에 의해 위협을 당하고 패망에 이르게 되는 시기에 남 유다 왕국 역시 안전한 형편에 있었던 것이 아니다. 유다 왕국도 북 이스라엘과 마찬가지로 외세로 인해 긴장하지 않으면 안 되던 시기였다.

이스라엘 왕국의 호세아가 왕위에 오른 지 삼 년이 되던 해 유다 왕국에서는 히스기야가 이십오 세의 나이로 왕으로 즉위하게 되었다. 북 왕국이 멸망으로 달음박질치는 긴장된 시기였지만 그는 다윗을 본받아 여호와 하나님 보시기에 정직하게 행했다.

히스기야 왕은 우선 하나님의 성전을 정결케 했을 뿐 아니라(대하 29:3-5) 나라 안에 있던 산당들을 제거했으며 아세라 상을 비롯한 여러 석상들을 부수었다(대하 31:1). 그리고 그때까지 백성들 가운데 있던 모세의 놋 뱀을 파괴했다. 이는 출애굽한 후 시내광야에서 모세가 만들었던 느후스단Nehushtan이라 일컬어지는 놋 뱀을 이스라엘 백성들이 우상시하여 숭배하며 그 앞에서 분향하고 있었기 때문이다.

모세가 만들었던 놋 뱀은 이스라엘의 역사상 매우 중요한 의미를 지닌다. 이스라엘 백성들이 애굽에서 탈출해 나와 광야에서 살아갈 때 그들은 모세를 원망했다. 삭막한 광야에서의 생활은 그들이 기대해 왔던 젖과 꿀이 흐르는 비옥한 땅과는 거리가 멀었다. 그러자 백성들은 도리어 애굽에서 살던 때를 그리워하며 애굽에 대한 미련을 버리지 못했다. 그런 형편 가운데 그들이 모세를 원망했다는 것은 사실상 하나님을 원망한 것과 마찬가지다.

> "백성이 하나님과 모세를 향하여 원망하되 어찌하여 우리를 애굽에서 인도하여 올려서 이 광야에서 죽게 하는고 이곳에는 식물도 없고 물도 없도다 우리 마음이 이 박한 식물을 싫어하노라 하매 여호와께서 불 뱀들을 백성 중에 보내어 백성을 물게 하시므로 이스라엘 백성 중에 죽은 자가 많은지라 백성이 모세에게 이르러 가로되 우리가 여호와와 당신을 향하여 원망하므로 범죄하였사오니 여호와께 기도하여 이 뱀들을 우리에게서 떠나게 하소서 모세가 백성을 위하여 기도하매 여호와께서 모세에게 이르시되 불 뱀을 만들어 장대 위에 달라 물린 자마다 그것을 보면 살리라 모세가 놋 뱀을 만들어 장대 위에 다니 뱀에게 물린 자마다 놋 뱀을 쳐다본즉 살더라"(민 21:5-9)

하나님께서는 날마다 만나와 메추라기를 먹고사는 광야생활에 거부감을 느끼고 모세를 원망하는 이스라엘 백성들에게 불 뱀을 보내 죽음으로 징계하셨다. 그것은 새로운 생명을 공급하시는 하나님을 원망하는 자들에게 내려지는 하나님의 준엄한 심판이었다. 그것을 보고 두려움에 빠진 백성들의 요구에 따라 모세는 징계의 손길을 거두어 주시도록 여호와 하나님께 기도하게 되었다. 그러자 하나님께서는 놋 뱀을 만들어 높은 장대 위에 달게 하셨으며 불 뱀에 물린 자들이 그 놋 뱀을 쳐다봄으로써 생명을 보존할 수 있게 되었다.

놋 뱀에 관한 교훈은 이스라엘 백성들에게 매우 중요한 의미를 지니고 있었다. 그것은 메시아 예언에 직접 연관된 것이기 때문이다. 그러므로 예수께서는 모세의 놋 뱀이 가지는 구속사적인 의미에 대한 분명한 설명을 하셨다.

> "하늘에서 내려온 자 곧 인자 외에는 하늘에 올라간 자가 없느니라 모세가 광야에서 뱀을 든 것 같이 인자도 들려야 하리니 이는 저를 믿는 자마다 영생을 얻게 하려 하심이니라"(요 3:13-15)

예수께서 말씀하신 놋 뱀에 연관된 메시아에 대한 의미는 구약시대에도 그대로 존속되어 왔다. 따라서 중요한 것은 그것으로 말미암은 메시아에 관련된 교훈이었으며 그때 만들어진 놋 뱀 자체는 아니었다. 하지만 어리석은 백성들 가운데는 놋 뱀 자체에 의미를 두는 자들이 많이 있었다. 그들은 그 놋 뱀을 이스라엘 민족 가운데 보존하는 것이 매우 중요한 의미가 있는 것인 양 생각했던 것이다.

그리하여 출애굽한 지 700여 년이라는 긴 세월이 지난 유다 왕국의 후기에 해당되는 시점까지도 모세가 만든 놋 뱀은 이스라엘 민족 가운데 존재하고 있었다. 어리석은 백성들은 그 놋 뱀 자체가 매우 중요한 신앙적인 의미를 가지고 있는 것으로 판단하고 있었을 것이 틀림없다. 그런데 히스기야 왕은 그 놋 뱀을 파괴해 버렸던 것이다.

우리는 여기서 히스기야 왕의 과감하고도 철저한 개혁정신을 보게 된다. 시내 광야에서 하나님의 명령에 따라 모세가 직접 만든 놋 뱀을 부숴버린다는 것은 결코 보통 사건이 아니다. 그것은 충분히 이스라엘 백성들이 섬길 만하다고 판단할 만큼 의미 있고 중요한 물건이었음에 틀림없다.

히스기야의 놋 뱀 파괴는 여간한 담력과 용기가 있지 않으면 취할 수 없는 행동이었다. 하나님에 대한 진정한 믿음이 없는 백성들 가운데는 모세의 놋 뱀을 부숴버리는 왕의 행위로 말미암아 불안감을 느끼는 자들이 상당수 있었을 것이다.

만일 우리 시대에 구약시대의 법궤를 비롯한 어떤 물건이 발견되었다고 가정해 보자. 어리석은 교인들은 그것을 대단한 것으로 생각하여 우상화할 것이 분명하다. 신앙이 어린 자들 가운데는 그 법궤를 직접 눈으로 보고 확인함으로써 감격해하는 것이 신앙인 양 생각하여 그것을 우상화하지 않겠는가? 그런데 감히 누가 그것을 파괴해 버릴 수 있겠는가?

성경은 히스기야 왕을 전심으로 하나님을 경외하며 의지했던 인물로 묘사하고 있다. 그는 유다의 여러 왕들 가운데 하나님을 가장 경외하는 왕들 가운데 한 사람이었다. 그는 하나님을 떠나지 않고 모세를 통해 말씀하신 그의 율법을 온전히 지키고자 애썼다.

그러므로 하나님께서는 그와 함께하셨다. 그는 주변의 블레셋을 누르고 견고한 힘을 가질 수 있었다. 이는 북 이스라엘 왕국이 패망하기 전 앗수르와 애굽을 번갈아 섬기며 양국 사이에서 머뭇거리다 패망을 앞당긴 것과 대조적이다. 이스라엘 왕국은 앗수르에 의해 멸망당했으나 히스기야 왕이 통치하던 유다 왕국은 하나님에 의해 보존되었다.

2. 앗수르 왕의 침략과 예루살렘 위협

북 이스라엘 왕국의 패망은 유다 왕국에 속한 이스라엘 백성들에게도 상당한 충격이 되었을 것이 틀림없다. 북 왕국의 백성들도 아브라함의 혈통을 지니고 애굽으로부터 인도되어 나온 이스라엘 백성들이 아니었던가? 그들이 더러운 이방인들의 손에 의해 멸망당한 사건은 유다 왕국의 일반 백성들의 사고에 적잖은 혼란을 가져왔을 것이다.

그런데 히스기야 왕 제 십사 년에 앗수르 왕 산헤립이 유다 왕국을 습격해 모든 견고한 성읍들을 점령하게 되었다. 그때 백성들 가운데는 그것이 히스기야가 모세의 놋 뱀을 부수었기 때문에 받는 심판이라 생각하며 선전한 자들은 없었을까?

그때 히스기야는 앗수르 왕 앞에서 매우 굴욕적인 태도를 보인다. 그동안 유다 왕국이 앗수르를 섬기지 않은 점에 대한 잘못을 빌었던 것이다(왕하 18:14). 따라서 앗수르 왕은 히스기야에게 은 삼백 달란트와 금 삼십 달란트를 요구했으며 히스기야는 그가 요구하는 모든 것들을 바치겠노라고 응답했다.

그리하여 히스기야 왕은 예루살렘 성전과 곳간에 보관되어 있던 귀중한 보물들을 다 내주었다(왕하 18:15,16). 또한 예루살렘 성전 문의 금과 자기가 기둥에 입힌 금들을 모두 벗겨 앗수르 왕에게 가져다 바쳤다. 그렇게 하면 앗수르 왕국이 더 이상 유다 왕국을 공격하지 않을 것이라 판단했던 것이다. 하지만 히스기야는 그것을 통해 결정적인 실수를 하게 되었다. 그는 앗수르 왕에게 모든 보물들을 내어주었음에도 불구하고 결국은 그들로부터 공격을 당하는 수모를 겪게 된다.

뒤늦게 사태를 감지한 히스기야 왕은 방어 태세를 취하게 되었다. 그는 예루살렘 인근의 물길을 막음으로써 앗수르 군대로 하여금 쉽게 운신하지 못하게 했다. 그리고 허물어진 성벽을 중수하고 망대를 다시 쌓았다. 또한 병기와 방패를 만들어 전쟁 준비를 했다. 히스기야는 그런 가운데서 백성들에게 여호와 하나님을 의지하도록 독려했다. 열왕기하 18장에 기록된 내용과 동일한 사건을 기록하고 있는 역대하에는 그 정황이 좀더 분명하게 묘사되어 있다.

"너희는 마음을 강하게 하며 담대히 하고 앗수르 왕과 그 좇는 온 무리로 인하여 두려워 말며 놀라지 말라 우리와 함께 하는 자가 저와 함께 하는 자보다 크니 저와 함께 하는 자는 육신의 팔이요 우리와 함께 하는 자는 우리의 하나님 여호와시라 반드시 우리를 도우시고 우리를 대신하여 싸우시리라 하매 백성이 유다 왕 히스기야의 말로 인하여 안심하

니라"(대하 31:7,8)

앗수르 왕국은 히스기야 왕과 유다 백성들의 태도를 보고 애굽을 의지하기 때문에 그렇게 하는 것으로 판단했다. 앗수르는 스스로 유다 왕국에 대한 일종의 배신감을 느끼게 되었던 것이다. 그러므로 앗수르 왕은 전투 지휘관인 랍사게Rabshkeh를 비롯한 여러 신하들에게 대군을 이끌고 가서 유다 왕국의 예루살렘을 공격하도록 명령했다.

앗수르 군대의 장군들은 예루살렘 성 입구에 당도하여 히스기야 왕을 궁 밖으로 불러내고자 했다. 그들의 요구를 들은 유다 왕국에서는 왕이 직접 밖으로 나가는 대신 왕궁의 책임자였던 엘리야김을 비롯한 왕의 신하들이 대표로 저들 앞으로 나아갔다.

그때 앗수르의 랍사게는 유다 왕국이 상한 갈대와 같은 애굽을 의지하고 앗수르 왕국에 반역했기 때문에 예루살렘이 공격을 당하게 되었음을 밝혔다. 결국은 그들이 앗수르를 버리고 애굽을 선택해 의지함으로써 심한 상처를 입게 되리라는 것이었다. 물론 당시 히스기야 왕은 애굽을 의지한 것이 아니었지만 저들이 그렇게 오해했던 것이다.

우리는 여기서 유다 왕국이 당하고 있는 형편을 보며 무엇을 생각하게 되는가? 히스기야 왕은 성전의 모든 보물들을 앗수르 왕국에 내어주면서 이스라엘의 평화를 선택했다. 그러나 앗수르는 보물만 취하고 평화를 보장하지 않았다. 양국 사이의 약속을 깨뜨려버린 것이다. 결국 히스기야는 아무런 보장성 없는 일에 보물들을 허비한 것밖에 되지 않는다.

하나님을 알지 못하는 불신자들은 자기 목적을 위해 신의를 저버려도 아무런 상관이 없다. 그들은 하나님을 경외하는 자들이 아니기 때문에 무슨 수를 쓰든지 자기 목적만 쟁취하면 그만이다. 그렇지만 하나님의 자녀들에게는 다르다. 그러므로 성도들은 말씀을 통한 진정한 소신을 가지지 않으면 안 된다. 일시적인 난관을 해결하고자 하여 세상의 약속을 믿고 그것을 따르다가는 모든 것을 잃게 된다.

3. 유다 왕국을 농락하는 앗수르 왕국의 산헤립

앗수르의 산헤립 왕은 유다 왕국의 종교적인 신앙 정책을 알고 있었다. 히스기야가 이방 산당들을 제거하고 모든 이스라엘 백성들에게 예루살렘 성전의 제단에서만 하나님을 경배하라고 명령한 사실을 잘 알고 있었던 것이다.

랍사게는 유다 왕국의 대표로 나온 자들에게 앗수르 왕의 말을 전하면서 이제 말馬을 탈줄 아는 한 사람을 뽑아 앗수르에서 내세운 자와 싸워 이긴다면 말 이천 마리를 주겠노라고 했다. 애굽으로부터 대량의 병거와 기병을 지원받아 온다고 할지라도 결코 자기 신하들 가운데 대수롭지 않은 자 한 사람도 이기지 못하리라는 것이었다.

그러면서 앗수르로부터 온 이방인은 유다 왕국의 대표들 앞에서 여호와 하나님의 이름을 능멸하기를 중단하지 않았다. 그는 도리어 유다 왕국이 섬기는 여호와 하나님의 뜻에 따라 예루살렘을 공격하고 있으며, 여호와가 그렇게 하도록 자기에게 지시했다고 말했다. 그것은 이스라엘 백성들이 믿고 있는 여호와 하나님을 능멸하는 것이며 동시에 백성들의 사기를 미리 꺾고자 하는 것이었다.

유다 왕국의 신하들은 랍사게에게 이스라엘의 일반 백성들이 그 말을 알아듣지 못하도록 유다 말이 아닌 아람 언어로 말해 줄 것을 당부했다. 그러나 랍사게는 막무가내였다. 그는 모든 백성들이 들을 수 있도록 더욱 큰소리로 외쳤을 뿐 아니라 더욱 심하게 여호와 하나님과 유다 왕국을 모독했다.

앗수르를 거역하는 자들은 자기 대변과 소변을 먹고 마시게 될 것이니 히스기야의 말에 속지 말라고 백성들을 향해 외쳐댔다. 어느 누구도 감히 막강한 앗수르 왕의 손에서 연약한 유다 왕국을 구할 수 없으리라는 것이었다. 히스기야가 여호와를 의뢰하라고 말하며, 여호와 하나님이 유다 왕국을 도와 앗수르의 위기에서 건지리라고 주장할지라도 그의 말을 절대로 믿지 말라는 것이었다.

4. 이방 왕국의 유다 백성들에 대한 회유

랍사게는 유다 백성들에게 자기가 하는 말이 앗수르 왕의 뜻이라며 큰 소리로 외쳤다. 그것은 결국 여호와 하나님에 대한 믿음을 버리라는 요구였다. 즉 현실과 맞지 않는 신앙을 버리고 처한 현실을 직시하라는 것이었다. 만일 이스라엘 민족의 여호와에게 강력한 힘이 있다면 유다 백성들을 지금처럼 힘든 상태에 내버려두겠느냐는 것이었다.

랍사게는 유다 왕국이 취할 수 있는 유일한 방편은 앗수르에게 항복하는 것이라 강조했다. 앗수르 왕국에 항복하면 즉시 평화의 때를 누리게 되리라는 것이었다. 그렇게 하면 백성들이 위기에서 벗어나 포도와 무화과를 배불리 먹을 것이며 각각 자기의 샘물을 마시면서 평안히 살 수 있게 된다는 것이다.

또한 앗수르 왕에게 항복한다면 산헤립 왕이 와서 이스라엘 백성들을 살기 좋은 땅 곧 곡식과 포도주가 풍부하고 감람유와 꿀이 넘치는 새로운 터전으로 옮겨 줄 것이라 말했다. 항복하기만 하면 유다 백성들은 앞으로 새로운 좋은 땅에서 풍족한 삶을 보장받아 즐거움을 누리게 될 것이라 회유했던 것이다.

이어 랍사게는 히스기야 왕이 여호와가 유다 왕국을 위기에서 건질 것이라고 말하면서 감언이설로 설득한다고 해도 절대 그의 말을 듣지 말라고 했다. 그동안 주변 여러 왕국의 어떤 신들도 막강한 앗수르의 손에서 건지지 못한 것을 보면 모르느냐는 것이었다. 나아가 이스라엘 민족이 통치하던 사마리아도 결국 앗수르에게 항복하지 않을 수 없었던 점을 언급했다.

랍사게의 외침과는 달리 유다 왕국의 백성들은 그에 대해 아무런 반응을 하지 않았다. 이는 히스기야 왕이 아무런 대꾸도 하지 말도록 명령했기 때문이었다. 앗수르 왕국의 랍사게가 여호와 하나님을 모독하고 유다 왕국을 능멸한 사실에 대해 왕궁의 책임자인 엘리야김을 비롯한 왕의 신하들이 옷을 찢고 왕에게 나아가 보고했다. 이제 유다 왕국은 하나님의 도우심이 없이는 존립할 수 없는 위기에 처하게 되었던 것이다.

제14장
하나님께서 베푸신 은혜와 유다 왕국의 한계

(왕하 19:1-20:21)

1. 불안에 빠진 유다 왕국

북 이스라엘 왕국이 멸망한 후 전개된 주변의 국제 정세는 유다 왕국으로 하여금 불안감에 빠지지 않을 수 없도록 했다. 아브라함의 자손인 언약의 백성들이 이방 왕국에 의해 멸망당하는 것을 목격하며 긴장하지 않을 수 없었던 것이다. 북 이스라엘 왕국이 하나님의 심판에 의해 패망했다는 사실은 남쪽 유다 왕국 역시 그와 같은 처지가 될 수 있음을 의미하는 것이었다.

그러나 유다 왕국에서는 나름대로 북 이스라엘 왕국과는 다른 한 가닥 희망을 가질 수 있었다. 그것은 유다 왕국의 수도인 예루살렘에 하나님의 거룩한 성전이 있었기 때문이다. 남은 이스라엘 백성들 가운데는 하나님께서 자신의 거룩한 집인 예루살렘 성전이 파괴되도록 내버려두지는 않을 것이라 판단하는 자들이 있었다. 물론 성전 자체가 유다 왕국을 보호하는 것이 아니지만 당시 남은 백성들은 그것을 기대했을 것이 분명하다.

그럼에도 불구하고, 사마리아 성을 함락함으로써 이스라엘 왕국을 패망에 빠트린 앗수르 왕국이 예루살렘을 포위하여 위협하게 되었을 때 그들의 불안은 최고조에 달했다. 포악한 이방인들이 계속해서 압박해오자 히스기야 왕은 예루살렘 성전으로 들어가 살아계신 여호와 하나님께 의지할 수밖에 없었다.

히스기야는 우선 하나님께서 유다 왕국에 은혜를 베풀어주시도록 간구했다. 그에게는 그 방법 이외에 다른 아무런 방법이 없었다. 그에게는 이방의 앗수르 왕국에 저항할 만한 힘이 남아 있지 않았다. 나아가 주변의 다른 왕국을 의지해 원조를 요청할 형편도 못 되었다. 그것은 하나님을 의지하는 것이 아니었기 때문이다.

히스기야 왕은 자기의 모든 욕심을 완전히 비우고 거룩한 성전에서 하나님께 간절히 기도했다. 옷을 찢고 굵은 베옷을 입은 채 처참한 상황에 처한 유다 왕국과 자신의 모습을 하나님 앞에 조아리며 아뢰었다. 그러면서 그는 선지자 이사야를 통해 말씀하시는 하나님의 음성을 듣고자 했다.

2. 히스기야 왕이 선지자 이사야를 찾음

앗수르 왕국에 의해 극단의 위기에 처한 히스기야 왕은 손에 칼을 잡는 대신 자기 옷을 찢고 굵은 베를 두른 후 예루살렘 성전으로 나아갔다 (왕하 19:1). 하나님을 의지하는 것 이외에는 달리 아무런 방법이 없다는 사실을 잘 알고 있었기 때문이다. 그와 동시에 그는 엘리야김을 비롯한 자신의 신하들을 선지자 이사야에게 보냈다.

그를 통해 말씀하시는 하나님의 구체적인 뜻을 듣기 위해서였다. 왕의 신하들은 이사야에게 나아가서 유다 왕국과 히스기야 왕이 처한 암울한 형편에 대한 실상과 왕이 그에게 전달하고자 한 말을 전했다. 이에 관해서는 열왕기서에서 뿐 아니라 이사야 선지자의 글 가운데도 기록되어 있다.

> "그들이 이사야에게 이르되 히스기야의 말씀에 오늘은 환난과 책벌과 능욕의 날이라 아이를 낳으려 하나 해산할 힘이 없음 같도다"(왕하 19:3; 사 37:3)

히스기야 왕은 앗수르의 위협 앞에서 아무 것도 할 수 없는 자신의 무력함을 이사야 선지자에게 그대로 고백하고 있다. 신하들은 이사야에게 그 말을 전한 후 앗수르 왕국의 랍사게가 여호와 하나님을 능멸하며 모독했는데 그에 대한 하나님으로부터 계시된 말씀이 없었느냐고 물었다. 그리고는 이방인들의 모독하는 말로 인해 하나님께서 진노하셨을 테니 이제 유다 왕국의 남은 자들이 그것으로 인해 책벌을 받지 않도록 기도해 달라고 부탁했다. 그들은 이방인들로부터 하나님께서 모독을 당하는 것이 자신들 때문이라는 사실을 알고 있었던 것이다.

이사야 선지자는 저들의 말을 듣고 나서 앗수르 사람들이 거룩한 하나님을 향해 모독하는 말을 한 것으로 인해 두려워하지 말라고 했다. 하나님께서 그 말한 자에게 한 영靈을 두어 풍문風聞을 듣게 함으로써 그로 하여금 본국으로 되돌아가게 하신다는 것이었다. 하지만 그는 자기 나라로 돌아가 칼에 맞아 비참한 죽음을 맞게 되리라는 하나님의 말씀을 전했다.

3. 앗수르의 지속적 위협과 히스기야의 기도에 응답하신 하나님

그런 형편 가운데 랍사게는 앗수르 왕이 다른 곳으로 이동하여 싸우고 있다는 소식을 듣고 황망히 그에게로 돌아갔다. 그때 구스Ethiopia 왕국이 앗수르를 공격하고자 한다는 말을 듣고 그에 대응함으로써 양국 사이에 전투가 시작되었던 것이다. 그런 중에 앗수르의 산헤립 왕은 사신을 통해 유다 왕 히스기야에게 전문을 보냈다.

앗수르가 이미 주변의 많은 나라들을 정복했으니 유다 왕국이 믿는 여호와 하나님이 저들을 보호하지 못한다는 것이었다. 즉 빨리 항복하는 것만이 상책이라며 그에게 다그쳤다. 그동안 앗수르 왕국과 연관하여 발생했던 주변의 정세들을 살펴보면 쉽게 판단할 수 있는 것 아니냐며 윽박질렀던 것이다.

히스기야는 앗수르 왕의 협박 편지를 받고나서 하나님의 성전으로 올라갔다. 그는 여호와 하나님 앞에 산헤립이 보낸 서신을 앞에 펴두고 그의 도움을 간절히 간구했다(사 37:14,15). 이는 히스기야가 산헤립의 가증한 죄악을 하나님 앞에 고발하는 성격을 띠고 있다. 비록 앗수르가 주변 왕국의 땅들을 정복하고 그 지역에 있던 모든 신상들을 불태웠지만 그것들은 더러운 우상덩어리에 지나지 않았기 때문에 그렇게 되었을 뿐임을 언급하며 살아계신 여호와 하나님의 도우심을 청했던 것이다.

하나님께서는 성전에서 산헤립을 고발하며 간절히 기도하는 히스기야의 기도에 응답하셨다. 그 응답은 히스기야에게 직접 전달된 것이 아니라 선지자 이사야 선지자를 통해 주어졌다. 하나님께서는 예루살렘을 모독한 앗수르 왕국에 임하게 될 준엄한 심판을 예언하셨다. 그들은 자신의 더러운 욕망을 자랑하며 이스라엘과 예루살렘을 능멸하면서 감히 살아계신 여호와 하나님을 능욕했기 때문이다.

이 세상 역사 가운데 양성한 군대의 병력으로 여러 나라들을 정복하고 늑탈한 것이 최고의 힘인 양 자만에 빠진 앗수르 왕국에게 하나님의 무서운 심판이 예고되었다. 결국 앗수르 왕국은 하나님의 분노와 심판으로 인해 패망당하게 된다. 그렇게 되면 앗수르에 살고 있는 백성들은 갑작스런 왕국의 멸망으로 인해 두려워 떨며 당혹해 하지 않을 수 없다.

하나님께서는 그에 대한 징조로서 앞으로 있게 될 사실을 말씀하셨다. 그것은 금년에는 땅에서 저절로 난 식물을 먹을 것이며, 이듬해는 그것으로부터 자라난 것들을 먹게 되며, 제 삼 년에는 사람들이 심고 추수하며 포도원을 심고 그것을 통해 맺힌 열매를 먹게 된다는 것이었다(왕하 19:29). 이는 유다 왕국에 평화의 때가 도래함을 의미하고 있다. 하나님은 이에 관한 말씀을 하시면서 이스라엘 민족과 예루살렘을 보전하시고자 하는 의지를 보여주셨다.

> "유다 족속 중에서 피하고 남은 자는 다시 아래로 뿌리를 내리고 위
> 로 열매를 맺을지라 남은 자는 예루살렘에서부터 나올 것이요 피하는
> 자는 시온산에서부터 나오리니 여호와의 열심이 이 일을 이루리라"(왕
> 하 19;30,31)

이때 허락된 하나님의 말씀은 특별히 구속사적인 의미를 지니고 있는
것으로 이해해야 한다. 이 말씀에는 여호와 하나님께서 이스라엘 민족
가운데 궁극적으로 이룩하시고자 하는 구원 계획이 계시되고 있다. 이
는 이땅에 메시아를 보내시고자 하는 하나님의 뜻에 연관된다.

그러므로 예루살렘과 시온에서부터 나오게 될 '남은 자' the remnant
는 미래에 강림하실 메시아를 지칭하고 있다. 이사야 선지자는 동일한
시기에 그에 관한 구체적인 예언을 했다. 이스라엘 민족과 다윗 왕국,
그리고 예루살렘과 거룩한 성전의 진정한 의미는 앞으로 오시게 될 메
시아에 직접 연결되어 있는 것이다.

> "이는 한 아기가 우리에게 났고 한 아들을 우리에게 주신 바 되었는
> 데 그 어깨에는 정사를 메었고 그 이름은 기묘자라, 모사라, 전능하신
> 하나님이라, 영존하시는 아버지라, 평강의 왕이라 할 것임이라 그 정사
> 와 평강의 더함이 무궁하며 또 다윗의 위에 앉아서 그 나라를 굳게 세우
> 고 지금 이후 영원토록 공평과 정의로 그것을 보존하실 것이라 만군의
> 여호와의 열심이 이를 이루시리라"(사 9:6,7)

다윗 왕국은 메시아를 보내시기 위해 하나님께서 특별히 세우신 왕국
이다. 따라서 외부에서 자기의 욕망을 추구하기 위해 이스라엘 민족과
예루살렘을 멸망시키고자 하는 이방인들의 세력에 대해서는 하나님께
서 결코 용납지 않으신다. 단지 이스라엘이 배도의 길에 빠질 경우 하나
님께서 그들을 직접 심판하시게 될 따름이다.

하나님께서 용납하시지 않는 한 아무도 이스라엘 민족을 멸망시킬 수
없으며 예루살렘 성을 함락시킬 수 없다. 앗수르 왕국 역시 마찬가지였다.

그들이 정복욕에 사로잡혀 예루살렘을 습격한다고 할지라도 마음대로 정복할 수 없었으며, 결국은 저들이 왔던 길을 되돌아 갈 수밖에 없었다.

4. 앗수르 왕 산헤립의 죽음

하나님께서 특별히 세우신 다윗 왕국과 거룩한 성 예루살렘을 공격하려던 이방인들의 앗수르 왕국은 하나님의 준엄한 심판을 피할 수 없었다. 더구나 그들은 자신의 세력을 자랑하며 함부로 거짓말을 지껄임으로써 여호와 하나님을 모독하면서 이스라엘 백성들을 악한 길로 회유하려던 자들이었다.

그들에 대해서는 하나님께서 직접 심판하셨다. 주변의 애굽과 구스를 비롯한 다른 나라의 병사들을 동원한 것이 아니라 하나님의 사자가 직접 안하무인격인 태도를 보이고 있던 앗수르 왕국의 대군을 쳤던 것이다(왕하 19:35).

우리는 이에 관한 의미를 주의 깊게 이해해야만 한다. 하나님께서는 많은 경우 다른 왕국의 군대를 자신을 위한 심판의 도구로 사용하셨지만, 어떤 경우에는 직접 자기의 사자들을 보내 심판하셨다. 따라서 살아계신 하나님을 멸시하고 자신의 힘을 자랑하며 기고만장하던 앗수르 군대는 하나님에 의해 파멸당하게 된다.

앗수르 왕 산헤립은 하나님의 사자에 의해 치명적인 패배를 맛보고도 그것이 진정 살아계신 여호와 하나님으로 인한 심판이란 사실을 잘 깨닫지 못했을 것이 분명하다. 하나님을 알지 못하는 자들은 자기에게 임하는 심판의 의미조차 올바르게 파악하지 못할 것이기 때문이다.

산헤립은 그후 니느웨로 돌아가 거주하다가 처참한 죽음을 맞게 된다. 그가 거짓 신인 자신의 신 니스록Nisroch의 신전에서 경배할 때 그의 신하가 그를 칼로 쳐죽였던 것이다. 거짓 신인 그 신은 결코 그의 생명조차 보호할 수 없었다. 그후 그의 아들 에살핫돈Esarhaddon이 그를 대신하여 앗수르 왕국의 왕위를 이어받게 된다.

5. 죽을 질병에서 살아나게 된 히스기야 왕 (왕하 20:1-6)

유다 왕국은 하나님의 은혜로 말미암아 앗수르에 의한 위기에서 간신히 벗어났으나 히스기야는 중병에 걸리게 되었다. 이사야 선지자는 그에게 곧 죽게 되리라는 예언을 하면서 모든 것을 정리하여 죽음을 맞을 준비를 하라고 말했다. 그러자 히스기야는 여호와 하나님께 살려달라며 기도했다. 그는 그동안 하나님의 뜻대로 살고자 했던 자신의 삶을 고백하면서 통곡하며 목숨을 유지하고자 했다.

하나님께서는 그의 눈물어린 기도를 들으시고 그의 질병을 낫게 해주시고자 했다. 그래서 선지자 이사야를 통해 삼일 후에는 그가 병석에서 일어나 예루살렘 성전에 올라가게 되리라는 사실을 알려주셨다. 그러면서 그가 앞으로 15년을 더 살게 됨으로써 이스라엘 민족과 예루살렘을 지켜 보호하게 되리라는 사실을 전하도록 하셨다. 하나님의 말씀을 들은 이사야 선지자는 히스기야 왕을 방문하여 앓고 있던 환부에 무화과 반죽을 올려놓고 그의 질병을 치유했다.

히스기야 왕은 그런 가운데 이사야 선지자에게 자기의 생명을 연장받게 된 것에 대한 하나님의 징표를 보여줄 것을 요구했다. 그러자 이사야는 시간이 거꾸로 돌아가게 하는 놀라운 이적을 보여주겠다는 말을 했다. 그러면서 그는 히스기야에게 해시계의 그림자가 앞으로 십도 나아가게 하는 것과 뒤로 십도 물러가게 하는 것 중 하나를 징표로 선택하도록 기회를 주었다.

히스기야는 그에 대한 이야기를 들은 후 해 그림자가 뒤로 십도 물러가게 하는 일이 더 어려운 것으로 판단하고 그렇게 해줄 것을 요구했다.

그 말을 들은 선지자 이사야가 하나님께 간구하자 그대로 되었다(왕하 20:11; 사 38:8). 그것이 히스기야가 앞으로 15년을 더 살면서 유다 왕국과 예루살렘을 지키게 될 것에 대한 표징이 되었다.

여기서 해 그림자가 십도 뒤로 물러간다는 의미는 우리 시대의 시간으로 말한다면 시간이 40분 거꾸로 흘렀다는 말이다. 이는 지구가 자전하다가 방향을 돌려 일시적으로 반대 방향으로 돌았다는 것을 말해주고 있다. 하나님께서는 자연의 일반적인 순리에 역행하는 사건을 표징으로 보여 주셨던 것이다. 이것은 자연법칙에 어긋나는 사건이었지만 천지만물을 창조하신 하나님께는 아무 것도 아닌 일이다.

또한 우리는 여기서 히스기야 왕이 목숨을 살려달라고 하나님께 간구한 것이 오래 살고자 하는 개인적인 욕망 때문이 아니었다는 사실을 기억해야 한다. 그는 북 이스라엘 왕국이 멸망한 상태에서 실의에 빠져 있는 유다 왕국과 예루살렘을 지키기 위해 자기의 생명을 연장하기를 구했던 것이다.

하나님께서는 히스기야의 그런 신앙 자세를 보시고 유다 왕국에 은혜를 베푸셨다. 하나님께서 왕의 생명을 연장해 주신 것은 그 전에 앗수르의 세력을 물리치셨을 때와 마찬가지로 히스기야 개인을 위한 것이라기보다 하나님 자신과 다윗을 위해서였다(왕하 19:34; 20:6). 이는 곧 이땅에 메시아를 보내시고자 하는 그의 궁극적인 뜻과 연관되는 것으로 이해해야 한다.

6. 바벨론의 등장

유다 왕국이 혼란에 빠져 있고 히스기야 왕이 병들어 심각한 위기에 처해 있을 때 바벨론 왕이 사신들을 보냈다(사 39:1-8). 바벨론 왕 브로닥발라단Berodachbaladan이 유다 왕국에 신하들을 보내 서신과 예물을 보내며 왕의 병문안을 했던 것이다. 그러자 히스기야는 자기가 마치 대단한 지위를 회복한 듯 마음이 교만해졌다(대하 32:25).

히스기야 왕과 유다 왕국은 모든 것이 약화되어 있는 상태에서 문병을 위해 사신을 보낸 바벨론을 보며 매우 흐뭇했을 것이 틀림없다. 그 당시 바벨론 왕국은 앗수르 제국의 남부에 위치한 조그만 나라에 지나지 않았다. 따라서 바벨론은 자신의 생존을 위해 주변에 있는 나라들을 규합해 동맹을 맺고자 했다. 이로 말미암아 앗수르 제국은 나중 바벨론이 주도한 동맹군에 의해 패배하게 되었다(BC 612년).

당시 유다 왕국은 패망하기 전의 앗수르 제국의 세력 앞에서 심한 불안감에 휩싸여 있었다. 그런 상황에서 바벨론의 사신들을 보며 교만한 마음이 드는 것은 어쩌면 자연스러운 현상일지 모른다. 하지만 그것은 큰 착각이었다. 하나님을 알지 못하는 이방 왕국이 취하는 전략적인 행동을 통해 위안을 받는 것은 도리어 위험한 혼선에 빠지게 될 우려가 있기 때문이다.

그러나 히스기야는 다급한 형편에 빠져 있었으면서도 미처 그것을 감지하지 못하고 있었다. 바벨론 왕국으로부터 온 사신들이 유다 왕국의 건재함을 언급하며 여전히 막강한 힘을 가진 그 저력을 보고 싶다고 치켜세웠을 때, 히스기야 왕은 마음이 들떠 자신의 모든 것들을 그들에게 보여주고 말았다. 그는 자신의 힘을 그런 식으로 과시하고 싶었을 것이다.

> "히스기야가 사자들의 말을 듣고 자기 보물고의 금은과 향품과 보배로운 기름과 그의 군기고와 창고의 모든 것을 다 사자들에게 보였는데 왕궁과 그의 나라 안에 있는 모든 것 중에서 히스기야가 그에게 보이지 아니한 것이 없더라"(왕하 20:13)

당시 히스기야 왕은 나중 바벨론에 의해 유다 왕국이 멸망하게 되리라는 사실은 상상도 하지 못하고 있었다. 만일 그런 생각을 했다면 그가 결코 모든 것을 그들에게 보여주지 않았을 것이다. 사실 왕국의 내부 기밀을 외부에 그대로 보여준다는 것은 위험하기 그지없는 행동이었다. 그러나 히스기야는 그렇게 하고 말았다.

뒤늦게 그 사실을 알게 된 이사야 선지자는 놀라지 않을 수 없었다. 이사야는 히스기야 왕에게 어떻게 된 것인지 자초지종을 물었다. 그러자 히스기야는 바벨론 왕국으로부터 자신에게 병문안을 온 사신들에게 왕궁의 보물 창고와 군기고를 비롯한 각종 창고에 들어있는 모든 것들을 다 보여주었음을 말했다.

그 말을 들은 이사야 선지자는 히스기야의 그런 행위가 하나님의 무서운 심판을 불러오게 되리라는 예언을 했다. 그것은 단순한 실수가 아니라 하나님을 멀리하고 교만에 빠진 태도로 말미암은 것이었기 때문이다.

"여호와의 말씀이 날이 이르리니 왕궁의 모든 것과 왕의 조상들이 오늘까지 쌓아 두었던 것이 바벨론으로 옮긴바 되고 하나도 남지 아니할 것이요 또 왕의 몸에서 날 아들 중에서 사로잡혀 바벨론 왕궁의 환관이 되리라 하셨나이다"(왕하 20:17,18)

이는 히스기야 왕에게 충격적인 예언이 아닐 수 없었다. 하나님을 의지하지 않고 자신의 모든 것을 이방인에게 자랑거리로 삼다가 패망을 바라보게 되었다. 나아가 유다 왕국이 멸망할 뿐 아니라 왕자가 바벨론으로 사로잡혀 가서 환관이 된다는 것이었다. 이는 역사상의 다윗 왕국이 이방 왕국에 의해 멸망하게 된다는 슬픈 예언이었다.

이사야 선지자의 예언을 듣고 나서야 히스기야는 자신의 잘못을 깨닫게 되었다. 하지만 때는 이미 늦었다. 다시금 그것을 되돌릴 방법이 없었던 것이다. 하나님께서 죽을 질병에 걸린 왕의 생명을 연장시켜 주셨을 때 그는 정신을 바짝차리고 있어야만 했다.

자신의 교만한 마음으로 인해 또 다시 어려움에 빠지게 된 히스기야 왕은 자신의 잘못을 인정하며 하나님의 뜻이 옳다는 사실을 진심으로 고백했다. 그는 심판을 예언하시는 하나님을 전혀 원망하지 않았다. 히스기야는 도리어 자기가 살고 있는 동안에라도 유다 왕국 가운데 태평이 유지되고 하나님의 뜻이 임하게 된다면 그것은 전적으로 하나님의 선하심 때문이라는 사실을 밝혔다.

그후 히스기야 왕은 자신이 할 수 있는 만큼 최선의 힘을 다해 나라를 지키려고 애썼다. 그는 저수지와 수도水道를 만들어 예루살렘 성 안으로 물을 끌어들였다.40) 그것은 비상 사태를 대비하는 의미를 담고 있다. 하나님으로부터 패망에 관한 예언을 들은 상황이었지만 이스라엘 백성들을 보호하려는 그의 선한 마음이 엿보인다. 그로 인해 히스기야는 백성들로부터 많은 존경을 받는 왕이 되었다(대하 32:33).

하지만 때가 이르러 그는 죽게 되어 다윗 왕의 자손들이 묻혀있는 묘실 가운데 높은 지역에 장사되었다. 이는 유다 왕국의 백성들이 그를 진심으로 존경했기 때문이다. 히스기야가 죽은 후에는 그의 아들 므낫세가 뒤를 이어 유다 왕국의 왕위에 오르게 되었다.

---

40) BC 701년, 히스기야 왕은 기혼 샘으로부터 터널을 뚫어 예루살렘 성 안에 있는 실로암 못까지 연결하기로 하고 암반을 파들어 가는 대공사를 시작했다. 약 2천 5백여 명의 인부들이 암반 터널 공사에 참여했는데 기혼 샘과 실로암 못 양쪽에서 서로 파 들어가는 공법을 취해서 총 533m의 터널을 뚫는 엄청난 공사를 해냈다. 1880년에 발견된 여섯 줄로 된 비문에는 총 2백 글자 중에서 1백 77자만 보존되어 있는데 이 비문에는 양쪽에서 파 들어간 인부들이 중간에서 만나 지하터널의 역사적 개통을 자축하는 극적인 장면이 묘사되어 있다. "3규빗(1.3m)쯤 남았을 때 반대편에서 상대방을 부르는 목소리가 들렸다. 터널이 뚫렸을 때 동료를 얼싸안고 도끼를 서로 부딪쳤다. 물은 샘으로부터 1천 2백 규빗(525m)을 흘러나왔다"고 기록되어 있다. 이 비문은 현재 터키의 이스탄불 고고학 박물관에 소장되어 있다.

제15장
유다 왕들의 악행과 요시야 왕의 율법책 발견

(왕하 21:1-22:20)

1. 정신 못 차리는 유다의 므낫세 왕

여호와 하나님을 진심으로 경외하던 히스기야 왕이 죽은 후 그의 아들 므낫세가 유다 왕국의 왕위를 계승했다. 그는 55년이라는 비교적 긴 세월 동안 백성들 위에 군림하며 통치했으나 부왕 히스기야와는 전혀 딴판이었다. 그는 왕으로 있으면서 하나님을 경외하지 않고 이방신들을 끌어들여 온갖 악행을 저질렀다.

그는 히스기야 왕이 허물었던 산당들을 다시 일으켜 세웠으며 여로보암과 아합의 악행을 그대로 따랐다. 그리하여 바알을 위하여 제단을 쌓고 아세라 목상을 만들어 예루살렘 성전 안에 두었다. 그리고 성전 안의 두 뜰에는 하늘에 있는 별들을 위한 제단을 만들어 두고 거기서 일월성신日月星辰을 숭배하여 섬겼다. 어리석은 백성들은 최고 통치자인 왕이 그렇게 하는 것을 보며 저항감을 가지기는커녕 도리어 그의 꾐을 받아 (왕하 21:9) 그대로 따라 행하기를 주저하지 않았다.

나아가 므낫세는 자기 아들을 제물로 바치는 악을 행하기도 했다(He sacrificed his own son in the fire. NIV, 2Kings 21:6). 뿐만 아니라 마법魔法을 행하며 점을 치기도 했다. 또한 그는 신접한 자와 박수무당들을 신뢰하여 중요한 일들에 대해 저들과 상의했다. 그렇게 함으로써 여호와 하나님의 진노를 불러일으켰다.

하나님께서는 그 전에 다윗과 솔로몬에게 모세를 통해 명령한 모든 율법을 지켜 행하면 약속의 땅에서 저들을 보호하시겠다고 약속하셨다. 그러나 므낫세 왕은 이방의 더러운 사상을 끌어들임으로써 유다 백성들을 꾀어 하나님을 떠나 악을 행하도록 했다. 그리하여 유다 왕국의 백성들은 이방인들보다도 못한 심한 악행을 저질렀다. 하나님의 엄중한 경고에도 불구하고 그들은 하나님의 말씀을 거부했던 것이다.

그렇게 되자 하나님께서는 앗수르 군대를 보내 예루살렘을 치게 하셨다. 그 결과 므낫세 왕은 쇠사슬에 결박되어 바벨론으로 끌려가게 되었다. 이는 엄청난 모독이 아닐 수 없었다. 그제야 므낫세 왕은 여호와 하나님을 떠나 배도한 자신의 잘못을 되돌아보며 뉘우쳤다. 이에 대해서는 역대기歷代記에 더욱 구체적으로 기록되어 있다.

> "여호와께서 앗수르 왕의 군대 장관들로 와서 치게 하시매 저희가 므낫세를 사로잡고 쇠사슬로 결박하여 바벨론으로 끌어간지라 저가 환난을 당하여 그 하나님 여호와께 간구하고 그 열조의 하나님 앞에 크게 겸비하여 기도한 고로 하나님이 그 기도를 받으시며 그 간구를 들으시사 저로 예루살렘에 돌아와서 다시 왕위에 거하게 하시매 므낫세가 그제야 여호와께서 하나님이신 줄을 알았더라"(대하 33:11-13)

바벨론에 포로로 잡혀간 므낫세는 크게 겸비해져서 하나님께 간구했으며 하나님은 그의 기도를 들으셨다. 그리하여 저로 하여금 예루살렘으로 돌아와 다시 왕위에 앉게 하셨다. 므낫세는 비로소 여호와 하나님이 참 신이신 줄 알게 되었다.

므낫세 왕은 다윗성 밖의 허물어진 성벽을 다시 쌓고 모든 요새에 지휘관들을 주둔시켰다. 그는 또한 예루살렘 성전 안에 있는 더러운 우상들을 비롯한 모든 이방 신상들을 내다버렸다. 그리고 자신이 직접 쌓았던 이방신을 위한 제단들을 헐어 성 밖으로 내던져 버렸다.

그 다음 므낫세는 여호와 하나님의 제단을 쌓았다. 그리고 그 위에서 화목제물과 감사제물을 드렸다. 그는 또한 이스라엘의 하나님이신 여호와를 섬기도록 백성들에게 명령했다. 하지만 유다의 백성들은 여호와 하나님께 제물을 바치면서도 여전히 산당에서 제사를 드렸다(대하 33:17). 그들은 하나님과 우상을 동시에 섬겼던 것이다. 이처럼 므낫세의 악행이 다소 변하기는 했지만 유다 왕국 가운데는 여전히 이방의 영향을 받은 잘못된 종교적 신앙이 지속되고 있었다.

2. 므낫세로 인한 하나님의 심판 계획과 아몬 왕 (대하 33:21-25)

여호와 하나님은 더럽고 불의한 것을 그대로 받아들이는 분이 아니시다. 하나님께서는 값비싼 제물이나 타락한 인간들의 정성 자체를 좋아하시지 않는다. 인간들의 욕망으로부터 발생한 모든 것들은 도리어 하나님을 욕되게 한다. 따라서 모든 가증스러운 종교 행위는 하나님의 심판을 피할 수 없다.

하나님께서는 이방신 사상을 끌어들임으로써 배도에 빠진 유다 왕국을 엄중히 심판하고자 하셨다. 차라리 이방인들보다도 못한 가증한 악행을 행하는 므낫세로 인해 예루살렘과 유다 왕국 전체에 재앙을 내리려 하셨던 것이다.

> "내가 사마리아를 잰 줄과 아합의 집을 다림보던 추로 예루살렘에 베풀고 또 사람이 그릇을 씻어 엎음 같이 예루살렘을 씻어 버릴지라"(왕하 21:13)

이 말씀 가운데는 더 이상 유다 왕국에 외적인 은혜를 베풀지 않겠다는 하나님의 의도가 내포되어 있다. 하나님은 모든 것에 빈틈없이 정확하신 분이다. 단 한 치라도 하나님의 눈을 벗어나 존재할 수 있는 영역은 없다. 하나님께서 줄과 추로 측량을 하겠다는 것은 정확하게 따져 징벌하시겠다는 것을 의미한다.

므낫세 왕은 여호와 하나님 앞에서 신앙적인 범죄를 저질렀을 뿐 아니라 자신의 정치적 목적을 달성하기 위해 무죄한 많은 사람들의 피를 흘렸다. 그는 자기의 주장과 행동에 대해 반대하거나 상반된 주장을 하는 자들을 살려두지 않았던 것이다. 비록 나중에 어느 정도 회개하는 자세를 회복했다고 할지라도 백성들을 꾀어 범죄에 빠지게 했던 민족의 지도자로서 그의 책임을 면할 수는 없었다.

므낫세에 의해 박해를 받았던 많은 사람들은 저들의 정당성 여부와는 아무런 상관 없이 심한 고통을 당했다. 아무리 옳은 말과 정당한 행동이라 할지라도 왕의 비위를 거스르게 되면 살아날 수 없었다. 이는 자기의 더러운 욕망을 채우기 위해서는 수단과 방법을 가리지 않는 배도에 빠졌던 왕의 모습을 잘 보여주고 있다.

그런 와중에 므낫세 왕은 죽음을 맞게 되었으며, 대신 그의 아들 아몬Amon이 대를 이어 왕위에 올랐다. 그는 2년이라는 짧은 기간 동안 나라를 통치하면서 부왕 므낫세의 악행을 그대로 따랐다. 그는 여호와 하나님을 버리고 이방의 우상을 택하여 섬기면서 온갖 악을 다 행했던 것이다.

아몬이 하나님을 떠나 배도의 길을 걸은 결과 신하들에 의한 반란이 일어났다. 아몬 왕의 부하들이 반란을 일으켜 왕을 무참히 죽이게 되었던 것이다. 그러나 반란군들은 반역에 성공하지 못하고 실패하게 되었다. 이는 유다의 분노한 백성들이 왕을 시해한 반역자들을 죽였기 때문이다.

아몬 왕이 죽은 후에는 그의 아들 요시야가 대를 이어 유다 왕국의 왕위에 오르게 되었다. 그의 나이 겨우 여덟 살 되던 해였다(왕하 22:1). 이는 즉위 초기에는 그가 직접 통치하지 못하고 섭정이 이루어졌음을 의미하고 있다.

3. 요시야 왕과 율법책 (대하 34:8-28)

요시야는 어린 나이에 아버지 아몬 왕이 처참하게 죽게 됨으로 인해 슬픈 왕자가 되었다. 하지만 그는 아무 것도 알지 못하는 어린 나이에 규례에 따라 왕위를 이어받았다. 요시야는 그 이전의 다른 왕들과는 달리 하나님을 경외하는 왕이었다. 그는 어려서 왕위에 올라 처음에는 아무 것도 알지 못했지만 철이 들면서부터 선정을 폈다. 요시야는 여호와 하나님 보시기에 정직하게 행했으며 그의 조상 다윗의 모든 길을 행하면서 좌로나 우로 치우치지 않았다.

요시야 왕은 유다 땅에 있던 모든 가증한 것들을 다 제하고 성전을 정결케 했으며(대하 34:8), 즉위 18년이 되던 해 예루살렘 성전을 수리하게 되었다. 이는 그 이전에는 성전을 제대로 관리하지 않았음을 말해주고 있다. 그래서 요시야는 서기관 사반Shaphan을 여호와의 성전에 보내며 대제사장 힐기야Hilkiah를 만나도록 했다. 그로 하여금 그동안 모여진 돈을 가지고 퇴락한 성전을 수리하도록 하기 위해서였다.

요시아는 일을 맡기고 나서 재정을 지출한 후에는 달리 계산하지 않도록 했다. 이는 그들이 하나님을 경외하는 자들로서 성실하게 일할 것임을 확신하고 있었기 때문이다(왕하 22:7). 열왕기하 12장 15절에 보면 요아스 왕이 성전을 수리할 때도 그러했다. 재정을 지출한 후에는 달리 계산하지 않도록 했던 것이다. 하나님을 경외하는 정직한 왕들은 신하들에 대한 신뢰가 있었음을 보여주고 있다.

대제사장 힐기야는 요시야 왕이 보낸 서기관 사반에게 성전 수리에 관한 문제를 논의한 후, 여호와의 성전에서 율법책을 발견했음을 언급했다. 이것은 우리에게 많은 생각을 하게 한다. 요시야 왕 때 성전에서 율법책이 발견되었다는 사실은 언젠가부터 그 율법책이 무시당하기 시작했다는 말과 같다. 이는 하나님의 율법없이 하나님을 섬기려고 하던 자들의 오만과 독선을 그대로 보여주고 있다. 그것은 결국 백성들에게 배도를 향한 지름길을 제공하는 것과 다르지 않았다.

대제사장은 그 책을 사반에게 주어 읽도록 권했다. 대제사장 힐기야는 그를 통해 요시야 왕에게 율법책을 전달하고자 하는 마음이 있었기 때문이다. 이 말은 곧 하나님의 율법 없이 살아왔던 유다 왕국에 대한 반성과 고발의 성격을 지닌다. 그러므로 서기관 사반은 왕에게 돌아와 성전수리를 위한 재정에 관련된 보고를 한 후 대제사장 힐기야로부터 받은 율법책을 왕 앞에 내어놓고 읽었다.

요시야 왕은 율법책에 기록된 내용을 귀담아 듣고는 옷을 찢으며 슬퍼했다. 이스라엘 백성들이 하나님의 율법을 떠나 살고 있다는 사실을 깨달았기 때문이다. 요시야는 과거의 조상들이 모세의 율법에 기록된 말씀을 듣지 않았으므로 여호와 하나님의 진노를 불러왔음을 알고 즉시 대제사장과 서기관을 비롯한 신하들에게 율법에 관련하여 하나님께 물어보도록 명령했다.

그들의 말을 들은 여 선지자 훌다Huldah는 그들에게 하나님의 말씀을 전했다. 그것은 하나님께서 유다 왕국과 백성들에게 끔찍한 재앙을 내리시겠다는 예언이었다. 여호와 하나님을 버리고 다른 이방신에게 분향하며 산당과 우상을 만든 저들을 향한 하나님의 무서운 진노가 임하리라는 것이었다. 하지만 그 재앙은 요시아가 살아있는 동안에는 임하지 않으리라는 말씀을 전했다.

이는 모세의 율법에 따라 순종하려는 요시야에게 베푸시는 하나님의 특별한 은혜였다(왕하 22:19). 따라서 요시야 왕이 예루살렘의 패망을 직접 목격하지는 않게 되었다. 하지만 요시야 왕은 유다 왕국의 모든 백성이 하나님의 율법을 지켜야만 한다는 사실을 알고 모든 백성들을 불러 모아 율법을 지키도록 했다.

> "왕이 보내어 유다와 예루살렘의 모든 장로를 불러모으고 이에 여호 와의 전에 올라가매 유다 모든 사람과 예루살렘 거민과 제사장들과 레 위 사람들과 모든 백성이 무론 노소하고 다 함께 한지라 왕이 여호와의 전 안에서 발견한 언약책의 모든 말씀을 읽어 무리의 귀에 들리고 왕이 자기 처소에 서서 여호와 앞에서 언약을 세우되 마음을 다하고 성품을 다하여 여호와를 순종하고 그 계명과 법도와 율례를 지켜 이 책에 기록 된 언약의 말씀을 이루리라 하고 예루살렘과 베냐민에 있는 자들로 다 이에 참가하게 하매 예루살렘 거민이 하나님 곧 그 열조의 하나님의 언 약을 좇으니라"(대하 34:29-32)

요시야 왕은 유다 왕국의 모든 백성들을 성전으로 불러모으고 하나님 의 언약에 따라 율법을 지킬 것을 촉구했다. 그는 성전에서 발견한 언약 책에 기록된 모든 말씀을 읽어 백성들이 듣도록 했다. 그리고 여호와 하 나님 앞에서 언약을 세우고 기록된 모든 계명과 법도와 율례를 마음과 성품을 다해 순종할 것을 다짐하게 했다. 그러므로 모든 유다 백성들은 그 언약을 좇게 되었다.

우리가 여기서 볼 수 있는 것은 그동안 많은 사람들이 하나님의 율법 책을 기준으로 하지 않고 자의적인 판단에 따라 종교생활을 했다는 사 실이다. 그들이 범죄했던 것은 의도적인 면도 있지만 율법을 알지 못했 기 때문에 발생한 문제들이기도 했다. 이는 하나님의 율법이 얼마나 중 요한 역할을 하는가 하는 점을 말해주고 있다.

4. 오늘날 우리의 신앙과 율법책

구원받은 성도들은 하나님의 뜻 가운데 살며 신앙생활을 하게 된다.

그에 관한 모든 것은 기록된 성경 가운데 계시되어 있다. 이는 시대와 장소를 막론하고 모든 성도들에게 주어진 절대적인 규범이다. 따라서 성도들은 계시된 하나님의 말씀을 통해 진리를 알고 그에 순종하며 살아가야 한다.

유다 왕국의 요시야 왕 시대에 율법책이 발견되기 전 상당기간 동안에는 율법이 구전口傳되어 전해졌다. 그것은 계시를 떠난 신앙의 보편화를 의미한다. 그렇게 되면 율법을 통해 해석되고 적용되는 신앙이 아니라, 종교적인 이성과 경험을 배경으로 하는 신앙으로 변질된다. 그런 잘못된 신앙이 결국 이스라엘 민족의 왕들과 백성들로 하여금 하나님을 배도하게 했던 것이다.

이에 대해서는 오늘날 우리에게도 동일하게 적용된다. 현대 교회들 중 다수는 하나님의 성경책을 손에 가지고 있으면서도 그것을 적당히 가리거나 덮어두고 있다. 그렇게 함으로써 하나님의 진리를 인간들의 상식에 맞는 윤리적인 것으로 변형시켜 가려 한다. 그것은 결국 교인들에게 배도의 길을 여는 것과 다름없다.

우리는 하나님의 말씀을 절대적인 기준으로 하지 않고 이성과 경험에 따라 자의적인 신앙생활을 하는 것이 얼마나 위험한가 하는 것을 깨달아야 한다. 우리에게 하나님의 율법 곧 기록된 말씀이 있다는 사실은 인간들 마음대로 신앙생활을 할 것이 아니라 하나님의 뜻에 따른 신앙생활을 해야 함을 말해 준다.

죄로 말미암아 타락한 본성을 지닌 인간으로서는 결코 하나님 앞에서 올바른 삶을 살지 못한다. 뿐만 아니라 진리에 대해 올바른 판단을 할 수 있는 능력이 없다. 그러므로 모든 성도들은 기록된 성경말씀이 교훈하는 바에 민감한 관심을 기울이며 하나님의 구체적인 뜻을 알아가야 한다.

우리는 열왕기하 21, 22장에 기록된 본문의 말씀을 통해, 구약시대 요시야 왕 이전의 여러 왕들과 숱한 백성들이 하나님의 율법책에 기록된 율례와 법도를 따르지 않고 인간적인 판단과 경험에 따라 종교생활을 했던 것을 본다. 율법을 벗어난 상태에서는 아무리 열성을 다한다 해도 그것은 하나님을 욕되게 하는 가증스런 행위에 지나지 않는다. 설령 의도와 취지가 그럴듯하다 해도 결코 그 범주에서 벗어날 수 없다.

우리는 하나님의 율법을 떠난 종교 행위가 이방인들보다 더욱 악한 우상숭배가 될 수 있음을 기억해야 한다(왕하 21:9, 참조). 따라서 오늘날 교회가 하나님을 섬김에 있어서도 계시된 말씀이 절대적인 기준이 된다. 특히 교회 공동체가 이에 대한 분명한 인식을 하는 것은 매우 중요하다. 그것이 이땅에서 교회의 교회다움을 유지하는 데 절대적인 기반이 되기 때문이다.

제16장
요시야 왕의 개혁

(왕하 23:1-30)

1. 하나님의 율법과 예루살렘 성전

요시야 왕은 하나님의 언약책을 발견한 후 유다와 예루살렘의 모든 장로들을 한자리로 불러모았다. 왕이 예루살렘 성전으로 올라갈 때 제사장들과 선지자들을 비롯한 모든 백성들이 그 자리에 함께했다. 요시야 왕은 성전에서 발견한 언약책을 그곳에 모인 무리 앞에서 읽고 저들에게 그것을 듣게 했다.

왕이 모든 백성들 앞에서 하나님의 언약책의 모든 말씀을 공적으로 읽었던 것은 그들로 하여금 하나님의 진정한 뜻을 알게 하기 위해서였다. 나아가 단순히 그것을 듣는 데 그칠 일이 아니라 온 백성이 그 말씀에 순종해야 한다는 사실을 알았다.

> "왕이 단 위에 서서 여호와 앞에서 언약을 세우되 마음을 다하고 뜻을 다하여 여호와께 순종하고 그의 계명과 법도와 율례를 지켜 이 책에 기록된 이 언약의 말씀을 이루게 하리라 하매 백성이 다 그 언약을 따르기로 하니라"(왕하 23:3)

기록된 하나님의 말씀을 들은 무리는 그 앞에 부복할 수밖에 없었다. 요시야는 율법책을 읽은 후 단 위에 올라서서 여호와 하나님 앞에 언약을 세웠다. 그러자 온 백성들은 그 언약을 따르기로 다짐했다.

우리가 여기서 주목해야 할 바는 그들이 율법의 내용을 귀로 들었을 뿐 아니라 구체적으로 수용하여 실천하려는 의지를 가지고 있었다는 사실이다. 이에 대해서는 오늘날 우리도 자신이 처한 시대적 형편을 철저히 되돌아볼 수 있어야 한다. 우리는 성경책을 눈으로 읽고 귀로 들어 종교적인 지식을 채우는 것을 목적으로 삼지 않는다. 하나님께서 기록된 계시를 통해 말씀하신 내용을 구체적으로 순종하여 지키지 않으면 그것은 아무런 의미가 없는 것이다.

2. 유다 땅을 청결케 함

(1) 예루살렘 성전 청결을 통한 하나님의 심판 선언

율법책에 기록된 내용을 실천하고자 다짐하며 하나님 앞에 언약을 세운 요시야 왕은 대제사장 힐기야를 비롯한 제사장들에게 명령을 내렸다. 그것은 여호와의 성전에 있는 바알과 아세라 상, 그리고 하늘의 일월성신을 위해 만든 모든 기물들을 즉시 제거하라는 것이었다. 그것들을 전부 바깥으로 끌어내어 기드론 밭에서 불사르게 했다.

그리고는 가증스런 물건들을 태운 재를 이스라엘 왕국의 관할 지역이었던 벧엘로 가져가게 했다(왕하 23:4). 요시야 왕이 예루살렘 성전을 더럽히던 우상에 연관된 더러운 물건들을 태운 재를 벧엘로 가져가 거기서 뿌리게 한 것은 매우 중요한 의미를 지닌다. 이는 벧엘은 원래부터 남 유다 왕국에 속한 지역이 아니라 북 왕국을 건립한 여로보암 왕이 이방신 사상을 도입한 종교적인 중심지였기 때문이다.

벧엘은 여로보암 왕이 북 왕국을 세운 이래로 혼합주의 종교의 본거지 역할을 했었다. 여로보암은 그곳에 금송아지 형상을 만들어 섬김으로써 백성들을 배도의 길에 빠뜨렸으며 그곳을 예루살렘 성전을 대신한 이방신의 더러운 성소로 만들었다. 그렇게 함으로써 북쪽 백성들로 하여금 남쪽에 있는 예루살렘 성전을 방문하지 못하도록 했다.

또한 요시야 왕 당시의 벧엘은 정치적으로 이방 왕국의 영향을 받고 있는 지역이었다. 그런 지역적 특색을 띠고 있는 곳에 예루살렘 성전을 더럽히던 가증한 물건들을 태운 재를 뿌리게 했던 것이다. 이는 단순한 정치적 행위가 아니라 그것을 통해 배도한 이스라엘 왕국에 대한 심판과 예루살렘 성전 청결을 선포하는 상징적인 의미를 지니고 있다.

이 사실은 또한 예루살렘 성전의 청결이 성전 내부뿐 아니라 외부에 잔존하는 가증한 물건들을 동시에 제거해야 함을 보여주고 있다. 이렇게 하여 유다 왕들이 더럽혔던 예루살렘 성과 유다 모든 성읍들을 청결케 했으며 혼합주의 사상을 부추기며 더러운 산당들에서 분향하며 백성들로 하여금 우상을 섬기게 했던 모든 제사장들을 폐했다. 동시에 요시야 왕은 바알신과 하늘의 해와 달과 별들을 숭배하던 이방신 추종자들은 제거했다. 개혁을 진행하는 과정에서 요시야는 아세라 상을 비롯한 이방 신상들을 부숴 기드론 시내로 가져가 불살랐으며, 그것들을 가루로 만들어 평민들의 묘지에 뿌렸다. 그렇게 함으로써 이스라엘 민족 가운데서 행해졌던 악행에 대해 철저히 응징하고자 했다. 그리고 거룩한 하나님의 성전 가운데 만들어 두었던 미동美童 곧 남창男娼의 집을 허물어 버렸다(왕하 23:7; 왕상 14:24; 15:12 참조).

거기에서는 그동안 종교적인 여인들이 이방의 아세라신을 위하여 휘장을 짜기도 했다. 그들은 거룩하게 보존되어야 할 하나님의 집을 이방신의 전당으로 만들어버렸던 것이다. 이처럼 유다 왕국의 악한 지도자들은 하나님의 언약과 율법을 버리고 상상을 초월하는 악행을 저지르면서도 저들의 소행을 깨닫지 못하고 있었다.

우리는 여기서 예루살렘 성전을 청결케 하는 요시야 왕의 개혁의지와 실천에 놀라는 것이 아니라 하나님의 율법 없이 제 맘대로 종교생활을 하던 백성들의 끔찍한 타락상에 놀라게 된다. 어떻게 하여 그렇게까지 될 수 있을까? 하나님의 율법을 구체적으로 살피지 않은 결과 저들은 온갖 혼합주의를 예루살렘 성전 안에까지 끌어 들여왔다. 오늘날 우리 시대 역시 교회에 속한 성도들이 기록된 율법책을 덮은 상태라면 결코 온전한 신앙생활을 할 수 없다는 사실을 절실히 깨닫는다.

(2) 유다 왕국 땅의 청결

이방 종교에 의해 더러워진 예루살렘 성전을 청결케 한 요시야 왕은 이제 유다 각 성읍에 흩어져 있던 제사장들을 한자리로 불러모았다. 그리고는 그들에게 유다 전 지역에 건립되어 있는 이방 산당들을 헐어버리도록 명령했다. 하나님의 율법을 알게 된 제사장들이 게바에서 브엘세바에 이르기까지 곳곳에 세워져 있던 더러운 산당들을 전부 헐어버렸다.

그리고 더 이상 이방인들의 종교적 행위를 따라하는 것을 금하도록 명령했다. 그동안 암암리에 자행되어 왔던 이방신 몰록Molech을 섬기기 위해 자녀를 불살라 바치는 가증스런 행위를 엄금했다(왕하 23:10).[41] 또

---

41) 배도에 빠져 타락한 이스라엘 백성들 가운데는 자기 자식을 인신제사로 드리는 예가 종종 있었다. 이에 대해서는 열왕기하 16:3; 17:17; 21:6 등에도 기록되어 있다. 그들이 그런 끔찍한 종교 행위를 했던 것은 이방인들의 종교 사상을 들여왔기 때문이다. 그런데 우리는 그렇게 한 사람들이 이스라엘 민족이라는 사실을 기억해야 한다. 어떻게 해서 그들이 그런 끔찍한 종교 행위를 수용하게 되었을까? 필자는 그들이 그렇게 한 것은 신앙에 대한 근본적인 오해와 잘못된 종교적 열성으로 인해 발생한 것으로 본다. 우리가 분명히 알 수 있는 것은 그들이 그렇게 함으로써 자기의 '신'에게 정성을 다하려는 자세를 가지고 있었다는 사실이다. 어쩌면 그들은 그런 악행을 저지르면서 조상 아브라함을 염두에 두었을지도 모른다. 아브라함은 하나님께서 독자 이삭을 바치라고 한 명령을 순종하는데 그것을 오해한 자들은 자기 자식을 신에게 바치는 것이 최상의 믿음으로 생각했을 것이다. 이에 대해서는 오늘날 우리 시대에도 그와 연관된 잘못된 신앙이 드러나는 경우가 있다. 그것은 자기 자식을 하나님을 위해 바치는 행위이다. 물론 인신제사를 지내는 것은 아니지만 어린 자식을 하나님 앞에 '목사'로 바쳐 서원하는 것은 그와 유사한 성질의 종교 행위로 이해할 수 있는 것이다.

한 태양신 사상에 빠져 그것을 섬기며 위태로운 혼합사상에 빠져 있던 자들의 종교 행위를 금지시켰다(왕하 23:11).

또한 요시야 왕은 과거 유다의 왕들이었던 아하스와 므낫세가 이방신을 숭배하기 위해 만든 제단들을 부수어 기드론 시내에 버리도록 했다. 당시 유다 왕국의 여러 지역에는 과거의 민족 지도자들이 세워두었던 이방신에 연관된 종교적 시설물들이 산재해 있었다. 그 가운데는 솔로몬 왕이 시돈 사람의 신인 아스다롯Ashtoreth과 모압 사람의 그모스Chemosh와 암몬 자손의 밀곰Milcom을 위해 세웠던 산당들(왕상 11:5)이 있었으며, 그 외에도 이방신을 모방해 세운 다양한 석상들과 목상들이 곳곳에 있었다.

당시 유다 지역에 살고 있던 백성들은 이방신에 연관된 그런 것들을 상당히 의미 있고 중요한 것으로 간주했다. 그때까지 스스로 하나님의 선민이라는 자부심을 가지고 있던 백성들은 과거의 왕들이 만든 우상들을 쳐다보며 분별력 없는 신앙생활을 하고 있었다. 왜냐하면 그런 사상을 도입하고 그것들을 만든 자들이 보통 사람이 아니라 왕을 비롯한 이스라엘 민족의 지도자들이었기 때문이다.

그래서 어리석은 자들은 그 가운데 하나님의 뜻이 들어있을 것이란 막연한 생각을 하며 우상숭배에 열중했던 것이다. 요시야 왕은 그런 모든 것들을 깨뜨려 파괴했으며, 그것이 있던 자리에 죽은 사람들의 해골로 가득 채웠다(왕하 23:14). 그것은 이방신들을 공개적으로 모독하는 행위였다. 요시야는 그렇게 함으로써 그것이 얼마나 잘못된 것인지 백성들에게 명백히 보여주었던 것이다.

요시야가 행한 개혁의 과정들을 살펴보며 오늘날 우리도 정신을 바짝 차려 자신을 되돌아 보아야만 한다. 소위 과거의 유명한 기독교 인사들이 세워놓은 잘못된 전통 위에 우리가 서 있을 가능성은 항상 존재하기 때문이다. 아무리 뛰어난 사람이 만들어 놓은 종교적인 전통이라 할지라도 기록된 말씀과 성령 하나님의 도우심에 따라 시대적 사조에 처한 신앙을 확인하는 것은 매우 중요하다.

4. 북 이스라엘 왕국 지역을 청결케 함

요시야 왕은 유다 지역뿐 아니라 과거 북 이스라엘 왕국이 통치하던 영역까지 철저한 개혁을 시도했다. 그는 여로보암 왕이 벧엘에 세운 제단과 산당을 헐고 산당을 불살라 빻아 가루를 만들어 뿌렸으며 아세라 목상을 불살랐다. 그리고는 무덤에 있는 해골들을 가져와 그 제단 위에 불사름으로써 이방신들의 제단을 더럽게 했다.

그가 그렇게 했던 것은 단순한 개인적인 판단 때문이 아니라 하나님의 경륜에 따라 일어난 일이었다. 즉 나라가 심각한 위기에 처한 어려운 시대에 갑자기 한 탁월한 영웅이 등장해 그 놀라운 사역을 이룬 것이라 볼 수 없는 것이다. 물론 우리는 요시야 왕을 이스라엘 민족 가운데 가장 훌륭했던 인물 가운데 한 사람으로 본다. 그러나 그를 막연한 영웅으로 대우하려 해서는 안 된다.

이는 요시야 왕이 하나님의 뜻과 인도하심 가운데 주어진 자신의 사명을 잘 감당한 인물이었음을 우리가 알고 있기 때문이다. 하나님께서는 오래 전에 벌써 한 선지자를 통해 그에 대한 예언을 하셨다. 사실 그 예언은 북 이스라엘 왕국이 건립되던 여로보암 시대에 이미 '요시야'의 이름과 함께 구체적으로 예언되었다.

> "하나님의 사람이 단을 향하여 여호와의 말씀으로 외쳐 가로되 단아 단아 여호와께서 말씀하시기를 다윗의 집에 요시야라 이름하는 아들을 낳으리니 저가 네 위에 분향하는 산당 제사장을 네 위에 제사할 것이요 또 사람의 뼈를 네 위에 사르리라 하셨느니라 하고"(왕상 13:2)

하나님께서는 배도에 빠진 여로보암 왕의 악행을 보며 이스라엘 왕국과 그의 자손들이 겪게 될 사실을 예언하셨다. 미래에 다윗 왕의 혈통 가운데 요시야 왕이 나타나 사마리아 각 성읍에 있는 산당들을 파괴할 것이며, 죽은 사람들의 해골로써 그곳을 더럽히고 산당 제사장들을 제단 위에서 죽이게 되리라는 것이었다.

이는 사실 이스라엘 백성을 배도의 길로 이끈 여로보암 왕과 북 이스라엘 왕국에 대한 심판선언이었다. 다윗 왕가를 배신하고 따로 나라를 세우게 된 여로보암과 그의 왕국의 배도 행위를, 다윗 왕가의 혈통을 지닌 요시야 왕이 등장해 심판하리라는 것을 말하고 있기 때문이다. 이제 역사가 흘러 하나님의 예언이 구체적으로 성취되고 있었다.

"또한 이스라엘에게 범죄하게 한 느밧의 아들 여로보암이 벧엘에 세운 제단과 산당을 왕이 헐고 또 그 산당을 불사르고 빻아서 가루를 만들며 또 아세라 목상을 불살랐더라 요시야가 몸을 돌이켜 산에 있는 무덤들을 보고 보내어 그 무덤에서 해골을 가져다가 제단 위에서 불살라 그 제단을 더럽게 하니라 이 일을 하나님의 사람이 전하였더니 그 전한 여호와의 말씀대로 되었더라"(왕하 23:15,16)

요시야는 여로보암 왕의 배도한 모든 행적들을 철저히 파괴하고 우상들을 불살랐다. 그리고 죽은 자들의 해골을 여로보암이 만든 제단 위에 불사름으로써 하나님의 심판을 선포했다. 그러나 자신에 연관된 하나님의 말씀을 예언했던 옛 선지자의 묘비석을 보고 그의 무덤은 건들지 않았다(왕하 23:17,18). 이는 하나님의 심판이 악한 배도자들 위에 임했음을 알려주는 의미를 지니고 있다.

요시야 왕은 율법책에 기록된 대로 더러운 산당들을 제거하고 하나님을 격노케 한 모든 가증한 것들을 완전히 허물었다. 또한 혼합주의 종교사상을 끌어들여와 진리를 혼탁하게 했던 거짓 제사장들을 그들이 섬기던 제단 위에서 죽였다. 그리고는 그들의 해골을 제단 위에 불살랐다.

이렇듯이 요시야 왕의 개혁은 단호하고 철저했다.

요시야는 그 모든 일들을 행한 후 예루살렘으로 돌아왔으며 유다 왕국의 많은 백성들은 하나님께서 행하시는 그 무서운 일들을 눈으로 목격했다. 이스라엘의 남은 백성들은 그에 대한 놀라운 소식을 듣고 하나님 앞에서 겸손해지지 않을 수 없었다. 저들은 그것을 통해 잘못된 자신의 모습을 되돌아볼 수 있게 되었다.

5. 유월절을 지킴

요시야 왕은 약속의 땅을 모두 청결케 한 후 예루살렘에서 유월절을 지켰다. 그 전에도 유월절을 형식적으로 지켜왔겠지만 진정한 유월절의 의미가 이스라엘 민족 가운데 온전히 드러나지는 않았다. 설령 제사장들을 비롯한 소수의 사람들이 유월절의 참된 의미를 알고 절기를 지켰다할지라도 대수의 백성들은 그것을 알지 못했다.

요시야 왕이 율법책을 발견하여 이스라엘 전체를 개혁함으로써 곧바로 적용한 것은 절기를 지키는 것이었으며 그에 있어서도 근본적인 변화가 일어났다. 이스라엘 민족 가운데 비로소 유월절의 진정한 의미가 회복되어 지켜지게 되었다(대하 35:1-19). 요시야가 백성들에게 온전한 유월절을 준수하도록 명령했던 것이다.

> "이 언약책에 기록된 대로 너희의 하나님 여호와를 위하여 유월절을 지키라"(왕하 23:21)

왕의 이 명령 가운데는 많은 의미가 동시에 내포되어 있다. 언약책에 기록된 대로 유월절을 지키도록 함으로써 일반적인 이성과 경험에 따라 자의적으로 절기를 지키는 것을 금지했다. 하나님의 구체적인 율법이 없는 상태에서는 타락한 인간들의 판단에 따른 것들이 첨가될 수밖에 없다. 아무리 정성을 드리고 값비싼 제물을 바친다할지라도 하나님의 율법에서 벗어난 행위라면 그것은 온전한 절기가 될 수 없다. 나아가 그것은 하나님을 영화롭게 하는 것이 아니라 도리어 그를 욕되게 할 따름이다.

그리고 요시야 왕은 '너희의 하나님 여호와를 위하여' 유월절을 지키라고 명했다. 이는 이스라엘 민족의 정체성을 보여준다. 이스라엘 민족은 하나님께서 자신을 위해 특별히 조성하셨다. 따라서 그들이 유월절을 지키는 것도 자기가 아니라 여호와 하나님을 위한 것이어야 했다. 그 사실을 잘 알고 있는 요시야 왕은 온 백성들로 하여금 하나님을 위하여 유월절 절기에 참여하도록 요구했다.

6. 전국에 하나님의 율법을 적용함

요시야 왕은 하나님의 율법을 이스라엘 전역에 적용했다. 그것은 눈에 보이는 가시적인 부분뿐 아니라 보이지 않는 영역에까지 적용되었다. 예루살렘에서 하나님을 욕되게 하는 신접한 자들과 점쟁이들을 제거했으며 그들 주변에 있는 모든 가증한 우상들을 철저히 파괴했다.

이스라엘 민족 가운데 있는 모든 더러운 것들을 모세의 율법에 따라 힘을 다해 척결했던 왕은 요시야 밖에 없었다. 하나님을 욕되게 하는 것들을 제거하는 행위는 지극히 당연한 일이었음에도 불구하고 이스라엘 백성들에게는 상당한 충격이 될 수밖에 없었다. 나아가 그에 대한 상당한 반감과 저항이 없지 않았을 것이란 사실은 쉽게 짐작할 수 있다. 요시야는 그 모든 어려움들을 극복하고 하나님께서 원하시는 대로 율법을 좇아 개혁을 단행했다.

그러나 하나님께서는 유다 왕국을 심판하시기로 작정한 자신의 진노를 거두어들이지는 않으셨다. 이는 앞서 므낫세 왕의 거침없는 악행(왕하 21장)이 그를 매우 격노케 했기 때문이다. 그러므로 하나님께서는 유다와 예루살렘 성과 거룩한 성전을 버리기로 작정하셨던 것이다(왕하 23:27).

하지만 하나님께서 예루살렘 성전을 버리시기로 작정하신 것이 자기 백성들을 위한 그의 궁극적인 뜻을 포기하신 것은 아니었다. 그것은 도리어 배도한 집단으로 인해 오염된 것을 파괴하고 새로운 성전을 세우시고자 한 것이었다. 따라서 우리는 하나님의 그러한 작정과 실행이 자기 자녀들에게는 도리어 놀라운 은혜의 방편이 된다는 사실을 깨달아야 한다.

7. 요시야 왕의 죽음

요시야 왕은 이스라엘 민족 가운데서 하나님을 모독하는 모든 악을 철저히 제거하고 개혁을 단행한 왕이었지만 불행한 죽음을 맞게 된다. 당시는 신흥 강국들이었던 바벨론과 앗수르, 그리고 애굽 사이에 저마다 국력을 앞세운 심한 외교적인 갈등과 빈번한 군사적인 충돌이 있었다.

애굽의 입장에서는 바벨론의 확장을 저지하고 앗수르를 굴복시켜야 할 필요가 있었다. 그러나 바벨론의 입장에서는 애굽을 능가하는 힘을 가져야만 했으며, 앗수르 역시 자구책을 강구하지 않으면 안 되었다. 막강한 세력을 가지고 있던 열강들 사이에 국력이 기울어져가는 유다 왕국이 끼어 있었다.

그러한 와중에 BC 609년 애굽의 바로 왕 느고Neco는 유프라테스 강을 끼고 있는 갈그미스Carchemish로 공격하고자 했다(대하 35:20). 그렇게 하기 위해서는 길목에 위치한 유다 지역을 지나갈 수밖에 없었다. 그러나 요시야 왕은 유다의 영역에 들어온 애굽 군대의 통행을 허락지 않고 저지하려 했다.

장애물을 만나게 된 애굽의 느고 왕은 애굽이 유다 왕국을 공격하려는 것이 아님을 요시야에게 말하면서 길을 비켜줄 것을 요구했다. 그러나 요시야는 그의 말을 듣지 않고 변장한 채 애굽 군대에 맞서 싸웠다(대하 35:22). 결국 그때 일어난 전투로 인해 요시야 왕은 므깃도Megiddo에서 적군의 화살을 맞고 심각한 상처를 입게 되었다. 그의 신하들은 중상을 입은 왕을 급히 예루살렘으로 후송하려 했으나 결국 죽고 말았다.

그가 죽자 유다와 예루살렘에 있는 많은 백성들이 매우 슬퍼했다. 그들은 하나님의 율법을 근거로 힘든 개혁을 단행한 요시야 왕을 진심으로 따랐기 때문이다. 선지자 예레미야는 그를 위해 애가를 지었으며 백성들은 그것을 노래했다(대하 35:25).

이때 지은 예레미야의 애가가 지금 구약성경에 기록된 애가를 지칭하는지에 대해서는 정확하게 알 수 없다. 하지만 분명한 사실은 요시야 왕의 죽음이 이스라엘 민족에게 있어서 크게 슬픈 일이었으며 그것을 위해 예레미야 선지자가 애가를 지어 불렀다는 점이다. 그가 죽은 후에는 왕자 여호아하스가 유다 왕국의 왕위를 계승하게 되었다.

8. 요시야의 개혁을 통한 교훈

우리는 예루살렘 성전에서 발견된 하나님의 언약책을 근거로 한 요시야의 개혁을 통해 구속사적인 의미와 더불어 많은 교훈을 얻게 된다. 하지만 요시야 왕의 인간적인 개혁의지에만 관심을 기울여서는 안 된다. 도리어 기록된 율법책에 온전히 순종하는 그를 통해 하나님의 경륜에 따른 참된 개혁이 이루어졌음을 볼 수 있어야 한다.

또한 우리는 여기서 예루살렘 성전을 비롯한 이스라엘 전역을 청결케 하는 요시야 왕의 개혁의지와 실천에 놀라는 것이 아니라 하나님의 율법 없이 제 맘대로 종교생활을 하던 백성들의 상상을 초월하는 끔찍한 타락상에 놀라게 된다. 하나님의 말씀이 없는 종교가 얼마나 위험한 것인가 하는 점을 깨닫지 않을 수 없다. 물론 여기서 말하는 종교란 불신자들의 이방 종교가 아니라, 여호와 하나님과 아담, 노아, 아브라함, 모세, 다윗의 이름을 떠올리면서 실상은 하나님의 율법을 떠난 배도에 빠진 유대인들의 혼합주의 종교생활을 의미하고 있다.

오늘날 우리 시대는 하나님 보시기에 과연 어떨까? 우리가 아무리 열심히 그리고 정성껏 신앙생활을 한다고 할지라도 하나님의 말씀을 떠난 종교생활이라면 아무런 의미가 없다. 그것은 하나님을 기쁘게 하는 것이 아니라 도리어 하나님을 욕되게 하는 것일 수 있다.

우리는 요시야 왕이 개혁을 단행하던 당시의 허망한 실상을 기억하지 않을 수 없다. 많은 백성들은 예루살렘 성전에 가증스런 물건들을 갖다 놓고 우상숭배를 했으며, 예루살렘 성 안에는 온갖 더러운 것들로 가득 차 있었다. 유대와 이스라엘 전역에는 하나님을 욕되게 하는 종교 시설들로 넘쳐났다.

그러면서도 어리석은 보통 백성들은 그렇게 하는 것이 마치 이스라엘 민족의 종교적인 삶의 양식인 양 믿었다. 당시에도 일반적인 차원에서 머리가 비상하고 나름대로 정의를 외치던 사람들이 많이 있었을 것이 틀림없다. 하지만 하나님의 율법에 근거하지 않은 상태에서 누적되는 인간들의 모든 종교적인 노력은 결국 하나님을 떠나게 만들었다. 그런 타락한 형편 가운데서 자기 꾀에 속아 스스로 악행을 지속했던 이스라엘 백성들을 우리의 반면교사反面教師로 삼지 않을 수 없다.

우리 시대 기독교는 혹 그때처럼 하나님의 말씀을 한쪽 구석으로 내몰고 있지는 않은가? 요시야 왕 이전 시대 이스라엘 백성들이 성전 밑바닥 한쪽 구석에 하나님의 율법책을 묻어두고 그 위에 가증스런 이방 신 사상을 동원한 채 화려한 종교생활을 했듯이 말이다. 오늘날 우리 시대도 그 당시와 크게 다르지 않을 수 있다.

　우리가 분명히 명심해야 할 바는 율법을 떠난 신앙생활이 얼마나 부질없고 두려운 결과를 가져오게 되는가 하는 점이다. 이에 대해서는 구약시대이건 신약시대이건 마찬가지다. 오늘날 우리도 기록된 하나님의 말씀을 항상 면밀히 살펴 묵상하며 하나님의 뜻에 따라 신앙생활을 하지 않으면 안 된다. 그것만이 지상에 있는 교회로 하여금 참 교회답게 할 수 있는 유일한 방편이 될 수 있을 것이기 때문이다.

제17장
유다 왕국의 패망을 향한 달음박질

(왕하 23:31-24:17)

1. 애굽과 유다의 여호아하스 왕 및 여호야김 왕

요시야 왕이 죽고 난 후 그의 아들 여호아하스가 유다 왕국의 왕위에 올랐다. 그는 20대 초반에 왕이 되었지만 훌륭한 자신의 아버지 요시야 왕을 본받지 않고 다른 여러 왕들이 행했던 악한 길을 따랐다. 그가 여호와 하나님 보시기에 악행을 저질렀던 것은 그의 모친의 영향 때문이었던 것으로 보인다.

그가 왕위에 오른 지 불과 석 달이 되지 않아 애굽의 강력한 내정 간섭이 이루어졌다. 결국 애굽의 바로 느고Neco는 여호아하스 왕을 왕위에서 끌어내려 하맛 땅에 있는 립나(리블라: Riblah)에 가두었다. 그렇게 함으로써 그로 하여금 왕의 직무를 감당할 수 없도록 했다. 아마도 그가 외교적으로 애굽의 요구에 순순히 따르지 않았던 것 같다.

그로 인해 애굽은 유다 왕국에 은 일백 달란트와 금 한 달란트를 지불하라는 강압적인 요구를 했다. 그것은 부당한 것이었지만 저들의 요구를 거부할 수 없었다. 유다 왕국으로 보아서는 국가의 존립이 위태로운 지경에 놓이게 되었다. 하지만 이미 멸망을 앞둔 저들이 할 수 있는 일은 아무 것도 없었다.

급기야 애굽의 바로 느고는 유다의 여호아하스 왕을 폐위시키고 저들의 구미口味에 맞는 요시야 왕의 다른 왕자이자 여호아하스의 형제인 엘리야김을 왕위에 앉혔다. 그것은 외세에 의한 굴욕적인 일이었지만 어쩔 수 없는 일이었다. 애굽은 엘리야김의 이름을 여호야김으로 바꾸어 왕위를 이어가도록 했다. 이는 그가 애굽의 꼭두각시 왕임을 만천하에 선포하는 의미를 지니고 있었다.

그리고 그들은 폐위된 여호아하스를 립나에서 애굽으로 포로로 잡아갔다. 하지만 그는 거기서 오래 생존하지 못하고 죽고 말았다. 그런 형편을 본 여호야김 왕은 애굽의 강력한 위세에 눌리지 않을 수 없었다. 따라서 여호야김은 바로 느고의 명령에 따라 거액의 은과 금을 바쳤다. 그는 그 돈을 마련하기 위해 유다 모든 백성들에게 특별세를 부과하고 은금을 징수했다.

이십대 중반에 왕위에 올라 예루살렘에서 십일 년간을 통치했던 여호야김은 하나님을 두려워한 것이 아니라 이방 세력의 눈치를 보며 조상들이 행한 대로 여호와 하나님 보시기에 심한 악을 행했다. 하나님께서 그에 대한 경고를 해도 듣지 않자 여호야김 사 년(렘 25:1)에 선지자 예레미야를 통해 최종적인 멸망을 예언하셨다.

> "그러므로 나 만군의 여호와가 이같이 말하노라 너희가 내 말을 듣지 아니하였은즉 보라 내가 보내어 북방 모든 족속과 내 종 바벨론 왕 느부갓네살을 불러다가 이 땅과 그 거민과 사방 모든 나라를 쳐서 진멸하여 그들로 놀램과 치소거리가 되게 하며 땅으로 영영한 황무지가 되게 할 것이라 내가 그들 중에서 기뻐하는 소리와 즐거워하는 소리와 신랑의 소리와 신부의 소리와 맷돌소리와 등불 빛이 끊쳐지게 하리니 이 온 땅이 황폐하여 놀램이 될 것이며 이 나라들은 칠십 년 동안 바벨론 왕을 섬기리라"(렘 25:8-11)

우리는 여기서 하나님의 심판과 더불어 그의 놀라운 사랑을 보게 된다. 하나님께서는 배도한 유다 왕국과 예루살렘을 바벨론의 느부갓네살 왕을 통해 심판하겠다고 말씀하셨다. 그것으로 인해 이스라엘 땅은 황폐하게 될 것이며 백성들은 놀라 괴로움에 빠지게 된다. 그것은 하나님의 말씀을 듣지 않고 배도한 결과이다.

그러나 하나님께서는 이스라엘 민족을 통한 궁극적인 구원 계획을 완성하시기 위해 특별한 은혜를 베푸시겠다는 약속을 잊지 않았다. 그것은 선택받은 하나님의 자녀들을 위한 것이었다. 따라서 바벨론에 포로로 사로잡혀간 다음, 칠십 년 후에는 하나님의 경륜 가운데 다시금 본토로 돌아오게 되는 것이다.

2. 바벨론의 공격

하나님을 떠나 배도에 빠진 유다 왕국은 결국 패망의 길을 재촉했다. 그것은 하나님의 간섭으로 인한 것이었다. 당시 바벨론은 주변 왕국들 가운데 신흥 강국으로 떠올랐다. 바벨론 왕국은 BC 605년 여호야김 왕이 통치하던 시기에 유다 왕국을 공격해 왔다. 그 전에 바벨론은 유다 왕국과 화친하는 듯했으나(왕하 20:12) 드디어 그 본색을 드러내게 된 것이다.

그때 유다 왕국을 사이에 두고 남쪽에서는 애굽 왕국이 위협을 가했으며 북쪽에서는 바벨론 왕국이 강하게 위협하고 있었다. 유다 왕국은 양대 강국 사이에 끼여 외교적으로 처신하기가 여간 어렵지 않았다. 느부갓네살이 예루살렘을 공격해오자 여호야김 왕은 그에 굴복하지 않을 수 없었다. 그리하여 바벨론을 섬기기 시작했다.

그동안 애굽에게 조공을 바쳐오던 유다 왕국이 바벨론을 섬기게 됨으로써 애굽에 대해서는 배신자가 되었다. 물론 그것은 불가피한 상황이었지만 유력한 많은 백성이 바벨론으로 사로잡혀 갔다. 그 가운데는 다니엘과 같은 사람들도 끼어 있었다. 그렇게 하여 유다 지역에는 불안한 정국이 계속 이어졌다. 그러나 여호야김은 삼 년간 바벨론을 섬기다가 바벨론으로부터 등을 돌렸다. 유다 왕국은 극도로 약화된 상황에서 애굽뿐 아니라 바벨론마저 배반했던 것이다.

이는 사실 화를 자초自招하는 매우 위험한 행위였다. 결국 갈대아, 아람, 모압, 암몬 군대가 유다를 공격해왔다. 이에 대해서는 하나님께서 이미 예언하신 바였다. 그전에 하나님께서 선지자의 입을 통해 그것을 예언하셨던 것이다(왕하 20:17). 하나님께서는 므낫세 왕의 악행으로 인해 예루살렘에도 북 이스라엘 왕국의 사마리아에서처럼 엄한 징계를 내리기로 분명히 말씀하셨다(왕하 21:13).

여호야김 시대에는 바벨론이 점차 주변의 패권을 거의 장악해가고 있었다. 당시 바벨론은 애굽의 하수河水로부터 유프라테스 강에 이르는 광활한 지역을 점령했다. 그러므로 바벨론이 유다 왕국을 장악하고 있었을지라도 애굽이 실력을 행사할 수 없었다. 그런 형편에 여호야김이 바벨론에 반기를 들었으니 곤경을 당하지 않을 수 없었던 것이다.

3. 예루살렘성이 바벨론에 의해 포위됨 : 유다 왕국의 항복

여호야김 왕이 죽은 후에는 그의 아들 여호야긴이 십팔 세의 나이에 유다 왕국의 왕위에 올랐다. 그는 자기 아버지의 행위를 따라 여호와 하나님 보시기에 악을 행했다. 여호야긴이 바벨론을 배반한 후 유다 왕국이 고분고분하지 않을 때인 BC 597년 느부갓네살의 군대가 예루살렘으로 올라와 성을 포위했다. 나중에는 느부갓네살이 친히 그곳으로 올라왔다.

기울어져 가는 쇠약한 나라인 유다 왕국의 수도였던 예루살렘이 막강한 신흥강국인 바벨론에 의해 포위되었다는 사실은 예삿일이 아니다. 사실 유다 왕국으로서는 그에 저항할 만한 아무런 힘이 없었다. 결국 유다 왕국은 더 이상 버티지 못하고 나라의 모든 것을 이방 왕국에 맡길 수밖에 없는 처지에 놓이게 되었다.

극도의 위기 상황에 처한 여호야긴 왕은 느부갓네살 왕에게 항복했다. 자기 모친과 신하들을 비롯한 주요 인사들이 바벨론 왕 앞으로 나아가서 굴복했던 것이다. 그때가 바벨론 왕이 즉위한 지 팔 년째 되던 해였다.

4. 성전과 왕궁의 보물들

유다 왕국의 항복을 받아내고 예루살렘 성을 정복한 바벨론의 느부갓네살 왕은 여호와의 성전에 있는 모든 보물들과 왕궁의 귀중품들을 전부 밖으로 끄집어냈다. 그리고 옛날 솔로몬이 만든 성전의 금 그릇들을 파괴했다. 승리자의 엄하고 두려운 모습을 패배자들에게 분명히 보여주었던 것이다.

느부갓네살이 성전과 왕궁에서 꺼내 태운 모든 기물들은 그 전에 히스기야 왕이 바벨론의 사신들에게 자랑스럽게 보여주었던 보물들이었다. 오래 전 바벨론의 사신들이 예루살렘을 방문했을 때 히스기야 왕은 유다 왕국과 예루살렘에 있는 보물창고와 내탕고의 모든 것들을 다 보여주었다(왕하 20:13).

그것은 결코 행하지 말아야 할 위험하기 그지없는 행동이었다. 자국의 모든 기밀들을 이방 왕국에 그대로 공개한다는 것은 절대 있을 수 없는 일이다. 그러나 히스기야 왕은 그렇게 하고 말았다. 따라서 하나님께서는 그런 경거망동한 행동을 한 왕을 강하게 책망하셨다. 그리하여 선지자 이사야를 통해 그것으로 인해 유다 왕국이 멸망하게 되리라는 사실을 예언하셨다.

"이사야가 히스기야에게 이르되 왕은 만군의 여호와의 말씀을 들으

소서 보라 날이 이르리니 네 집에 있는 모든 소유와 네 열조가 오늘까지
쌓아둔 것이 모두 바벨론으로 옮긴바 되고 남을 것이 없으리라 여호와
의 말이니라"(사 39:5,6)

세월이 흘러 때가 이르게 되자 하나님께서 예언하셨던 내용이 실제로
이루어졌다. 하나님의 언약을 버리고 배도에 빠진 유다 왕국은 더 이상
지속될 수 없었다. 이스라엘 백성들이 부정한 이방인이라고 멸시하던
그 왕국에 의해 패망하게 된 것이다.

예루살렘 성이 정복당함으로서 모든 귀중한 보물과 기물들을 빼앗기
고 파괴당한 것은 하나님의 심판과 연관되는 것이었다. 그러므로 이스
라엘 백성들은 막연히 슬퍼하고 있을 것이 아니라 여호와 하나님을 두
려워하며 경외할 줄 알아야 했다. 그에 대해서는 하나님께서 이미 선지
자들을 통해 경고하신 바였기 때문이다. 그러나 악한 인간들은 하나님
의 뜻이 아니라 제 살 궁리를 하기에 급급했을 따름이다.

5. 유다 백성들이 바벨론의 포로로 잡혀감

바벨론 왕국은 유다 백성들을 포로로 사로잡아갔다. 그때 여호야긴
왕과 왕후, 그리고 왕의 모친과 형제들을 비롯한 힘있고 유력한 모든 자
들을 다 잡아갔다. 또한 영향력이 있는 지도자들과 군인들, 기술자들이
포로가 되어 이방 지역으로 끌려갔다. 그 가운데는 에스겔도 포함되어
있었다. 바벨론은 모든 유능한 자들을 포로로 잡아갔으며, 저들에게 아
부하는 자들과 별 보잘것없이 가난하고 비천한 자들만 남겨 두었다.

그리고는 여호야긴 왕의 숙부이자 여호야김 왕의 형제인 맛다니야
Mattaniah를 왕으로 세우고 그의 이름을 시드기야Zedekiah라 고쳐 불렀
다. 시드기야 왕은 유다 왕국을 정복한 이방 세력이 정책적으로 세운 꼭
두각시 왕이었다. 따라서 시드기야는 실제적인 권력이 없는 왕에 지나

지 않았다.

나아가 그가 통치하는 유다의 백성들은 무능한 자들과 비천한 자들이 주를 이루었다. 즉 유능한 백성들이 전부 이방 왕국의 포로로 잡혀가고 무능한 남은 백성들 위에 군림한 왕이 된 것이다. 나아가 왕을 보좌하는 참모들과 군인들 가운데 하나님을 경외하는 신실한 자들이 없었다. 나라 안에 참으로 재능 있고 유능한 지도자들이 남아있지 않은 상태였다.

그런 식으로 세력이 완전히 제거된 왕국의 통치자가 된다는 것은 불행한 일이다. 유다 왕국과 예루살렘이 패망하게 되었을 때 하나님께서는 예레미야를 통해 특별한 예언을 주셨다. 느부갓네살 왕이 유다 왕국의 유능한 자들을 포로로 잡아간 후 하나님의 계시가 그에게 주어졌던 것이다.

예레미야는 주요 인사들이 바벨론으로 잡혀간 후 하나님께서 보여주시는 환상을 보게 되었다. 그는 환상 중에 예루살렘 성전 앞에 무화과 열매가 담겨있는 두 광주리를 보았다. 두 개의 광주리 안에는 전혀 다른 품질의 무화과 열매들이 담겨 있었다. 한 광주리에는 잘 익은 좋은 무화과 열매가 담겨 있었지만 다른 한 광주리에는 먹을 수 없는 좋지 않은 무화과 열매가 담겨 있었다. 예레미야는 그 광경을 보면서도 그것이 무엇을 의미하는지 뜻을 알 수 없었다.

> "바벨론 왕 느부갓네살이 유다 왕 여호야김의 아들 여고냐와 유다 방백들과 목공들과 철공들을 예루살렘에서 바벨론으로 옮긴 후에 여호와께서 여호와의 전 앞에 놓인 무화과 두 광주리로 내게 보이셨는데 한 광주리에는 처음 익은 듯한 극히 좋은 무화과가 있고 한 광주리에는 악하여 먹을 수 없는 극히 악한 무화과가 있더라 여호와께서 내게 이르시되 예레미야야 네가 무엇을 보느냐 내가 대답하되 무화과이온데 그 좋은 무화과는 극히 좋고 그 악한 것은 극히 악하여 먹을 수 없게 악하니이다"(렘 24:1-3)

하나님께서는 예레미야에게 환상을 보여주시면서 미래에 일어나게 될 이스라엘 민족의 형편을 알려주시고자 했다. 선지자가 그 의미를 이해하지 못하고 있을 때 하나님께서 직접 그에 대한 설명을 해 주셨다. 이는 이스라엘 민족의 운명이 걸린 매우 중요한 문제였다.

바벨론 지역인 갈대아 땅으로 사로잡혀간 이스라엘 백성들을 좋은 무화과 열매처럼 다시금 회복해 주시겠다는 것이었다(렘 24:5). 하나님께서 그들에게 은혜를 베풀어 본토로 돌아오게 한다는 것이다. 그들은 예루살렘으로 돌아와 다시 뿌리를 내리게 되며 그로 인해 여호와 하나님과 그의 백성으로서 관계가 회복된다는 것이었다.

그러나 시드기야 왕과 유다 본토에 남은 지도자들을 비롯한 예루살렘과 애굽 땅에 거하는 이스라엘 백성들에 대해서는 먹을 수 없는 나쁜 무화과 열매같이 하나님께서 버리신다고 말씀하셨다(렘 24:8). 그들은 세상의 여러 지역으로 흩어져 심한 환난을 당하게 될 것이며 치욕과 조롱을 당할 것이다. 뿐만 아니라 그들은 하나님으로부터 저주를 받게 되리라고 하셨다. 하나님께서 그들 가운데 전쟁과 기근과 염병이 발생하게 함으로써 약속의 땅 가나안에서 뿌리가 뽑혀지게 되리라고 말씀하셨던 것이다.

이는 과연 무엇을 의미하고 있는가? 이 말 가운데는 바벨론의 포로로 사로잡혀간 자들은 이방 세력에 저항하는 세력이라는 사실이 시사되고 있다. 그러나 예루살렘과 유다 땅에 남아 있는 자들 가운데는 바벨론에 아부하는 자들이 많았던 것 같다. 또한 애굽에 머물고 있던 자들도 자기 몸을 도사림으로써 생명을 보존한 자들이었다. 즉 바벨론으로 잡혀가지 않은 자들 중에 다수는 더러운 세력에 아부하거나 타협함으로써 저들의 생명을 지켰다.

하지만 바벨론으로 사로잡혀간 자들은 온갖 고난과 수모를 다 겪어야만 했다. 그런 가운데서 많은 사람들은 하나님께 배도한 저들의 모습을 되돌아 볼 수 있었을 것이다. 그들이 조상들의 배도한 악한 행위를 기억하며 하나님을 경외하는 마음을 가지게 될 때 하나님께서 저들을 본토로 불러와 다시금 뿌리를 내리게 하시겠다고 말씀하셨다. 물론 그 모든 것은 하나님의 놀라운 은혜로 말미암는 것이다.

그토록 암울한 시대에 주어진 선지자의 예언은 하나님을 경외하는 자들에게는 소망이 되었다. 따라서 예레미야를 통해 주어진 그 계시의 말씀은 바벨론의 포로로 잡혀간 이스라엘 민족이 기억하고 있어야만 했다. 인간들은 하나님을 배신하고 제멋대로 행했지만 하나님께서는 자기 자녀들의 영원한 구원을 이루시기 위해 역사하셨다. 우리는 그것이 자기 자녀들에게 허락된 하나님의 놀라운 은혜라는 사실을 기억해야만 한다.

제18장
유다 왕국의 패망과 예루살렘 성전의 파괴

(왕하 24:18-25:30)

1. 예루살렘성의 멸망과 시드기야 왕의 비참한 말로

패망의 길목에 들어선 유다 왕국의 시드기야는 이십 대 초반에 바벨론 제국의 정복 정책에 따른 부끄러운 왕으로 세워졌다. 이는 그가 유다 왕국을 위한 왕이 아니라 바벨론을 위한 왕이 되었음을 의미한다. 그는 형식상 예루살렘에서 십일 년간 통치하면서 앞 시대 여호야김의 배도 행위를 본받아 하나님 보시기에 악한 행동을 계속했다. 선지자 예레미야가 악행에 빠진 그에게 여호와 하나님의 경고 메시지를 전했으나 그의 말을 듣지 않았으며, 겸비한 자세를 취하지 않았다(대하 36:12).

시드기야 왕은 통치기간 중 바벨론을 끝까지 섬기지 않고 중도에 느부갓네살 왕을 배반하게 되었다. 바벨론 제국은 유다 왕국의 시드기야가 배반하는 것을 보고 그냥 가만히 앉아있을리 없었다. 느부갓네살은 시드기야 왕의 즉위 9년에 대군을 이끌고 들어와 예루살렘 주변에 토성을 쌓고 성을 3년간 완전히 포위했다. 그렇게 되자 예루살렘 성 안에 있던 백성들은 고립되었으며 식량이 떨어져 심한 기근에 시달릴 수밖에 없었다.

결국 BC 586년, 예루살렘 성은 그들에 의해 파괴되었고 시드기야 왕을 비롯한 이스라엘 민족의 병사들은 밤중에 성벽 사이에 난 곁문을 통해 도망쳤다. 그것을 본 바벨론 군대는 도망치는 유다 왕국의 병사들의 뒤를 추격해 여리고 평지에 이르렀다. 바벨론 병사들이 시드기야 왕을 체포하자 유다의 병사들은 사방으로 흩어져 도망하기에 바빴다.

바벨론 군대는 사로잡은 시드기야를 하맛Hamath 42) 립나에 머물고 있던 느부갓네살 왕 앞으로 끌고 갔다. 바벨론 관리들은 그를 한 나라의 왕으로 예우한 것이 아니라 죄인으로 몰아 철저히 심문했다. 그 결과 시드기야 왕은 바벨론을 배반한 중죄인으로 정죄받을 수밖에 없었다. 그것으로 인해 유다 왕국의 마지막 왕이었던 시드기야는 상상을 초월하는 비참한 최후를 맞이해야만 했다.

> "그들이 시드기야의 아들들을 그의 눈앞에서 죽이고 시드기야의 두 눈을 빼고 놋 사슬로 그를 결박하여 바벨론으로 끌고 갔더라"(왕하 25:7)

바벨론 제국의 관리들은 우선 시드기야가 보는 면전에서 그의 사랑하는 아들들을 잔인하게 죽였다. 이는 유다 왕국의 씨를 말리는 것이었다. 시드기야 왕은 두 눈을 뻔히 뜬 채 자식들이 처참하게 죽는 광경을 목격하지 않으면 안 되었다. 그것은 개인적으로 매우 고통스러운 일이기도 했지만 국가적으로는 이루 형언할 수 없는 치욕적인 것이었다.

그리고 느부갓네살은 시드기야 왕의 두 눈을 뽑았다. 이것은 차라리 죽이는 것보다 훨씬 무서운 형벌이었다. 바벨론인들은 앞을 볼 수 없는 시드기야를 놋 사슬로 결박하여 바벨론으로 끌고 갔다. 이것은 이미 에

---

42) 하맛은 오론테스(Orontes) 강을 끼고 있는 시리아 중부의 성읍이다. 그곳은 이스라엘 민족의 이상적인 북쪽 경계이다(민 34:8; 왕상 8:54; 왕하 14:25; 암 6:14). 하맛은 매우 중요한 전략적 요충지로서 과거 히타이트 제국의 수도였다. 또한 안티오쿠스 4세를 기념하기 위해 그의 별칭인 에피파네스를 따라 에피파니아(Epiphania)로 불려진 적도 있다.

스겔 선지자를 통해 예언되어 시사된 바였다(겔 12:13). 시드기야 왕은 두 눈이 뽑혀 앞을 전혀 볼 수 없는 형편에서 바벨론으로 끌려가 죽을 때까지 감옥에 갇혀 지내야만 했다(렘 52:11).

2. 예루살렘 성전 파괴

바벨론의 느부갓네살 왕이 즉위한 지 십구 년이 되던 해 오월에, 그의 신복이었던 호위대장 느부사라단Nebuzaradan이 예루살렘을 공략하기 위해 유다 지역에 도착했다. 그는 큰 저항을 받지 않고 예루살렘 성 안으로 진입해 여호와의 성전에 불을 지르고 왕궁을 불살랐다. 그리고 예루살렘의 지도계층의 인사들이 살고 있던 모든 집들을 불로 태워버렸다. 그것은 이스라엘 민족에 있어서 엄청난 충격이 아닐 수 없었다.

바벨론 병사들은 예루살렘을 둘러싸고 있던 성벽을 헐었으며, 성 안에 남아있던 유능한 지도계층의 사람들을 포로로 사로잡아 갔다. 그러나 보잘것없이 비천한 자들은 유다 지역에 남겨두어 포도원을 관리하며 농사를 짓도록 했다(렘 52:16).

그들은 또한 예루살렘 성전 앞의 두 놋기둥과 물두멍을 부수고 성전 제사를 위해 사용되던 부삽과 숟가락을 비롯한 놋으로 된 모든 기물들을 밖으로 꺼냈다. 그들은 상당한 양의 놋을 바벨론으로 가져갔다. 뿐만 아니라 향로와 촛대와 같이 금과 은으로 된 성전의 모든 성물聖物들을 전부 빼앗아갔다. 이제 예루살렘 성과 하나님의 거룩한 성전은 완전히 파괴되었으며, 유다 왕국은 돌이킬 수 없는 멸망을 당하게 된 것이다.

3. 패망한 유다 왕국의 남은 지도자들이 포로로 잡혀감

바벨론의 호위대장 느부사라단은 예루살렘 성전에서 하나님을 섬기며 수종을 들던 대제사장과 부제사장 그리고 성전 문을 지키던 책임자를 사로잡았으며 남아있던 관리들을 사로잡았다. 그들은 유다 왕국의 모든 것들을 깊숙이 알고 있는 자들이었다.

호위대장은 그들을 하맛 땅 립나에 있는 느부갓네살 왕 앞으로 끌고 갔다. 느부갓네살은 그들을 그곳에서 다 칼로 쳐죽였다. 이렇게 하여 유다 왕국은 바벨론에 의해 완전히 패망당하게 되었다. 유다 왕국이 바벨론에 의해 멸망을 당하고 이방의 포로로 사로잡혀간 것은 우연히 발생한 사건이 아니라 하나님의 심판으로 인한 것이었다.

바벨론은 단번의 전쟁을 통해 유다 왕국을 패망시킨 것이 아니었다. 바벨론의 정권을 획득한 느부갓네살 왕은 여러 차례에 걸쳐 유다 왕국을 침략하여 단계적으로 백성들을 포로로 잡아갔다. 그는 바벨론의 왕으로 즉위한 후 제 칠 년에 유다 왕국을 공격하여 삼천여 명의 백성들을 잡아갔으며, 십팔 년에는 팔백여 명을 사로잡아갔다. 그리고 즉위 이십삼 년에는 칠백사십여 명의 인사들을 최종적으로 사로잡아 포로로 데려갔다.

> "느부갓네살의 사로잡아 옮긴 백성이 이러하니라 제 칠 년에 유다인이 삼천 이십 삼이요 느부갓네살의 십 팔 년에 예루살렘에서 사로잡아 옮긴 자가 팔백 삼십 이 인이요 느부갓네살의 이십 삼 년에 시위대장관 느부사라단이 사로잡아 옮긴 유다인이 칠백 사십 오인이니 그 총수가 사천 육백 인이었더라"(렘 52:28-30)

이는 상당한 기간을 두고 세 번에 걸친 포로 이송이 있었음을 말해주고 있다. 바벨론의 느부갓네살은 단계적으로 유다 왕국을 공격하여 백성들을 포로로 잡아갔던 것이다. 앞선 왕들 가운데 여호야김 왕과 여호야긴 왕도 바벨론의 포로로 잡혀갔다. 이는 유다 왕국에 패망의 그림자가 짙게 드리워져 가고 있음을 보여주는 것이다.

우리는 이러한 역사적 과정을 보면서 이스라엘 백성들에게 그동안 회개할 기회가 있었으리라는 사실을 생각해 보게 된다. 즉 하나님께서는 유다 왕국의 지도자들이 하나님 앞에서 회개하고 돌이킬 기회를 주셨던 것이다. 그러나 유다 왕국이 끝내 처참하게 멸망당한 것은 그들이 회개하지 않고 여전히 하나님을 배도한 악한 상태에서 떠나지 않았음을 말해주고 있다.

4. 패망한 나라의 지도자로 세워진 그달리야와 민족 반란

바벨론 제국은 예루살렘 성을 파괴한 후 미스바Mizpah를 지역 행정의 중심도시로 정했다. 그리고 느부갓네살 왕은 정복지를 통치할 만한 지도자를 세우고자 했다. 그는 이스라엘 형편을 잘 알면서 바벨론에 충성을 다할 수 있는 인물이어야 했다.

바벨론의 느부갓네살 왕은 유력한 모든 유대인들을 바벨론으로 끌어가면서 그달리야Gedaliah를 유다 지역에 머물도록 하여 남아있는 백성들을 관할하게 했다. 그를 바벨론 정부를 대신해 유다 지역을 다스리는 총독으로 세웠던 것이다(렘 40:7). 그 소문을 들은 인사들 가운데 그달리야를 따르던 자들이 미스바에 있는 그에게 나아왔다. 그들 가운데는 관리들도 있었으며 군인들도 있었다. 아마 느부갓네살은 그에 대한 계산을 하고 있었을 것이 틀림없다.

그달리야는 자기에게 나온 자들에게 바벨론 제국에 충성을 다할 것을 맹세하도록 했다. 그렇게 하면 그곳에서 바벨론 왕을 섬기면서 편안한 삶을 살게 되리라는 것이었다. 그것은 당시 그의 속마음이기도 했겠지만 바벨론이 원하던 바였다.

> "그달리야가 그들과 그를 따르는 군사들에게 맹세하여 이르되 너희는 갈대아 인을 섬기기를 두려워하지 말고 이 땅에 살며 바벨론 왕을 섬기라 그리하면 너희가 평안하리라 하니라"(왕하 25:24)

유다 본토에 남아있던 어리석은 자들은 그가 지시하는 데로 따라 했다. 그러는 중에 그의 신복들 가운데서 반란이 일어났다. 그 해 칠월에 왕족의 후손 가운데 한 사람인 이스마엘이 부하 열 명을 거느리고 와서 그달리야를 살해했던 것이다. 그리고는 미스바에 있던 배신자들과 바벨론에 속한 많은 사람들을 쳐죽였다.

그러나 그들에게 막강한 바벨론을 저항해 싸울 만한 힘이 있었던 것은 아니다. 바벨론에 충성하는 자들을 죽인 후 그들은 남은 군인들과 백성들을 데리고 애굽으로 도망쳤다.

우리가 여기서 유념해야 할 바는 그들이 그렇게 했던 것이 하나님의 뜻에 순종했기 때문이 아니라 정치적 이해관계로 말미암은 것이었다는 사실이다. 그러므로 하나님께서는 유다 땅에 남아 있던 자들과 애굽으로 도망간 자들에게 임하게 될 심판을 예언하셨던 것이다(렘 24장 참조).

5. 여호야긴의 석방

유다 왕 여호야긴은 그 전에 이미 바벨론의 포로로 잡혀가 있는 상태였다. 그 앞의 선왕先王 여호야김이 사로잡혀 간 후 여호야긴도 바벨론으로 사로잡혀 갔던 것이다. 그가 사로잡혀 간 지 37년이 되었을 때 에윌므로닥Evil-Merodach이 바벨론 제국의 왕으로 즉위했다. 당시는 유다 왕국이 패망한 지 상당한 세월이 흐른 뒤였다. 그때 새로 즉위한 왕은 여호야긴 왕을 특별 사면했다. 아마 거대한 제국이 된 바벨론으로서는 통치영역 안에 있는 다양한 종족을 다독거려야 할 필요가 있었던 것으로 보인다.

당시 바벨론 제국에는 패망한 여러 국가들의 왕들이 거하고 있었다. 여호야긴도 그들 가운데 한 사람이었다. 에윌므로닥 왕은 포로로 잡혀와 있거나 바벨론에 항복한 다른 민족의 여러 왕들보다 패망한 유다 왕국의 왕이었던 여호야긴을 상대적으로 높은 지위에 두었다. 그것은 씻을 수 없는 잔인한 패망의 상처를 안고 있던 유다인들을 회유하기 위한 정책이었다.

이러한 조치로 인하여 여호야긴은 감옥에서 풀려나 죄수의 옷을 벗고 남은 생애동안 바벨론 제국이 제공하는 양식을 먹고 삶을 보장받았다. 하지만 이미 유다 왕국은 완전히 패망한 상태였으며 예루살렘 성전은 파괴되고 없었다. 그에게는 돌아갈 수 있는 조국이 없어졌으며 그가 동경하던 예루살렘과 그 안에 있던 성전마저 더 이상 존재하지 않았다.

6. 유다 왕국의 패망

BC 586년, 예루살렘 성전이 파괴됨으로써 역사상의 다윗 왕국은 막을 내렸다. 하나님께서 특별히 세우신 다윗의 나라였기에 결코 멸망당하지 않을 것이라 여겨지던 유다 왕국이었다. 또한 일반 유대인들은 하나님의 거룩한 집인 예루살렘 성전은 결코 파괴될 수 없다고 믿고 있었다. 그런데 그 왕국이 역사상 유래 없는 처참한 말로末路를 맞았다.

하나님께서 자신의 거룩한 집을 보호하실 것이며 택하신 이스라엘 백성을 끝까지 지켜주실 것이라 믿었지만 기대와는 달리 성전은 완전히 파괴되고 유다 왕국은 멸망당했다. 차라리 다른 이방 왕국의 말로보다 훨씬 처참한 신세가 되었다. 패망과 연관된 그들의 고통은 일순간에 발생한 것이 아니라 오랜 기간동안 끌어왔던 일이다.

유다 왕국이 멸망을 앞 둔 시점에서도 이스라엘 민족의 지도자들 가운데는 평화를 외치는 자들이 많이 있었다. 그들은 어리석은 백성들을 그럴듯한 말로 속이며 미혹하는 종교인들이었다. 그들은 전지전능한 하나님이 이방 왕국의 위기로부터 지켜주실 것이니 하나님만 믿으라고 선전했다. 그러나 하나님께서는 선지자 예레미야를 통해 저들에게 임할 심판을 예언하셨다.

"만군의 여호와께서 이같이 말씀하시되 보라 내가 내 딸 백성을 어떻
게 처치할꼬 그들을 녹이고 연단하리라 그들의 혀는 죽이는 살이라 거
짓을 말하며 입으로는 그 이웃에게 평화를 말하나 중심에는 해를 도모
하는도다 내가 이 일들을 인하여 그들에게 벌하지 아니하겠으며 내 마
음이 이런 나라에 보수하지 않겠느냐 여호와의 말이니라.... 내가 예루
살렘으로 무더기를 만들며 시랑의 굴혈이 되게 하겠고 유다 성읍들로
황폐케 하여 거민이 없게 하리라"(렘 9:7-11)

선지자 예레미야는 하나님의 말씀을 예언했지만 그것으로 인해 도리
어 심한 핍박을 받아야만 했다. 악한 유대인들은 그를 두고 도리어 믿음
이 없고 전지전능하신 하나님을 신뢰하지 않는 위험한 인물로 몰아갔
다. 그러면서 하나님의 능력을 앞세워 거짓 평화를 외치면서 자기들이
대단한 믿음을 가진 것인 양 선전했다.

하나님께서는 입으로는 백성들에게 평화를 외치면서 거짓된 입술로
해악을 끼치는 자들로 인해 예루살렘과 유다 성읍들을 황폐케 하시겠다
고 말씀하셨다. 그것은 역사 가운데 그대로 이루어졌다. 저들에게는 평
화가 아니라 무서운 심판이 임했던 것이다.

바벨론 제국이 패권을 장악한 후 유다 왕국은 수십 년간 심하게 시달
리다가 결국 패망당하게 되었다. 그것은 실로 비참한 현실이었다. 예루
살렘성뿐 아니라 다윗과 솔로몬 왕에 의해 세워진 하나님의 성전이 완
전히 파괴되었다. 왕족을 비롯한 민족의 지도자들이 포로로 사로잡혀
이방지역으로 끌려갔다. 나아가 왕은 자기가 보는 앞에서 아들들이 비
참하게 처형되는 것을 목격해야만 했다.

그리고 시드기야 왕은 두 눈이 뽑힌 채 바벨론으로 끌려가 죽을 때까
지 감옥생활을 했다. 또한 성전 안에 있던 거룩한 기물들은 가증스러운
이방 신당에 방치된 채 보관되었으며(대하 36:7), 왕궁에 있던 모든 보물
들을 빼앗겼다. 이스라엘 민족에 있어서 이보다 더 처참한 일은 있을 수

없었다. 북 이스라엘 왕국이 앗수르 제국에 의해 사마리아를 점령당하고 멸망당할 때도 이렇지는 않았다.

이방인들은 그것을 보며 이스라엘 민족의 무능한 여호와 하나님이 다윗 왕국을 지키지 못한 것이 아니냐고 비아냥대기도 했다. 그럼에도 불구하고 악한 유대인들은 율법을 통해 말씀하시는 하나님의 뜻을 받아들이지 않았다. 우리는 여기서 하나님을 떠나 배도한 자들의 악한 모습을 여실히 보게 된다.

그렇다면 이것은 하나님의 실패를 의미하는가? 물론 그렇지 않다. 하나님께서는 그 가운데서도 메시아를 보내시고자 하는 자신의 원대한 계획을 위해 거룩한 사역을 지속적으로 행하셨다. 그는 지상의 나라들과 다른 영원한 메시아 왕국을 계획하고 계셨다. 믿음이 없는 사람들이 보기에는 모든 것이 끝난 듯이 보였지만 하나님의 계획은 여전히 내밀하게 진행되고 있었던 것이다. 그것이 이스라엘 민족이 가져야만 할 진정한 소망이었으며 오늘날 우리도 그에 대한 깨달음을 가져야 한다.

7. 우리가 얻어야 할 교훈

하나님께서는 인간 역사 가운데서 자신의 구원 사역을 끊임없이 이루어 가신다. 그에 대해서는 유다 왕국이 멸망할 당시와 오늘날 우리의 시대가 전혀 다르지 않다. 하나님께서 배도한 자들에게 심판을 내리는 것은 자신의 온전한 계획을 이루시기 위해 일어나게 되는 일이다.

이스라엘 민족의 역사 가운데는 항상 하나님의 이름을 팔아 자신의 목적을 이룩하려는 자들이 많이 있었다. 그들은 백성들에게 충성을 요구하면서 실상은 자신의 종교적 목적을 추구하기에 여념이 없었다. 어리석은 백성들은 그에 미혹되어 거짓 가르침을 따르면서 그것이 마치 훌륭한 신앙생활인 것인 양 착각했다.

하지만 그런 신앙은 율법에 따른 올바른 신앙이 아니라 도리어 하나님을 욕되게 하는 우상 숭배적 신앙에 지나지 않았다. 그러므로 하나님을 진정으로 경외하는 자들은 율법을 기억하는 가운데 하나님의 말씀에 순종해야 했다. 그것을 위해서는 하나님의 말씀을 통한 분별력이 필요했다.

오늘날 우리 시대 역시 그때와 크게 다르지 않다. 현대 교회의 지도자들 가운데도 거짓 평화를 외치는 자들이 무수히 많이 있다. 그들은 전지전능하신 하나님을 입에 올리며 하나님은 어떤 경우에도 지상의 기독교를 무조건 지킬 것이라 선전하고 있다. 그것이 마치 믿음인 양 가르치고 있는 것이다. 그러나 교회 가운데 들어와 있는 어두운 거짓 세력에 대해서는 말하지 않는다.

그런 자들은 어리석은 교인들에게 맹목적인 충성을 강요하며 자신의 종교적인 목적을 이루어가기를 쉬지 않는 것이다. 물론 그 악한 자들 가운데는 의도적이 아니라 하나님의 말씀이 없으므로 인해 아무런 분별력이 없는 자들이 많이 있다. 구약시대의 어리석은 지도자들처럼 하나님의 진리를 종교적인 신념 정도로 생각하는 자들이 많이 있는 것이다.

우리는 배도에 빠진 현대 기독교를 정확하게 직시해야 할 필요가 있다. 그것을 위해 선포된 하나님의 말씀을 올바르게 살피지 않으면 안 된다. 하나님의 참된 백성들은 이를 통해 기독교의 탈을 쓴 거짓 종교인들의 입에 발린 '평화' 의 노래를 분별해 낼 수 있어야 하기 때문이다.